Academic Series of
College of Foreign Languages
and Cultures,
Xiamen University

厦门大学外文学院学术文库

CFLC

本书得到厦门大学中央高校基本科研业务费项目
项目号 (0650/ZK1082) 资助

德语从句关联词使用方式的
教学研究

Untersuchungen zur Didaktik des
Gebrauchs des *es*-Korrelates im Deutschen

杨耘硕◎著

厦门大学出版社
XIAMEN UNIVERSITY PRESS
国家一级出版社
全国百佳图书出版单位

图书在版编目(CIP)数据

德语从句关联词使用方式的教学研究/杨耘硕著.—厦门:厦门大学出版社,2019.4
(厦门大学外文学院学术文库)
ISBN 978-7-5615-7374-7

Ⅰ.①德⋯ Ⅱ.①杨⋯ Ⅲ.①德语－语法－教学研究 Ⅳ.①H334

中国版本图书馆 CIP 数据核字(2019)第 068289 号

出 版 人	郑文礼
责任编辑	王扬帆

出版发行 厦门大学出版社

社　　　址	厦门市软件园二期望海路 39 号
邮政编码	361008
总 编 办	0592-2182177　0592-2181406(传真)
营销中心	0592-2184458　0592-2181365
网　　　址	http://www.xmupress.com
邮　　　箱	xmup@xmupress.com
印　　　刷	厦门集大印刷厂

开本	720 mm×1 000 mm　1/16
印张	19.5
字数	470 千字
版次	2019 年 4 月第 1 版
印次	2019 年 4 月第 1 次印刷
定价	89.00 元

本书如有印装质量问题请直接寄承印厂调换

厦门大学出版社
微信二维码

厦门大学出版社
微博二维码

DANKSAGUNG（致谢）

Diese Dissertation würde heute nicht ohne die hervorragende Unterstützung meiner Betreuerin Frau Prof. Dr. Ruth Albert vorliegen, der ich auf das Herzlichste für die entscheidenden fachlichen Hinweise, Korrekturvorschläge und nicht zuletzt für das aufwändige Lesen sämtlicher Kapitel des Manuskripts danken möchte. Ihre ruhige und zuversichtliche Art bei der Betreuung hat mir immer Mut gemacht, intensiv zu arbeiten und diese Dissertation fertig zu stellen.

Bei Frau Prof. Dr. Kathrin Siebold bedanke ich mich für die bereitwillige Übernahme des Zweitgutachtens meiner Arbeit und das ermutigende Gespräch während des Endspurts bei der Textbearbeitung. Frau Dr. Chiara Cerri danke ich für die Bereitschaft, sich als wissenschaftliches Mitglied für meine Arbeit zu engagieren.

Des Weiteren gilt mein Dank ebenfalls Herrn Christian Rink und Herrn Rainald Runge für das sorgfältige Korrekturlesen. Viele Fehler und Mängel konnten so behoben werden. Außerdem möchte ich meinen Studienkollegen danken, die mir ihre Texte als Untersuchungsmaterial zur Verfügung gestellt haben. Ohne ihre großzügige Hilfe hätte das Lernerkorpus der vorliegenden Arbeit nicht aufgebaut werden können.

Danken möchte ich darüber hinaus der DaF-Abteilung der Philipps-Universität Marburg, meinen älteren und jüngeren Studienkolleginnen und Studienkollegen sowie meiner Familie, die mich in den letzten zwei Jahren begleitet, unterstützt und stets ermutigt haben.

Für die finanzielle Unterstützung meines Aufenthaltes an der Philipps-Universität Marburg bin ich dem China Scholarship Council (CSC) zu Dank verpflichtet.

INHALTSVERZEICHNIS

ABKÜRZUNGSVERZEICHNIS

Linguistische Begriffe:

AP	Adjektivphrase
Akk.	Akkusativergänzung
Dat.	Dativergänzung
DaF	Deutsch als Fremdsprache
es0	das *es*-Korrelat zu Subjektsätzen
es1	das *es*-Korrelat zu Objektsätzen
ESL	English as a second language
FVG	Funktionsverbgefüge
Gen.	Genitiv
Inf	Infinitiv
j-m	jemandem (Dat.)
j-n	jemanden (Akk.)
j-s	jemandes (Gen.)
KWIC	Key Word in Context
LP	Lehrperson
Nom.	Nominativ
NP	Nominalphrase
PP	Präpositionalphrase
PRO	das phonetisch leere Subjekt
SDWW-Verben	Verben des Sagens, Denkens, Wissens und der Wahrnehmung
TN	Teilnehmer
V2	Verbzweit
VL	Verbletzt
w	Interrogativa, die auf *w* anfangen (*was*, *wer*, *warum* u. a.)

Literatur und Nachschlagewerke:

COSMAS	*Corpus Search, Management and Analysis System*
DWDS	*(Digitales Wörterbuch der deutschen Sprache)*
E-VALBU	*Elektronisches Valenzwörterbuch deutscher Verben*
FALKO	*Ein fehlerannotiertes Lernerkorpus des Deutschen als Fremdsprache*
VALBU	*Valenzwörterbuch deutscher Verben*
SZ	*Süddeutsche Zeitung*
GdS	*Grammatik der deutschen Sprache*
ViF	*Verben in Feldern*
T-Korpus	*TAGGED-T*-Korpus
T2-Korpus	*TAGGED-T2*-Korpus

1 EINLEITUNG

1.1 Gegenstand und Zielsetzung der Arbeit

Gegenstand dieser Arbeit sind die Verwendungsbedingungen des Pronomens *es*, das als Korrelat (auch ‚Platzhalter' genannt) zu Subjekt- und Akkusativobjektsätzen gebraucht wird. In der Forschungsliteratur wurde bisher nicht eindeutig erläutert, weshalb bei gewissen Verben das Korrelat *es* vor einer satzförmigen Nominativ- oder Akkusativergänzung obligatorisch ist und bei anderen Verben wiederum entfallen kann oder sogar muss. In Sudhoff (2003) werden folgende Satzpaare zur Veranschaulichung der Problematik angeführt:

(1) Wilma bedauert es, dass Fred berühmt wird.
(2) Wilma bedauert, dass Fred berühmt wird.
(3) *Wilma sagt es, dass Fred berühmt wird.[1]
(4) Wilma sagt, dass Fred berühmt wird.
(5) Wilma findet es traurig, dass Fred berühmt wird.
(6) *Wilma findet traurig, dass Fred berühmt wird. (Sudhoff 2003: 10)

Für die Entscheidung zur *es*-Realisierung können sich deutsche Muttersprachler auf ihr Sprachgefühl verlassen. Ein Blick auf die Lernerkorpora belegt aber, dass viele DaF-Lerner[2] (DaF = Deutsch als Fremdsprache) selbst auf einem fortgeschrittenen Niveau Schwierigkeiten mit diesem Wort haben (genauere Ausführungen dazu siehe Kap. 7.1). Das liegt sowohl an der Komplexität der *es*-

---

[1] Die mit einem Stern markierten Sätze sind fehlerhaft.
[2] Aus Gründen der Vereinfachung wird ausschließlich die männliche Form verwendet. Personen weiblichen wie männlichen Geschlechts sind darin gleichermaßen eingeschlossen.

Problematik① sowie an der nicht ausführlichen Behandlung selbiger in der DaF-Didaktik. Die Mehrzahl der Lerngrammatiken und Lehrwerke befasst sich lediglich mit allgemeinen syntaktischen Verwendungsregeln von es②. Auf die semantischen und pragma-tischen Bedingungen der es-Setzung bei den jeweiligen Verben mit extraponierten satzförmigen Ergänzungen wird selten und nur oberflächlich eingegangen, was auf die theoretische Grundlage zurückzuführen ist: Obwohl seit Ende der 1970er Jahre eine umfassende Fachliteratur zu der es-Problematik veröffentlicht wurden, gibt es bis dato noch keine einheitliche bzw. wissenschaftlich adäquate Erklärung dafür, welche linguistischen Faktoren in welcher Weise die Setzung von es beeinflussen.

In der vorliegenden Arbeit wird versucht, diese Lücke in der DaF-Didaktik zu schließen. Zunächst sollen mittels einer korpuslinguistischen Untersuchung die verb-, satz- und kontextabhängigen Bedingungen ermittelt werden, die den Gebrauch des es-Korrelates determinieren. Zweitens sollen die ausgearbeiteten Gesetzmäßigkeiten in Bezug auf das es-Korrelat für den DaF-Unterricht aufbereitet werden. Es ist zu betonen, dass sich diese Arbeit nicht besonders umfassend mit der syntaxtheoretischen Analyse zu den deutschen Korrelaten beschäftigt, wie z. B. ihrem syntaktischen Status und ihrer Abgrenzung von anderen Bezugsausdrücken, da hierüber bereits eine große Anzahl an Forschungsliteratur vorhanden ist.

1.2 Aufbau der Arbeit

Im zweiten Kapitel wird in Bezug auf die Literatur ein theoretischer Überblick über die deutschen Korrelate gegeben, um eine begriffliche Grundlage für die nachfolgenden Kapitel der Arbeit zu schaffen. Dabei werden u. a. die intonatorischen, semantischen und syntaktischen Eigenschaften der Korrelate (im Wesentlichen von es) dargestellt. Des Weiteren wird der Forschungsstand in Bezug auf das es-

---

① „Für die aktive Kompetenz stellen die Korrelate eine ausgesprochene Lernschwierigkeit dar, denn es muß tatsächlich für jedes Verb extra gelernt werden, ob die Satzeinbettung (= der Ergänzungsnebensatz) mit oder ohne und mit fakultativem oder obligatorischem Korrelat gebraucht wird" (Rall et al. 1977: 93).

② Beispiel: Wird eine nominativische oder akkusativische satzförmige Ergänzung vorangestellt, muss das Korrelat es weggelassen werden, wie die folgenden konstruierten Belege zeigen:

- Dass Sie gestern auf meine Geburtstagsparty gekommen sind, freut mich sehr.
  Nicht: Dass Sie gestern auf meine Geburtstagsparty gekommen sind, freut es mich sehr.

Korrelat in der Fachliteratur beschrieben. Es wird untersucht, worin die Stärken und Schwächen der bisherigen Studien innerhalb der germanistischen Linguistik liegen, die sich mit den Auftretensbedingungen des *es*-Korrelats auseinandersetzen.

Nach der Darstellung der bisherigen Veröffentlichungen wird die Korpusuntersuchung in Kap. 3 präzisiert. Dieses Kapitel befasst sich mit der Auswahl der dieser Untersuchung zugrundeliegenden Korpora und den methodischen Grundlagen der Datenauswertung. In den Kap. 4, 5 und 6 wird der Frage nachgegangen, unter welchen Umständen das *es*-Korrelat bei Matrixverben jeweils mit satzförmigen Subjekten und Akkusativobjekten sowie bei Kopulakonstruktionen realisiert werden muss, kann oder nicht vorkommen darf. Dabei werden die bisherigen Forschungsergebnisse aus der Fachliteratur mit einbezogen. Da voraussichtlich in Bezug auf eine große Menge von Prädikaten kein Konsens in der Literatur herrscht, werden relevante Korpusbelege gesucht und ausgewertet. Dabei werden die ausgelesenen Belege quantitativ analysiert und dann ihre semantischen, syntaktischen und textlinguistischen Merkmale in Betracht gezogen. Ziel der Analyse ist es, zu Generalisierungen für die Verwendung von *es* bei Verben mit gemeinsamen linguistischen Merkmalen zu gelangen und Faktoren herauszuarbeiten, die den *es*-Gebrauch bei den prädikativen Ausdrücken begünstigen oder unterbinden können.

Im Anschluss an die Korpusuntersuchung soll anhand der erzielten Ergebnisse ein Unterrichtskonzept zum Gebrauch des *es*-Korrelates erstellt werden, das im DaF-Unterricht für fortgeschrittene Lerner mit wenig linguistischem Vorwissen einsetzbar ist. Als Vorarbeit des Unterrichtskonzeptes wird eine Fehleranalyse aus Texten von fortgeschrittenen chinesischen DaF-Lernern vorgenommen, um herauszufinden, welche prädikativen Ausdrücke den Lernern wegen des *es*-Korrelates am meisten Schwierigkeiten bereiten und mit welchen die Lerner i. d. R. gut umgehen können. Ferner werden die einschlägigen Grammatiken und Lehrwerke in Bezug auf die *es*-Problematik kritisch betrachtet. Daran schließt das didaktische Konzept an, mit dem die Hoffnung verbunden ist, dass die DaF-Lerner mit nur geringem Zeitaufwand einen Überblick über diese Problematik erhalten und das *es*-Korrelat bei der schriftlichen Sprachproduktion richtig gebrauchen können.

Abschließend werden in den Kap. 8 und 9 die wesentlichen Ergebnisse der Arbeit zusammengefasst und ein Ausblick auf weiteren Untersuchungsbedarf gegeben.

2 ZUM BEGRIFF DES KORRELATES

Bevor in diesem Kapitel eine Definition des Begriffs ‚Korrelat' vorgenommen wird, ist zunächst zu betonen, dass die folgende Begriffserklärung lediglich auf Ergänzungssätze beschränkt ist, zu denen sowohl Subjektsätze als auch Genitiv-, Dativ-, Akkusativ- sowie Präpositionalobjektsätze gehören. Korrelate zu Adverbialsätzen, wie *deswegen* und *desto / umso* in (1)[1] und (2) werden nicht mit einbezogen:

> (1) Die Krankheit ist *deswegen* so heimtückisch, *weil* keine Therapie dagegen wirkt. (*Duden-Grammatik*[2] 2009: 1074)
> (2) *Je* mehr Leute hereinkamen, *desto / umso* lauter wurde es. (ebd.: 630)

Der Grund hierfür liegt darin, dass ihre linguistischen Eigenschaften bereits in der einschlägigen Literatur umfassend erläutert wurden. Beispielsweise werden in Sonnenberg (1992) die Korrelate in der Adverbial-Position („A-Position" genannt, siehe Sonnenberg 1992: 160ff., 194ff.) in elf Subklassen unterteilt, je nachdem, welche Art von Umständen durch einen Adverbialsatz ausgedrückt wird. Zu jeder adverbialen Relation, wie ‚lokal',, ‚temporal',, ‚kausal' usw. werden bestimmte Korrelate behandelt. Anschließend wird auf die Semantik und die topologischen Merkmale der Korrelate eingegangen sowie auf die fundamentale Frage, ob Adverbialsätze verschiedener Art überhaupt korrelierbar sind. Tabellen zur Veranschaulichung der Kombinationen von Subjunktoren (mit gekennzeichneten Bedeutungsfeldern) und Korrelaten, wie z. B. *weil – deshalb* (kausal) oder *wenn – dann* (konditional), finden sich im *Handbuch der deutschen Konnektoren* (Pasch et

---

[1] Die Belege und Beispielsätze in jedem neuen Kapitel werden wieder von eins an durchnummeriert.

[2] *Duden: Die Grammatik: Unentbehrlich für richtiges Deutsch* (8. Auflage)

al. 2003: 261, 263f.).

Darüber hinaus sind Adverbialsätze nicht der Untersuchungsgegenstand der vorliegenden Arbeit. Da lediglich das Korrelat *es* infrage kommt, werden im kommenden Teil vorzugsweise Belege mit Subjekt- und Akkusativobjektsätzen als Beispiele angeführt.

2.1 Korrelate zu Ergänzungssätzen

In dem *Lexikon der Sprachwissenschaft* wird Korrelat (als Synonym des Begriffs ‚Platzhalter') folgenderweise definiert (Bußmann 2008: 533):

> Platzhalter-Element [engl. *dummy-element*; - Auch: Korrelat]. Sprachliches Element, dessen einzige Funktion es ist, in bestimmten syntaktischen Strukturen (z. B. bei → Extraposition) nicht besetzte grammatischen [sic!] Positionen (z. B. Vorfeld) auszufüllen. P. sind lexikalisch und morphologisch unspezifiziert und in der Regel nicht durch Kongruenz auf korrespondierende Elemente bezogen; bei Umstellungen werden sie getilgt, vgl. *es* in *Es gelingt ihm nur selten, pünktlich zu sein*.

Bußmanns Definition stellt eine Reihe linguistischer Eigenschaften der Korrelate dar und deutet darauf hin, dass nicht jedes Verweiswort im Obersatz, der syntaktisch auf einen Nebensatz Bezug nimmt, als Korrelat zu verstehen ist. Es werden zunächst folgende Beispiele betrachtet:

> (3) Es gelingt ihm nur selten, pünktlich zu sein.
> (4) Er schafft es nur selten, pünktlich zu sein.
> (5) Das hat sie nicht erwartet, dass er in der Prüfung durchgefallen ist.
> (6) Sie hat das, dass er die Prüfung nicht bestanden hat, sehr bedauert.
> (7) Dass er die Prüfung nicht bestanden hat, das / dies hat sie sehr bedauert.

Ob die unterstrichenen Verweiswörter zu Korrelaten gehören, kann man anhand folgender Fragestellungen in Bezug auf Bußmanns Definition bestimmen:

> a. ob das Satzfeld, wo das Verweiswort steht, nicht von dem Nebensatz besetzt wird.
> b. ob das Verweiswort bei Umstellung des Nebensatzes getilgt werden muss.

Nach den obigen Prinzipien sollte *es* in (3) und (4) zu Korrelaten gerechnet und *das* / *dies* in (5)–(7) ausgeschlossen werden. Nur *es* kann weder mit dem korrespondierenden Nebensatz im selben Satzfeld stehen noch für einen vorangehenden Nebensatz eingesetzt werden:

(8) *Er schafft es, pünktlich zu sein, nur selten.

(9) *Pünktlich zu sein, es gelingt ihm nur selten.

Aus Studien, die sich auf das Sprachphänomen, Korrelate und korrelierte Nebensätze' fokussieren, wird deutlich, dass es eine Vielfalt von Auffassungen darüber gibt, welche Ausdrücke zu den Korrelaten zählen sollen. In Hyvärinen (1982: 3) und Sonnenberg (1992: 145) sowie in der *Grammatik der deutschen Sprache* (abgekürzt: *GdS*, Zifonun et al. 1997: 1475, Kap. E3 5.) werden sowohl das unbetonbare *es* als auch die betonbaren Pronomina wie *das* und *dies* als Korrelate zu Subjekt- und Akkusativobjektsätzen betrachtet. Hyvärinen (1982: 3) und auch Helbig und Buscha (1998: 670) beziehen außerdem die bedeutungsarmen Substantive wie *die Tatsache*, *die Frage* usw. mit ein:

(10) Er begreift (*es* / *das* / *die Tatsache*), einen Fehler begangen zu haben (Hyvärinen 1982: 3)

Andere Studien[1] tendieren dazu, sich eingehender mit den syntaktisch topologischen und intonatorischen Unterschieden zwischen Korrelaten und Bezugselementen (auch als Bezugsausdrücke bezeichnet[2]) zu befassen, was dazu führt, dass *es* als das einzige Korrelat zu Subjekt- und Akkusativobjektsätzen gilt. Der wichtigste Grund, warum *das* und *dies* ausgeschlossen werden, besteht darin, dass die korrespondierten Nebensätze als Attributsätze fungieren. Als satzförmige Attribute können sie ins Mittelfeld des Obersatzes rücken, während diese Einbettungsmöglichkeit für einen Ergänzungssatz prinzipiell ausgeschlossen ist. Was die syntaktische Funktion betrifft, sind *das* und *dies* vergleichbar mit den Bezugssubstantiven, wie z. B. *die Tatsache*:

(11) Er hat das / die Tatsache / *es, dass die Sitzung ausfallen muss, im Voraus bekannt gemacht.

---

[1] Eisenberg (2013: 320ff.); Sudhoff (2003: 52ff.); Mollica (2010: 49ff.); Auf'mkolk (2013: 28ff.) u. a.

[2] Z. B.: Sudhoff (2003: 52)

Auch in Bezug auf die Auftretensbedingungen sollen Bezugselemente von den Korrelaten abgegrenzt werden. Bezugselemente eines Attributsatzes im weiteren Sinne[1] dürfen nicht eliminiert werden, während Korrelate matrixverbabhängig als obligatorisch, fakultativ oder unzulässig gelten:

(12) a. Er hat uns das, dass die Sitzung ausfallen musste, im Voraus gesagt.
     b. *Er hat uns, dass die Sitzung ausfallen musste, im Voraus gesagt.
     c. Er hat (?es)[2] uns gesagt, dass die Sitzung ausfallen musste.

Der Satzakzent wird in der Literatur als ein anderes Kriterium zur Identifizierung der Korrelate und Bezugselemente angesehen. Laut Pittner (2013: 450), Mollica (2010: 20) u. a. wirken Korrelate wie *es* semantisch schwach: „Dem Korrelat wird in der Regel kein lexikalischer Wert, aber doch eine Verweisfunktion zugeschrieben" (Mollica 2010: 20). Die semantische Leere der Korrelate wird durch ihre phonologische Leere widergespiegelt. Korrelate zu Ergänzungssätzen dürfen daher nicht betont werden, während Bezugselemente als Kern eines attribuierten Satzgliedes betonbar sind und in der Tat sehr häufig akzentuiert werden:

(13) Sie hat es erLAUBT[3] / *Sie hat ES erlaubt, dass wir uns hier treffen.

Ferner führt der Charakter der Korrelate als reine formale Markierung dazu, dass sie nicht im Matrixsatz fokussiert werden dürfen, weder lexikalisch (z. B. durch Gradpartikeln wie *nur*, *besonders* usw.) noch topologisch (z. B. als Akkusativobjekt im Vorfeld, vgl. Oppenrieder 2006: 908). Bezugselemente unterliegen diesen Beschränkungen nicht:

(14) In der Tat hat ihn nur das / *es geärgert, dass die Sitzung ausgefallen ist.
(15) Das / *Es hat er geschafft, pünktlich anzukommen.

---

[1] Nach Laun (2016: 244) sind „Attributsätze im engeren Sinne" ein paralleler Begriff zu Relativsätzen, die durch ein Relativpronomen oder Relativadverb eingeleitet werden. Unter „Attributsätzen im weiteren Sinne" seien *dass*-Sätze, indirekte Fragesätze, uneingeleitete Infinitivsätze und uneingeleitete Nebensätze zu verstehen.

[2] Die fraglichen bzw. sehr fraglichen Formulierungen werden jeweils mit einem oder zwei Fragezeichen (? / ??) gekennzeichnet.

[3] Satzakzent tragende Silben werden in der vorliegenden Arbeit mit Großbuchstaben gekennzeichnet.

Weil die Bezugselemente wie *das* und *dies* über komplett unterschiedliche semantische und syntaktische Charakteristika verfügen und in Verbindung mit den satzförmigen Attributen stets auftreten müssen (vorteilhaft für die DaF-Didaktik), wird in der vorliegenden Arbeit lediglich das *es* als Korrelat zu Subjekt- und Akkusativobjektsätzen betrachtet.

2.2 Korrelat vs. Platzhalter

In der Forschungsliteratur findet neben ‚Korrelat' auch der Terminus ‚Platzhalter' eine breite Verwendung: Wie Bußmann (2008: 533) verwendet Bausewein (109ff., 182f.) u. a. beide Begriffe synonym, während andere Autoren[①] lediglich einen Terminus in ihrer Untersuchung einsetzen. Altmann und Hahnemann (2007: 179f.) fassen Korrelate als den Oberbegriff für Platzhalter auf, die für extraponierte Nebensätze stehen (nämlich die ‚echten' Korrelate), und für Bezugselemente, bei denen „es sich um korreferente Pronomina wie in der Links- oder Rechtsversetzung handeln" (ebd.: 179) kann, wie *das* und die betonbaren Pronominaladverbien (DAmit, DArauf usw.). In der vorliegenden Arbeit wird nur der Begriff Korrelat in den Kap. 4 – 6 für das nicht betonbare, kataphorische *es* verwendet. Im Unterrichtskonzept in Kap. 7 wird der Begriff ‚Verweiswort', der für die DaF-Lerner leichter zu begreifen ist, ausgewählt. Der Terminus ‚Platzhalter' wird daher nicht weiter gebraucht, um eine mögliche Verwechselung der Termini zu vermeiden.

2.3 Syntaktischer Status des Korrelates

In der Definition von Sonnenberg (1992) wird die syntaktische Relation zwischen den Korrelaten und den korrelierten Nebensätzen behandelt:

> Korrelate [können] syntaktisch bestimmt werden als Fügungselemente, die den Anschluß eines untergeordneten Teilsatzes an einen Valenzträger im Obersatz herstellen. Sie haben eine deiktisch-determinierende Funktion und zeigen die syntaktische Position der korrelierten Satzphrase an. [...] Sie selbst sind aber keine Valenzträger. (Sonnenberg 1992: 143)

Durch diese Definition wird deutlich, dass Korrelate im Obersatz als

---

① Beispiele hier sind: Zitterbart (2002a; 2002b); Sudhoff (2003); Mollica (2010); Auf'mkolk (2013) u. a.

Anschlussstütze des extraponierten Untersatzes an das Matrixprädikat dienen, das im Matrixsatz eine, und in seltenen Fällen zwei als Nebensatz realisierbare Valenzstellen eröffnet. Hier stellt sich die Frage, ob ein Korrelat die eröffnete Valenzstelle des Matrixprädikates besetzt und der Nebensatz als sein Attribut anzusehen ist, oder ob diese Valenzstelle stattdessen von dem korrelierten Nebensatz, der semantisch von größerer Wichtigkeit ist, übernommen werden soll. In Helbig und Buscha (1993: 670) werden die korrespondierten Nebensätze als eindeutige Attribute zu den Korrelaten bezeichnet: „Alle Nebensätze sind Hinzufügungen zu einem entsprechenden Korrelat; sie können als Attributsätze im weitesten Sinne des Wortes angesehen werden." In Hentschel und Weydt (2013: 364f.) werden Nebensätze, die von Adjektiven „abhängig sein können", zu Attributsätzen gerechnet:

(16) Es war fraglich, ob / wann / wie / warum ... (ebd.: 365)

Eine Vielzahl anderer Autoren lehnt den Attributstatus der Nebensätze ab. Beispielsweise stellt Eisenberg (2013: 324) in Bezug auf das *es*-Korrelat fest, dass *es* „nicht referentiell und damit nicht als Kern einer Attributkonstruktion angesehen werden kann", weil *es* nicht mit dem satzförmigen ‚Attribut' in demselben Satzfeld einzusetzen ist. Laut Eisenberg sind Korrelate als „Strukturelement[e]" zu betrachten, die im Obersatz den Kasus des extraponierten Nebensatzes markieren können (vgl. ebd.). Häufig wird die Auffassung vertreten, dass das Korrelat und der korrelierte Nebensatz gemeinsam eine Argumentstelle des Matrixprädikates besetzen und deswegen als eine einzige Konstruktion aus zwei diskontinuerlichen Teilen anzusehen seien (vgl. u. a. Zitterbart 2002a: 5, 54ff.). Als eine Ergänzung des Matrixprädikates zeigen beide Bestandteile ihre funktionalen Schwächen: Das Korrelat ist semantisch leer. Der Ergänzungssatz kann keinen Kasus aufweisen und nicht wie die entsprechenden Wort- oder Phrasenergänzungen im Obersatz eingebettet werden. Als ein diskontinuierliches Komplement können das Korrelat und der subordinierte Ergänzungssatz gegenseitig ihre Beschränkungen kompensieren, wie Auf'mkolk (2013: 19) beschreibt: „Das Korrelat verweist in der kanonischen (pro)nominalen Argumentposition auf den nachfolgenden Argumentsatz, der Argumentsatz füllt die semantisch schwache Korrelat-Form mit deskriptivem Gehalt."

Exkurs 1: Korrelate zu Genitiv-, Dativ- und Präpositional-Objektsätzen

Bezüglich der Ergänzungssätze anderer Art, die kein Schwerpunkt dieser Arbeit sind, besteht in der Literatur ebenfalls kein Konsens darüber, welche ‚Nebensatz-Verweiswörter' genau dem Terminus Korrelat zugehörig sind. Als Korrelate zu den Präpositionalobjektsätzen kommen die Pronominaladverbien in Frage. Bei denjenigen, deren präpositionaler Bestandteil mit einem Vokal beginnt (wie z. B. *darauf* oder *darüber*), lassen sich die als Korrelat fungierende Verweiswörter durch eine Ersatzprobe identifizieren, in der sie in ihre entsprechende Schwundform (wie *drauf, drüber*) umgewandelt werden. Die Schwundformen lassen sich weder intonieren noch fokussieren, was dem Charakter des Korrelates – einem „möglichst schwachen Träger" (Oppenrieder 2006: 908) – entspricht:

> (17) a. Darauf / *Drauf, dass er das Stattexamen auf einmal bestehen konnte, hat sie gehofft.
> b. Sie hat darauf / *drauf, dass er das Stattexamen auf einmal bestehen konnte, sehr gehofft.
> c. Darauf / *Drauf hat sie sehr gehofft, dass er das Stattexamen auf einmal bestehen konnte.
> d. Sie war traurig, weil sie darauf / drauf gehofft hat, dass er das Stattexamen auf einmal bestehen konnte.

Mittels dieser Ersatzprobe kann festgestellt werden, dass *darauf* in (17a) – (17c) die Rolle als Bezugselement spielt, das fokussierbar und betonbar ist und daher nicht durch die Schwundformen ersetzt werden kann. Ob die Bezugselemente intoniert werden müssen, darüber herrscht in der Literatur Uneinigkeit. Breindl (1989: 168ff.; 2013: 473), Sudhoff (2003: 53), Eisenberg (2013: 325) u. a. behaupten, dass ein Pronominaladverb als Bezugselement eines Relativsatzes stets den Akzent auf der ersten Silbe, da' trägt:

> (18) Ich habe mich DArüber / *darüber, daß er kommt, sehr geärgert. (Breindl 1989: 169)

Eine Gegenansicht vertritt Auf'mkolk (2013: 35): Ob das Bezugselement betont wird, hänge von den informationsstrukturellen Eigenschaften ab, nämlich „wann der Sprecher welche Betonung mit welchem Effekt wählt". Bezugselemente können mit dem satzförmigen Attribut zusammen im gleichen Satzfeld stehen, ohne akzentuiert zu werden (vgl. ebd.: 28ff., 199ff.):

> (19) Ich habe es / das / DAS sehr bedauert, dass der Urlaub vorbei ist. (ebd.: 35)
> (20) Darüber, dass wir aus LIEbe heiraten, FREUT sich Maria. (ebd.: 199)

Wenn *darüber* in (20) nicht betont wird, ist es wegen der doppelten Vorfeldbesetzung zu den Bezugselementen zu rechnen. Zusammenfassend ist zu sagen, dass ein Pronominaladverb nur als Korrelat fungieren kann, wenn es an der nicht-fokussierten Argumentstelle (Mittelfeld) mit dem Präpositionalobjektsatz korrespondiert, der im Nachfeld auftritt. Es lässt sich in ein Bezugselement umwandeln, indem es betont wird, und es zieht den im Nachfeld stehenden Nebensatz als Attribut zu sich:

> (21) Maria freut sich darüber [Korrelat] / DArüber [Bezugselement], dass wir aus Liebe heiraten.

In Bezug auf satzförmige Genitivobjekte (und äußerst selten auch Dativobjekte[①]) wird die Möglichkeit, Korrelate von Bezugselementen mittels ihrer Erscheinungsform zu unterscheiden, komplett ausgeschlossen, weil die Pronomina *dem* und *dessen* nicht modifizierbar sind. Für Korrelate zu Genitiv- und Dativobjektsätzen führt Eisenberg (2013) folgende Beispiele an:

> (22) Sie traut *dem* nach, dass Paul nicht bei der Polizei ist [.] (*dem* als Korrelat, Eisenberg 2013: 322)
> (23) Er rühmt sich *dessen*, dass er nach Cannes eingeladen wurde [.] (*dessen* als Korrelat, ebd.)

Allerdings fügt der Autor hinzu, dass es sich bei *dem* und *dessen* „um Formen mit eindeutiger Kasusmarkierung [handelt], die wohl als Kern von Attributkonstruktionen anzusehen sind" (ebd.: 324). Verglichen mit *es* sind sie daher „weniger als Korrelate grammatikalisiert" (ebd.).

In Anlehnung an die Forschung zu Pronominaladverbien von Breindl (1989) schlägt Wegener (2013a: 416, 2013b: 435f.) vor, das als Korrelat fungierende *dessen* oder *dem* klar von seinem Konterpart als Bezugselement abzugrenzen. Wie *es* muss *dessen* oder *dem* als Korrelat im Mittelfeld des Matrixsatzes eingesetzt und

---

① In der Studie von Wegener (2013b: 433) wurden laut dem Autor keine Belege aus dem *DWDS*-Korpus (*Digitales Wörterbuch der deutschen Sprache*) gefunden, die das Korrelat dem enthalten.

der entsprechende Genitiv- oder Dativobjektsatz ins Nachfeld extraponiert werden. Daher werden *dessen* und *dem* in folgenden Belegen zu Bezugselementen gerechnet und tragen i. d. R. den Satzakzent. Entsprechend fungieren die korrespondierten Nebensätze als ihre Attribute:

> (24) Dass es generell an alternativen Anlässe fehle, dem kann Bill Mistura indessen nicht zustimmen. (A10/MAR.04778)[①]
>
> (25) Im Rathaus ist man sich dessen, dass der Winter vor der Tür steht, durchaus bewusst, sagt Bauamtsleiterin Monika Hänsel. (NKU12/NOV.07762)

Abgesehen von den satztopologischen Bedingungen dürfen *dem* und *dessen* als Korrelate im Matrixsatz weder betont noch fokussiert werden. Da *dem* in (26) im Fokus der Partikel *auch* steht und der Satzakzent auf *dem* liegt, kann hier nicht von einem Dativ-Korrelat die Rede sein (vgl. Weneger 2013b: 436):

> (26) Er mußte auch dem zustimmen, daß seine Absichten, für immer und ewig Haushaltsdisziplin durchzusetzen, verwässert wurden. (ebd.)

Der obigen Erläuterung folgend, kann *dessen* im folgenden Beleg sowohl als Bezugselement als auch als Korrelat fungieren, je nachdem, ob *dessen* intoniert wird oder nicht:

> (27) Er ist sich DEssen [Bezugselement] / dessen [Korrelat] bewusst, dass alles von ihm selbst abhängt.

Im Folgenden werden die linguistischen Merkmale der Korrelate und Bezugselemente für Ergänzungssätze tabellarisch zusammengefasst:

Tabelle 1: Korrelate und Bezugselemente zu Ergänzungssätzen

Verweiswörter Eigenschaften	Korrelate	Bezugselemente
Vorfeldbesetzung	nein (außer *es* zu Subjektsätzen)	ja
Betonbarkeit	nein	ja
Fokussierbarkeit	nein	ja

---

① Die Zitierungsbeschreibung der Belege aus der Online-Applikation *COSMAS II* siehe den *Quellennachweis der Korpusbelege aus dem COSMAS II* in Anhang V

续表（德语）

Eigenschaften \ Verweiswörter	Korrelate	Bezugselemente
mögliche Stellungen des korrelierten Nebensatzes	Nachfeld (Extraposition)	Vorvorfeld (Linksversetzung), Vorfeld, Mittelfeld, Nachfeld (Rechtsversetzung)
Obligatorik / Weglassbarkeit	prädikat- und kontextbedingt: obligatorisch, fakultativ, unzulässig	obligatorisch
syntaktischer Status des korrespondierten Nebensatzes	Ergänzungssatz	Attributsatz
Formen der Verweiswörter	*es*; *dem*; *dessen*; Pronominaladverbien (inkl. Schwundformen wie *drauf*)	*das, dies, (die Tatsache, die Frage)*; *dem*; *dessen*; Pronominaladverbien (keine Schwundformen möglich)

2.4 Formen der Nebensatz regierenden Prädikate und der Obersätze

In Bußmann (2008: 541) wird Prädikat in der traditionellen Grammatik als „verbales Satzglied, das zusammen mit dem Subjekt die Grundform des Aussagesatzes bildet" definiert. Prädikate bestehen „aus einfachen oder zusammengesetzten Verbformen oder aus Kopulativ(verb) und Prädikativ" und durch sie werden „auf das Subjekt bezogene Handlungen, Vorgänge und Zustände" bezeichnet (ebd.). Gemäß Bußmanns Definition sollten die folgenden unterstrichenen Teile in (28) unter Prädikaten erfasst werden:

(28) Er wollte mir helfen. Er ist schon gekommen.

In der vorliegenden Untersuchung ist meistens nur der Valenzträger (*helfen/ kommen* in Bsp. 28) für die Korrelatsetzung von Belang. Aus diesem Grund werden im Folgenden mit dem Begriff ‚Prädikat' oder ‚Matrixprädikat' lediglich Matrixverben und Kopulakonstruktionen gemeint, welche die Valenzstelle(n) im Matrixsatz eröffnen. Hilfsverben usw. werden daher aus diesem Begriff ausgeschlossen. Funktionsverbgefüge (FVG), verbale Phraseologismen und Kollokationen werden als mehrteilige Prädikate begriffen, weil diese

Gesamtausdrücke, die sich aus einem Matrixverb und dem Restteil zusammensetzen, auf eine externe Valenzstruktur[①] verweisen (vgl. Rothkegel 2008: 1031). Mit folgenden Beispielen werden Prädikate verschiedener Art mit einer Kennzeichnung dargestellt:

- Matrixverben:

Es <u>interessiert</u> sie, ob ... (Prädikat + Subjektsatz)

Sie <u>weiß</u> nicht, ob ... (Prädikat + Akkusativobjektsatz)

- Kopulakonstruktionen (Kopulaverb + Adjektiv / Partizip / Substantiv / Präpositionalphrase):

Es <u>ist</u> <u>klar</u> / <u>entscheidend</u> / <u>ein Vorteil</u> / <u>von Bedeutung</u>, dass ... (Prädikat + Subjektsatz)

Solche Wissenschaftler <u>sind</u> es <u>wert</u>, dass ... (Prädikat + Akkusativobjektsatz)

- Funktionsverbgefüge, verbale Phraseologismen und Kollokationen:

Es <u>steht in Frage</u>, ob ... (Prädikat + Subjektsatz)

Sie <u>stellt in Frage</u>, ob ... (Prädikat + Akkusativobjektsatz)

In den obigen Belegen ist der Obersatz stets im Aktiv. Steht der Obersatz im Passiv oder in einer Passiversatzform, wird der Akkusativobjektsatz (wie in Bsp. 29) in einen Subjektsatz umgewandelt, der in (29a) – (29d) unterstrichen wird:

(29) Er sieht vorher, dass die Maßnahmen nicht durchführbar sind. (*vorhersehen* + Akkusativobjektsatz)

   a. Es wird vorhergesehen, <u>dass die Maßnahmen nicht durchführbar sind</u>. (Vorgangspassiv)

   b. Es ist vorhergesehen, <u>dass die Maßnahmen nicht durchführbar sind</u>. (Zustandspassiv)

   c. Es ist vorherzusehen, <u>dass die Maßnahmen nicht durchführbar sind</u>. (*sein-zu-*Konverse)

   d. Es lässt sich vorhersehen, <u>dass die Maßnahmen nicht durchführbar sind</u>. (*sich lassen* + Inf.)

2.5 Formen der Ergänzungssätze

Dieser Teil beschäftigt sich mit den verschiedenen Typen von Ergänzungssätzen, nämlich Subjektsätze und (Genitiv-, Dativ-, Akkusativ- sowie Präpositional-)

---

① Auch Konstruktionsexterne genannt, siehe genau Fleischer (1982: 164).

Objektsätze im Rahmen der traditionellen Grammatik. Gemäß ihrer Subjunktionen und der Verbstellen lassen sie sich folgenderweise klassifizieren:

- eingeleitet: Verbletztsätze (*dass-, ob-, w-, wenn-, als*-Sätze)
- nicht eingeleitet: Verbzweitsätze; direkte Rede; Infinitivkonstruktionenen

Zwischen Sprechakten und syntaktischen Satztypen bestehen folgende Relationen:

- Deklarativ: *dass*-Sätze, ergänzende *wenn-* / *als*-Sätze, Verbzweitsätze, direkte Rede, Infinitivkonstruktion
- Interrogativ: *ob-* und *w*-Interrogativsätze
- Exklamativ: *w*-Exklamativsätze

Zu welchen der obengenannten Nebensatzformen eine Ergänzung ausgebaut werden darf, hängt in erster Linie von dem Matrixprädikat ab und gehört zu seiner Valenz: Während manche Verben wie *testen* ausschließlich mit *ob-* und *w*-Interrogativsätzen korrespondieren können, können Verben wie *sagen* praktisch alle obigen Formen determinieren. Der Kombinierbarkeit zwischen den Prädikaten und den Nebensatztypen wird in der Untersuchung in Kap. 4 – 6 Rechnung getragen. Im Folgenden wird auf die semantischen und syntaktischen Eigenschaften der einzelnen Nebensatztypen eingegangen.

2.5.1 *Dass*-Sätze, *ob-* und *w*-Interrogativsätze sowie Infinitivkonstruktionen

Am häufigsten treten *dass*-Sätze, *ob-* und *w*-Interrogativsätze sowie Infinitivkonstruktionen (im Folgenden verkürzt als Inf-Satz) in der Rolle des Subjektes und Akkusativobjektes auf:

(30) Sie weiß, dass er kommt.

(31) Sie weiß nicht, ob / wann er kommt.

(32) Sie hat ihm vorgeschlagen, einen Kurs zu besuchen.

Mit Interrogativsätzen, die von *ob-* oder *w*-Wörtern eingeleitet werden, können nicht nur Fragestellungen, sondern auch kognitive Prozesse formuliert werden, je nachdem, von welchem Prädikat sie subkategorisiert werden (vgl. *GdS* 1997: 2254):

(33) Die Touristen fragen, wann die Aufführung stattfindet.

(34) Die Mitglieder dürfen individuell entscheiden, ob und wann sie an der Konferenz teilnehmen.

Wie (35) darstellt, kann in multiplen *w*-Fragen mit mehreren *w*-Wörtern auf unterschiedliche Konstituenten Bezug genommen werden. Die unmittelbare Verbindung der Subjunktionen ist im Rahmen anderer Sprechakte nicht zulässig:

(35) Er weiß nicht, wer wann unter welchen Umständen gearbeitet hat.

Unter deklarative Nebensätze können sowohl *dass*- als auch Inf-Sätze gerechnet werden. Ob die beiden Nebensatztypen durch einander ersetzbar sind und ob sich etwas an der Lesart des Nebensatzes ändert, hängt von den semantischen und syntaktischen Merkmalen des Matrixsatzes bzw. des Matrixprädikatives ab. Enthält der Obersatz keinen geeigneten Orientierungsterm für die Inf-Sätze, werden sie in Konkurrenz zu *dass*-Sätzen ausgeschlossen (vgl. ebd.: 1468):

(36) Es zeigt sich, dass wir Recht haben / *Recht zu haben.

Verallgemeinernd kann gesagt werden, dass bei Verben mit obligatorischer Referenzidentität oder bei Obersätzen, die einen Orientierungsterm für den Inf-Satz enthalten, die Wahl des Inf-Satzes gegenüber dem *dass*-Satz begünstigt oder sogar gefordert wird (vgl. ebd.: 1468f.):

(37) Es ist ihm gelungen, einen Nebenjob zu finden. / ?dass er einen Nebenjob gefunden hat.

(38) Er hat versucht, seinen Nebenjob zu wechseln. / ?dass er seinen Nebenjob wechselt.

Außerdem hängen die Nebensatztypen (Inf- vs. *dass*-Satz) mit der Faktivität und Implikativität der Proposition im Nebensatz zusammen. Bei der faktiven Lesart eines Verbs wird der Nebensatz vorzugsweise mit einem *dass*-Satz konstruiert (vgl. ebd.: 1468):

(39) Er vergaß, daß er sich mit einem Freund verabredet hatte. (faktive Lesart)

(40) Er vergaß, sich mit einem Freund zu verabreden. (negativ-implikative Lesart)

Hier ist allerdings anzumerken, dass die Präsupposition nicht lediglich von den Nebensatztypen, sondern auch von Tempora, Satzmodi, Modalverben und anderen Faktoren bestimmt werden kann:

(39a) Er vergaß, sich mit einem Freund verabredet zu haben. (faktive Lesart)

(40a) Er vergaß, dass er sich mit einem Freund hätte verabreden sollen. (negativimplikative Lesart)

Ein Inf-Satz ermöglicht bei einem Teil der faktiven Verben, wie *bedauern, bereuen* usw. sowohl eine faktive als auch eine nicht-faktive Lesart. Dementsprechend lässt sich der Inf-Satz durch einen *dass*- oder *wenn*-Satz ersetzen (vgl. ebd.):

(41) Sie wird (es) sicher bereuen, dich zu betrügen.

(41a) Sie wird (es) sicher bereuen, dass / wenn sie dich betrügt.

2.5.2 Verbzweitsätze und die direkte Rede

Als eine andere bedingte Alternative von *dass*-Sätzen können bei bestimmten Matrixverben abhängige, nicht eingeleitete Verbzweitsätze (**V2**-Sätze) gebraucht werden. Bei der Mehrzahl der V2-Sätze handelt es sich um Akkusativobjektsätze, die von den Verben des Sagens usw. subkategorisiert werden. Da diese Verben eine starke redeeinleitende Funktion haben, werden V2-Sätzen als Akkusativobjekte i. d. R. nicht mit *es* korreliert (vgl. Sudhoff 2003: 59; Pittner & Berman 2004: 131; Reis 1997: 139). Bei Verben, welche satzförmige Subjekte zulassen (wie in Bsp. 43), kommen V2-Sätze selten vor, und das *es*-Korrelat wird ebenfalls häufig getilgt[1]:

(42) Er meint, er könne das alleine schaffen.

(43) Im Brief steht, du bist herzlich eingeladen.

Abhängige V2-Sätze lassen sich aber nicht ins Vorfeld des Matrixsatzes rücken, wie Bsp. 44 zeigt (vgl. Wegener 2001: 94f.). Wird ein Akkusativobjektsatz als

---

[1] Kommt ein *es* im Matrixsatzes vor, bezieht es sich auf den vorangehenden Inhalt und fungiert als ein anaphorisches Proform-*es* (siehe genau: Kap 4.1, 5.1):

-- Woher weißt du, dass wir keinen Hund in der Wohnung halten dürfen.

-- Im Mietvertrag steht es, dass Haustiere aller Art verboten sind.

direkte Rede angeführt, um eine Äußerung im Wortlaut wiederzugeben, wirkt er topologisch flexibler als ein V2-Satz. Direkte Rede kann sowohl ins Vorfeld als auch ins Nachfeld rücken und in sie lässt sich auch der Matrixsatz einbetten:

(44) *Er hat es geklaut, würde er niemals zugeben. (ebd.: 95)

(44a) „Die Grippewelle ist eigentlich vorbei", meint er. (RHZ10/JAN.09509)

(45) „Das ist schon sehr heftig", meint er, „und vor allem denkt man immer, so was kommt nur in den Großstädten vor. (RHZ10/FEB.06084)

Im *Valenzwörterbuch deutscher Verben* (*VALBU*) wird angemerkt, dass manche intransitive „Verben des Äußerns, des mimischen Ausdrucks, des geistigen Handelns o. Ä." (Schumacher et al. 2004: 44) ebenfalls mit der direkten Rede korrespondieren können. Dazu gehören vor allem *beruhigen*, *lachen*, *schimpfen* usw.:

(46) „Sie werden trotz der Verspätung ihren Anschlusszug bekommen", beruhigte der Schaffner. (ebd.: 241)

Allerdings sollen die Teilsätze in Anführungszeichen nicht als satzförmige Ergänzungen der Matrixverben interpretiert werden, sondern als„ ‚ Spur' des Valenzrahmens eines getilgten Kommunikationsverbs" (ebd.: 44). *Beruhigen* und *lachen* sollen dementsprechend als ‚beruhigend sagen' und ‚lachend sagen' paraphrasiert werden (vgl. ebd.).

2.5.3 *W*-Exklamativsätze

Bei den von *w*-Wörtern eingeleiteten Nebensätzen ist zwischen der interrogativen und exklamativen Lesart zu unterscheiden:

(47) Es ist unklar, ob / wann er kommt. [*ob*- und *w*-Interrogativsatz]

(48) Es ist unglaublich, *ob / wie schnell er kommt. [*w*-Exklamativsatz]

Laut Bausewein (1990: 134) liegt der Unterschied zwischen beiden Nebensatzarten „in ihren Propositionstypen": *W*-Exklamativsätze „enthalten Propositionen mit einem geschlossenen Wahrheitswert", während *w*-Interrogativsätze „Propositionen mit einem offenen Wahrheitswert" ausdrücken (ebd.). Bausewein befasst sich in Bezug auf die abhängigen *w*-Exklamativsätze in erster Linie mit denjenigen, in denen die Konjunktion *wie* in Verbindung mit einem Adjektiv auftritt. Es wird angemerkt, dass in diesen *w*-Sätzen i. d. R. präsupponiert wird, „daß die im Adjektiv denotierte Eigenschaft in hohem Grade vorhanden ist" (ebd.: 132), während in den Interrogativsätzen mit *wie* + Adjektiv „offen [bleibt], in welchem Grade die im Adjektiv denotierte Eigenschaft gilt" (ebd.).

(49) Peter konnte gar nicht glauben, wie groß Paul ist. [mit geschlossenem Wahrheitswert] (ebd.: 131)

(49a) Peter konnte gar nicht glauben, dass Paul so groß ist.

(50) Peter fragt, wie groß Paul ist. [mit offenem Wahrheitswert] (ebd.)

Wegen ihres geschlossenen Wahrheitswertes lassen sich *w*-Exklamativsätze stets durch *dass*-Sätze ersetzen, wie (49a) zeigt. Das deutet darauf hin, dass sämtliche prädikativen Ausdrücke, bei denen das Subjekt- oder Akkusativobjekt als *dass*-Satz realisierbar ist, ebenfalls *w*-Exklamativsätze subkategorisieren können. In Rehbock (2001: 357) wird in Bezug auf andere Subjunktionen davon ausgegangen, dass die von *wie*, *welch* und *was für* eingeleiteten *w*-Exklamativsätze das Gros dieses Satztypes bilden. Der Autor erläutert fünf Arten sprachlicher Signale, die den skalaren Wert im *w*-Satz zum Skalenpol verschieben können und die exklamative Lesart gegenüber der interrogativen begünstigen, wie die Verwendung polar markierter Antonyme (*langsam* vs. *schnell*) und intensivierender Attribute (z. B. *unglaublich*) u. a. (vgl. ebd.):

(51) Er hat keine Ahnung, wie langsam / wie unglaublich schnell sie fährt.

Bei den prädikativen Ausdrücken, die sowohl *w*-Fragesätze als auch *w*-Exklamativsätze determinieren können, kann Formgleichheit zwischen beiden Interpretationen bestehen, wenn keine sprachlichen Indikatoren für die Skalenpolverschiebung vorkommen. Ob der *w*-Satz in (52) eine exklamative Lesart erhält und daher in einen *dass*-Satz umgewandelt werden kann, muss anhand des Kontextes identifiziert werden.

(52) Er weiß nicht, wie groß der Unterschied ist. (mit offenem / geschlossenem Wahrheitswert)

2.5.4 Ergänzende wenn- und als-Sätze

Unter nicht-kanonischen Subjekt- und Akkusativobjektsätzen sollen ergänzende *wenn-* und *als*-Sätze verstanden werden. Wie die Bezeichnung andeutet, können sie als satzförmige Ergänzungen fungieren, obwohl „die adverbielle Semantik dieser Sätze durchaus auch vorhanden ist" (Bausewein 1990: 136):

> (53) Sie würde es sehr mögen, wenn sie irgendwann daran teilnehmen könnte.
>
> (54) Sie nahm es ihm übel, als er in der Prüfung durchgefallen ist.

Der syntaktische Status der *wenn-* und *als*-Sätze ist in der Literatur nicht eindeutig geklärt. Häufiger werden sie nur mit Vorbehalten zu den Ergänzungssätzen gerechnet (vgl. ebd.: 135) und dementsprechend als Sätze mit „Quasisubjekt- bzw. Quasiobjektfunktion",(Metschkowa-Atanassowa 1983: 150) oder „Zwittererscheinung" (Bausewein 1990: 137; Pittner 2013: 443) bezeichnet. Anders als die ‚normalen' *wenn-* / *als*-Adverbialsätze, wie ‚*wenn das Wetter gut ist, machen wir einen Ausflug*', kann der *wenn*-Satz in (55) nicht willkürlich weggelassen werden. Die Realisierbarkeit der ergänzenden *wenn-* / *als*-Sätze ist auf die Valenzmerkmale des Prädikates zurückzuführen, was auf ihren Status als Ergänzungen hindeutet (Bsp. 56):

> (55) Allerdings muss man dem Hauseigentümer mitteilen, wenn ein enger Verwandter einzieht. (M14/MAR.01967)
>
> (55a)*Allerdings muss man dem Hauseigentümer mitteilen.
>
> (56) Es geht / *stimmt nicht, wenn Du nicht kommst.

Darüber hinaus wird das Argument, ihnen den gleichen syntaktischen Status wie den Ergänzungssätzen zuzuweisen, dadurch untermauert, dass die koordinative Verknüpfung der beiden Nebensatztypen möglich ist (vgl. Oppenrieder 1991: 267):

> (57) Wen wundert es da, wenn dieser Personenkreis oft keine Kraft mehr für den Beruf hat – und dass Abiturienten am Schuldienst kaum Interesse zeigen? (U07/ NOV.03541)

Die Unklarheit ihres syntaktischen Status ist der Tatsache geschuldet, dass ergänzende *wenn-* / *als*-Sätze ein „eigenständig referierendes Pronomen"

(Oppenrieder 1991: 267) (*das* oder *dies*, seltener auch *es*) erzwingen, wenn sie dem Matrixsatz vorangehen. In diesem Fall kann das referierende Pronomen nicht im Vorfeld, sondern ausschließlich im Mittelfeld stehen:

(58) Wenn Sie irgendwelche Probleme haben, lassen Sie es uns bitte wissen / *lassen Sie uns bitte wissen.

(59) Wenn er nicht kommt, ist das besonders schlimm / ??das ist besonders schlimm.

Allerdings kann das Vorfeld des Matrixsatzes durch *dann* und *da*, die als fakultative Korrelate zu konditionalen und temporalen Adverbialsätzen zu betrachten sind, besetzt werden. In diesem Fall werden die *wenn-* / *als*-Sätze ins Vorvorfeld verschoben:

(60) Wenn Sie irgendwelche Probleme haben, (dann) lassen Sie es uns bitte wissen.

(61) Als er das Rennen nicht gewann, (da) nahm man ihm das übel.

Die koordinative Verknüpfung scheint im Vorvorfeld oder Vorfeld äußerst fraglich zu sein:

(62) ??Dass er die Einladung bestätigt und wenn Du auch kommen kannst, das freut mich sehr.

Werden die obengenannten Faktoren betrachtet, lassen sich die ins Nachfeld extraponierten *wenn-* und *als*-Sätze praktisch als Ergänzungen einstufen und die den Hauptsätzen vorangehenden eher als Adverbialbestimmungen. Unabhängig des Auftretens von den fakultativen Korrelaten zu Adverbialsätzen (*dann* und *da*) ist ein Pronomen mit anaphorischem Bezug (*es* oder *das*) notwendig, damit die syntaktische Valenzstruktur des Hauptsatzes vollständig realisiert wird. Im Folgenden wird nicht weiter auf die obligatorischen anaphorischen Pronomina *es* und *das* für die linksversetzten *wenn-* und *als*-Sätze eingegangen.

2.6 Auftretensbedingungen und linguistische Funktionen des es-Korrelates

Ob das *es*-Korrelat im Matrixsatz realisiert wird, hängt von einer Reihe linguistischer Einflussfaktoren ab. Dazu gehören vor allem die Valenzmerkmale des

Prädikates, die syntak-tischen Eigenschaften des Matrix- und Nebensatzes, die pragmatischen und stilistischen Faktoren sowie die individuellen Präferenzen der jeweiligen Autoren. Sudhoff hat die Bedingungen für die Setzung der deutschen Korrelate im folgenden Modell zusammengefasst:

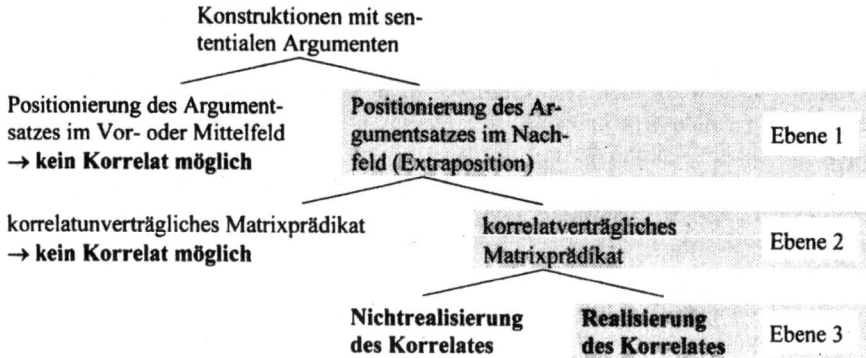

Abbildung 1: Auftretensbedingungen von Korrelaten (Sudhoff 2003: 56)

Die Ebene 1 zeigt die „Stellungsvarianten, die den Gebrauch eines Korrelates generell unterbinden" (ebd.: 54). Folglich ist eine weitere Diskussion über die *es*-Setzung erst dann sinnvoll, wenn der Subjekt- oder Akkusativobjektsatz extraponiert wird. Die Vorfeld- oder Mittelfeldbesetzung des Nebensatzes (abgesehen von ergänzenden *wenn*- und *als*-Sätzen) blockiert generell das *es*-Korrelat, weil dessen Verweisfunktion bereits entfällt:

(63) weil (*es) mit Fred verheiratet zu sein anstrengend ist (ebd.: 55)

(64) Mit Fred verheiratet zu sein, ist (*es) anstrengend. (ebd.)

Die Bedingung auf der zweiten Ebene bezieht sich auf den Valenzträger. Bei den Prädikaten, die kein *es*-Korrelat zulassen, kann lediglich ein anaphorisches Proform-*es* mit dem Nebensatz, der bereits erwähnte Proposition beinhaltet, korrespondieren. Vorausgesetzt, dass das Prädikat *es*-verträglich ist, können satzinterne- und externe-Faktoren eine Rolle bei der abschließenden Entscheidung zur *es*-Realisierung oder -Eliminierung spielen (Ebene 3). Ggf. kann der Auftritt von *es* erzwungen werden.

Hinsichtlich der zweiten und dritten Ebene von Sudhoffs Modell wird in den folgenden Kapiteln den Auftretensbedingungen von *es* auf der lexikalischen, syntaktischen und pragmatischen Ebene nachgegangen. Dabei werden die linguistischen Funktionen des *es*-Korrelates erläutert, da sie von der Realisierung oder Nichtrealisierung des *es* widergespiegelt werden können.

2.6.1 Prädikat im Matrixsatz

Unbestritten ist, dass der Korrelatgebrauch stark von dem jeweiligen Prädikat im Matrixsatz abhängt. In manchen Grammatiken[①] werden Listen mit Matrixverben und deren Korrelat-Zulässigkeit erstellt. Auch die Korrelat-Zulässigkeit von Kopulakonstruktionen und mehrteiligen Prädikaten (wie z. B. FVG) soll als Teil ihrer lexikalischen Eigenschaften verstanden werden, wie im *Duden-Grammatik* konstatiert wird: „Bei bestimmten Verben (bzw. Adjektiven und Substantiven) besteht eine starke Tendenz, ein Korrelat zu setzen, bei anderen nur eine schwache oder gar keine" (2009: 1055). Allerdings ist bei der *es*-Thematik selten von hundertprozentigen Regeln die Rede. Dazu merkt Sandberg (1998: 155) an, dass „der ‚Freiraum', was die Beherrschung lexikalischer Regeln betrifft, erfahrungsgemäß immer größer ist als bei der Beherrschung reiner Grammatikregeln".

Aus diesem Grund gehen manche Autoren von einem Kontinuum-Modell aus, das von der absoluten Obligatorik bis hin zur Unzulässigkeit des *es*-Korrelates reicht, und schlussfolgern, dass sich die meisten Prädikate zwischen den Skalenpolen befinden. Laut der Statistik in Ulvestad und Bergenholtz (1983) bilden nur jeweils elf transitive Matrixverben mit Inf-sätzen und sieben mit *dass*-Sätzen die beiden Skalenpole des Kontinuums, nämlich ein hundert- oder nullprozentiges Vorkommen des Korrelates. In Bezug auf die quantitativen Ergebnisse wird in der *GdS* angemerkt, dass selbst diese Verben auf keine absolute Notwendigkeit oder Unzulässigkeit des *es*-Gebrauchs verweisen können (vgl. 1997: 1483). Als Gegenbeispiel wird der folgende *es*-lose Beleg bei *verantworten* angeführt, bei dem das *es* in der Korpusuntersuchung von Ulvestad und Bergenholtz stets auftritt:

(65) Wie kann man verantworten, hier ein neues Kernkraftwerk zu errichten! (ebd.)

Für die Didaktik dieser Thematik liegt es nahe, aufgrund starker Tendenzen Generalisierungen bzw. ‚Faustregeln' zu erstellen. Denn einerseits können die ‚Kann-Regeln', die im engen Zusammenhang mit dem Kontinuum stehen, den DaF-Lernern in der Praxis nur sehr begrenzt helfen (vgl. Boszák 2009: 61). Andererseits ist es bei den Verben mit starker Tendenz zur *es*-(Nicht-)Setzung durchaus möglich, dass die

---

① In Engel (2004: 138ff.); Schade (2009: 256f.); Hall & Scheiner (2014: 337ff.) u. a.

Gegenbeispiele lediglich unter Einbeziehung bestimmter satzinterner und -externer Faktoren hohe Akzeptanz finden. Wiederum können andere Faktoren vorkommen, die die (Nicht-)Realisierung von *es* noch stärker begünstigen. Wenn im DaF-Unterricht aus zeitlichen Gründen nicht auf sämtliche Details eingegangen werden kann, können die auf Prädikaten basierenden Generalisierungen dazu beitragen, das Regelsystem zu vereinfachen und didaktisierbarer zu machen. Das heißt aber nicht, dass auf das fakultative *es* komplett verzichtet wird. Nur bei den Prädikaten, die sich sehr nah an den Skalenpolen (+/– *es*) befinden, werden die starken Tendenzen in dem didaktischen Konzept als Regeln vorgestellt, wobei die DaF-Lerner darauf hingewiesen werden, dass es sich bei diesen Regeln um Sprachgewohnheiten handelt und die Möglichkeit besteht, beim Lesen auf Gegenbeispiele zu stoßen.

Der *es*-Gebrauch unterscheidet sich von Prädikat zu Prädikat und dasselbe Prädikat kann auch semantisch auf verschiedene Varianten verweisen, von denen das *es*-Auftreten abhängt. In extremer Weise interpretiert Sandberg (1998) die Relation zwischen der Korrelatsetzung und den Bedeutungsvarianten eines Prädikates mit Akkusativobjektsätzen in den allermeisten Fällen als eine Eins-zu-eins-Entsprechung. Das führt dazu, dass das fakultative *es* keinen ‚Lebensraum' mehr hat. In anderen relevanten Studien wird der Umfang der Matrixverben mit mehreren Bedeutungsvarianten im Rahmen der *es*-Problematik drastisch verkleinert. Am häufigsten werden die wenigen Verben wie *schätzen* (etwas annäherungsweise berechnen / wertschätzen), *aufgeben* (auf ... verzichten / etwas auftragen), *verstehen* (etwas begreifen / gut können) usw. behandelt, deren Bedeutungsvarianten diverse semantische (und ggf. auch valenzstrukturelle) Unterschiede aufzeigen. Fernerhin geht Zitterbart (2002a: 94f.) auf eine kleine Gruppe von „homonymischen Verben" ein, die eine Reihe von Gefühlsverben umfasst, wie *lieben*, *hassen*, *begrüßen*, *bedauern* usw. Bei *begrüßen* und *bedauern* ist eine Unterscheidung zwischen einer *verbum-dicendi*-Variante und einer emotiv-faktiven Variante, bei der das Korrelat fakultativ ist (vgl. Auf'mkolk 137f.), am besten nachvollziehbar. Die *verbum-dicendi*-Variante ist als „begrüßend / bedauernd äußern" zu paraphrasieren, kann einen Verbzweitsatz selegieren und erlaubt wie *sagen*, äußern usw. kein *es* im Matrixsatz, wobei die emotiv-faktiven Variante uneingeleitete Nebensätze ausschließt und ein fakultatives *es* erfordert:

(66) Die MVV Energie AG sprach von einem Defekt im Leitungsnetz und bedauerte

[*es], ein Kabel sei kaputt gewesen. (M10/APR.30661)

(67) Wir bedauern (es), dass die Automaten wegen Vandalismus heute außer Betrieb
sind.

2.6.2 Syntaktische Faktoren

Wie das Matrixprädikat kann der Nebensatztyp eine Rolle beim *es*-Gebrauch
spielen. In der *GdS* (1997: 1476) findet sich die Generalisierung, dass eingeleitete
Nebensätze insgesamt korrelatfreundlicher als Inf-Sätze sind. Eine ähnliche Ansicht
wird in Zitterbart (2002a) vertreten, wobei hier nur *dass*-Sätze mit Inf-Sätzen
verglichen werden:

> So kann ein *daß*-Satz wegen seiner Fähigkeit, faktische Sachverhalte zu denotieren,
> „korrelatfreundlicher" erscheinen als andere Satztypen. Auch kann eine satzwertige
> Infinitivkonstruktion, wegen des starken Integrationsgrades zwischen Matrixsatz und
> satzwertiger Infinitivkonstruktion, sich „korrelatabweisend" verhalten. Dies sind aber
> lediglich Tendenzen und keine feste Regeln. (Zitterbart 2002a: 68)

Die quantitativen Untersuchungsergebnisse in Kap. 4 – 6 beweisen aber das
genaue Gegenteil dieser Aussage: Bei einem großen Teil der Vollverben und
Kopulakonstruktionen, die ein *es* erlauben, wird das Korrelat bei Inf-Sätzen
stärker begünstigt als bei *dass*-, *ob*- oder *w*-Sätzen. Solange ein Inf-Satz komplett
extraponiert wird[①], wirkt er meistens als ein *es*-fördernder Faktor, was an der
topologischen und syntaktischen Instabilität und der mangelnden Subjunktion der
Inf-Sätze liegen kann (siehe genau Kap. 6.1). Dass das *es*-Korrelat bei Inf-Sätzen
– ebenfalls bei ergänzenden *wenn*-Sätzen – i. d. R. mit höherer Wahrscheinlichkeit
vorkommt, entspricht seiner Rolle, „die syntaktische Funktion des nachfolgenden
Satzes [zu] verdeutlichen" (Pittner 2013: 453). In Bezug auf die *wenn*-Sätze
behauptet Eisenberg: „Je weniger eine Komplementposition für Sätze syntaktisch
festgeschrieben ist, desto eher braucht sie *es* zur Anbindung des Satzes" (Eisenberg
2013: 324). Die Subjunktionen *dass*, *ob* und *w*-Fragewörter können dazu beitragen,
den syntaktischen Status des extraponierten Nebensatzes zu verdeutlichen, was die
Notwendigkeit des *es*-Korrelates schwächen kann.

---

① Ereignet sich Linksverschachtelung oder Mittelfeldbesetzung eines Inf-Satzes, wird das Korrelat
auf der syntaktischen Ebene gesperrt:
- Das wage ich (*es) zu bezweifeln. (Linksverschachtelung)
- Ich denke, dass (*es) mit ihm zu kommunizieren sehr schwierig ist. (Mittelfeldbesetzung)

Darüber hinaus werden andere Kriterien in der Literatur[①] formuliert, wie die Distanz zwischen dem finiten Verb des Matrixsatzes und dem extraponierten Nebensatz, die Tempora des Matrixsatzes, die (Nicht-)Erscheinung sowie die Erscheinungsarten bestimmter Satzglieder (pronominal / substantivisch). Solche Kriterien werden stets in Bezug auf bestimmte Prädikate eingeführt, dennoch ist kaum belegt, inwieweit die Kriterien auch adäquat für andere Prädikate sind und ob sie tatsächlich einen signifikanten Einfluss auf den *es*-Gebrauch ausüben. Die obengenannten Kriterien werden in der vorliegenden Untersuchung weiter behandelt.

Weiterhin lässt sich beobachten, dass bei bestimmten Matrixverben der *es*-Gebrauch drastisch reduziert wird, wenn ein Verbteil, ein Subjekts-/ Objektsprädikativ oder ein obligatorisches Präpositionalobjekt ins Vorfeld rückt, wie das folgende Satzpaar zeigt (siehe genau Kap. 4.5, 5.5 u. a.):

> (68) Vom Bericht der Inspektoren hängt es ab [/ hängt ab], ob Athen die nächste Tranche aus dem Hilfsprogramm von EU und IWF ausgezahlt bekommt. (U11/ SEP.02935)
> (69) Deshalb hängt es vom Bericht der Inspektoren ab / ??Deshalb hängt vom Bericht der Inspektoren ab, ob ...

Manche Matrixprädikate haben zwei oder mehr Rektionsvarianten und können deswegen sowohl Akkusativ- als auch Präpositionalobjektsätze determinieren. Dieser Problematik wurde zuerst in Holmlander (1979: 61f.) in Bezug auf 17 Matrixverben nachgegangen. Laut Holmlander (ebd.) lassen sie sich weiter in zwei Gruppen einteilen, je nachdem, ob sie ein substantivisches Akkusativobjekt subkategorisieren können[②]:

> • Gruppe A: Verben, die ein substantivisches Akkusativobjekt zulassen
>
> anfangen; beginnen + Akk. / mit Dat.   sich beklagen + Akk / über Akk.
> erfahren; wissen + Akk. / von Dat.   glauben + Akk. / an Akk.
> suchen + Akk. / nach Dat.   berichten; erzählen; hören; lesen + Akk. / von Dat. / über Akk.
>
> • Gruppe B: Verben, die lediglich pronominales oder satzförmiges Akkusativobjekt

---

①   Vor allem haben sich Marx-Moyse (1983, u. a.) und Boszák (2009) in ihren Untersuchungen eingehend mit diesen Faktoren beschäftigt.

②   Beispielsweise kann das Verb *hoffen* kein substantivisches Akkusativobjekt determinieren:

• Das hoffe ich. / *Ich hoffe seinen Erfolg.

erlauben

hoffen + Akk. / auf Akk.   bitten + Akk. / um Akk.

fragen + Akk. / nach Dat.   raten + Akk. / zu Dat.

Mit wenigen Ausnahmen zählen sie zu den Verben des Sagens, Denkens usw. Daher kommt das *es*-Korrelat bei diesen Verben ohne anaphorischen Bezug nicht vor. Bei extraponierten Präpositionalobjektsätzen ist das entsprechende Pronominaladverb generell fakultativ [1]:

> (70) Sie erzählte von ihrem Job im Museum und [*es / (davon,)] dass sie eine Sitzung
>   vorbereiten musste. (U10/AUG.01525)

Lediglich die fakultativen Pronominaladverbien könnten dazu beitragen, den syntaktischen Kasus (Akkusativobjekt vs. Präpositionalobjekt) zu markieren und die Eindeutigkeit der Satzkonstruktion zu gewährleisten. Diese Funktion wird dem *es*-Korrelat nicht zugeschrieben (vgl. Zitterbart 2002a: 92f.). Wird kein Korrelat im Matrixsatz eingefügt, kann man lediglich anhand der satzinternen und kontextuellen Proposition folgern, ob es sich bei dem extraponierten Nebensatz um einen Akkusativ- oder einen Präpositionalobjektsatz handelt, wie Latour (1985) konstatiert:

> Wird bei den Verben der obigen Liste [wie *berichten*, *erfahren* u. a.; Y. Y.] nur das
> fakultative Korrelat tatsächlich weggelassen, so ist nicht mehr zu erkennen, ob
> es sich bei der SE [Satzergänzung; Y. Y.] um eine SE_4 [Präpositionalergänzung; Y.
> Y.] oder eine SE_1 [Akkusativergänzung; Y. Y.] handelt [...]. Will man den jeweiligen
> Bedeutungsunterschied [zwischen der Präpositional- und Akkusativergänzung]
> bewahren, so muß das Korrelat gesetzt werden. (Latour 1985: 127)

---

[1] Eine Ausnahme bildet hier das Verb *denken*. Im Sinne von ,etwas meinen oder annehmen' ist das Verb transitiv. Das *es*-Korrelat muss in diesem Fall im Matrixsatz fehlen:

• Ich denke, man sollte sich neben der Arbeit immer Freiräume erhalten. (U10/AUG.03327)

    Wird das Verb im Matrixsatz als ,die Überlegungen oder Gedanken auf etwas richten' paraphrasiert, ist das Korrelat *daran* nicht zu eliminieren (vgl. *VALBU* 2004: 291f.):

• Eine gute Freundin hat mir damals gesagt: „Denk dran, dass am Ende alles gut wird [...]" (RHZ14/JUN.07245)

2.6.3 Pragmatische und stilistische Faktoren

Die kontextuellen Funktionen des *es*-Korrelates werden in Zitterbart (2002a, 2002b) eingehend behandelt. So wird dort beispielsweise angemerkt, dass das *es* als „Vorerwähntheitssignal" darauf hinweisen kann, dass sich der Inhalt im Nebensatz auf die Hintergrundinformationen[①] bezieht (vgl. Zitterbart 2002a: 59f, 2002b: 192). Bei manchen ambivalenten Valenzträgern (z. B. *freuen in etwas* freut *mich / ich* freue *mich auf etwas*) kann *es* auch als „Stabilisator" eingesetzt werden, um das Verständnis des Satzbaus zu erleichtern (vgl. 2002b: 192). Fernerhin kann das *es* als Progressionsindikator fungieren, um hervorzuheben, dass die Proposition im extraponierten Subjektsatz thematisch von dem Inhalt im vorangehenden Kontext abhängt (z. B. in kausaler Relation oder in der Kontrastrelation). Diesbezüglich ist das *es*-Korrelat als, in diesem Zusammenhang' (vgl. Zitterbart 2002b: 182f.) zu paraphrasieren.

Letztlich hängt die *es*-Setzung von der stilistischen Adäquatheit und dem eigenen Schreibstil eines Autors oder Redestil eines Sprechers ab. Bei manchen Prädikaten, die das *es*-Korrelat sehr stark fördern, wie *bevorzugen, ermöglichen* u. a., lassen sich *es*-lose Belege oft als gesprochensprachlich einstufen. Dieser Aspekt wird z. B. anhand der Verben mit Objektsprädikativen behandelt (siehe Kap. 5.5).

2.7 Forschungsstand

Das Korrelat-*es* wird in der Literatur hinsichtlich verschiedener Aspekte untersucht. Während in Pütz (1975) und Sonnenberg (1992) jeweils der theoretischen Ausarbeitung der *es*-Typen und des deutschen Korrelat-Gesamtsystems nachgegangen wird, haben andere Autoren mehr Wert auf die Gebrauchsregeln von *es* gelegt. In diesem Kapitel wird der aktuelle Forschungsstand in Bezug auf das *es*-Korrelat zusammengefasst.

[①] Auch Kemme (1979) erwähnt im Rahmen der Rhema-Thema-Gliederung die Vorerwähntheit von *es*: „das *es* [kündigt] thematische Objektsätze an (Bekanntes, Vorauszusetzendes, Ableitbares), über die im Trägersatz Wesentliches, Neues (Rhematisches) ausgesagt wird. Dagegen sind Objektsätze, die nicht durch *es* angekündigt werden, dem Rhema zuzurechnen [...]" (Kemme 1979: 20f.).

Die Korrelat-Systematik wird in **Sonnenberg (1992)** eingehend besprochen. Sonnenberg versucht in Anlehnung an vorherige Ansätze, eine theoretische Beschreibung des Status sämtlicher deutscher Korrelate vorzunehmen. Zudem systematisiert der Autor gemäß seiner Begriffserklärung (zitiert in Kap. 2.3) die von ihm ausgewählten Korrelate und grenzt diese von anderen korrespondierenden Elementen ab. Als sprachliches Material dient dem Autor Martin Luthers Bibelübersetzung. Quantitativ wird in Sonnenberg (1992) „die Menge möglicher Korrelate gegenüber praktisch allen bekannten Darstellungen ganz erheblich [erweitert]" (Engel 1995: 436). Die Korrelate werden dort anhand von drei Dimensionen unterschieden, indem der Autor zu erforschen versucht, inwiefern das Korrelat neben der determinierenden Funktion auch „als Quantor für Satzphrasen" (Sonnenberg 1992: 143) dient. Bei den quantizifierenden Korrelaten handelt es sich um die Indefinitpronomina, die „den Geltungsumfang des, Relativsatzes'" (ebd.: 181) bestimmen:

> (71) Denn alle Kreatur Gottes ist gut, und nichts ist verwerflich, das mit Danksagung empfangen wird. (ebd.)

Außerdem wird eine Klassifizierung nach der syntaktischen Funktion des Korrelates im Matrixsatz (Ergänzung / Angabe) und des Nebensatzes vorgenommen, nämlich ob es sich dabei um einen Relativsatz handelt. Korrelate, die von dem Matrixprädikat subkategorisiert werden und als Ergänzung fungieren, werden als „Korrelate in E-Position" (ebd.: 145) gekennzeichnet, zu denen *es* gehört. Während der Autor die Weglassbarkeit von Bezugselementen der Relativsätze umfassend ausführt[1], werden die Auftretensbedingungen des *es*-Korrelates nur am Rande erwähnt. Auf die lexikalischen und informationsstrukturellen Faktoren wird in Sonnenberg (1992) nicht eingegangen.

In Pütz (1975) und Czicza (2013) wird der Schwerpunkt auf die unterschiedlichen Verwendungsweisen von *es* gelegt, zu denen das Korrelat-*es* zweifelsohne gehört. In **Pütz (1975)** wird anhand einer Satzdatenbank ein Klassifikationsmodell aufgebaut, indem mittels fünf Filterfragen die Größe des *es*-Elementes in neun Endmengen aufgeteilt wird. Diese Endmengen entsprechen fünf *es*-Typen in Bezug auf ihre grammatischen Funktionen, nämlich dem Vorfeld-*es*

---

[1] Z. B. Sonnenberg (1990: 141f.)

(Endmenge 1), welchem ausschließlich eine Satzeröffnungsfunktion beigemessen und kein Kasus zugewiesen wird sowie vier weiteren *es*-Typen, die sowohl im Nominativ als auch im Akkusativ gebraucht werden können: dem Korrelat-*es* (Endmenge 2 und 3), der Proform-*es* (Endmenge 4 und 5), dem Pronomen-*es* (Endmenge 6 und 7) sowie dem expletiven *es* (dem Quasi-Subjekt und dem Quasi-Objekt, Endmenge 8 und 9).

In Bezug auf die Auftretensbedingungen des Korrelat-*es* grenzt Pütz 53 korrelat-unfähige Verben wie *andeuten, empfehlen, wünschen* u. a. (Pütz 1975: 70ff.), die bestimmte Permutationstransformationen zulassen, von den Verben mit fakultativem *es* ab (siehe genauer Kap. 5.1). Außerdem behauptet der Autor, dass sich die *es*-Unzulässigkeit bei diesen Verben im Aktiv auf das Vorgangspassiv übertragen lässt (ebd.: 80). Beispielsweise kann das *es*-Korrelat bei *wünschen* im Vorgangspassiv ausschließlich im Vorfeld stehen:

> (72) Vom Arzt wurde gewünscht, der Patient solle das Bett hüten.
> (72a)*Vom Arzt wurde es gewünscht, der Patient solle das Bett hüten. (ebd.)
> (72b)Es wurde vom Arzt gewünscht, der Patient solle das Bett hüten. (ebd.)

Zum Thema des *es*-Gesamtsystems muss auch die aktuelle, umfassende Arbeit von **Czicza (2013)** erwähnt werden. Die *es*-Gebrauchsweisen werden von Czicza in erster Linie in zwei Klassen eingeteilt, nämlich das phorische- und nicht-phorische-*es*. In Bezug auf das Korrelat-*es* weist der Autor darauf hin, dass die deiktische Einteilung dieses *es*-Typs gewisse Unklarheiten mit sich bringt und die Literatur diesbezüglich kein einheitliches Bild zeigt (vgl. Czicza 2013: 67). Dem Standpunkt von Schmidt (1987: 107) usw. folgend, klassifiziert Czicza (2013: 68f.) das Korrelat-*es* als eine besondere phorische *es*-Art. In Vergleich zu anderen phorischen *es*-Typen, wie das Pronomen- und Proform-*es*, zeichnet sich das Korrelat-*es* durch folgende Charakteristika aus: Es wird stets kataphorisch verwendet, verweist lediglich auf eine Gebundenheit im Rahmen eines zusammengesetzten Satzes. Es ist nicht „substituenshaft" (ebd.: 19), d. h., der extraponierte Nebensatz kann nicht durch das Korrelat ersetzt werden. Letztlich sei das Korrelat-*es* wegen seiner unregelmäßigen Auftretensbedingungen als phorisches *es* mit grammatischen Besonderheiten zu betrachten (vgl. ebd.: 67f.). In Bezug auf sein Auftreten im Mittelfeld des Matrixsatzes wird allgemein auf lexikalische, grammatisch-semantische und informationsstrukturelle Faktoren eingegangen, die keinen Schwerpunkt in Czicza (2013) bilden.

Darüber hinaus setzt sich eine Reihe Untersuchungen umfassend mit den Auftretensbedingungen des Korrelat-*es* in verschiedenen syntaktischen Umgebungen auseinander. Zum ersten Mal wird in einem zweiteiligen Beitrag *Es als „Vorgreifer" eines Objektsatzes* in **Ulvestad und Bergenholtz (1979, 1983)** eine korpusbasierte quantitative Untersuchung durchgeführt, um die Gesetzmäßigkeit der *es*-Setzung für Akkusativobjektsätze (*es1*)[1] zu illustrieren. Die Autoren vertreten den Standpunkt, dass allein die Intuition von Muttersprachlern oder die Untersuchung anhand eines Textkorpus mit geringem Umfang zur Auseinandersetzung mit diesem Thema nicht ausreicht (vgl. 1983: 4). Aus dem selbst aufgebauten Leserkorpus aus über 700 Romanen (vgl. ebd.: 10) werden Belege mit Akkusativobjektsätzen (Inf- und *dass*-Sätzen) bei 444 Matrixverben ausgelesen. Jeweils 50 und 66 Verben bei Inf- und *dass*-Sätzen werden separat mit Kennzeichnung der prozentualen Angaben (+/– *es*) aufgelistet, weil bei denen jeweils mehr als zehn Belege gefunden werden. Laut Ulvestad und Bergenholtz befinden sich ganz wenige Verben in der Nähe von den Polen des Kontinuums (nahezu 100% +/– *es*), was dazu führt, dass keine didaktisch sinnvollen Vorschläge anhand der statistischen Daten gemacht werden können.[2]

Außerdem befasst sich die Untersuchung eingehend mit dem Phänomen des ‚anaphorischen *es*'. Vor der eigens vorgenommenen Datenanalyse wurde bereits darauf hingewiesen, dass bei vielen *verba dicendi* und *sentiendi*, wie *sagen, fühlen* u. a., „eine allgemeine fakultative Regel für das Setzen von *es* unzutreffend ist" (ebd.: 4). Laut den Autoren handelt es sich bei dem Inhalt des Nebensatzes um „eine Wiederholung von etwas früher Gesagtem, Gedachtem usw." (ebd.: 24), falls ein anaphorisches *es* gebraucht wird. Das heißt aber nicht, dass der Nebensatz „ein wortgetreues Zitat" (ebd.) sein muss. Das anaphorische *es* kann „rückgreifend auf eine Menge geäußerter, gedachter, gewußter Inhalte einem besonderen Teilinhalt selektierend" vorgreifen (ebd.).

---

[1] Das Korrelat-*es*, das mit einer akkusativischen satzförmigen Ergänzung korrespondiert, wird von Latour (1985: 120) als *es1* gekennzeichnet. Dieses Zeichen wird von der vorliegenden Untersuchung übernommen.

[2] „Es muß Didaktikern überlassen bleiben, aus der hier vorgelegten Statistik Schlußfolgerungen für den didaktischen Gebrauch zu ziehen" (ebd.: 21).

Der Einfluss des anaphorischen *es* auf die statistischen Ergebnisse[①] wurde aus Platzgründen nicht weiter illustriert. Trotz des Mangels an Vielfältigkeit der Textsorten ist der Beitrag aufgrund des Untersuchungsverfahrens als ein Wendepunkt in der Korrelat-Forschung zu betrachten.

Als die erste einschlägige Studie über die Auftretensbedingungen von *es* zu Subjektsätzen (*es0*)[②] befasst sich **Marx-Moyses (1983)** mit nahezu 200 Matrixverben und mehrteiligen Prädikaten, die mit Subjektsätzen korrespondieren können. Die Autorin betrachtet die möglichen Subjektsatztypen der Matrixverben als einen ausschlaggebenden Indikator für deren *es0*-Verträglichkeit (vgl. ebd.: 9, 129). Genauer gesagt, wird die *es0*-Setzung meistens stark begünstigt, wenn das Matrixprädikat ausschließlich einen Inf-Satz als Subjekt determinieren kann (wie *gelingen*, *fernliegen* usw.). Entsprechend deutet die Inf-Satz-Unzulässigkeit häufig auf die *es0*-Tilgung hin: „*Es* fällt obligatorisch weg bei bestimmten Verben, die keinen Infinitivsatz als Subjektsatz zulassen" (ebd.: 9). Dabei handelt es sich um eine Reihe, Verben des Bekanntgebens' (wie *aus ... folgen*, *hervorgehen* usw., siehe Kap. 4.1). Allerdings ist die Verbindlichkeit mit Infinitivsätzen nur als eine sehr grobe Tendenz zu betrachten. Es lässt sich eine gewisse Menge an Gegenbeispielen finden, auf die Marx-Moyse auch selbst eingegangen ist (Marx-Moyse 1983: 129). Zudem ist es fragwürdig, ob *dass*-Sätze bei Verben wie *gelingen* tatsächlich unzulässig sind[③].

Aufgrund des Mangels an Korpusbelegen, was auf die damaligen technischen

---

① Es ist damit zu rechnen, dass das anaphorische *es* in Romanen wegen der Kontinuität ihrer Geschichten in größerem Maß vorkommt als in anderen Textsorten. Bei einigen Matrixverben, die im Zeitungskorpus relativ wenig bis kaum ein *es* verlangen, wird das Korrelat deutlich häufiger im Korpus von Ulvestad und Bergenholtz realisiert, wie etwa bei *anmerken*, *erfahren*, *erwarten*, *zeigen* u. a. Auch die Autoren gehen auf diesen Faktor ein:

> In einem Roman gibt es zwei Arten von Vorwissen: Der Leser weiß zu jedem Lesezeitpunkt um die Handlungen, Zustände usw., die ihm der Schriftsteller soweit mitgeteilt hat. Auf der anderen Seite gibt es die Kenntnisse von den im Roman auftretenden Personen, was auch zum Vorwissen des aufmerksamen Lesers gehört. In einem gewissen Sinne kann man sagen, daß das *es* in den meisten Fällen sowohl rückgreifend als auch vorgreifend wirkt. (ebd.: 23)

② Das Korrelat-*es*, das mit einer nominativischen satzförmigen Ergänzung korrespondiert, wird von Latour (1985: 112) als *es0* gekennzeichnet. Dieses Zeichen wird von der vorliegenden Untersuchung übernommen.

③ Laut *VALBU* sind *dass*-Sätze bei *gelingen* durchaus möglich (2004: 421), wie z. B.:

• Mehrfach ist es ihm gelungen, dass Kapitalverbrechen wieder neu verhandelt wurden. (U10/ MAR.01268)

Einschränkungen zurückzuführen ist, wird in Bezug auf eine Vielzahl der Prädikate eine Informantenbefragung herangezogen. Ggf. müssen die Befragten auch (wahrscheinlich von der Autorin) konstruierte Beispiele beurteilen. Häufig werden bei demselben Prädikat zahlreiche semantische und syntaktische Faktoren betrachtet und die Ergebnisse der Informantenbefragung in Bezug auf einzelne Sätze gezeigt, die sich nur ganz wenig voneinander unterscheiden. Häufig werden folgende Faktoren in die Untersuchung mit einbezogen:

- ob der Matrixsatz ein Fragesatz ist
- ob der Matrixsatz eingeleitet wird
- ob der Nebensatz ein Inf-Satz ist
- ob eine bestimmte Konstituente im Vorfeld des Matrixsatzes steht (wie z. B. die Präpositionalphrase *für j-n* oder das Adverb *da*)
- ob eine bestimmte Konstituente im Matrixsatz hervorgehoben wird
- ob eine Personenbezeichnung als Substantiv oder als Pronomen realisiert wird

Dieses Verfahren bringt ein gewisses Maß an Subjektivität mit sich und erzeugt Schlussfolgerungen, die nur für einen bestimmten Fall gelten und eine Generalisierung drastisch erschweren.

Hinsichtlich der Matrixprädikate mit satzförmigen Akkusativobjekten ist Marx-Moyse in späteren Veröffentlichungen (1985, 1986a, 1986b, 1987, 1989) darauf eingegangen, unter welchen Bedingungen das *es*-Korrelat (außer am Satzanfang) im Matrixsatz, der entweder im Vorgangs- / Zustandspassiv oder in einer Passiversatzform steht, realisierbar ist. Den verschiedenen Passiv- und Passiversatzformen ist gemeinsam, dass bei vielen Verben des Mitteilens das *es*-Korrelat im Mittelfeld eliminiert wird, wie z. B.:

- Matrixsatz im Vorgangspassiv: *andeuten, angeben, behaupten, berichten* u. a.
- Matrixsatz im Zustandspassiv: *andeuten, anmerken, aussprechen, belegen* u. a.
- Matrixsatz in der Struktur, *lassen* + Infinitiv': *behaupten, denken, festhalten, formulieren* u. a.
- Matrixsatz in der sein-zu-Konverse: *andeuten, bemerken, erfahren, ergänzen* u. a.
- Matrixsatz als kommentierender *wie*-Satz: *behaupten, berichten, betonen, erwähnen* u. a.[1]

---

[1] Siehe Marx-Moyse (1985: 41; 1986a: 299; 1986b: 392; 1987: 193; 1989: 199)

Bei Prädikaten anderer semantischer Felder lassen sich didaktisierbare Richtlinien mittels der Untersuchungsergebnisse von Marx-Moyse nur schwer zusammenfassen, wie bei den Prädikaten mit Subjektsätzen.

In Bezug auf das *es*-Korrelat bei Akkusativobjektsätzen wird in **Sandberg (1998)** eine sehr umfangreiche Untersuchung vorgenommen. Im Mittelpunkt der Untersuchung steht die Analyse der *es1*-Setzung bei Verben des „Haupttypus II" (siehe Sandberg 1998: 112ff.), deren Bedeutungsvarianten den *es1*-Gebrauch bestimmen. Der Autor plädiert in seiner Erläuterung dafür, generell auf die Rede von einem fakultativen *es*-Korrelat zu verzichten. Laut Autor hängt die Entscheidung für die *es1*-Setzung stets davon ab, ob der extraponierte Akkusativobjektsatz (von Sandberg als „B-Satz" bezeichnet) einen Status als „Produktobjekt" oder „Bezugsobjekt" hat. Mit dem „Produktobjekt" ist gemeint, dass „das jeweilige Verb den B-Satz ‚produziert', und dieser den Inhalt des ‚Produkts' angibt" (Sandberg 1998: 128). Bei einem „Bezugsobjekt" handelt es sich um einen vorgegebenen, aus dem Kontext ableitbaren Inhalt, mit dem „etwas weiteres ‚unternommen' wird" (ebd.: 130). Bei den zwei Objekttypen ist das *es1* jeweils unzulässig und obligatorisch. Selbst wenn *es*-haltige und *es*-lose Belege bei demselben Matrixverb existieren, handelt es sich dabei um zwei verschiedene Lexeme mit oder ohne *es* (z. B.: *nachtragen* und *es nachtragen*), die über verschiedene Bedeutungsvarianten verfügen und jeweils Produkt- und Bezugsobjekte determinieren:

> *nachtragen*: „nachträglich die zusätzliche Information liefern, die im B-Satz enthalten ist" (ebd.: 357)
> *es nachtragen*: „jmdn. längere Zeit seine Verärgerung über eine von ihm erfahrene Beleidigung o.ä. spüren lassen" (ebd.: 356)

Die Bedeutungsvarianten bei demselben Matrixverb sind teils deutlich voneinander zu unterscheiden, teils sehr eng miteinander verflochten und daher schwer identifizierbar, worauf in Kap. 5.3 näher eingegangen wird. Auch in Bezug auf die Verben mit einem Objektsprädikativ (Haupttypus I) wird in Sandberg (1998) auf ein fakultatives Korrelat verzichtet. Es sei lediglich die Reihenfolge der Satzglieder (Subjekt, Matrixverb und Objektsprädikativ) für die *es*-Setzung von Belang (vgl. ebd.: 44ff.). Aus Sandbergs Regelmodell lässt sich schlussfolgern, dass die Satzstrukturen wie (73) und (74) das *es1* im Mittelfeld erfordern und die Struktur (75) kein *es1* zulässt:

(73) Ich halte es für wichtig, daß eine U-Bahn gebaut wird. (ebd.: 41)

(74) Daß ich es für wichtig halte, daß eine U-Bahn gebaut wird, wissen alle. (ebd.: 42)

(75) Für wichtig halte ich, daß eine U-Bahn gebaut wird. (ebd.: 41)

Während *es1* in Sätzen wie (73) und (74) tatsächlich gewöhnlich realisiert wird (siehe genau Kap. 5.5 und 6), ist *es1* in (75) völlig akzeptabel, obwohl es nicht genauso notwendig wie in den vorangehenden Belegen ist:

(75a) Für wichtig halte ich es, dass eine U-Bahn gebaut wird.

Wird dieses Regelmodell für die Kopulakonstruktionen mit einem adjektivischen Prädikatsnomen adaptiert, wie der Autor in einem Exkurs (ebd.: 46ff.) darstellt, stellen sich die gleichen Mängel heraus. Dass das *es*-Korrelat in (76) nach Sandberg ausbleiben müsse, trifft nicht zu:

(76) Wichtig ist (es), dass eine U-Bahn gebaut wird.

In **Zitterbart (2002a, 2002b)** nehmen die syntaktischen und pragmatischen Funktionen des Korrelates einen besonders großen Stellenwert ein. Wie in Kap. 2.5 erwähnt, kann das *es*-Korrelat als Vorerwähntheitssignal, Progressionsindikator und auch Stabilisator bei ambivalenten Prädikaten im Matrixsatz fungieren. Anhand eines schlicht formulierten Matrixsatzes könne *es0* ferner als „rhetorische Brücke" gesetzt werden, um den „Impakt" der Frage zu vermindern (vgl. Zitterbart 2002b: 186):

(77) Enttäuscht *es* Sie, *daß Sie trotzdem nicht in einer Reihe mit Merckx, Hinault, Indurain genannt werden?* (ebd.)

In Bezug auf die *es*-Freundlichkeit der Matrixprädikate ist die Autorin der Ansicht, dass „eine Antwort durch ein Kontinuum-Modell, das von der maximalen Akzeptabilität des Korrelates bis hin zum Korrelatverbot geht, am zweckmäßigsten ist" (Zitterbart 2002a: 205). Im Vergleich zu Marx-Moyse (1983) und Sandberg (1998) beschäftigt sich Zitterbart mit einer viel kleineren Menge von Prädikaten und fasst in den Zwischenbilanzen die *es*-Auftretensbedingungen bei den Prädikaten zusammen (vgl. Zitterbart 2002a: 84, 96; 2002b: 193). Allerdings wird in den tabellarischen Darstellungen statt dem Kontinuum-Modell das traditionelle Drei-Gruppen-Modell angeführt, in dem das *es*-Korrelat „obligatorisch" und „fakultativ" ist oder „vermieden" wird (ebd.).

In Anlehnung an die Klassifikation in Pütz (1986)[①] zieht **Sudhoff (2003)** zunächst die verschiedenen *es*-Typen in Betracht und legt dann den Schwerpunkt auf das Korrelat-*es*. Im Rahmen der minimalistischen Syntaxtheorie illustriert der Autor den syntaktischen Status des Korrelates sowie des korrespondierenden Nebensatzes. In Bezug auf die Auftretens-bedingungen des *es*-Korrelates ordnet Sudhoff jeweils 21 und 22 Verben, die mit satzförmigen Akkusativobjekten korrespondieren können, dem *behaupten*-Typ und *bedauern*-Typ zu. Verben des *behaupten*-Typs wie *behaupten*, *sehen*, *wissen* u. a. sind *es*-unzulässig, wobei das *es*-Korrelat bei Verben des *bedauern*-Typs auftreten kann, wie *bedauern*, *begrüßen*, *hassen* u. a. Auf eine weitere Unterteilung der *bedauern*-Verbklasse (mit fakultativem oder obligatorischen *es*) wird in Sudhoff (2003) verzichtet, während der Autor meint, dass das Korrelat bei *hassen* in allen Kontexten vorkommt (vgl. 2003: 107). Außerdem wird eine Reihe der entstandenen Thesen in der Literatur kritisch betrachtet, wie etwa der FVG-Ersatztest von Sadziński (1983: 337f.), die Generalisierung von Marx-Moyse (1983) in Bezug auf die Relation zwischen den Nebensatztypen und dem Korrelatgebrauch, die Differenzierung der Bezugs- / Produkts-Objekte von Sandberg (1998) u. a. Sudhoff zieht die Schlussfolgerung, dass diese semantischen und syntaktischen Faktoren „wenig aussagekräftig sind, wenn es um die Bestimmung der Auftretenswahrscheinlichkeit von *es*-Korrelaten geht" und im Deutschen offenbar „keine eindeutigen Präferenzen [existieren], die eine Vorhersage der Realisierung bzw. Nichtrealisierung grundsätzlich fakultativer Korrelate in Abhängigkeit von bestimmten Merkmalen des konkreten Satzes erlauben" (Sudhoff 2003: 117). Letztlich stellt Sudhoff die These auf, dass faktische und nichtfaktische Lesarten bei bestimmten Verben die *es*-Setzung beeinflussen können (siehe Kap. 5.3).

In Boszák (2009) und Mollica (2010) werden sämtliche Korrelate der Ergänzungssätze (*es0* / *es1*, *dem*, *dessen* und Pronominaladverbien) in Bezug auf ihre Auftretensbedingungen behandelt, wobei Mollica außerdem noch die Korrelate in der italienischen Sprache zu den Ergänzungssätzen untersucht. **Boszák (2009)** teilt die Matrixprädikate in erster Linie nach ihren Valenzeigenschaften ein, nämlich

---

① Die 2. durchgesehene Auflage von Pütz (1975)

nach der Art und Anzahl ihrer Ergänzungen. Beispielsweise werden *erlauben*, *lehren*, *beweisen* und *bekannt machen* als Vertreter der dreiwertigen Vollverben mit satzförmigem Akkusativobjekt ausgewählt. Mit den selegierten Prädikaten, die keine Vollständigkeit gewährleisten[1], wird in Boszáks Untersuchung dem Zusammenhang zwischen der Korrelatsetzung und dem Matrixprädikat sowie den anderen semantisch-syntaktischen Faktoren nachgegangen, wie z. B. Tempus des Matrixsatzes und Anzahl der Satzglieder im Mittelfeld des Matrixsatzes (vgl. Boszák 2008: 116f., 148ff.).

Die Forschungsergebnisse werden häufig in Bezug auf die Valenzstruktur der Prädikate zusammengefasst. Beispielsweise merkt Boszák an, dass das *es-*Korrelat zu Subjektsätzen bei zweiwertigen Verben (wie *freuen*) meist fakultativ und bei dreiwertigen Verben (wie *kosten*) wegen einer großen Anzahl der regierten Ergänzungen typischerweise obligatorisch ist (mit Erwähnung von Ausnahmen) (vgl. ebd.: 104ff.). Ferner ist *es* laut Boszák bei den monovalenten Verben wie *helfen*, überraschen[2] u. a. obligatorisch (vgl. ebd.: 93) und bei einigen Verben mit redeeinleitender Funktion unzulässig, wie bei *sich zeigen* und *durchsickern* (vgl. ebd.: 98, 103f.). Für den DaF-Unterricht soll ein Teil von Boszáks Aussagen vor dem didaktischen Einsatz modifiziert werden, weil davon ausgegangen werden muss, dass die DaF-Lernenden nicht über ausreichendes Wissen bezüglich der Valenztheorie verfügen.

In seiner Studie zu den deutschen und italienischen Korrelaten hat **Mollica (2010)** den größten Teil dem *es* gewidmet. Hier wird die anaphorische Proform-*es* als ein „janusköpfig" (Mollica 2010: 323) verwendetes Korrelat betrachtet, das „auf etwas zuvor Erwähntes im Text hindeutet und gleichzeitig als semanto-pragmatischer Markierer des rhematischen Status des Nebensatzes dient" (ebd.). Aus dieser Sicht lässt sich das *es-*Korrelat theoretisch ungeachtet des Kontextes bei sämtlichen Prädikaten mit extraponierten Subjekt- und Akkusativobjektsätzen hinzufügen, wie

---

[1] „Durch die gesammelten und beschriebenen Belege wird zwar kein Anspruch auf Vollständigkeit gestellt; trotzdem wird versucht anhand der ausgewählten Beispiele das Phänomen des Korrelatgebrauchs im Deutschen so gut wie möglich zu beschreiben bzw. zu erklären" (Boszák 2009: 81).

[2] Mit den monovalenten Verben hat Boszák (2009) folgende Satzstrukturen gemeint:
- Es überrascht, dass Sie trotz all dieser Probleme auch Abenteurer wurden. (U10/NOV.00745)
- Da hilft es, dass ich ein paar Worte Russisch kann. (U12/OKT.04650)

Allerdings können diese Verben ein fakultatives Dativ- oder Akkusativobjekt determinieren und sollen m. E. zu den zweiwertigen Verben zählen.

die Pronominaladverbien als Korrelate zu Präpositionalobjektsätzen. In Bezug auf das ‚janusköpfige Korrelat' fügt Mollica hinzu, dass *es* bei bestimmten Prädikaten eine starke anaphorische Funktion ausübt und bei fehlendem anaphorischem Bezug i. d. R. eliminiert wird, wie *es0* bei *verlauten* sowie *es1* bei Verben des Sagens, Denkens und Wissens (vgl. ebd.: 77, 110f.). Anhand einer dualen Methode aus Korpusanalyse und Informantenbefragung, die offensichtlich nur aus *judgementtests* besteht, hat Mollica eine Vielzahl der bisherigen Aussagen, die sich auf die Auftretenswahrscheinlichkeit von *es* beziehen, überprüft und einen großen Teil davon widerlegt oder verfeinert. Auf seine Forschungsergebnisse wird in den Kap. 4-6 näher eingegangen.

3 ZUR METHODIK

3.1 Forschungsmethoden

In Bezug auf die Problematik der *es*-Setzung können Daten für die empirische Analyse sowohl von muttersprachlichen Informanten als auch aus Korpora gewonnen werden. Wird Informantenbefragung zur Beurteilung der Akzeptabilität von *es*-haltigen und *es*-losen Belegen herangezogen, muss damit gerechnet werden, dass die Durchführung der Methode in der Praxis mit einer Reihe von Schwierigkeiten verbunden ist. Beispielsweise sollten die Belege den Informanten stets in Kontexten gezeigt werden, um den anaphorischen Gebrauch des *es* auszuschließen. Diese Vorgehensweise bringt einen großen Aufwand mit sich, wenn eine Vielzahl von Prädikaten untersucht wird. Außerdem soll wegen der mangelnden Vielfältigkeit des Themas ein „Ablenkungsmanöver" beim Test geplant werden, um „die, Naivität' des Befragten in Bezug auf das Untersuchte wiederherzustellen" (Fill 1981: 218) und zu vermeiden, dass sie beim Test selbst relevante Regeln bilden und diese dann befolgen. Dadurch kann der Aufwand aber nochmals vergrößert werden. Darüber hinaus ist zu erwähnen, dass es für *judgement-tests* schwer möglich zu sein scheint, einen objektiven Maßstab für die Korrektheit oder Akzeptabilität der Belege anzulegen. Bestimmte Formulierungen können zwar als, (noch) akzeptabel' bezeichnet werden, werden aber häufig von den Informanten im eigenen Sprachgebrauch gemieden.

Aufgrund dessen wird die vorliegende Untersuchung in erster Linie Erkenntnisse aus computerlesbaren Korpora ziehen. Mit der quantitativen und qualitativen Analyse der Korpusbelege werden die Aussagen aus einschlägigen theoretischen Darstellungen und Forschungsergebnissen überprüft und weiter spezifiziert. Dabei werden neue Richtlinien für den DaF-Unterricht ausgearbeitet. Durch eine statistische Auswertung der Belege wird festgestellt, bei welchen Matrixprädikaten das *es*-Korrelat unabhängig von anderen satzinternen und -externen Faktoren gewöhnlich auftritt oder ausbleibt. Durch die Erfahrung der vorherigen Studien ist aber vorherzusehen, dass das lediglich bei einem kleinen Teil der Prädikate der Fall sein wird. Oft liegt nur eine gewisse Tendenz zur Realisierung oder Nichtrealisierung von *es* vor, was eine genaue Betrachtung der Belege notwendig macht. In der qualitativen Analyse werden die Belege auf der semantischen, syntaktischen und textlinguistischen Ebene betrachtet, um zu Schlussfolgerungen in Bezug auf die linguistischen Faktoren, die den *es*-Gebrauch beeinflussen, gelangen zu können. Weil es sich beim *es*-Gebrauch eher um eine Stilfrage der geschriebenen Sprache handelt und die unangemessenen Anwendungen von *es* in schriftlichen Texten sprachlich merkwürdig erscheinen, werden in dieser Arbeit lediglich Korpora der Schriftsprache ausgewertet, die im kommenden Teil vorgestellt werden.

3.2 Die eingesetzte digitale Datenbank

Zur Gewinnung der Verwendungsdaten stand die Webapplikation *COSMAS II* (*Corpus Search, Management and Analysis System*[①]), eine vom Institut für Deutsche Sprache (IDS) konzipierte Volltextdatenbank, zur Verfügung. Das größtenteils über *COSMAS II* öffentlich zugängliche *Deutsche Referenzkorpus* (*DeReKo*) enthält eine lemmatisierte und teilweise annotierte Textsammlung im Umfang von 3,2 Milliarden Wörtern (Stand: 15. 04. 2014). Die Sprachdaten im *Deutschen Referenzkorpus* erfassen Zeitungsartikel, Transkriptionen von Reden und Interviews, Sachtexte, Literatur sowie Fachliteratur aus Deutschland, Österreich und der Schweiz, die einen Publikationszeitraum von 1772 bis 2015 abdecken.

COSMAS II gliedert die öffentlichen Sprachdaten in 17 vordefinierte Archive, die sich aus insgesamt 345 Unterkorpora zusammensetzen. Die Applikation ermöglicht die Suche nach Wörtern (entweder alle Flexionsformen eines Lexems oder lediglich gewünschte ‚types‘, nämlich die einzelnen Wortformen), Wortteilen und Satzzeichen. Mithilfe der Suchoperatoren lassen sich Suchanfragen formulieren, mit denen man Belege mit mehreren Suchbegriffen (in vorbestimmten Abständen) erhalten kann. Die Suchergebnisse lassen sich in zwei Ansichtsformen auslesen,

---

① http://www.ids-mannheim.de/cosmas2/web-app/ (letzter Zugriff am 09. 09. 2016)

nämlich in KWIC (key word in context) oder in der Volltext-Ansicht. Alle Belege werden dabei von *COSMAS II* automatisch mit Quellenangaben gekennzeichnet.

3.3 Auswahl der Korpora

Eine Auswertung sämtlicher Unterkorpora in *COSMAS II* ist zeitlich nicht realisierbar und auch inhaltlich nicht sinnvoll. In der vorliegenden Untersuchung werden lediglich die Archive *TAGGED-T* und *TAGGED-T2* (abgekürzt: *T-* und *T2*-Korpus) ausgewählt. Einerseits wurden die Sprachdaten dieser Archive morphosyntaktisch annotiert, was die Recherche und Auslese der erwünschten Korpora drastisch beschleunigen kann. Andererseits umfassen diese Archive jeweils 19 und 17 Unterkorpora aus aktuellen Zeitungs- und Zeitschriftenartikeln des *Deutschen Referenzkorpus*, die vom Januar 2002 bis zum Juli 2014 von unterschiedlichen Verlagen publiziert wurden und daher den in Zeitungen und Zeitschriften üblichen Schreibstil der deutschen Gegenwartssprache widerspiegeln.

Die benötige Größe der Stichprobe hängt vom Untersuchungsgegenstand ab: „Je seltener eine lexikalische oder grammatische Struktur in der gesprochenen bzw. geschriebenen Sprache zu finden ist, desto größer müssen die Stichproben ausfallen, um eine ausreichend große Anzahl von Belegen für die Untersuchung zur Verfügung zu stellen" (Schlüter 2002: 72). I. d. R. sind in einem Unterkorpus bereits ausreichende Belege bezüglich gebräuchlicher Prädikate vorzufinden. Als Repräsentant des Archivs wird das Korpus der *Süddeutschen Zeitung* (abgekürzt: *SZ*-Korpus) im *TAGGED-T2* selektiert, weil die Texte nicht ausschließlich wenige spezifische Themen behandeln, sondern ein breites Themenspektrum abdecken. Außerdem verfügt die *Süddeutsche Zeitung* in Vergleich zu anderen Zeitungen und Zeitschriften in den Archiven *TAGGED-T* und *-T2* über eine sehr breite Leserschaft und orientiert sich als eine überregionale Zeitung sprachlich nicht an bestimmten Regionen. Genügen die Belege im *SZ*-Korpus bei bestimmten Fällen nicht für eine quantitative Analyse, werden sämtliche Unterkorpora im *TAGGED-T*[1] und / oder *-T2* mit einbezogen. Tabelle 2 gibt detaillierte Auskunft über die beiden obengenannten Korpora:

---

[1] Das Unterkorpus, *wpd - Wikipedia'* wird in der folgenden Untersuchung ausgeschlossen.

Tabelle 2: Ausgewählte Zeitungskorpora

Korpora	Erscheinungszeit der Artikel	Anzahl der Artikel	Anzahl der Wortformen (Tokenzahl)	Themenbereich
Süddeutsche Zeitung (*SZ*-Korpus)	Januar 2010-Juli 2014	239.836	107,44 Millionen	Politik, Staat und Gesellschaft, Technik und Industrie, Natur, Wirtschaft, Kunst und Kultur, Gesundheit und Ernährung, Sport, Freizeit und Unterhaltung usw.
Archiv *TAGGED-T2* (*T2*-Korpus)		4.642.031	1,04 Milliarden	
Archiv *TAGGED-T* (*T*-Korpus)	Januar 2002-Dezember 2009	4.492.013	1,02 Milliarden	

Als Beispiele können im folgenden Text Belege aus anderen Archiven im *COSMAS II* zitiert werden, z. B. aus dem Archiv *W – Archiv der geschriebenen Sprache.*

3.4 Das Lernerkorpus

In Kap. 7 wird ein Lernerkorpus ausgewertet, das nicht aus einem fertigen Korpus stammt, sondern eigens für die Zwecke der Fehleranalyse aufgebaut wird, um Daten über den unangemessenen *es*-Gebrauch der fortgeschrittenen DaF-Lerner zu gewinnen. Die Zusammenstellung dieses Lernerkorpus wird in Kap. 7.1.1 eingehend erläutert.

4 PRÄDIKATE, DIE SATZARTIGE SUBJEKTE ZULASSEN

Im Deutschen können sowohl Kopulakonstruktionen als auch verbale Prädikatsausdrücke[1] (Vollverben bzw. Phraseologismen mit verbalem Kern) Subjektsätze zulassen. Wenn der Subjektsatz extraponiert und das Vorfeld von anderen Satzgliedern besetzt wird, stellt sich die Frage, ob ein Korrelat *es* (*es0*), das auf einen Subjektsatz verweist, im Mittelfeld des Matrixsatzes auftreten muss, kann oder nicht darf.

Wie in Kap. 2.7 ausführlich dargelegt, wird bereits in einer Reihe von Schriften auf diese Problematik eingegangen. Dazu zählen vor allem Marx-Moyse (1983), Zitterbart (2002a, 2002b), Sudhoff (2003), Boszák (2009), Mollica (2010) und auch das *VALBU* (2004). Weil die Autoren die *es0*-Verträglichkeit der Matrixverben in verschiedenen Herangehensweisen (empirische Untersuchung anhand von Korpusbelegen, Eigen- und Informantenbefragung) untersucht und verschiedene Arten sprachlicher Materialien (Korpusbelege aus Sachtexten und / oder literarischen Texten verschiedener Jahrzehnte, selbst konstruierte Beispielsätze usw.) eingesetzt haben, kommen sie in Bezug auf gleiche Prädikate häufig zu nicht einheitlichen oder sogar entgegengesetzten Ergebnissen.

Es fehlt m. E. bis dato ein für den DaF-Unterricht geeignetes didaktisches Konzept in Bezug auf einen großen Teil dieser Prädikate. Diese Lücke könnte sich dadurch ergeben, dass die Prädikate in der Literatur häufig nach ihren syntaktisch-strukturellen Merkmalen unterteilt werden, wie z. B. nach ihrer syntaktischen Valenz oder den möglichen regierten Nebensatztypen. Diese Zuordnungsweise dient zwar zur linguistischen Systematik, scheint dennoch für die DaF-Didaktik ungünstig zu sein, weil nicht davon ausgegangen werden kann, dass der Umgang mit solchen syntaktischen Faktoren für DaF-Lerner selbst auf fortgeschrittenem

---

[1] Der Begriff „verbaler Prädikatsausdruck" wird aus der *GdS* (1997: 1454) übernommen.

Niveau problemlos ist. Ein didaktisches Konzept zu erstellen, das lediglich auf dem bisherigen Forschungsstand basiert, scheint daher unzureichend zu sein. In diesem Kapitel wird die *es0*-Freundlichkeit verschiedener Prädikate unter Berücksichtigung der bisherigen Forschungsergebnisse weiter untersucht. Ziel ist es, didaktisch brauchbare Richtlinien zu formulieren. Es werden auch Prädikate in die Untersuchung mit einbezogen, die bisher in der Literatur noch nicht oder lediglich am Rande betrachtet wurden, damit ein möglichst vollständiges didaktisches Konzept erstellt werden kann. Im Folgenden werden Verben in erster Linie nach semantischen Merkmalen kategorisiert, wie beispielsweise nach ihrem semantischen Feld oder ihrer semantischen Valenz.

In Colliander (1983) wird eine Vielzahl von Verben, die satzförmige Subjekte sowie Akkusativ- und Präpositionalobjekte erlauben, mit Beispielsätzen aus Wörterbüchern zusammengestellt. Diese Zusammenfassung leistet einen großen Beitrag zur Festlegung des Untersuchungs-gegenstandes. Die Prädikate, die im heutigen Deutschen kaum noch Subjektsätze selegieren, werden im Folgenden zugunsten der didaktischen Ökonomie außer Acht gelassen.

4.1 Verben des Bekanntgebens

Zunächst werden intransitive Prädikate, „mit denen die Gültigkeit eines Sachverhaltes thematisiert wird" (*GdS* 1997: 1457f.), hinsichtlich der *es*-Setzung betrachtet, wie *aus ... folgen*, *aus ... hervorgehen*, *sich zeigen* u. a.:

(1) Aus alldem folgt, dass es sich bei der Euro-Krise eben nicht nur um eine Krise einzelner Länder handelt, sondern auch um eine systemische Krise des Euro-Raums. (U11/AUG.00784)

Verben dieser Gruppe können semantisch und syntaktisch mit den transitiven *verba dicendi* (siehe Kap. 5.1) assoziiert werden. Freywald merkt bezüglich der V2-Subjektsatz-Zulässigkeit[①] dieser Verben an, dass sie „sich bezüglich

---

① Nach Freywald (2013: 319) kommen uneingeleitete Verbzweitsätze als Subjekt „äußerst selten" vor. Ein Satz von Oppenrieder (1991: 263) wird hier als Beispiel zitiert:

- Im Brief steht, du seist herzlich eingeladen.

Im Korpus sind uneingeleitete Verbzweitsätze bei dieser Gruppe von Verben selten zu finden. Viel häufiger erscheint die Doppelpunktlesart als Alternative zum eingeleiteten Nebensatz:

- Aus ihrem Umfeld verlautet lediglich: „Auch sie weiß um die Problematik." (U12/JUL.04398)

Thetarollenzuweisung wie passivierte Verben verhalten" und „objektartige Subjekte haben" (Freywald 2013: 319). Wie die transitiven *verba dicendi* können die meisten Verben dieser Art sowohl *dass*-Sätze als auch *ob*- und *w*-Interrogativsätze als Subjekt selegieren. Weil die Subjektstelle von dem Nebensatz besetzt wird und die Objektskontrolle wegen der Eigenschaft der Verbvalenz i. d. R. nicht erfolgen kann, kommen Inf-Sätze bei diesen Verben extrem selten vor. In Marx-Moyse (1983: 10ff.) wird die *es0*-Zulässigkeit bei (*geschrieben*) *stehen* usw. untersucht. Marx-Moyse nennt sie „Verben des Mitteilens im weiteren Sinn" (ebd.: 11). Wie die Verben des Sagens wird *es0* bei diesen Verben im Mittelfeld des Matrixsatzes unterbunden. Dazu zählen vor allem:

> (*geschrieben*) *stehen, vorkommen*[1]*, verlauten (aus), durchsickern*

Des Weiteren wird eine Reihe von Verben mit einer *aus*-Präpositionalphrase (*aus*-**PP**), die die Quelle der Proposition im Subjektsatz angibt, näher betrachtet. Die Verben weisen das Archisem „zur Folge / als Ergebnis haben" auf (ebd.: 13) und subkategorisieren überwiegend *dass*-Sätze als Subjekt. Bei denen muss *es0* im Matrixsatz ebenfalls eliminiert werden[2]:

> *aus ... erhellen / folgen / hervorgehen / resultieren, sich aus ... ergeben*

Nach Zitterbart (2002a: 77ff.) bezieht sich die obligatorische *aus*-PP bzw. das Präpositionalpronomen *daraus / hieraus*, das häufig im Vorfeld steht, auf die vorerwähnten Propositionen und setzt sie in Zusammenhang mit dem zu thematisierenden Sachverhalt im Subjektsatz. Aus diesem Grund erübrigt sich *es0* im Matrixsatz. Die *es0*-Unzulässigkeit der obengenannten und anderer ähnlicher Verben kann mit Belegen im *T2*-Korpus bestätigt werden. In den folgenden Belegen sowie in (1) wird kein *es*-Korrelat eingesetzt:

---

[1]   Mit dem folgenden Beleg wird die *es0*-Unzulässigkeit bei *vorkommen* mit der Bedeutung „hervorkommen, zum Vorschein kommen" illustriert (Marx-Moyse 1983: 12):
• Er wählte eine Formulierung, in der vorkam, es sei jeden Tag dasselbe. (ebd.)
Dennoch sind im *T2*-Korpus keine entsprechenden Belege zu finden, was dafür spricht, dass *vorkommen* mit dieser Bedeutung kaum ein satzartiges Subjekt bindet. Die andere Variante von *vorkommen*, welche die Bedeutung ‚geschehen' trägt, regiert häufig einen *dass*-Satz als Subjekt und fordert *es0* im Mittelfeld (siehe Kap. 4.5).

[2]   Siehe auch Boszák (2009: 102); Sudhoff (2003: 69f.); Zitterbart (2002a: 77ff.); Mollica (2010: 73ff.)

(2) Eindeutig ist die Rechtslage, wenn im Mietvertrag steht, dass der Mieter erst mit Mietbeginn kündigen kann. (U14/MAR.01000)

(3) Aus unseren Daten geht nicht eindeutig hervor, ob diese Menschen wirklich glücklicher sind. (U09/JUN.03833)

(4) Ganz nebenbei sickerte durch, dass der Zeitplan der Bundeswehr-Reform [...]. (U13/NOV.02962)

In Hinsicht auf die Didaktik lassen sie sich als ‚Verben des Bekanntgebens' bezeichnen, weil mit solchen Verben bisher unbekannte Ergebnisse oder Ereignisse im Subjektsatz thematisiert werden und sie in meisten Fällen durch *bekannt /angegeben werden* zu ersetzen sind, ohne den Sinn des Satzes wesentlich zu ändern[1]. Dieses semantische Feld lässt sich um eine Reihe Verben erweitern, die in der vorliegenden Fachliteratur nicht behandelt werden. Nach Durchsicht der Korpusbelege sind folgende Verben der Gruppe hinzuzufügen:

> *publik werden, bekannt werden* (im Sinne von *publik werden*), *herauskommen, durchdringen, anklingen, durchklingen, mitschwingen* u. a.
> *sich aus ... ableiten, sich aus ... erschließen, sich in ... manifestieren, hinter ... stecken* u. a.

Sowie einige Verben, die in Marx-Moyse (1983) in weiteren Kapiteln betrachtet werden:

> *zu ... kommen, hinzukommen, dazukommen, hervortreten*[2]

Weiterhin sind einige Phraseologismen hinzuzufügen:

---

① Die Belege (2) und (3) lassen sich folgenderweise umformulieren:

• Eindeutig ist die Rechtslage, wenn im Mietvertrag angegeben wird, dass der Mieter erst mit Mietbeginn kündigen kann.

• Aus unseren Daten wird nicht deutlich, ob diese Menschen wirklich glücklicher sind.

② Nach Marx-Moyse (1983: 88) weist *hervortreten* einen fakultativen *es0*-Gebrauch auf, wenn der Subjektsatz extraponiert wird. Diese These kann nicht mit den ausgelesenen Korpusbelegen bestätigt werden. In sämtlichen ausgelesenen Belegen bei *hervortreten* kommt *es0* nicht vor, und *es0* würde sich in folgenden Belegen erübrigen, wenn es ergänzt würde:

• Unter dem Strich tritt aus den Ergebnissen dieser Studien hervor, dass Frauen Leitungsfunktionen mindestens so gut, wenn nicht sogar besser als Männer ausfüllen können. (Z12/OKT.00041)

• Seither tritt deutlich hervor, dass die beiden wenig gemeinsam haben [...]. (U02/AUG.01450)

j-m zu Ohren kommen, zum Vorschein kommen, zur Sprache kommen, zum Ausdruck kommen, an / in die Öffentlichkeit dringen / kommen, ans Licht / Tageslicht kommen, zu Tage kommen / treten u. a.

Bei diesen Verben und Phraseologismen wird auf *es0* generell verzichtet[1]. In den folgenden Belegen dürfte ein *es* lediglich als eine anaphorische Proform hinzugesetzt werden:

(5) Am 2. Juli war publik geworden, dass Fromm um seine vorzeitige Versetzung in den Ruhestand gebeten hatte. (U12/JUL.04059)

(6) In ihren Worten klingt an, dass sie eigentlich keine andere Wahl hatte. (U04/OKT.02931)

(7) In diesem Zusammenhang sei jedoch ans Licht gekommen, dass Berlusconi in den bilateralen Gesprächen auf dem Gipfel so gut wie keine Ergebnisse erzielt habe. (U04/JAN.00791)

(8) Erst allmählich dringt durch, dass zu Seehofer nicht nur strahlende Erfolge, sondern auch Schattenseiten gehören könnten. (U09/JAN.01216)

(9) Doch nun tritt immer deutlicher zu Tage, dass das Amnog die Geschäftsinteressen der Branche allenfalls kurzfristig stören kann. (U13/JAN.00163)

Die *es0*-Unzulässigkeit bei den obengenannten Verben ist auf ihre Semantik zurückzuführen. Sie beschreiben im Matrixsatz nur eine kommunikative Situation und weisen darauf hin, dass sich die vollständige zu thematisierende Information im Subjektsatz befindet. Syntaktisch regieren sie auf einer höheren Hierarchiestufe einen Subjektsatz, inhaltlich stehen sie aber im Hintergrund und sind deswegen nicht ‚inhaltsschwer' genug, um ein *es*-Korrelat im Matrixsatz zu bewirken. Das lässt sich durch folgende Satzstruktur, die von Boettcher (2009: 84) als „inhaltszentrierte Verknüpfungsvariante" bezeichnet werden, beweisen:

(10) Man arbeite zwar 40 und nicht, wie im Tarifvertrag steht, 35 Stunden in der Woche. (U13/JUL.03658)

(11) Dann dürfen, so sickerte durch, unsere WM-Stars mit ihren besseren Hälften

---

[1] Betrachtet man die einzelnen Belegsammlungen, ist ersichtlich, dass ein *es* bei jedem Prädikatsausdruck nur in weniger als 1% der Belege, deren Vorfeld von anderen Satzgliedern besetzt wird, im Mittelfeld des Matrixsatzes vorkommt. Solch ein *es* fungiert meistens als ein anaphorisches *es*, das der Textkohärenz dient.

feiern. (HMP14/JUN.01182)

(12) Aus Italien, so kam jüngst heraus, wurden jahrelang Hunderte Tonnen als Bio-Produkte deklarierte herkömmliche Lebensmittel auch nach Deutschland gebracht. (NUZ11/DEZ.02780)

Die obigen Belege machen deutlich, dass Verben des Bekanntgebens syntaktisch in den Hintergrund gerückt werden können, um die Aufmerksamkeit der Leser auf einen inhaltsvollen und kommunikativ wichtigeren Teil des Satzes zu lenken. Bei Matrixverben in anderen semantischen Feldern ist diese inhaltszentrierte Variante nicht möglich. Im Weiteren werden eine Reihe Prädikate betrachtet, mit denen ebenfalls neue Informationen thematisiert werden. Bei diesen Prädikaten ist *es0* zwar erlaubt, wurde aber in den ausgelesenen Korpusbelegen überwiegend nicht hinzugefügt:

reflexive Verben: *sich bestätigen, bewahrheiten, entscheiden, ergeben* (ohne *aus*-PP), *erweisen, herausstellen, herumsprechen, offenbaren, zeigen* usw.

Kopulaverben + Adjektive zur Bestimmung des Wahrheitsgehaltes [+implikativ] (*klar, bekannt, bewusst, deutlich, erkennbar, ersichtlich, sichtbar, spürbar* u. a.)

Es wird zunächst auf die reflexiven Verben eingegangen. Mollica (2010: 60) nimmt an, diese reflexiven Verben „regieren ein fakultatives Korrelat". Auch in Marx-Moyse (1983) wird *es0* bei solchen Verben als fakultativ angesehen und mehrmals betont, dass mit *es0* die Information im Matrixsatz hervorgehoben werde, ohne *es0* eher die im Subjektsatz. Wenn „[dem] Hörer bzw. Leser der Inhalt des Subjektsatzes schon zum Teil bekannt [war]" und die Information im Matrixsatz in erster Linie hervorzuheben sei, werde *es0* eingesetzt (ebd.: 73). Eine ähnliche Meinung vertritt Zitterbart, indem sie am Beispiel von *sich zeigen* argumentiert, dass die Abwesenheit von *es0* darauf hinweist, dass „das, was den Inhalt des Subjektsatzes darstellt, wirklich, neu' ist" (2002b: 188). „Möchte der Sprecher jedoch auf Vorerwähntes zurückgreifen, bleibt ihm die Setzung des Korrelates nicht verwehrt" (ebd.).

In Anbetracht der Belegsammlungen aus dem *T2*-Korpus ist ersichtlich, dass diese reflexiven Verben allgemein eine niedrige *es0*-Freundlichkeit aufweisen. Gemessen an allen ausgelesenen Belegen bei *sich zeigen, sich entscheiden, sich herausstellen* und *sich offenbaren* ergibt sich eine Wahrscheinlichkeitsquote von lediglich knapp 1% zugunsten der *es0*-Setzung. Bei anderen Verben wie *sich bestätigen, sich bewahrheiten* usw. nehmen die *es0*-haltigen Belege einen prozentualen Anteil von bis zu 30% ein. Mittels der folgenden Grafik werden die Zusammenstellungen der Belege bei einem Teil der reflexiven Verben präsentiert:

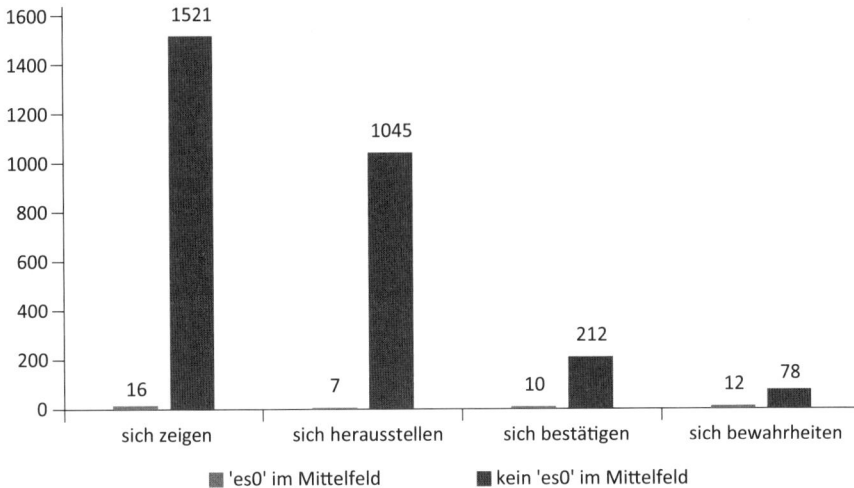

Grafik 1: *Es0*-**Setzung bei** *sich zeigen / herausstellen / bestätigen / bewahrheiten* **in allen Satzstrukturen**[1]

Hierfür einige Korpusbelege:

> (13) Zuvor hatte sich gezeigt, dass sich der Einsatz in den vergangenen Jahren stark erhöht hat, auch weil immer mehr Hühner, Puten oder Schweine auf engem Raum gehalten werden. (U14/MAI.02803)
>
> (14) Dabei könnten aber auch unliebsame Wahrheiten für das IOC ans Licht kommen, etwa wenn es sich bestätigen sollte, dass 1972 die Spiele vor allem mit Blick auf die Fernsehrechte fortgesetzt wurden. (U12/SEP.01007)
>
> (15) Sollte sich jedoch bewahrheiten, dass Alemtuzumab eine Alternative in der MS-Therapie ist, sind weitaus größere Gewinnspannen mit dem Mittel möglich als zuvor. (U12/AUG.02654)

Wegen der sehr ungleichmäßigen Verteilung ist es sinnvoll, auf die *es0*-fördernden oder hemmenden Faktoren näher einzugehen, wie z. B. die „Vorerwähntheit" von *es0* nach Zitterbart (2002b: 188). Die Vorerwähntheit beruht m. E. einesteils auf dem anaphorischen Gebrauch von *es*, bei dem der Subjektsatz lediglich eine Wiederholung des bereits thematisierten Inhaltes darstellt. Anderenteils

---

[1] Datenquelle: *T2*-Korpus.

deutet das *es* darauf hin, dass bestimmte Aspekte des Sachverhaltes im Subjektsatz bereits in früheren Textpassagen erwähnt worden sind und der Sachverhalt deswegen für den Leser bereits als (teilweise) ableitbar gesehen werden kann, Dies gilt etwa bei dem Verb *sich herausstellen*, bei dem ein großer Teil der *es0*-haltigen Belege aus Wiedergaben von Polizeiberichten stammt. Wie die folgenden Belege zeigen, ist der Sachverhalt im Subjektsatz bereits anhand der Überschrift und dem vorderen Kontext ableitbar:

(16) Bei einer Dokumentenüberprüfung stellte es sich heraus, dass der bulgarische Führerschein des Beifahrers als gestohlen zur Fahndung ausgeschrieben war. [Titel: Führerschein gestohlen] (RHZ13/FEB.26770)

(17) Bei der folgenden Überprüfung stellte es sich heraus, dass der 16-jährige Jugendliche aus der Verbandsgemeinde Katzenelnbogen unter Drogeneinfluss stand und er sein nominell als Mofa 25 geführtes Zweirad frisiert hatte. [Titel: Jugendlicher mit frisiertem Roller unterwegs] (RHZ14/FEB.05238)

Außerdem kann *es0* als Progressionsindikator[①] im Matrixsatz vorkommen. In den folgenden Belegen steht der Nebensatzinhalt im Kontrast zu den im vorderen Kontext thematisierten Propositionen. *Es0* dient dazu, die thematische Relation zwischen den Sätzen hervorzuheben:

(18) Theoretisch ließen sich auch die verschiedenen Kunststoffe der Mobiltelefone wiederverwerten, aber in der Praxis hat es sich gezeigt, dass es zu vertretbaren Kosten kaum möglich ist, die Plastikteile zu trennen. (U13/APR.01837)

(19) Eigentlich sollte die Fläche hauptsächlich in Eigenleistung über Ehrenamtliche und die Gemeindearbeiter erneuert werden. Doch im vergangenen Jahr stellte es sich heraus, dass professionelle Hilfe benötigt wird. (RHZ09/JUL.26101)

Des Weiteren wird ein Teil der Adjektive, die „meist direkt Aussagen über den Wahrheitsgehalt der durch den eingebetteten Satz ausgedrückten Proposition [treffen]" (Sudhoff 2003: 124), wie *klar, deutlich, bekannt, bewusst, erkennbar, sichtbar, absehbar* u. a., in Kopulakonstruktionen bezüglich der *es0*-Setzung

---

① Der Begriff „Progressionsindikator" wird aus Zitterbart (2002b: 182) übernommen.

untersucht. Diese Adjektive können äußerst selten Inf-Sätze[1], aber sowohl *dass*- als auch Interrogativsätze als Subjekt selegieren[2] und, wenn ein *dass*-Satz in Frage kommt, die Gültigkeit von dessen Proposition bekräftigen[3]. Quantitativ gesehen wird *es0* auch bei solchen Kopulakonstruktionen in der Mehrzahl der Belege unterbunden:

> (20) Zugleich ist nicht absehbar, wann sie die Zinsen wieder erhöhen – ein paar Jahre können das Lebensversicherer überbrücken, aber nicht auf Dauer. (U13/ AUG.03619)
>
> (21) Den Genossen ist bewusst, dass viel zu tun ist bis zur nächsten Landtagswahl, bei der sich die Erneuerung dann auch in Ergebnissen niederschlagen muss. (U10/ JUL.03196)

Wird das Kopulaverb *werden* gebraucht, das die Bedeutung ‚Prädikation tritt ein' besitzt und einen dynamischen Zustandsweichsel aufweist, wird *es0* in einer noch größeren Anzahl von Belegen getilgt:

> (22) Von Anfang an wird klar, was die Grundidee des Museums sein soll, das der Militaria-Fraktion nur begrenzt Freude bereiten dürfte: Perspektivwechsel. (Z11/ OKT.00172)
>
> (23) Bald jedoch wird erkennbar, dass es dem Autor nicht um eine eindeutige Positionierung in Sachen Heldentum geht. (U10/JUL.00760)

Allgemein lässt sich festhalten, dass *es0*-haltige Belege bei *klar, deutlich* usw. mit Kopulaverben eine gewisse Markiertheit aufweisen. Wie bei den reflexiven Verben darf *es0* eingesetzt werden, wenn sich der Sachverhalt im Subjektsatz auf die

---

[1] Latour (1981: 248) behauptet anhand des folgenden Beispiels, dass die Kopulakonstruktionen wie *klar sein* ebenfalls Inf-Sätze regieren können:
- *Ihm war klar, jetzt etwas tun zu müssen* [kursiv formatiert wie im Original] (ebd.)

Dennoch kommen eingeleitete Inf-Sätze bei *klar sein* usw. im T2-Korpus äußerst selten vor (<0,05%), und diese sind nur in Ausnahmefällen überhaupt kommunikativ sinnvoll. Angesichts der sehr niedrigen Auftretensfrequenz sind Adjektive wie *klar, deutlich* usw. zu denjenigen zu zählen, die keine Inf-Sätze subklassifizieren können.

[2] Bei diesen Kopulakonstruktionen sind V2-Subjektsätze meistens der gesprochenen Sprache zuzuordnen, wie:
- Da war mir schon klar, jetzt geht es zu Ende mit dem Job. (U12/AUG.04523)

[3] In diesem Sinne zählen Adjektive wie *fraglich, unsicher* usw. nicht dazu. Sie werden in Kap. 6.1.1 betrachtet.

im vorderen Kontext erwähnten Informationen bezieht:

> (24) Der konservative britische Daily Telegraph empfiehlt der Londoner Regierung, sich für den Fall des Scheiterns einer Europäischen Währungsunion einen Alternativplan zurechtzulegen:, Eine weise Regierung würde sich auf eine Gewißheit vorbereiten: Falls, und wenn es deutlich wird, daß der Traum von der Währungsunion gestorben ist, werden unsere Partner wissen [...]. (U96/JAN.06067)

Außerdem kann *es0* auch die semantische Beziehung zwischen dem Gelesenen und dem zu Lesenden, nämlich dem extraponierten Subjektsatz, evozieren. In folgenden Belegen fungiert *es0* als Hinweis auf eine kausale und konditionale Relation zwischen den Propositionen im Subjektsatz und im vorderen Kontext.

> (25) „1&1 hat als kleine Klitsche begonnen und sich innerhalb kürzester Zeit zu einem großen Anbieter entwickelt. Da ist es klar, dass sie Probleme mit dem Service bekommen", sagt Voeth [...] (U10/APR.01160)
> (26) „Kein Wunder, dass die Touristen den Frauen so wenig bezahlen. Und wenn die nichts verdienen, ist es doch klar, dass sie anfangen zu klauen." (U13/JUL.04084)
> (27) Formal betrachtet ist der Optativsatz heterogen, weshalb es keineswegs klar ist, dass sich, wie bei Scholz (1991) behauptet, ein entsprechender Formtyp bestimmen lässt [...]. (Grosz 2013: 147)

Allerdings lässt sich das *es*-Korrelat in allen obigen Belegen eliminieren. *Es0* erübrigt sich im Matrixsatz als Vorerwähntheitssignal, wenn ein unbetontes, pronominales Dativobjekt im Vorfeld steht, wie in folgenden Beispielen:

> (28) Mir wurde bewusst, dass ich in dem Moment nur dort stand, weil ein Eddie Coleman nicht mehr da war. (U11/MAI.04007)
> (29) Ihm ist klar, warum man gerade im deutschen Musikleben auf seine These und die dazugehörige Praxis so empfindlich reagierte: [...]. (U12/AUG.03123)

Der Grund hierfür liegt darin, dass das im Vorfeld platzierte Pronomen einen anknüpfenden Charakter hat. Es „koreferiert mit der Personenangabe des Vor-Satzes und fungiert im Sinne einer direkten Anknüpfung" (Schröder 2003: 179). Der Zusammenhang zwischen dem Subjektsatz und den vorhergehenden Sätzen ist mithilfe des pronominalen Dativobjekts bereits leicht erschließbar, was *es0* unnötig macht. Rückt das pronominale Dativobjekt ins Mittelfeld, wird seine Anknüpfungskraft abgeschwächt. Zur Betonung des thematischen Zusammenhangs zwischen dem Subjektsatz und den früheren Textpassagen kann *es0* im Mittelfeld des Matrixsatzes eingesetzt werden:

> (30) Als Zuschauer ist es uns nie ganz klar, ob Will Caster noch existiert, oder ob die Maschine übernommen hat. (SOZ14/APR.01930)

Fernerhin ist zu erwähnen, dass *es0* im Matrixsatz durchaus eliminiert wird, wenn die Quelle oder Methodik bezüglich der Proposition im Subjektsatz von einer PP angegeben wird, die nicht nur von *aus*, sondern auch von *in*, *an*, *anhand*, *nach* usw. eingeleitet werden kann:

> (31) Experten der Deutschen Diabetes Gesellschaft sehen das anders: „Aus diesen Studien wird nicht klar, ob die Behandlung mit Glargin mit einem erhöhten Karzinomrisiko einhergeht", heißt es in einer Stellungnahme.
>
> (32) An der Forderung des Kastellauner Bürgermeisters wird erkennbar, dass die Fusion der Verbandsgemeinde Treis-Karden doch nicht so einfach ist, wie viele glauben. (RHZ13/MAI.11212)
>
> (33) Seit Jahren ist aus einer großen Zahl medizinischer Studien bekannt, dass ein moderater Weingenuss statistisch mit verringertem Infarktrisiko einhergeht. (Z00/003.00618)
>
> (34) So soll Leid erspart werden, wenn schon anhand der genetischen Diagnose klar ist, dass das Kind keine Chance zum Überleben hat. (U08/MAI.03247)
>
> (35) An diesem Beispiel wird sichtbar, dass der Katholikentag die Gemüter der Menschen bewegt. (M12/MAI.05207)
>
> (36) Auch wurde anhand eines Vortrags deutlich, dass neben ökologischen ethische Kriterien an Bedeutung gewinnen. (BRZ11/JAN.00695)
>
> (37) Dabei ist aus der Forschung längst bekannt, dass die Sicherheitsverantwortung überwiegend beim Menschen liegt, und zwar insbesondere bei den Führungskräften. (U11/MAI.03265)

Die satzinterne semantische Relation zwischen der Quellen- oder Methodenangabe und dem Sachverhalt im Subjektsatz steht im Vordergrund und wird durch die Kopulakonstruktion hinreichend hervorgehoben. Ein *es0* würde sich deswegen erübrigen, wenn es eingesetzt würde. Dieser Satzbau findet in wissenschaftlichen Texten eine sehr breite Anwendung und sollte deswegen einen gewissen Stellenwert in der DaF-Didaktik einnehmen. Diesbezüglich sind außer dem *es0*-Gebrauch auch andere semantische Faktoren im DaF-Unterricht zu beachten. Beispielsweise wird *deutlich* stets von *werden* regiert, während bei *klar*, *ersichtlich* usw. sowohl *werden* als auch *sein* als Kopulaverb gebraucht werden kann:

> (38) Auch in diesen Beispielen wird deutlich [/ ??ist deutlich], daß die Studierenden in großer Flexibilität mit der gesprochenen Sprache umzugehen vermögen. (Tinnefeld 1999: 27)
>
> (39) Aus dieser Tabelle ist erkennbar [/ wird erkennbar], dass bei Verbänden mit größeren Mitgliederzahlen in Relation zu kleinen Verbänden weniger Mitglieder ehrenamtlich engagiert sind. (Rosskopf 2004: 106)

Zusammenfassend lässt sich sagen, dass sich *es0* bei den nicht reflexiven Matrixverben generell erübrigt, wenn kein anaphorischer Bezug vorhanden ist, während es bei den reflexiven Verben und Kopulakonstruktionen als selten bzw. (bedingt) fakultativ gilt. Für den DaF-Lerner bietet es sich an, das *es*-Korrelat im Zweifelsfall entweder im Vorfeld des Matrixsatzes zu realisieren oder wegzulassen, um Fehler zu vermeiden.

4.2 Verben des Wissens

Im Folgenden soll die *es0*-Setzung bei einer Reihe von Verben untersucht werden, die eine kognitive Relation zwischen dem Sachverhalt im Subjektsatz und Personen bezeichnen und ein fakultatives oder obligatorisches Dativobjekt verlangen. In der Didaktik können diese Verben als ‚Verben des Wissens' bezeichnet werden. Dazu gehören vor allem: *einleuchten, dämmern, auffallen, entgehen, aufgehen* und *einfallen* sowie ein paar Phraseologismen wie *in den Sinn kommen, ins Auge fallen / springen* u. a. Sämtliche Verben dieser Gruppe können sich mit *dass*-Subjektsätzen verknüpfen. Bei *dämmern, aufgehen* und *einleuchten* können auch außerdem Subjektsätze vorkommen, die durch kausale Interrogativadverbien wie *warum, weshalb, wieso* usw. eingeleitet werden. Nur *einfallen* subkategorisiert auch Inf-Sätze sowie *ob-* und *w*-Interrogativsätzen als Subjekt. In Anbetracht der

Korpusbelege ist *es0* bei diesen Verben allgemein als fakultativ zu bezeichnen [①]. Bei den Prädikaten *einleuchten* und *dämmern* teilen sich die *es0*-haltigen und *es0*-losen Belege ungefähr gleichmäßig auf. Bei *auffallen, entgehen, aufgehen* und *ins Auge fallen / springen*, bei denen eine Zustandsänderung vorliegt, überwiegen die *es0*-losen Belege. Allerdings gilt *es0* im Mittelfeld des Matrixsatzes als fakultativ. In folgenden Belegen darf ein *es* eingesetzt werden:

> (40) Zudem ist ihm nicht entgangen, dass sein Team ein bisschen die Leichtigkeit verloren hat. (U14/MAI.01854)
>
> (41) Umso deutlicher springt ins Auge, dass alle sieben Erzählungen in einem bestimmten Wiener Milieu angesiedelt sind, das man im weitesten Sinne als Intellektuellenszene bezeichnen könnte. (U09/OKT.00489)

Wird *es0* im Matrixsatz eingesetzt, ruft es Markiertheit hervor. Neben der Funktion, auf vorerwähnte Informationen oder eine thematische Progression hinzuweisen, kann *es0* auch dazu dienen, bestimmte Satzglieder im Matrixsatz zu betonen:

> (42) Spät und nur episodisch geht es Herles auf, dass sein Stoff, soll er ein wahrhaft literarischer werden, sich weder als Tatort noch als Soap gestalten lässt, sondern allein als Burleske. (U04/JUL.02765)
>
> (43) Jetzt, zur Weihnachtszeit, fällt es richtig ins Auge, dass die Baumallee schon fast durchgängig den Nordkopf und den Südkopf verbindet. (BRZ11/DEZ.02451)

Einfallen verfügt über zwei Sememe, in denen das Subjekt zum Nebensatz ausgebaut werden kann. Sie werden im *Duden* mit den Bedeutungsparaphrasenangaben

---

[①] Marx-Moyse (1983: 83ff.) listet einige semantische und syntaktische Faktoren auf, welche die *es0*-Setzung bei den Verben des Wissens begünstigen oder hemmen könnten. In Anbetracht der ausgelesenen Korpusbelege handelt sich dabei meistens lediglich um Tendenzen. Beispielsweise nimmt die Autorin an, dass *es0* bei *auffallen, aufgehen, eindämmern* usw. grundsätzlich ausfalle, wenn dem finiten Verb „ein wiederaufnehmendes *so* vorausgeht", was mit folgenden Belegen zu widerlegen ist:

• Auch wenn vermutlich im Ergebnis kein zusätzliches Geld in den Kassen klingeln wird, so leuchtet es doch ein, dass eine eng verflochtene Siedlung ihre öffentlichen Probleme gemeinsam lösen sollte. (A09/MAR.07472)

• [Titel: Heureka! Nikolaus Brender soll ZDF-Chefredakteur werden] So fiel es schon auf, dass in der Vergangenheit Programmchef Nikolaus Brender seinen Wagen immer mal wieder gern auf dem Parkplatz des Programmdirektors Jörn Klamroth abstellte. (U99/SEP.71577)

• Ein Wetter, bei dem man keinen Hund nach draußen scheuchen würde – und so fällt es nicht auf, dass der Campus im Bremer Norden noch menschenleer ist. (U00/NOV.03900)

„jemandem als Einfall, als Idee [plötzlich] in den Sinn kommen" und „jemandem als Erinnerung wieder in den Sinn kommen" (*Duden*[1] 2011: 477) beschrieben. Marx-Moyse (1983: 29f., 87) merkt hierzu an, dass *es0* in der ersten Bedeutung eher gesetzt werden muss und in der zweiten Bedeutung eher unzulässig ist. Im *VALBU* (2004: 307ff.) wird *es0* bei beiden Sememen für sämtliche Subjektsatztypen als fakultativ gekennzeichnet. Mit den vorliegenden Korpusbelegen können beide Aussagen lediglich teilweise bestätigt werden. Entspricht *einfallen* dem reflexiven Verb *sich an etw. erinnern*, wird *es0* äußerst selten realisiert[2]. In folgenden Belegen würde *es0* Markiertheit verursachen, wenn es eingesetzt würde:

(44) Nach stundenlanger Suche war ihr plötzlich eingefallen, dass sie diese zum Juwelier gebracht hatte. (P13/JUN.02207)

(45) Sie war gerade aus der Dusche gestiegen, als ihr einfiel, dass im Wohnzimmer noch die Kerzen des Adventskranzes brannten. (NUN13/DEZ.00765)

(46) Und während ich noch auf das Bild starre, fällt mir ein, dass ich ein solches „Haus des Richters" aus meinen Träumen kenne. (M05/MAR.16652)

Trägt *einfallen* die Bedeutung ‚den Gedanken / die Idee haben', weist *einfallen* unabhängig von den Nebensatztypen den fakultativen *es0*-Gebrauch im Mittelfeld des Matrixsatzes auf:

(47) Niko musste einen Moment nachdenken, bis ihm einfiel, dass man Ringe ausziehen kann. (T12/JAN.01902)

(48) Dazu ist der CDU eingefallen, Steuergutschriften an besonders forschungsfreudige Firmen zu verteilen. (NUN10/MAR.03181)

(49) Angesichts des sich zuspitzenden Euro-Abenteuers wird es keinem vernünftigen Bürger einfallen, sich auch noch für die Energiewende zu verschulden. (RHZ13/MAR.21975)

(50) In Norddeutschland würde wohl niemanden einfallen, fränkische Ausdrücke wie zum Beispiel „Plepperle" für Vignette zu verwenden. (NUZ10/OKT.02485)

---

[1] *Duden. Deutsches Universalwörterbuch* (6. Aufl.)

[2] In Hunderten ausgelesenen Belegen werden lediglich drei extraponierte Subjektsätze mit *es0* korreliert. In zweien davon wird das Matrixverb *einfallen* durch *wieder* modifiziert, was darauf hinweist, dass es sich dabei um einen anaphorischen *es*-Gebrauch handeln könnte. Hier wird das andere *es0*-haltige Beispiel gezeigt, das auch bei *E-VALBU* (*Das elektronische Valenzwörterbuch deutscher Verben*; http://hypermedia.ids-mannheim.de/evalbu/ index.html, letzter Zugriff am 15. 01. 2016) angeführt wird:

• Als wir kurz hinter Alraden waren, fiel es Väterchen ein, dass der Kasten mit den Stollen für die Hufeisen stehen geblieben war. (BRZ06/OKT.02369)

Das Gleiche gilt auch für den Phraseologismus *in den Sinn kommen*, der sich nicht auf Erinnerungen, sondern nur auf Gedanken bzw. Ideen beziehen kann. In folgenden Belegen ist *es0* fakultativ:

> (51) Fünf Mal suchte sie systematisch die Klingelschilder am Hauseingang ab, ehe ihr in den Sinn kam, mal bei der Bäckerei an der Ecke nachzufragen. (U12/DEZ.02398)
>
> (52) Ihm sei es auch nie in den Sinn gekommen, dass er eine konspirative Wohnung angemietet hätte. (U12/NOV.01348)

4.3 Gefühlsverben

Der Terminus Gefühlsverb[1] geht auf Kailuweit (2004: 85) zurück. Bei diesen Verben wird im Subjekt ein Sachverhalt thematisiert, der im Skopus des Akkusativobjektes liegt und „als Gegenstand einer emotionalen Reaktion, seltener auch einer kognitiven Verarbeitung durch Personen (K_{akk}, seltener K_{dat}) betrachtet wird" (*GdS* 1997: 1456), wie *interessieren*, *stören*, *gefallen* usw. Die meisten Gefühlsverben können ein satzförmiges Subjekt (ggf. mit einem *es*-Korrelat) selegieren, wie z. B.:

> (53) Am meisten ärgerte mich, daß ihr Ton mich den ganzen Vormittag beschäftigte, (...). (ebd.)

4.3.1 Gefühlsverben mit einem Akkusativobjekt

Es werden zunächst Gefühlsverben, die ein satzartiges Akkusativobjekt verlangen können, in die Untersuchung einbezogen. Das Akkusativobjekt (meistens [+hum]) spielt hier die semantische Rolle als Experiencer (vgl. *GdS* 1997: 1305). In der *GdS* werden Verben wie *freuen*, ärgern, *aufregen*, *ehren*, *befriedigen* u. a. aufgelistet. In Marx-Moyse (1983) werden sie als „Verben der Gefühläußerung" (1983: 102) bezeichnet und insgesamt 41 dieser Verben weiter untersucht (ebd.: 103ff.).

Analysen zum *es0*-Gebrauch bei den Gefühlsverben finden sich nicht selten

---

[1] Auch Thema-Verb in der *GdS* (1997: 1456), Psych-Verb (Blume 2004: 44; Engelberg 2015: 469 etc.)

in der Forschungsliteratur. Neben Marx-Moyse setzt sich auch Boszák (2009: 100ff.) mit neun Verben mit Akkusativobjekt auseinander und kommt zu der Schlussfolgerung, dass *es0* bei *freuen, interessieren, stören* u. a. fakultativ ist. Eine ähnliche Auffassung wird in Mollica (2010: 63f.) vertreten: 20 entsprechende Verben werden hier aufgelistet und es wird konstatiert, dass es „bei *psychischen Verben* (auch *emotionalen Verben* genannt) eine Tendenz [gibt], das Korrelat *es* zu setzen, wobei *es* nicht obligatorisch ist" (ebd.: 63). Zu beachten ist, dass beide Autoren lediglich ein Satzmodell betrachtet haben, nämlich wenn der Matrixsatz ein Verbzweitsatz ist und der Subjektsatz von *dass* eingeleitet wird, wie das folgende Beispiel zeigt:

> (54) Ihn ärgert (*es*), dass die Leute denken, mit einer Pille oder Spritze sei alles getan. [Hervorhebung im Original] (ebd.)

In Bezug auf diese Satzstruktur wird in Marx-Moyse (1983) eine Reihe Faktoren analysiert, die *es0* im Matrixsatz unentbehrlich machen können. Wird aber eine größere Anzahl an authentischen Belegen betrachtet, zeigt sich deutlich, dass diese Faktoren zu strikt formuliert worden sind und nur beschränkten Einfluss auf die *es0*-Setzung haben. So behauptet die Autorin zum Beispiel, dass der Wegfall von *es0* bei bestimmten Verben eingeschränkt bis unzulässig ist, wenn im Matrixsatz Perfekt oder Plusquamperfekt steht (Bsp. 55 – 57, vgl. Marx-Moyse 1983: 107). Zudem sei *es0* bei einigen Verben, wie *bestürzen, kümmern, reuen* u. a. nur in seltenen Fällen auslassbar, wenn eine Nominalphrase (**NP**) als Akkusativobjekt ins Vorfeld gesetzt werde (Bsp. 58 und 59, vgl. ebd.: 108f.). Hierfür werden folgende konstruierte Beispielsätze zitiert:

> (55) Mich hat *es* geärgert, daß er so frech zu seinem Vater war. (ebd. 107)
> (56) Mich hat *es* erzürnt, daß er so selbstsicher tat. (ebd.)
> (57) Mich hat *es* ermutigt, daß er als einziger einige trostreiche Worte sprach. (ebd.)
> (58) Den alten Mann bestürzte *es*, daß bei seinem Nachbarn eingebrochen worden war. (ebd. 109)
> (59) Den Sohn kümmert *es* nicht, daß die Mutter schwer arbeiten muss. (ebd.)

Diese Einschränkungsfaktoren werden aber nicht durch die ausgelesenen Korpusbelege bestätigt. Das *es*-Korrelat wird in folgenden Belegen, in denen das

Perfekt oder Plusquamperfekt verwendet wird, weglassen:

(60) Die Grünen wiederum hat geärgert, dass Riester nun von Eichel doch 1,2 Milliarden Mark für die Bundesanstalt für Arbeit erhält. (U00/NOV.01476)

(61) Ihn hatte erzürnt, dass der Stadtrat in einer Vorlage nebenbei von der Schliessung des Schiessstandes Ochsenweid geschrieben hatte. (A00/NOV.82241)

Hier hängt die *es0*-Setzung davon ab, ob das Gefühl des Experiencers in erster Linie (mit dem *es*-Korrelat) betont wird oder die Proposition im Subjektsatz. In den obigen *es0*-losen Belegen liegt der inhaltliche Schwerpunkt auf dem extraponierten Subjektsatz. Auch bei *kümmern* usw. gilt *es0* als fakultativ und kann aus pragmatischen Gründen eingesetzt oder eliminiert werden. Der obligatorische *es0*-Gebrauch kann mit dem folgenden Beleg falsifiziert werden:

(62) Keinen kümmert, dass es die Wähler sind, die bei solchen Schlammschlachten verlieren. (U02/AUG.01001)

Fernerhin wird die Disambiguierungsfunktion von *es0* erwähnt. Wenn eine NP im Vorfeld steht und es sich dabei um Kasussynkretismus (Nom. – Akk.) handelt, sei *es0* „schwerlich" wegzulassen (Marx-Moyse 1983: 108). Diesbezüglich lassen sich jedoch ebenfalls eine gewisse Menge von Gegenbeispielen im Korpus finden, wie z. B.:

(63) Die Tierschützerin ärgert, dass den Konsumenten vorgegaukelt werde, mit dem Käfigverbot seien alle Probleme gelöst. (Z10/JUN.01973)

(64) Die SP-Stadtpartei freut, dass die SN Energie ihre Investition in das geplante Kohlekraftwerk Brunsbüttel überdenkt. (A11/FEB.06620)

Außedem ist zu beachten, dass einige Verben, wie etwa *erstaunen*, *stören*, *überraschen*, *(ver)wundern* usw., sowohl transitiv als auch intransitiv gebraucht werden können. Im intransitiven Gebrauch kommt *es0* bei einem satzförmigen Subjekt häufig vor:

(65) Da Funke so sehr aufs Filmische setzt, verwundert es, dass sie sich mit ihren eigenen Illustrationen zufrieden gibt. (U10/SEP.02073)

(66) Fast überraschte es, dass die Öffentlichkeit dann doch einen vergleichsweise

nahen und langen Blick auf George werfen durfte. (M13/OKT.07664)

(67) Da stört es nicht, dass die griechische Schuldenquote viel höher ist als 2010 und dass die Wirtschaftsleistung um 25 Prozent gesunken ist. (RHZ14/JUN.07057)

In obigen Belegen trägt *es0* dazu bei, den i. d. R. kurzen Matrixsatz zu verstärken und den Einfluss des folgenden Subjektsatzes zu vermindern[1]. Diesbezüglich ist dennoch lediglich von Tendenzen die Rede, da sich ebenfalls Gegenbeispiele finden lassen:

(68) Dennoch überrascht, dass überhaupt so viele Menschen bereit waren, ihr Geld in dieses Projekt zu stecken. (U10/APR.00535)

(69) Ebenso erstaunt, dass ein Drittel das 20. Altersjahr noch nicht erreicht hat. (SOZ12/JAN.05671)

(70) Da stört wenig, dass er bei seiner ersten Zusammenarbeit mit einem Originalklangensemble in den schnellen Arien manchmal geschickt die Atemstütze retten muss. (U12/AUG.01754)

Zusammenfassend ist festzustellen, dass *es0* bei den Thema-Verben mit *dass*-Subjektsatz durchaus fakultativ ist, wenn es sich bei dem Matrixsatz um einen V2-Satz handelt. Der fakultative *es0*-Gebrauch lässt sich auch bei anderen Gefühlsverben beweisen, die sich auf einer höheren Stilebene befinden und m. E. in der gängigen Literatur noch nicht hinsichtlich des Korrelat-*es* behandelt worden sind, wie *aufwühlen, belasten, bekümmern, beunruhigen, besänftigen, bewegen, (an)ekeln, reizen* usw. In folgenden Belegen gilt *es0* weiterhin als fakultativ:

(71) Den elfjährigen Leonard Weiler bewegte [(es)] zudem, dass man schon mit 80 Euro in Afrika ein Leben retten kann: „Das hat mich schon sehr motiviert, hier mitzumachen." (RHZ08/SEP.20868)

(72) Händlern zufolge belastete [(es)] die Aktie neben Gewinnmitnahmen, dass die Sendergruppe den Verkauf von Unternehmensteilen im Ausland vorantreibe. (U11/JAN.03402)

Es wird nicht weiter versucht, neue Faktoren bezüglich dieser Satzstruktur zu formulieren und zu analysieren. Die *es0*-Setzung liegt eher im Ermessen des Verfassers. Es wurden keine Verben als Ausnahmen gefunden.

---

[1] Diese Funktion von *es* wird in Zitterbart (2002b: 186) bezüglich der Gefühlsverben bei V1-Matrixsätzen (Fragesätzen) erörtert.

4.3.2 *Es0*-fördernde Faktoren bei Gefühlsverben mit einem Akkusativobjekt

In Kapitel 4.3.1 wird der *es0*-Gebrauch lediglich im V2-Matrixsatz betrachtet. Handelt es sich bei dem Matrixsatz um einen eingeleiteten Nebensatz (**VL**-Satz), erhöht sich die Auftretenswahrscheinlichkeit von *es0* aus pragmatischen Gründen erheblich. Im *T2*-Korpus wurden insgesamt 120 Belege mit dem Merkmalbündel, ,VL-Matrixsatz + *dass*-Subjektsatz' ausgelesen. Von denen sind lediglich 15 ohne *es0*. Hier weist das Korrelat im eingeleiteten Matrixsatz darauf hin, dass noch ein Nebensatz, nämlich der Subjektsatz, auf einer niedrigeren hierarchischen Ebene folgt. Die *es0*-Setzung erleichtert das Verständnis des komplexen Satzes mit mehreren Hierarchiestufen:

(73) Vonn schlug so heftig mit
dem Kopf auf der Piste auf,
      dass es sogar
      verwunderte,
            dass sie überhaupt gleich wieder
            starten konnte. (U13/JAN.01671)

Durch die Eliminierung von *es0* werden die Sätze stark markiert:

(74) Nachdenklich macht jedoch, dass die Hälfte der Siebtklässler und zwei von drei Neuntklässlern nicht glaubten, dass „unsere Lehrerinnen und Lehrer interessiert, dass wir wirklich etwas lernen". (T11/DEZ.00769)

Es0 wird aber mit einer höheren Wahrscheinlichkeit wegfallen, wenn der transitive Gebrauch des Gefühlsverbes deutlich gekennzeichnet wird, nämlich wenn das Akkusativobjekt beim Lesen gut erkennbar ist. Entweder kommen Personalpronomina wie *mich*, *ihn* usw. im Matrixsatz vor, die keinen Nominativ-Akkusativ-Synkretismus zeigen oder der Matrixsatz wird vom Relativpronomen *den* (Akkusativ, Maskulin, Singular) eingeleitet:

(75) Wenngleich auch ihn erstaunt, dass die Säle schon mal voll sitzen, „und das in einer so kleinen Stadt". (RHZ11/AUG.19504)

(76) „Ohne die wäre es nicht gegangen", erklärt der 58-jährige Stabsfeldwebel a. D., den besonders freut, dass die Unterstützung nicht nur aus dem Stadtteil kam, sondern ortsübergreifend geleistet wurde. (RHZ14/JUN.18493)

Die obengenannten Fälle entsprechen 14 der 15 *es0*-losen Belege. Marx-Moyses Aussage, dass, wenn ein „Verb der Gefühlsäußerung im Neben- oder im Fragesatz vorkommt", „ *es* bei den drei Gruppen 1, 2 und 3 [nämlich sämtliche von ihr betrachtete Gefühlsverben; Y. Y.] obligatorisch" (1983: 115) sein muss, kann zwar nicht mit dem *T2*-Korpus komplett belegt werden. Dennoch ist sie für den DaF-Unterricht als eine ‚Faustregel' geeignet, denn die im vorderen Teil analysierten Faktoren können die Lernenden verwirren, wenn sie alle detailliert vermittelt werden. Darüber hinaus muss hier auf einen anderen *es0*-fördernden Faktor bei den Gefühlsverben eingegangen werden. Wird das Subjekt bei den Gefühlverben zum Inf-Satz ausgebaut, ist *es0* i. d. R. notwendig, weil die „Infinitiv-Konjunktion"[①] *zu* am Satzende steht, weswegen der Status des Subjektsatzes aus pragmatischen Gründen mit *es0* signalisiert werden soll. Folgende Belege scheinen schriftsprachlich inadäquat zu sein, wenn *es0* im Matrixsatz gelöscht wird:

(77) Zwar reute es viele, bei den milden Temperaturen in die Mehrzweckhalle zu dislozieren, doch auf die vielen Gäste wartete ein unterhaltsames Programm. (A13/AUG.12912)

(78) Trotzdem quält es ihn, tatenlos zuschauen zu müssen, wenn es wie am Sonntag spielerisch nicht läuft. (NUN13/APR.02846)

(79) Aber Kinder fasziniert es noch immer, Briefe abzustempeln, Formulare auszufüllen, telefonische Auskünfte zu geben, Geld auszuzahlen oder Briefmarken zu verkaufen [...]. (RHZ10/NOV.14183)

Gemäß Marx-Moyse kann *es0* „gelegentlich" getilgt werden, wenn der Matrixsatz „auf Personalpronomen und Verb reduziert ist" (1983: 114). Diese Aussage wird von der Autorin mit folgenden konstruierten Beispielen versucht zu beweisen (ebd.):

(80) Mich freut (*es*), Sie hier begrüßen Sie [sic!] dürfen.[②]

(81) Mich deprimiert (*es*), so was zu hören.

(82) Mich reut (*es*), sie beleidigt zu haben.

Das lässt sich mit den Korpusbelegen nur teils bestätigen, weil *es0* ebenfalls eliminiert werden darf, wenn das Mittelfeld des Matrixsatzes besetzt ist:

---

① Siehe *Duden. Grammatik der deutschen Gegenwartssprache* (1995: 394f.)

② Der Satz soll heißen: Mich freut (es), Sie hier begrüßen zu dürfen.

(83) Mich freut besonders mit den Leuten zu arbeiten und ihnen die Möglichkeit zu verschaffen, sich auf dem Arbeitsmarkt zu integrieren und zu qualifizieren. (V00/ JUL.35457)

(84) Ihn interessiere mehr, Bauern produktiver zu machen. (SOZ12/OKT.02996)

(85) Ihn schmerzt persönlich zutiefst, sehen zu müssen, wozu ein Defraudant ausgerechnet im Landesdienst fähig sein kann. (V98/JUN.27784)

Die wichtigste Rolle spielen die ins Vorfeld gesetzten Personalpronomina, bei denen kein Nominativ-Akkusativ-Synkretismus vorliegt. Des Weiteren ermöglichen Adverbiale wie *am meisten*, *besonders*, *vor allem* usw. im Vorfeld auch die Unterbindung von *es0*, weil sie den Auftritt des Inf-Subjektsatzes hervorheben können:

(86) Am meisten fasziniert sie, eine Geschichte auf der Bühne zum Leben zu erwecken, sie in Bildern zu erzählen. (SOZ14/FEB.02835)

(87) Ganz besonders ärgert mich allerdings, die Videoinstallation „The Masturbators" von Sterling Ruby bei Sprüth und Magers verpasst zu haben.

In den Belegen (86) – (87) kann *es0* im Mittelfeld des Matrixsatzes hinzugefügt werden, ohne den Lesefluss zu stören. Anhand der Belegsammlung zeigt sich, dass aus 275 Matrixsätzen lediglich 26 mit einem nicht korrelierten Inf-Subjektsatz (8,6%) vorkommen, was dafür spricht, dass die meisten muttersprachlichen Autoren *es0* beim extraponierten Inf-Subjektsatz bevorzugen.

Wie Inf-Sätze müssen ergänzende *wenn*-Sätze, die in der Fachliteratur bezüglich der Wahrscheinlichkeit des *es0*-Gebrauchs noch nicht genügend untersucht worden sind, ebenfalls als ein *es0*-fördernder Faktor betrachtet werden. Bei den *wenn*-Sätzen hat *es0* in Bezug auf die Gefühlsverben eine ähnliche Auftretenswahrscheinlichkeit wie bei Inf-Sätzen in Sachtexten. Aus dem *SZ*-Korpus wurden 240 entsprechende Belege ausgelesen, wovon 229 *es0* enthalten. Folgende Belege zeigen, dass *es0* in diesem Zusammenhang nur selten getilgt wird:

(88) Illegal natürlich, doch wen kümmert es, wenn es ums Überleben geht? (U10/ NOV.00061)

(89) Da muss es nicht verwundern, wenn diese Daten ebenso zum Ziel von Angriffen werden wie beispielsweise die Systeme von Investment-Brokern. (U11/ JAN.02812)

(90) Daher verärgert es sie besonders, wenn ihre Politiker im Urlaub mit fremdem Geld prassen. (U11/FEB.01520)

(91) Weil es doch sonst auch so ist, dass es dich einfach berührt, wenn dich jemand auf der Straße direkt anlächelt oder deine Hand nimmt. (U11/AUG.01138)

Die *es0* hemmenden Faktoren bei Inf-Sätzen gelten auch für die ergänzenden *wenn*-Sätze: Steht ein Personalpronomen wie *mich* und *ihn* oder ein Gradadverbial wie *am meisten, besonders, vor allem* usw. am Satzanfang, darf auf die *es0*-Setzung verzichtet werden:

(92) Uns stört, wenn die vom Staat am meisten gestützte Bank mit nicht wettbewerbsgerechten Konditionen arbeitet. (U11/JUL.02729)

(93) Am meisten **ärgert** ihn, wenn man ihm den Ball nicht sofort abspielt. (U13/OKT.01561)

Angesichts der hohen Auftretenswahrscheinlichkeit von *es0*, wenn es sich bei dem Subjekt um einen Inf- oder *wenn*-Satz handelt, können folgende Überlegungen im DaF-Unterricht getätigt werden: Ein Korrelat-*es* sollte im Mittelfeld des Matrixsatz ergänzt werden, um das Kommen des Inf- oder *wenn*-Subjektsatzes aufzuzeigen und so das Verständnis des ganzen Satzes zu erleichtern. Selbstverständlich kann das *es*-Korrelat auch im Vorfeld geschrieben werden, wenn der Matrixsatz ein V2-Satz ist und sein Vorfeld nicht von anderen Satzgliedern besetzt ist. Wird *es0* bei Inf- oder *wenn*-Subjektsätzen als bedingt fakultativ vermittelt, müssen die Lernenden beim Schreiben eine Reihe semantischer und syntaktischer Faktoren bedenken, die sie unnötig belasten können. Beispielsweise sollte darauf geachtet werden, dass *es0* nahezu 100% eingesetzt wird, wenn der andere obengenannte *es0*-fördernde Faktor – VL-Matrixsatz – auftritt. Hierfür einige Beispiele, in denen der Wegfall von *es0* gemäß den ausgelesenen Belegen selten als akzeptabel angesehen wird:

(94) Sein Idealpublikum ist zwischen fünf und zwölf Jahre alt, auch wenn es ihn sehr freut, wenn sich immer wieder 18jährige unter den Zuschauern befinden. (U94/APR.06323)

(95) Deswegen weise ich meine Freunde und Bekannten nach dem Essen regelmäßig darauf hin, dass es mich nicht stört, wenn sie nun eine Zigarette rauchen möchten. (RHZ06/JUN.25961)

(96) Das ist so wenig, dass es nicht verwundert, wenn in der trockenen Sahara Nacht
für Nacht bis zu 60 Grad Wärme ins All abgestrahlt werden. (RHZ07/MAI.11426)

(97) Sie erklärt in ihrer Arbeit, dass es sie beruhigt, Lateinvokabeln zu wiederholen
oder im Kreis zu gehen. (A11/MAR.10127)

Die obengenannten Richtlinien in Bezug auf Inf- und *wenn*-Subjektsätze können
das Regelsystem bezüglich der Gefühlsverben drastisch vereinfachen und werden
die Lerner nicht dazu anleiten, Fehler zu produzieren. Allerdings sollten sie wissen,
dass hierbei lediglich von Tendenzen die Rede ist und es durchaus möglich ist,
Gegenbeispiele in authentischen Texten zu finden.

Letztlich ist bei einigen Thema-Verben wie *stören*, *faszinieren*, ärgern usw. zu
erwähnen, dass eine sich auf den Subjektsatz beziehende *an*-PP im Matrixsatz die
es0-Setzung hemmt, wie bei den Attitüdeverben in Kap. 5.5. Dieser Faktor gilt bei
allen möglichen Satzstrukturen. In folgenden Belegen darf kein *es0* im Matrixsatz
verwendet werden:

(98) Am meisten irritiert daran jedoch, dass der Kompilator dieser Materialsammlung
diese Chance, die er nicht ergriff, gar nicht als eine solche wahrgenommen zu
haben scheint. (U11/APR.03543)

(99) „Mich ärgert besonders an der Sache, dass keiner für diese Angelegenheit
zuständig war", beschwert sich Willer. (NON13/SEP.03747)

(100)Mich stört an der aktuellen Diskussion, dass die einen ein Antidopinggesetz
fordern, aber nicht sagen, wie es umgesetzt werden soll. (U06/AUG.00962)

(101)An den realen Fällen reizt ihn, dass der Handlungsablauf keinem Krimi-Schema
folgt. (T11/SEP.01614)

Das gilt auch für die Thema-Verben mit Dativergänzung, wie *gefallen*,
imponieren usw., die in Kap. 4.3.3 besprochen werden:

(102)Dem Anstaltsleiter gefällt an seinem neuen Arbeitsplatz besonders, dass „die
Begleitung der Insassen wirklich menschlich abläuft". (NON13/OKT.10624)

(103)Petersen imponiert an der Zusammenarbeit vor allem, „wie es gelingt, den
Menschen mit Kleinigkeiten eine Freude zu machen". (RHZ07/DEZ.19436)

4.3.3 Gefühlsverben mit einem Dativobjekt

Im Folgenden werden die Verben mit einem Dativobjekt behandelt, das aus Personen oder Institutionen bestehen kann und die semantische Rolle des Experiencers trägt. Anders als bei den transitiven Verben im letzten Kapitel spielt die Realisierungsform des Objektes, hier im Dativ, keine wichtige Rolle mehr. Die Häufigkeit der *es0*-Setzung bezüglich verschiedener Subjektsatztypen wird größtenteils von der *es0*-Freundlichkeit des jeweiligen Verbs bestimmt. Dabei handelt es sich im Grunde um eine abgeschwächte Disambiguierungsfunktion von *es0*. Der Nominativ-Dativ-Synkretismus im Deutschen geht nicht so weit wie der Nominativ-Akkusativ-Synkretismus. Das Artikel- und Pronomenparadigma sowie die pluralische Kasusflexion (das Dativ-Plural-*n*) ermöglichen in den meisten Fällen eine klare Kasusunterscheidung.

Zunächst werden die Verben *gefallen* und *missfallen*, die häufig von DaF-Lernern gebraucht werden und im Lernerkorpus mehrfach auftauchen, hinsichtlich der *es0*-Setzung untersucht. Wenn ein *dass*-Satz im Nachfeld als Subjekt fungiert und der Matrixsatz ein Verbzweitsatz ist, ist *es0* fakultativ. Quantitativ gesehen sind die *es0*-losen Belege geringfügig häufiger. In folgenden Belegen kann *es0* weggelassen oder ergänzt werden:

> (104)Analysten gefiel vor allem, dass der Ausblick bekräftigt wurde und die Erwartungen an den Autoabsatz optimistischer formuliert wurden als bislang. (U10/MAI.00734)
>
> (105)Außerdem missfällt es der Gewerkschaft, dass für einige Ausbildungszweige die Anforderungen so herabgesetzt wurden, dass [...]. (U11/AUG.03272)

Laut Marx-Moyse darf *es0* nicht eliminiert werden, wenn das Subjekt als ein Inf-Satz realisiert wird oder es sich bei einem Matrixsatz um einen Interrogativsatz oder eingeleiteten Nebensatz handelt (vgl. 117f.). Wie im letzten Kapitel bereits erörtert, erweisen sich die beiden Faktoren bei den Gefühlsverben als *es0*-fördernd. Dennoch scheint dies, als Regel formuliert, wiederum nicht sinnvoll zu sein. Denn nach Hinzuziehung weiterer authentischer Korpusbelege ist festzustellen, dass der Wegfall von *es0* erlaubt ist, wenn ein *dass*-Satz extraponiert wird.

> (106)[...] resümiert der Rektor, dem gefällt, dass klassenweise und im Rahmen des Unterrichts gearbeitet wurde. (NUN10/JUL.01631)
>
> (107)Seine vietnamesische Heimat musste er 1969 verlassen, weil den kommunistischen Machthabern missfiel, dass er sich mitten im Vietnamkrieg für

Versöhnung einsetzte. (U13/JUN.00057)

(108)Oder gefiel ihnen, dass Schröder „die Zukunft des Menschen schlechthin" als Argument für ihre Interessen ins Feld führte? (U05/JUN.04899)

Nur wenn der Subjektsatz als Inf-Satz realisiert wird, erhöht sich die Wahrscheinlichkeit der *es0*-Setzung wesentlich. Es wurden aus dem vorliegenden Korpus insgesamt 340 Belege bei *gefallen* mit einem Inf-Subjektsatz ausgelesen. Hinsichtlich des prozentualen Wertes dominieren die *es0*-haltigen Belege mit 91,7% deutlich gegenüber den *es0*-losen[①]:

(109)Dem 47-Jährigen gefällt es, sich mit anderen Vätern auch mal über Fußball zu unterhalten. (NUN12/MAI.01525)

(110)Ich schreibe auch auf Englisch, weil es mir gefällt, zwischen Sprachen, Kulturen und Städten hin und her zu reisen. (M13/MAI.04605)

Bei *imponieren*, *behagen*, *nicht passen* und *widerstreben*, die ebenfalls die emotionale Befindlichkeit beschreiben, ist *es0* als fakultativ zu klassifizieren, wenn das Subjekt zum *dass*-Satz ausgebaut wird:

(111)Vor allem aber imponiert Martin Schwalb, dass „jeder in jeder Sekunde weiß, was der Nebenmann tut." (U10/APR.03386)

(112)Zudem passt der Ministerin nicht, dass in Kampanien immer noch Nicola Cosentino PDL-Chef ist. (U10/NOV.03499)

(113)Draghi passt es überhaupt nicht, dass die Niedrigzinspolitik der EZB als Sargnagel der deutschen Ersparnisse interpretiert wird. (U13/NOV.04675)

Auch wenn der Matrixsatz eingeleitet wird, gilt *es0* als fakultativ, obwohl eine bestimmte Tendenz zur *es0*-Setzung vorhanden ist:

---

① Ähnlich wie bei den Gefühlsverben mit Akkusativobjekt kann *es0* alternativ getilgt werden, wenn ein pronominales Dativobjekt im Vorfeld steht oder ein Adverbial wie *am besten* oder *besonders* auftritt. Das gilt auch für als Subjekt fungierende ergänzende *wenn*-Sätze:

• Doch mir gefällt ganz gut, in den vergangenen Wochen ein paar Kilo verloren zu haben. (BRZ12/MAR.16563)

• Beim Laternenfest vom Kindergarten hat mir am besten gefallen, durch den Schlosspark zu laufen. (BRZ11/NOV.06647)

• Am meisten gefällt mir, wenn ich neue Pflanzen entdecke und neue Dinge ausprobieren kann. (NON12/APR.17670)

(114) Weil es aber nicht jedem behagt, dass sein Haus im Internet zu sehen ist, hatte der Dienst schon im Vorfeld für Aufregung gesorgt. (U10/DEZ.00818)

(115) Die Autonomen in der Vollversammlung des Vereins ließen jedoch mit sich nicht reden und selbst Kompromißvorschläge platzen, weil ihnen nicht behagte, daß die Stadt bei der Vergabe von Räumen das letzte Wort haben sollte. (NUN97/DEZ.02013)

Im Korpus finden sich sehr wenige Inf- und *wenn*-Sätze bei diesen Verben. Aufgrund dieser Seltenheit wird hier nicht weiter darauf eingegangen. Allgemein gesehen wird *es0* überaus selten getilgt, gleichgültig ob der Matrixsatz ein V2- oder VL-Satz ist:

(116) Anderen behagt es vielleicht weniger, namentlich in der Liste aufgeführt zu werden – sie müssen sich wohl dennoch damit abfinden. (M10/JUN.45626)

(117) Als Naturwissenschaftler widerstrebt es ihm, die Grenze zur Spekulation zu überschreiten. (M10/JUL.53540)

(118) Aber jedes Mal, wenn er eine Stellenausschreibung liest und zu einer Bewerbung ansetzt, spürt er, wie sehr es ihm widerstrebt, sich vermarkten zu müssen. (Z14/JAN.00098)

(119) Wem es ums genaue Erkennen der Wirklichkeit geht, dem kann es doch nicht behagen, wenn schon vor dem eigentlichen Beobachten aussortiert wird! (Z11/AUG.00292)

Bei *leidtun* und *wehtun* ist *es0* nach den Untersuchungsergebnissen in Boszák (2009: 102f.) und im *VALBU* (2004) fakultativ. Gegenpositionen vertreten Marx-Moyse (1983: 40) und Engel (2004: 138). Marx-Moyse hat *leidtun* den Verben mit obligatorischem *es0* zugeordnet, Engel das Verb *wehtun*. Die Belegsammlungen bei diesen zwei Verben aus dem *T2*-Korpus besagen, dass beide Verben eine starke Korrelat-Freundlichkeit aufweisen:

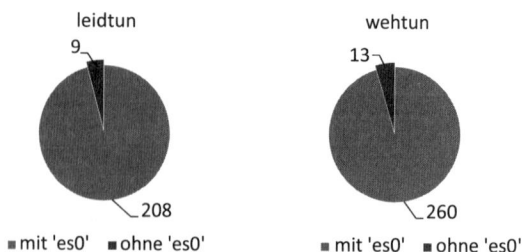

Grafik 2: *Es0*-Setzung bei *leidtun* und *wehtun* in allen Satzstrukturen[1]

---

① Datenquelle: *T2*-Korpus

Grafik 2 macht deutlich, dass *es0* ungeachtet semantischer und syntaktischer Faktoren in mehr als 95% der Belege bei beiden Verben hinzugefügt wird. Betrachtet man die *es0*-losen Belege, ist festzustellen, dass *es0* im authentischen Sprachgebrauch fast nur in den folgenden zwei Fällen weggelassen wird:

A. Der Verbteil *leid* bzw. *weh* ist vorfeldversetzt: Wenn ein Bestandteil eines Matrixverbs oder eines mehrteiligen Prädikats im Vorfeld hervorgehoben wird, handelt es sich dabei um eine markierte Satzstruktur, die die Notwendigkeit der *es0*-Setzung reduziert. Wie bei *leichtfallen, an... hängen* usw. (in Kap. 4.7) gilt dieses Prinzip auch bei *leidtun* und *wehtun*:

(120) „[...] Leid tut mir, dass die Niederlage zu Hause passierte", so Kemetens Trainer Günter Rosenkranz. (BVZ13/OKT.)[1]

(121) Besonders weh tat, dass alle drei Heim-Derbys verloren gingen. (BVZ11/JUL.00599)

B. Wenn das Dativobjekt (meistens als Personalpronomen[2]) im Matrixsatz realisiert wird, das Subjekt als *dass*-Satz extraponiert wird und der Matrixsatz ein V2-Satz ist:

(122) Mir tut leid, dass oft gerade diejenigen, die an den Fehlentwicklungen gar keinen Anteil hatten, die Jungen oder die Armen, heute am meisten leiden. (U13/JUL.00337)

(123) Ihm tut vor allem weh, dass Anna-Lena Drexel verletzungsbedingt fehlt. (RHZ12/DEZ.23529)

Diese zwei Fälle decken 21 von den 22 *es0*-losen Belegen bei *leidtun* und *wehtun* ab. Wenn ein Satz den obengenannten Voraussetzungen nicht entspricht, ist das Korrelat im Matrixsatz kaum zu eliminieren, wie folgende Belege zeigen:

(124) Sie hat sich für den Mut bedankt, dass ich meine Fragen gestellt habe, und dass es ihr leid tue, dass sie mir keine andere Antwort geben könne. (U13/SEP.01480)

(125) Bei anderen Jugendlichen täte es ihm hingegen schon Leid, wenn sie ins Gefängnis müssten, sagt der Leiter des Jugendkommissariats. (BRZ12/JAN.13481)

---

[1] Die Eliminierung von *es0* ist tendenziell dem umgangssprachlichen Stil zuzuordnen, weil es sich bei einem großen Teil der *es0*-losen Belege um Zitate aus der gesprochenen Sprache handelt. Was die Textsorten betrifft, so wurden viele *es0*-losen Belege aus Sportberichten ausgelesen.

[2] Nach den Ergebnissen der Informantenbefragung von Marx-Moyse (1983: 40f.) kann *es0* nicht mehr eliminiert werden, wenn das Dativobjekt als eine NP realisiert wird. Dennoch handelt es sich dabei lediglich um eine starke Tendenz, da Gegenbeispiele zu finden sind:

• Dem Fan tut dann leid, dass er gesagt hat, tot über den Zaun zu hängen sei aufregender als ein Halbzeitgespräch mit Rudi Cerne und Lutz Pfannenstiel. (U10/JUN.04095)

(126)Bei dieser klaren Führung tat es dann auch nicht weiter weh, dass dem Mainzer Kapitän Christoph Kleber noch der Ehrentreffer gelang. (RHZ13/SEP.08606)

Das Verb *guttun*, das nicht in der relevanten Literatur auftaucht, aber sehr häufig ein satzförmiges Subjekt regiert, hält auch diese Regelmäßigkeit ein. In (127) und (128) darf *es0* fehlen, während *es0* in den Sätzen (129) und (130), die nicht den Fällen A oder B zugeordnet werden können, überwiegend[①] realisiert wird:

(127)Diesem hat bestimmt gut getan, dass er gegen einen ausländischen Gegner seinen Rythmus [sic!] aufrecht erhalten konnte. (A01/JAN.01203)

(128)Gut getan habe ihm, dass an den einzelnen Wegpunkten viele Menschen standen und ihn so zu den kleineren Etappenzielen förmlich trugen, erzählte Eichler. (M13/JUL.05266)

(129)Außerdem tut es der Bildqualität nicht gut, wenn die Hersteller zu viele Bildpunkte auf zu kleine Sensoren quetschen. (U12/OKT.01079)

(130)In der Krise hat es dem Konzern gutgetan, mit Wasch- und Reinigungsmitteln sowie mit der Kosmetik über zwei Produktgruppen zu verfügen, die wenig abhängig vom Auf und Ab der Konjunktur sind. (U10/SEP.04768)

Semantisch nähert sich *guttun* den Verben des Effektes an, die im nächsten Kapitel behandelt werden. Angesichts der wenigen Gegenbeispiele ist *es0* bei *leidtun*, *wehtun* und *guttun* in der Didaktik als obligatorisch zu vermitteln. Diese drei Verben bilden eine Sondergruppe der Gefühlsverben.

4.4 Verben des Effektes

In der *GdS* (1997: 1456) werden eine Reihe der Thema-Verben, die als „semantisch eher isoliert" gelten, aussortiert. Dazu gehören *helfen*, *nützen*, *schaden* und *sich lohnen*. Diese Sondergruppe lässt sich noch um andere Verben wie *genügen*, *ausreichen*, *sich auszahlen* u. a. erweitern. Diesen ist gemeinsam, dass die Proposition im Subjekt(satz) eine (potentielle) Auswirkung auf eine Angelegenheit oder ein Ziel im Kontext hat. Bei diesen intransitiven Verben kann ein valenzbedingtes Dativobjekt (häufig [+hum]) oder eine *für* / *zu*-PP vorkommen, die von der Auswirkung im Subjektsatz betroffen ist. Die Matrixverben können durch

---

① Es wurden insgesamt 955 Belege ausgelesen, die nicht zu den beiden Fällen gehören, wovon in 948 Belegen (99,3%) *es0* realisiert wird.

Kopulakonstruktionen (*hilfreich / genügend / empfehlenswert ... sein*) ersetzt werden, ohne den Sinn des Satzes wesentlich zu verändern, was als eine Übungsmöglichkeit für den DaF-Unterricht zu betrachten ist:

> (131)Für die Herkunftsangabe reiche es nicht aus [/ ist es nicht ausreichend], dass der Firmensitz des Herstellers in Deutschland liege. (U10/MAR.03970)
>
> (132)Beim Neukauf lohnt es sich [/ ist es lohnend/lohnenswert], darauf zu achten, dass es sich dabei um ein kraftstoffsparendes System handelt. (SOZ11/ FEB.00981)

Im Folgenden werden sie als ‚Verben des Effektes' bezeichnet. Es wird zunächst auf *helfen*, *nützen* und *schaden* eingegangen, mit denen sich in der Forschungsliteratur am häufigsten auseinandergesetzt wird. Marx-Moyse (1983: 48f.) zählt *helfen* und *nützen* zu den Verben mit obligatorischem *es0* und ergänzt, dass es einen gewissen Spielraum bei *helfen* gibt, wenn keine Artergänzungen wie *viel*, *wenig*, *nichts* usw. im Matrixsatz auftreten und ein *dass*-Satz als Subjekt fungiert:

> (133)Ihm / meinem Sohn half (es) damals, daß er ein paar Brocken Englisch sprechen konnte? (ebd.)

Nach Zitterbart (2002b: 172) verlangen die drei Verben „in Verbindung mit unpersönlichen Subjektsatzkonstruktionen ein Korrelat, das man aus Mangel an unkorrelierten Belegen praktisch als obligatorisch einstufen kann, wobei eine Weglassung des Korrelates nicht ungrammatisch wirkt". Mollica betrachtet das fakultative Dativobjekt als einen Einflussfaktor für die *es0*-Setzung: *Es0* ist bei diesen Verben „als fakultativ zu klassifizieren, sofern die Dativergänzung vorhanden ist" (2010: 68). Kommt das Dativobjekt nicht vor, bringt die *es0*-Eliminierung den Matrixsatz „an den Rand der Grammatikalität" (ebd.: 69):

> (134)Österreichs Firmen hilft _____, dass sie kaum bekannte Marken haben. (ebd.)
>
> (135)?Ganz nebenbei hilft _____ auch, den durch das neue Geschäftszentrum Hübsch'che Mühle eintretenden Bedeutungsverlust abzufedern. [im Original als fraglich gekennzeichnet] (ebd.)

Die obengenannten Faktoren können nur teilweise mit den Belegen aus dem

T2-Korpus bestätigt werden, weil *es0* bei *helfen* im Korpus sowohl mit als auch ohne Dativobjekt als fakultativ anzusehen ist[①]. Es ist zu beachten, dass die Verben, ungeachtet der semantischen und syntaktischen Umfelder in den konkreten Belegen, unterschiedliche *es0*-Freundlichkeit aufweisen. Bevor auf die obengenannten syntaktischen Faktoren eingegangen werden kann, wird zunächst eine empirische Teiluntersuchung bezüglich sämtlicher Korpusbelege bei *helfen*, *nützen* und *schaden* durchgeführt. Grafik 3 stellt die Zusammenstellung der *es0*-haltigen und *es0*-losen Belege in allen aufgetretenen Satzstrukturen dar:

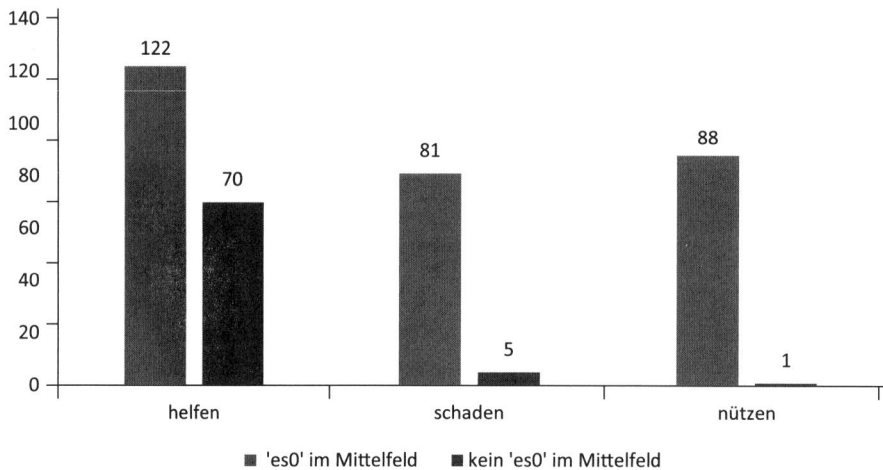

Grafik 3: *Es0*-Setzung bei helfen, schaden und nützen in allen Satzstrukturen[②]

Aus der Grafik wird ersichtlich, dass *nützen* und *schaden* generell eine viel stärkere *es0*-Freundlichkeit aufweisen als *helfen*. Betrachtet man die *es0*-losen Belege bei *helfen*, ist zu konstatieren, dass die Nichtrealisierung des Dativobjektes keinen entscheidenden Einfluss auf die *es0*-Setzung ausübt. Handelt es sich bei dem Matrixsatz um einen V2-Satz und bei dem Subjektsatz um einen *dass*-Satz, ist *es0* durchaus fakultativ, obwohl *es0* im schlicht formulierten Matrixsatz tendenziell vorkommt:

---

① Es finden sich auch zahlreiche *es0*-lose Belege ohne Dativobjekt im Matrixsatz, wie z. B.:

• Dabei half, dass in der Debatte nicht von Kriegseinsatz die Rede war, sondern vorwiegend von Schutz der Bevölkerung und Herstellung von Sicherheit. (U14/FEB.00443)

• Da half auch nicht, dass der Konzern seinen Nettogewinn um zehn Prozent auf 3,8 Milliarden Dollar steigerte und eine verdoppelte Quartalsdividende versprach. (U13/JUN.03147)

② Datenquellen: *SZ*-Korpus (*helfen*), *T2*-Korpus (*schaden* und *nützen*)

(136) Den Politikern hilft dabei, dass Kanadas Rohstoffe sehr gefragt sind und hohe Preise erzielen, etwa Öl aus Ölsand. (U11/AUG.01812)

(137) Dabei half, dass der Dollar bei vielen Anlegern wegen der ebenfalls hohen Verschuldung der USA und einer ultralockeren Geldpolitik der Notenbank Fed in Ungnade gefallen ist. (U12/SEP.01846)

(138) Da hilft es, dass ich ein paar Worte Russisch kann. (U12/OKT.04650)

Bei *nützen* und *schaden*, die den *es0*-Gebrauch stärker fördern, kann *es0* nur getilgt werden, wenn ein Dativobjekt (häufig am Satzanfang) realisiert wird oder wenn die Partikel *auch* im Mittelfeld des Matrixsatzes, der meistens negiert ist, auftritt, die ebenfalls das Vorkommen des Subjektsatzes signalisieren kann:

(139) Dem Image des FC Bayern schadet sicher auch nicht, dass er die Liga noch mal spannend gemacht hat. (U10/APR.03541)

(140) Da nützte auch nichts, dass dessen Stieftochter Rihanna die Goldmedaille zeigte. (SOZ13/AUG.07132)

Allerdings ist klar, dass mit Rücksicht auf die Einschränkungsfaktoren keine absoluten Regeln erstellt werden können, wie (141) zeigt. Wenn ein größeres Korpus als Untersuchungsquelle dient, sind noch weitere Gegenbeispiele zu finden:

(141) Und natürlich habe geschadet, dass sich Röttgen nicht eindeutig zum Land bekannt habe, sondern sich eine Rückfahrkarte vorbehalten habe. (U12/ MAI.02436)

Das *es*-Korrelat kann hier als ein Stilmittel angesehen werden. Während *helfen* auf allen Stilebenen verwendet wird, gehören *schaden* und *nützen* einem gehobenen Niveau an, wobei das *es*-Korrelat hierbei mit hoher Wahrscheinlichkeit realisiert wird. Manche *es0*-losen Belege wie (137) und (141) sollen der Umgangssprache zugewiesen werden, weil die Formulierungen wie *ultralocker, sich bekannt haben* u. a. nicht zur geschriebenen deutschen Hochsprache gehören.

Wenn es sich beim Subjektsatz um einen Inf- oder ergänzenden *wenn*-Satz handelt, steigt das Vorkommen von *es0* die Akzeptabilität des Satzes meist deutlich:

(142) Zum besseren Verständnis kann es nützen, sich die Linke für ein Weilchen als Gebirge vorzustellen. (U10/NOV.01028)

(143) Hiergegen hilft es, den Störer wenn möglich woanders hinzustellen oder

abgeschirmte Kabel zu verwenden. (U11/DEZ.03239)

(144)Mir hilft es da sehr, wenn meine Freundin da ist und die ganzen organisatorischen Dinge erledigt, die jeden Tag anfallen. (U04/OKT.05495)

(145)Für einen Neubeginn schadet es immer, wenn es vorher Kleckereien gibt. (BVZ12/JUL.04697)

Wie bei *leidtun* usw. ist *es0* bei *nützen* und *schaden* praktisch als obligatorisch zu vermitteln, weil eine starke Auftretenswahrscheinlichkeit vorliegt. Solche „Faustregeln" spiegeln eine feste linguistische Konvention wider. Der Verzicht auf *es0* könnte zur Markiertheit und mangelhaften Schriftlichkeit führen. Wie bei *nützen* usw. muss i. d. R. eine Reihe semantischer und syntaktischer Bedingungen beachtet werden, um einen *es0*-losen, aber grammatisch korrekten und stilistisch akzeptablen Satz zu bilden, was für DaF-Lerner eine Herausforderung darstellen kann. Dies gilt auch für die drei sinnähnlichen Verben *genügen*, *reichen* und *ausreichen*. Es zeigt sich aus den Zusammenstellungen der Korpusbelege aus dem *SZ*-Korpus, dass *es0* im Matrixsatz in mehr als 90% der Belege vorkommt und soweit bei diesen Verben im DaF-Unterricht als obligatorisch zu vermitteln ist:

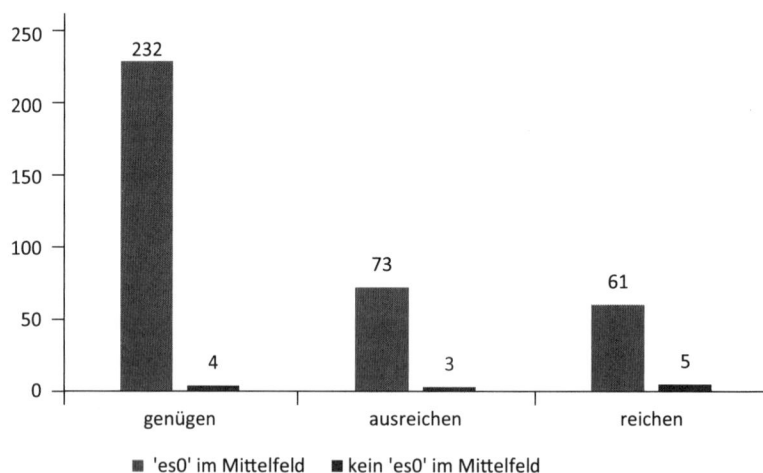

Grafik 4: *Es0*-Setzung bei *genügen*, *ausreichen* und *reichen* in allen Satzstrukturen

Hierzu einige Korpusbelege:

(146)Manchmal reicht es, dass sie Musik hört, die Krönungsmesse von Mozart, dann fällt Panik sie an, und ihr wird schlecht. (U10/MAR.04235)

(147)In den Anfangstagen des Ölzeitalters reichte es ja tatsächlich aus, ein

Bohrgestänge in den Wüstensand zu rammen und abzuwarten, bis das Öl
sprudelte. (U10/JUL.04481)

(148) Aus Sicht der Bahn kann es für eine Genehmigung nicht genügen, dass eine
Busfirma eine Strecke deutlich günstiger anbieten will. (U10/JUN.04024)

Bei *reichen* und *genügen* wird *es0* gelegentlich unterbunden, wenn das
Dativobjekt oder eine *für-* / *zu*-PP als Finalkomplement im Vorfeld platziert wird.
Bei diesen Verben kann die *es0*-Ellipse als charakteristisch für die gesprochene
Sprache angesehen werden:

(149) „Uns genügt, dass uns das große algerische Volk anerkennt und sich an uns ein
Beispiel nimmt." (U11/AUG.04430)

(150) Dazu sagt das EU-Gericht ein wenig kryptisch: Für die Eintragungsfähigkeit
einer Marke genüge nicht, dass sie originell sei, vielmehr müsse sie sich von der
„handelsüblichen Grundform" abheben. (U14/JAN.02112)

Die letzte Untergruppe der Verben des Effektes bildet eine Reihe reflexiver
Verben, die als ‚Vorteil bringen und den Aufwand rechtfertigen' oder als ‚günstige,
geeignete Lösung gelten' paraphrasiert werden können, wie *sich lohnen*, *sich
empfehlen* usw. In Bezug auf *sich lohnen* ist in der Forschungsliteratur häufig die
Ansicht anzutreffen, dass *es0* im Matrixsatz unentbehrlich ist, wenn das Subjekt
satzartig extraponiert ist[1]. Laut Zitterbart (2002b: 173) scheint *es0* bei *sich lohnen*
unentbehrlich zu sein, obwohl es „bei einer geringeren Füllung der Positionen im
Umfeld des Matrixsatzes" einen bestimmten Spielraum für die Weglassung von
es0 gibt. Nach den Ergebnissen aus Mollicas Informantenbefragung (2010: 62f.)
ist *es0* bei *sich lohnen* unabhängig von der Füllung des Matrixsatzes eliminierbar,
dennoch tritt *es0* in Korpusbelegen „fast immer" (ebd.: 63) auf und auch alle seine
Informanten ziehen die Realisierung von *es0* vor. Im *T2*-Korpus werden insgesamt
44 Belege bei *sich lohnen* ausgelesen, bei denen ein *dass*-Subjektsatz extraponiert
wird. Auffällig ist, dass *es0* in sämtlichen Belegen realisiert wird (33-mal im V2-
und elfmal im VL-Matrixsatz):

(151) Ein schöne Erinnerung, für die es sich lohnte, dass sie ihr auch hinterher noch
zwei schlaflose Nächte bereitete. (RHZ11/JUL.09302)

(152) Erst wenn ein zweiter und dritter hinzukommt und irgendwann niemand mehr

---

① Latour (1985: 113f.); *VALBU* (2004: 538); Engel (2004: 138); Hall & Scheiner (2001: 409ff.) usw.

. 75 .

nachzählt, hat es sich gelohnt, dass Thomas Hitzlsperger den Anfang gemacht hat. (NUN14/JAN.00683)

Weil das *T2*-Korpus für *sich lohnen* mit Inf-Subjektsatz eine kaum zu bewältigende Anzahl von Belegen enthält, werden sie hier nicht ausgelesen und gezählt. Durch die Belege auf der KWIC-Liste wird ersichtlich, dass *es0*-lose Belege als Gegenbeispiel äußerst selten vorkommen. Ein anderer Beweis für die absolut starke *es0*-Freundlichkeit bei *sich lohnen* ist, dass *es0* auch bei Linksverschachtelung auftauchen kann, was bei den meisten anderen Verben nicht der Fall ist.

(153) Wie genau der Weg aussehen soll, darüber lohnt es sich zu streiten. (Z12/MAR.00047)

(154) Für ein solches Europa lohnte es sich zu haften, obwohl der Preis für die Bundesbürger hoch wäre. (Z12/JUN.00251)

(155) Ich wage (es), das zu sagen. – Das wage ich (*es) zu sagen.

Das Gleiche gilt auch für die sinnähnlichen Verben *sich rentieren* und *sich rechnen*, die viel seltener satzartige Subjekte selegieren. In den folgenden Belegen darf *es0* nicht getilgt werden:

(156) Durch ein Verbot würde es sich für die Fischer rechnen, diesen Beifang zu reduzieren. (T11/JUL.01901)

(157) Und weil das Geld wegen des Überangebots an Ersparnissen billig wäre, würde es sich für die Regierung rechnen, sich dafür zu verschulden. (Z13/DEZ.00121)

Bei *sich auszahlen*, das einen umgangssprachlichen Stil aufweist (*Duden – Das Stilwörterbuch* 2010: 149), ist *es0* als bedingt fakultativ anzusehen. Wenn ein *dass*-Satz extraponiert wird, kann *es0* im V2-Matrixsatz fehlen:

(158) Da zahlt sich aus, dass die Konzeption des Programms in enger Zusammenarbeit mit den Gemeinden geschieht. (RHZ10/JAN.11849)

Wie bei *helfen* steigert die *es0*-Setzung bei *sich auszahlen* die Akzeptabilität folgender Satzstrukturen meist deutlich, weil ein Inf-Subjektsatz oder ein VL-Matrixsatz *es0* stark fördert:

(159) So gesehen, hat es sich ausgezahlt, auf ein Stück Demokratie zu verzichten und

den Zentralbanken das Ruder zu überlassen. (Z11/SEP.00399)

(160)Und dass es sich ausgezahlt habe, **»dass** die Bundesregierung alle Forderungen nach einer Vergemeinschaftung der Schulden abgewehrt hat«. (Z13/FEB.00195)

Bei *sich empfehlen* und *sich anbieten* ist *es0* ebenfalls nur bedingt obligatorisch. Angesichts der Zusammenstellung der Korpusbelege weisen beide Matrixverben eine starke *es0*-Freundlichkeit auf und erlauben dennoch die Eliminierung von *es0* im V2-Matrixsatz, wie die folgende Grafik zeigt:

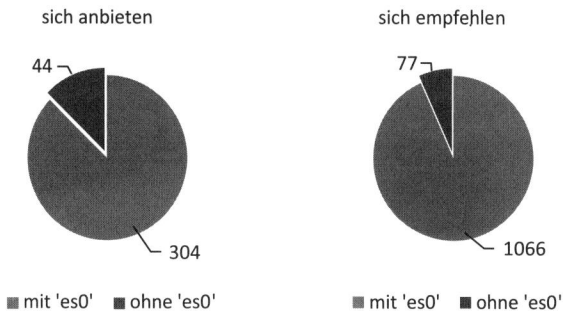

Grafik 5: *Es0*-Setzung bei *sich anbieten* und *sich empfehlen* in allen Satzstrukturen[①]

Anders als bei *sich auszahlen* und anderen Verben des Effektes spielt hier der Subjektsatztyp (Inf- oder *dass*-Satz) keine Rolle. Das könnte daran liegen, dass *empfehlen* und *anbieten* im Reflexivgebrauch Inf-Sätze beträchtlich häufiger als *dass*-Sätze selegieren. Der Verweis-funktion von *es0* auf einen konjunktionslosen Nebensatz wird abgeschwächt, weil Inf-Subjektsätze bei *sich empfehlen / anbieten* als Normalfall gelten und der Erwartung der Leser entsprechen:

(161)Für Frankreich empfiehlt sich darum dringend, den Blick auf die Vereinigten Staaten und auf Schweden zu richten. (U13/DEZ.04066)

Im VL-Matrixsatz ist *es0* kaum eliminierbar:

(162)Ott betont, dass es sich anbietet, dass Jugendrat und Stadtjugendpflege kooperieren. (M12/JUN.09034)

(163)All das natürlich gekoppelt an Reformen und die Achtung bürgerlicher Rechte, wobei es sich allerdings empfiehlt, auf diesen nicht nur in Kairo oder Tunis, sondern auch in Budapest oder Paris zu insistieren. (Z11/MAR.00099)

Angesichts der hohen Auftretenswahrscheinlichkeit des Korrelates lassen

---

① Datenquelle: *T2*-Korpus

sich empfehlen und *sich anbieten* in der Didaktik den Verben mit obligatorischem *es0* zuordnen. Sie dürfen im DaF-Unterricht alternativ bei den Verben mit modalverbähnlicher Bedeutung (vgl. *GdS* 1997: 1385) eingegliedert werden. In der *GdS* (ebd.) wird eine Reihe von Verben zusammengefasst, die eine modale Bedeutung aufweisen und die im Satz ohne eine gravierende Bedeutungsveränderung durch ein Modalverb ersetzt werden können:

> *j-m fernliegen* (etwas nicht machen wollen);
>
> *j-m naheliegen / näherliegen* (möglich sein, etwas machen können);
>
> *j-m freistehen* (etwas machen können / dürfen);
>
> *(j-m / für j-n) nottun* (etwas ist nötig zu machen, etwas machen müssen);
>
> *sich gehören* (etwas machen sollen) (auch *sich passen / schicken / (ge)ziemen*; Y. Y.)
>
> *sich verbieten* (etwas nicht machen dürfen);
>
> *sich erübrigen* (etwas nicht zu machen brauchen, etwas nicht machen müssen)

Folgende Verben können m. E. zu dieser Gruppe gezählt werden:

> *j-m zustehen / zukommen* (etwas machen dürfen)
>
> *nicht angehen* (etwas nicht machen sollen)
>
> *j-m obliegen* (etwas machen müssen)
>
> *(j-m) leichtfallen* (etwas leicht erledigen können)
>
> *(j-m) schwerfallen* (etwas nicht oder nur schwer erledigen können; etwas nicht machen wollen)

Bei den Verben mit einem fakultativen oder obligatorischen Dativobjekt, das handlungsfähigen Individuen oder Institutionen entspricht, wird das Subjekt überwiegend zum Inf-Satz ausgebaut. Bei den reflexiven Verben kommen sowohl Inf-Sätze als auch *dass*-Sätze als Subjekt in Frage. In der Literatur sind gegensätzliche Meinungen bei diesen Verben hinsichtlich des *es0*-Gebrauchs vorhanden.[①] In Anbetracht der Korpusbelege ist festzuhalten, dass *es0* hier (außer bei *freistehen*) kaum zu eliminieren ist. Bei *sich verbieten* wurden zwei *es0*-lose

---

① Laut Marx-Moyse (1983) ist *es0* bei *sich gehören / schicken / rentieren / verbieten / ziemen*, *angehen* und *nottun* obligatorisch, und auch bei *leicht- / schwerfallen* sowie *nahe / fernliegen*, wenn der trennbare Verbteil nicht im Vorfeld steht. Bei *obliegen, zustehen* und *freistehen* sei *es0* bedingt obligatorisch. Mollica (2010: 60ff.) behauptet aber, dass es sich bei *sich gehören / schicken / rentieren / verbieten / erübrigen / ziemen* und *leicht / schwerfallen* lediglich um eine starke oder sehr starke Tendenz zur *es0*-Setzung handelt. Im *VALBU* wird *es0* bei *sich gehören* als „häufig" bezeichnet. In Latour (1985: 114) und Engel (2004: 138) werden jeweils *leicht / schwerfallen* und *sich schicken* als Verben mit obligatorischem *es0* gekennzeichnet.

Belege aus insgesamt 90 Belegen gefunden, während *es0* bei *sich gehören* und *sich erübrigen* in sämtlichen ausgelesenen Belegen[1] auftritt. *Es0* dient im Matrixsatz dazu, die modale Relation zwischen dem Matrixverb und dem Sachverhalt im Subjektsatz hervorzuheben. Hierfür einige Korpusbelege:

(164) Insofern lag es gar nicht so fern, die beiden Spitzen-Musikdramatiker aus Wiener Walzersicht zu betrachten. (NUN13/JAN.00405)

(165) Prandellis Nachfolger obliegt es jetzt, ein vollkommen neues Team zu gestalten. (U14/JUN.03251)

(166) Wenn ein Unternehmer investieren will, gehört es sich, dass eine Stadt die nötigen Schritte auch möglichst schnell einleitet. (RHZ13/SEP.23902)

(167) Dem Handel fällt es zunehmend schwer, dem Kunden die Preisdifferenz plausibel zu erklären. (U13/JUL.02468)

(168) Dennoch gehe es nicht an, Imagewerbung aus Prämien zu finanzieren, zu deren Zahlung jeder Bürger von Gesetzes wegen verpflichtet sei. (SOZ10/SEP.03372)

Eine Ausnahme bildet hier das Verb *freistehen*, das *es0* fakultativ zulässt:

(169) Dem Bankkunden dagegen steht frei, ob er das Wort Parschs akzeptiert oder doch das Gericht anruft. (U93/AUG.05693)

(170) Dem Gastwirt steht es frei, die Kosten über den Übernachtungspreis an den Gast weiterzugeben. (RHZ13/OKT.33671)

(171) Gläubigen, die mit ihrer Kirchengemeinde nicht zufrieden sind, steht frei, eine andere zu unterstützen. (Z12/DEZ.00311)

Das könnte daran liegen, dass *freistehen* neben Inf-Sätzen auch Interrogativsätze als Subjekt selegieren kann. Verben mit *ob*- und *w*-Subjektsätzen, wie *interessieren*, *einfallen*, *sich ergeben* usw. weisen i. d. R. einen fakultativen oder unzulässigen *es0*-Gebrauch auf. Quantitativ gesehen wird *es0* bei *freistehen* häufig im Mittelfeld des Matrixsatzes realisiert[2]. Handelt es sich bei dem Matrixsatz um einen eingeleiteten Nebensatz, wie folgende Beispiele darstellen, ergibt sich aus der Belegsammlung

---

[1] Bei *sich gehören* wurden 102 und bei *sich erübrigen* 25 Belege ausgelesen. Zusammenstellungen der *es0*-haltigen und *es0*-losen Belege bezüglich einiger anderer Verben mit modalverbähnlicher Bedeutung siehe Grafik 26 in Anhang III.

[2] Marx-Moyses These, dass *es0* bei *freistehen* anders als bei anderen Verben „obligatorisch [ist], wenn der Subjektsatz kein Infinitivsatz ist, aber fakultativ, wenn der Subjektsatz durch einen Infinitivsatz vertreten wird" (1983: 120), trifft nicht zu. Wie die zitierten Korpusbelege beleuchten, gilt *es0* bei beiden Subjektsatzarten als fakultativ und wird in der Tat häufig gebraucht.

eine noch stärkere Tendenz zur *es0*-Setzung. In allen 17 ausgelesenen Belegen wird *es0* eingesetzt:

> (172) Die Vorsitzende Richterin Barbara Bunk belehrt sie, dass es ihr freistehe, sich zur Anklage zu äußern oder nicht. (U13/APR.03588)
>
> (173) Sie alle sind Pflichtmitglieder in der Alterskasse für Landwirte - anders als sonstige Selbstständige, denen es freisteht, ob sie sich bei der Bundesversicherungsanstalt für Angestellte (BfA) versichern oder lieber privat vorsorgen. (Z03/310.07011)

In der DaF-Didaktik muss *j-m freistehen* nicht als Ausnahme betrachtet werden. Das Verb kann wie andere Verben mit modalverbähnlicher Bedeutung als *es0*-fordernd vermittelt werden. Als Übungsmöglichkeit bietet es sich an, Sätze mit obengenannten Verben in Sätze mit anderen modalen Prädikaten umzuformen und umgekehrt.

4.5 Ereignisverben

In diesem Kapitel werden die Verben des Geschehens und Gelingens bezüglich der *es0*-Setzung zusammen in Betracht gezogen, weil die Verben des Gelingens semantisch als ‚das (Nicht-) Geschehen eines erwünschten Erfolgs' interpretiert werden können. Syntaktisch gesehen gehören Verben wie *gelingen* und *passieren* zu ergativen Verben mit nicht-personalem Subjekt und personalem Dativobjekt, das fakultativ ist und eine Rolle als Experiencer trägt (vgl. *GdS* 1997: 1308, 1805, 1817). Die Verben des Gelingens können sowohl *dass*-Sätze als auch Inf-Sätze subkategorisieren, während sich die Verben des Geschehens hauptsächlich mit *dass*-Sätzen verbinden können. Verben beider Gruppen werden in Hall und Scheiner (2001: 19) als Ereignisverben bezeichnet. Im Folgenden wird dieser Terminus übernommen.

Die Frage, ob *es0* im Matrixsatz bei Ereignisverben obligatorisch ist, wenn sie sich mit einem satzförmigen Subjekt verbinden, wird in der Literatur unterschiedlich beantwortet. Marx-Moyse (1983) hat in mehreren Kapiteln eine große Gruppe der Ereignisverben in Korpusbelegen und konstruierten Sätzen betrachtet und kommt zu der Schlussfolgerung, dass *es0* bei den von ihr untersuchten Verben als obligatorisch einzustufen sei. In anderen Veröffentlichungen wird die obligatorische *es0*-Setzung bei einem Teil der Verben bestätigt oder relativiert:

Tabelle 3: Gebrauch des *es0* bei *gelingen* usw. in der Literatur

Verben iteratur	*gelingen*	*geschehen*	*passieren*	*vorkommen*
Latour (1985: 114)	obligatorisch	-	-	obligatorisch
VALBU (2004: 423f.)	*es0* kommt meistens vor	obligatorisch (= sich vollziehen) fakultativ (= etwas widerfahren)	*es0* kommt häufig vor	*es0* kommt meistens vor
Boszák (2009: 101)	obligatorisch	-	-	-
Engel (2004: 138)	fakultativ	-	obligatorisch	-
Mollica (2010: 66f.)	*es0* scheint eliminierbar zu sein, wenn das Dativobjekt vorkommt ohne Dativobjekt scheint der Wegfall von *es0* grammatisch fragwürdig			-

Um die *es0*-Verträglichkeit zu testen, wird hier eine quantitative Teiluntersuchung bezüglich einer Reihe der Ereignisverben durchgeführt, die in der einschlägigen Literatur betrachtet wurden. Zunächst werden die Zusammenstellungen der Belege bei den häufigsten Verben, nämlich *gelingen / misslingen*, *geschehen* und *passieren* grafisch präsentiert:

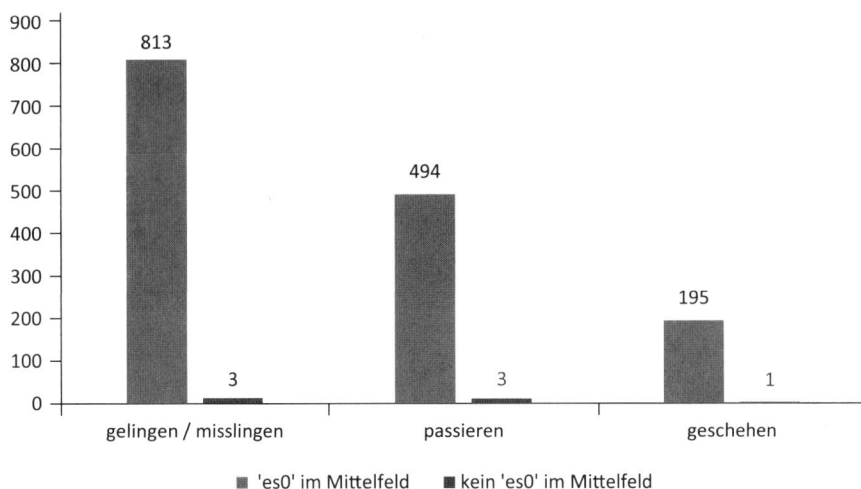

■ 'es0' im Mittelfeld   ■ kein 'es0' im Mittelfeld

Grafik 6: *Es0*-Setzung bei *gelingen / misslingen, passieren* und *geschehen* in allen Satzstrukturen[1]

Aus dem obigen Schaubild wird ersichtlich, dass *es0* bei diesen Verben nur in extrem wenigen Fällen eliminiert wird. Pragmatisch dient *es0* dazu, die

---

① Datenquelle: *SZ*-Korpus

Tatsachengeltung des Sachverhaltes im Subjektsatz hervorzuheben. Hierfür einige Belege für *gelingen* / *misslingen*:

> (174) „Nach sehr intensiven und schwierigen Gesprächen" sei es gelungen, dass Mitarbeiter der deutschen Botschaft konsularischen Zugang zu den in Täbris Inhaftierten bekommen hätten. (U10/OKT.03506)
>
> (175) Bisher ist es aber keinem der insgesamt neun Aspiranten gelungen, eine breite Basis der eigenen Partei für sich zu begeistern. (U11/OKT.00638)
>
> (176) Im zweiten Satz, dem Trauermarsch, misslingt es jedoch, einen tragenden Ton herzustellen. (U12/JUL.03911)

Bei *gelingen* / *misslingen* werden lediglich drei *es0*-lose Belege gefunden. Die ersten zwei sind durch eine humoristische und satirische Erzählhaltungen markiert:

> (177) Zu oft habe er aus Höflichkeit und Schwäche ja gesagt, erst mit „No, thanks", das von der rhythmischen Wiederholung lebt, sei ihm gelungen, jede Einladung abzulehnen. (U11/AUG.04388)
>
> (178) Mit deren Hilfe soll gelingen, dass der Mann im fernen Elysée-Palast nicht immer nur Feuerwehrmann spielen muss, wenn es brennt, so wie ehedem Sarkozy. (U12/AUG.00276)
>
> (179) Dabei gelingt dem Stück, dass man anfangs auf der Seite von Carmen steht, dass man sich die übergriffige Anita durchaus nervig vorstellen kann. (U13/MAI.02114)

Wenn sich der geschehende Sachverhalt nicht in der realen Welt (z. B. im Traum oder in einer virtuellen Geschichte) abspielt und nicht der Tatsache entspricht, kann *es0* auch alternativ wegfallen, wie der folgende Beleg zeigt:

> (180) Dort, er erzählt es in einem seiner frühen Bücher, las er die Geschichte von einem schiffbrüchigen Jesuitenmissionar, der, an den Balken eines gesunkenen Schiffs gebunden, allein auf dem Meer treibt und betet: „Herr, ich danke dir, dass du mich so gefesselt hast. Zuweilen geschah mir, dass ich deine Gebote mühsam fand... Doch heute kann ich [...]" (U11/JUL.03652)
>
> (181) Das „Handwörterbuch des deutschen Aberglaubens" (de Gruyter Verlag) berichtet zum Beispiel von einer schlesischen Pilzsammlerin, die einst einen Herrenpilz – der vielleicht treffendere Name für den Steinpilz – erblickte. Vor ihren Augen geschah, dass er „so groß wurde, dass er über sie hinwegragte". (U11/AUG.04064)

Sowie ein Beispiel bei *widerfahren*, das im Folgenden besprochen wird:

(182) In einem Traum widerfährt ihr, dass das «heute-journal» ausfällt. (SOZ10/ DEZ.04742)

Abgesehen von solchen äußerst seltenen Fällen wird in Sachtexten, die für einen gewissen Formalitätsgrad stehen, ist der *es0*-Gebrauch bei Ereignisverben nicht verzichtbar, gleichgültig ob das Dativobjekt beigefügt ist:

(183) Bei der Abstimmung über die Delegierten kann es passieren, dass beispielsweise wegen gleicher Mandatszahlen das Los entscheiden muss. (U10/JUN.00196)

(184) Bereits im Juni war es Zöllnern des Flughafens Charles de Gaulle gelungen, 134 Kilo Kokain aufzuspüren. (U10/NOV.04671)

(185) Nun geschieht es nicht zum ersten Mal, dass ein Landesvorsitzender von der Basis getadelt wird, und man sollte das wohl nicht zu ernst nehmen. (U12/ DEZ.03948)

In Bezug auf andere Ereignisverben, die eine niedrigere Auftretensfrequenz im Korpus haben, zeigt sich ebenfalls eine sehr starke Tendenz zur *es0*-Setzung. Die prozentualen Ergebnisse der Untersuchung sind in der folgenden Übersicht zusammengestellt:

Tabelle 4: Die Verteilung der *es0*-haltigen und *es0*-losen Belege bei einigen Ereignisverben

Ereignisverben	*es0*-haltige Belege	*es0*-lose Belege
vorkommen	388 (99,4%)	2
sich begeben	46 (97,9%)	1
glücken / missglücken	37 (97,3%)	1
sich zutragen	13 (86,7%)	2
widerfahren	9 (84,6%)	2

Die Tabelle zeigt, dass *es0* bei diesen Verben in überwiegendem Maße gebraucht wird, obwohl hier von einer Obligatorik des Korrelates nicht die Rede sein kann. Zu beachten ist aber, dass *es0* kaum eliminiert werden kann, wenn ein *es0*-fördernder Faktor auftritt, z. B. wenn es sich bei dem Matrixsatz um einen eingeleiteten Nebensatz handelt:

(186)Und sie wissen, dass die Öffentlichkeit vor allem eines von der Deutschen Bank erwartet: dass die Zeit der exzessiven Gehälter vorbei ist, dass es nicht mehr vorkommt, dass die Bank einem einzelnen Händler einen Bonus von 80 Millionen Euro zuspricht. (U13/MAR.03371)

(187)Renato Bergamin, der in Arosa und Davos aufgewachsene Autor des vorzustellenden Bandes, erläuterte, wie es sich zutrug, dass er mit Scheidegger und Kornfeld in Kontakt kam. (SOZ11/JUN.00452)

Didaktisch sinnvoll ist es aber, sämtliche Ereignisverben dem obligatorischen *es0*-Gebrauch zuzuschreiben. Außerdem werden drei Verben in Betracht gezogen, die in Hinsicht auf den *es0*-Gebrauch in der gängigen Literatur wenig beleuchtet werden, nämlich *nicht ausbleiben, klappen*[1] und *funktionieren*. Aus Grafik 7 wird ersichtlich, dass die Realisierung von *es0* bei ihnen auch eindeutig überwiegt.

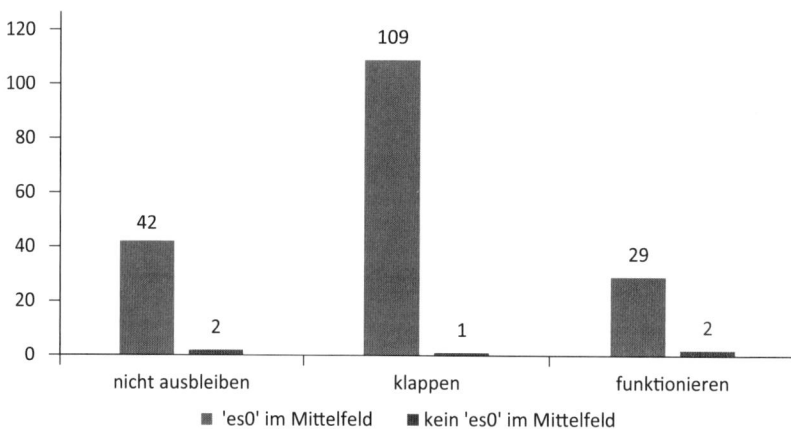

Grafik 7: *Es0*-Setzung bei *nicht ausbleiben, klappen* und *funktionieren* in allen Satzstrukturen[2]

Im DaF-Unterricht sind *nicht ausbleiben*, *klappen* und *funktionieren* den Ereignisverben zuzuordnen. Dennoch ist in der Didaktik zu beachten, dass bei diesen drei Verben kein personales Objekt hinzugesetzt werden darf. Ferner gehören *klappen* und *funktionieren* nicht zu durativen Verben und bilden deswegen das Perfekt mit *haben*. Hierfür einige Korpusbelege dazu:

(188)Bei Paaren, die schon lange zusammen sind, klappt es häufiger, dass die

---

[1] Im *VALBU* (2004: 482) wird *es0* bei *klappen* im Mittelfeld des Matrixsatzes als obligatorisch angesehen.

[2] Datenquelle: *T2*-Korpus

Krankheit sie nicht trennt, aber bei frischen Beziehungen ist das schwieriger. (RHZ13/NOV.35125)

(189) Bei so viel Verzagtheit bleibt es nicht aus, dass die Bürger derzeit mit Europa wenig anfangen können. (U11/DEZ.00447)

(190) Bei derart steigenden Ansprüchen bleibt nicht aus, dass der Nachschub stetig schwieriger wird. (Z13/APR.00390)

(191) Nach derzeitigem Plan funktioniert es, dass das Publikum an Ostern 2013 die komplett erneuerten Räume besichtigen kann. (M12/FEB.07388)

4.6 *Es0*-Gebrauch bei kopulaähnlichen Verben

Mit kopulaähnlichen Verben werden im Folgenden die Verben gemeint, die syntaktisch und semantisch nah an Kopulaverben liegen und ebenfalls ein Subjektsprädikativ erfordern (vgl. Eisenberg 2013: 80; Welke 2007: 169f.). Bei einem Teil der Verben lässt sich das Subjekt u. U. zum Nebensatz ausbauen. Syntaktisch gesehen sind sie in zwei Gruppen einzuteilen. Die erste Gruppe besteht aus den kopulaähnlichen Verben, die einen Sinneseindruck bezeichnen[1] und ein obligatorisches Subjektsprädikativ verlangen, nämlich *aussehen, klingen, sich anfühlen* und *sich anhören*:

(192) In den vergangenen Wochen sah es sehr gut aus [/ *sah es aus], dass endlich ein Nachfolger das Geschäft übernimmt. (NON10/JUL.13855)
Bei diesen Verben können auch *wie*-Phrasen als Subjektsprädikativ fungieren:
(193) Da klingt es wie ein schlechter Witz, dass mit der Stadtreklame jetzt ausgerechnet der größte Profiteur der Regelung gegen eben diese verstößt. (M10/DEZ.91183)

Je nachdem, welches Subjektsprädikativ das Matrixverb selegiert, können diese fünf Verben außer *dass*-Sätzen auch Inf- und *wenn*-Sätze als Subjekt haben. Steht das Subjektsprädikativ im Mittelfeld des Matrixsatzes, ist *es0* unabhängig vom Subjektsatztyp obligatorisch. Das Korrelat darf in folgenden Belegen sowie in (192) und (193) nicht getilgt werden:

(194) Auch wenn es vielleicht ziemlich nüchtern klingt, wenn Rehm sagt, dass «wir Experten für Instandhaltung und Logistik sind». (A12/DEZ.10469)

---

[1] Siehe auch Thurmair (2001: 287)

(195) Bei einem weiteren positiven Verlauf sieht es gut aus, dass das Bioheizwerk Ende 2013 oder Anfang 2014 in Betrieb gehen könnte. (NON13/MAR.07310)

Der Ausnahmefall gilt, wenn das Subjektsprädikativ vorfeldversetzt ist und das Subjekt zum *dass*-Satz ausgebaut wird. Hier kann *es0* im Mittelfeld des Matrixsatzes alternativ eliminiert werden, wird aber häufig (in ca. 70% der Belege) realisiert:

(196) Besonders schön hörte es sich an [/ hört sich an], dass er den letzten Ton vieler Lieder extralange ausklingen ließ – die Souveränität des Meisters eben. (RHZ12/ JUL.20847)

(197) Wie ein Witz klingt [(es)] freilich auch, dass Gerard Depardieu ein Nachfahre namhafter Steuereintreiber sein soll. (U12/DEZ.02733)

Viel komplizierter verhält sich der *es0*-Gebrauch bei den Verben der zweiten Gruppe, bei denen eine *als*-Phrase als Subjektsprädikativ fungiert, wie *sich als ... herausstellen / erweisen, als ... gelten* usw. Hinsichtlich dieser Verben spielen nicht nur der Subjektsatztyp, sondern auch die Stellung der PP und Verbstellung des Matrixsatzes eine Rolle (vgl. Marx-Moyse 1983: 97ff.):

(198) Hoffentlich stellt es sich [/ ?stellt sich] nicht als Irr-Sinn heraus, gerade die Säule geschwächt zu haben, auf die sich unsere Volkswirtschaft am stärksten stützt. (NUN07/DEZ.02461)

(199) Die Erholungswaldsatzung der Stadt Mannheim besage außerdem, dass es als [/ ??dass als] Ordnungswidrigkeit gilt, wenn man im Erholungswald – also auch in der Gegend rund um den Karlstern – Lärm erzeugt [...]. (M13/JUN.01142)

(200) Als sinnvoll stellt sich heraus, erst mal einen zu fragen, warum hier eigentlich alle am Ring drehen. (U13/AUG.02315)

Außerdem nimmt in Anbetracht der Korpusbelege auch die *als*-Phrase einen gewissen Stellenwert ein. Generell fördert ein adjektivisches Prädikativ in der PP die *es0*-Setzung tendenziell stärker als ein nominales Prädikativ:

(201) Jedenfalls erweist es sich als günstig [auch: erweist sich als günstig], dass jeweils ein eher offensiver und ein ausgleichender Charakter neben den Angeklagten sitzen. (U10/AUG.03902)

(202) Dann erwies sich als Problem [auch: erwies es sich als Problem], dass es damals in Argentinien gar nicht einfach war, Autos zu mieten. (U11/MAR.04181)

4.7 *Es0*-Gebrauch bei relationalen Verben

Im Folgenden wird eine Reihe von Verbalkomplexen behandelt, bei denen eine einseitige oder wechselseitige Relation zwischen dem Subjekt und dem präpositionalen Objekt vorliegt (*ViF*[1] 1986: 368). Genauer gesagt hängt das Existieren oder Geschehen des Inhaltes im Subjektsatz mit dem Faktor im präpositionalen Objekt zusammen. Dazu zählen vor allem *an / in... liegen, bei jemandem liegen, mit... zusammenhängen, von... abhängen, an... hängen, auf... ankommen, mit... zu tun haben* usw. In Zitterbart (2002a: 79) werden diese als „relationale Verben" bezeichnet. Diese Verbalkomplexe weisen einen obligatorischen *es0*-Gebrauch auf, wenn ein Nebensatz als Subjekt extraponiert wird und die PP oder das Pronominaladverb im Mittelfeld steht (vgl. ebd.: 79f.). In folgenden Belegen darf *es0* nicht unterbunden werden:

> (203) Möglicherweise hängt es mit der zunehmenden Erderwärmung zusammen, daß die Dinge heutzutage schneller zum Kult heranreifen als früher. (U98/ NOV.86909)
> (204) Dabei kam es auf den Arbeitsvertrag an, ob der Arbeitgeber oder der Beschäftigte diese Steuerpauschale zu tragen hatte. (U94/JUL.01333)

Wird die PP oder das Pronominaladverb ins Vorfeld versetzt, weist bei *mit... zusammenhängen, von... abhängen, an... hängen* und *mit... zu tun haben* einen fakultativen *es0*-Gebrauch auf:

> (205) Vom Bericht der Inspektoren hängt es ab [/ hängt ab], ob Athen die nächste Tranche aus dem Hilfsprogramm von EU und IWF ausgezahlt bekommt. (U11/ SEP.02935)
> (206) Denn damit hängt zusammen [/ hängt es zusammen], dass zum Beispiel gleichzeitig 80 Prozent des ursprünglichen Waldbestands weltweit verschwunden sind. (U99/SEP.77362)

Bei *an / in / bei... liegen* muss *es0* unabhängig von den topologischen Merkmalen des Matrixsatzes realisiert werden, wenn der Subjektsatz extraponiert wird. Diese Richtlinie gilt auch bei phraseologischen Verbindungen wie *in j-s Ermessen / Hand /*

---

[1] *Verben in Feldern - Valenzwörterbuch zur Syntax und Semantik deutscher Verben* (Hrsg.: H. Schumacher)

Macht / Belieben liegen:

> (207) An den Leuten liegt es also nicht, dass der Volksentscheid am Sonntag kein Exempel für die Kraft der direkten Demokratie wird. (U11/NOV.03654)
>
> (208) Schließlich liegt es in der Natur dieser Vertriebsform, dass sie die Marktsegmentierung erschwert. (U12/MAR.04603)
>
> (209) In der Macht des Arbeitgebers liegt es, eine möglichst offene Konfliktkultur in seinem Unternehmen aufzubauen: Probleme müssen auf den Tisch kommen [...] (U10/OKT.03856)

Außerdem ist *es0* bei *auf ... ankommen* unabhängig von den topologischen Merkmalen obligatorisch. Ein möglicher Grund hierfür liegt darin, dass ein *es* im Matrixsatz auch häufig als Pronomen oder formales Subjekt fungiert und in Verbindung mit den Verbalkomplexen als Kollokation angesehen werden kann (wie: *es kommt darauf an*...). Das kann dazu führen, dass ein *es* auch unentbehrlich ist, wenn es als Korrelat fungiert:

> (210) Layla sagt, das macht nichts, „ich kann die Texte auch nicht". Heike sagt, „darauf kommt es nicht an, dass jedes Lied richtig gesungen wird. [*es* als formales Subjekt] (U01/DEZ.04459)
>
> (211) Auf den Wettergott kommt es an, ob die Veranstaltung auf Eis oder auf Asphalt abgehalten wird. [*es* als Korrelat] (NON11/FEB.02945)

4.8 Funktionsverbgefüge und Phraseologismen

Schließlich kommt eine Reihe Kollokationen bestehend aus Vollverb und Substantiv bezüglich des *es0*-Gebrauchs in Betracht, wie z. B. *Spaß machen*. Was die *es0*-Setzung bei *machen* + Substantiv anbelangt, spielt die Bedeutung der Substantive eine Rolle. Substantive, die als Akkusativobjekt und Kollokationsbestandteil vorkommen können, unterteilen sich in zwei Gruppen. Wenn *machen* mit *Freude*, *Spaß*, *Sinn* und (*keinen*) *Unterschied* verbunden ist, ist *es0* durchaus obligatorisch:

> (212) Wer wissenschaftlich arbeitet, für den macht es kaum einen Unterschied, ob er sich in volkswirtschaftliche oder philosophische Themen einarbeitet. (U13/AUG.00302)
>
> (213) Wenn man bei einer großen Firma arbeitet, macht es wahrscheinlich auch Spaß,

im Team zu arbeiten und etwas Größeres zu schaffen. (U11/MAR.03745)

Das Gleiche gilt auch für die Kollokationen *haben + Sinn, Einfluss* usw.:

(214)Insofern hat es schon seinen Sinn, dass Ministerpräsident Horst Seehofer
neulich einen „Bayernplan" vorgestellt hat. (U13/AUG.00464)

(215)Obwohl ich mich ziemlich abschotte, hat es einen Einfluss auf mich, dass
elektronische Musik im Moment omnipräsent zu sein scheint. (SOZ12/
DEZ.01454)

Treten *Angst, Hoffnung, Kummer, Mut, Sorge(n)* usw. als Akkusativobjekt als
Bestandteile der Kollokationen auf, kann *es0* alternativ bei einem *dass*-Subjektsatz
wegfallen:

(216)Ihm macht Angst, dass der Finanzmittelfehlbetrag laut Krupps Berechnungen
permanent steigen wird [...] (RHZ13/JAN.11377)

(217)Mir macht Sorge, dass viele einfache Tätigkeiten verlagert werden. (BRZ06/
JUL.00727)

(218)Andererseits macht ihm Mut, dass Green 2010 erneut im Vorjahres-Auto
gewann. (NUN11/JUL.00100)

Der Grund hierfür könnte darin liegen, dass *Eindruck, Hoffnung* usw. einen
Attributsatz, der ebenfalls von *dass* eingeleitet wird, verlangen können. Ohne
Kontext kann eine strukturelle Ambiguität in Sätzen wie (219) und (220) vorliegen,
weil das *es* im Matrixsatz sowohl als Pronomen (Anapher) als auch als Korrelat zum
dass-Satz und der *dass*-Satz jeweils als Attributsatz und Subjektsatz interpretiert
werden kann:

(219)Zudem macht [es] Hoffnung, dass sich die Ausfallliste verkürzt. (NKU10/
AUG.02435)

(220)Ihm macht [es] Angst, dass der Finanzmittelfehlbetrag laut Krupps
Berechnungen permanent steigen wird [...] (RHZ13/JAN.11377)

Es ist anzunehmen, dass die Unterbindung von *es0* als eine Strategie zur
Erleichterung des Verständnisses angewendet wird, wenn die syntaktische Rolle des
Nebensatzes nicht umgehend identifizierbar ist. Bei Inf- und *wenn*-Satz, die i. d. R.
ein Korrelat im Matrixsatz stark fördern, wird *es0* sehr häufig realisiert:

(221) Macht es Ihnen Angst, so viel Verantwortung auf sich zu nehmen? (A10/JAN.05702)

(222) Zudem machte es Hoffnung, wenn man von Betroffenen erfuhr, wie sie die Depression überwunden hatten. (A10/NOV.08588)

Bei *bereiten* ist *es0* bei den meisten Verb-Substantiv-Kollokationen fakultativ. Handelt es sich beim Subjekt um einen Inf- oder *wenn*-Satz, ist *es0* im Matrixsatz notwendig, um auf den syntaktischen Status des Inf-Satzes zu verweisen:

(223) Vor allem bereitet [(es)] ihm jedoch Unbehagen, dass bestehende Immobilienkredite wie ein Damoklesschwert über der Finanzbranche hängen. (U10/OKT.00217)

(224) Seiher bereitet es mir auch keine Sorge mehr, die letzte Metro irgendwann nach Mitternacht zu verpassen und kein Taxi zu bekommen. (M10/SEP.59965)

(225) Mit dabei ist auch Elisabeth Liebold: „Mit fast 82 Jahren bereitet es mir noch Freude, wenn ich an jedem Tag in der Woche einer ehrenamtlichen Tätigkeit nachgehen kann. (M14/JUN.01949)

Bei *Vergnügen bereiten* scheint *es0* dennoch auch bei *dass*-Subjektsätzen unentbehrlich zu sein:

(226) Ausgetüftelt hatte er das Modell seinerzeit mit seinem Steuerberater, und noch immer bereitet es ihm Vergnügen, „dass der sich ärgert, wenn ich die besseren Ideen habe". (U09/AUG.03979)

(227) Dem bekennenden „Achat- Narr" bereitet es ein geradezu diebisches Vergnügen, dass die genaue Genese bis heute nicht geklärt ist. (RHZ04/NOV.22035)

Fernerhin gesellen sich zu den phraseologischen Prädikaten mit ausbaubarem Subjekt eine Reihe Verbalkomplexe, die semantisch gesehen transitiven *verba dicendi* und *sentimendi* entsprechen und einen fakultativen *es0*-Gebrauch aufweisen:

- *kommen + in Betracht / zum Bewusstsein* usw.
- *stehen + in / außer Frage / Zweifel / Verdacht, im Vordergrund / Mittelpunkt / Hintergrund, im Raum, zur Diskussion / Debatte* usw.
- *stoßen + auf Kritik / Unverständnis* usw.

Allgemein gesehen weisen diese Phraseologismen eine niedrige *es0-*

Freundlichkeit auf. In der Belegsammlung werden lediglich 2–10% der Subjektsätze bei den Phraseologismen mit *kommen* und *stehen* korreliert, wenn die PP im Mittelfeld des Matrixsatzes steht. Der Phraseologismus *auf Kritik stoßen*, der in *kritisiert werden* umgewandelt werden kann, regiert ebenfalls im überwiegenden Maße ein extraponierten Subjektsatz ohne *es*-Korrelat. Nur bei *auf Unverständnis stoßen* verteilen sich die Belege ungefähr gleichmäßig auf die *es0*-haltige und *es0*-lose Gruppe. Hierfür einige *es0*-lose Belege:

(228) Damit kommt für die Richter in Betracht, dass mögliche Sonderkonditionen staatliche Beihilfen waren. (RHZ11/FEB.12340)

(229) In den meisten Fällen steht außer Frage, dass die Kreditnehmer in Zahlungsrückstand sind. (U10/OKT.02968)

(230) In diesem Rahmen stand auch zur Diskussion, ob Gruppenanfragen rückwirkend erlaubt werden sollen. (A12/SEP.05112)

Um den Matrixsatz oder den thematischen Zusammenhang zwischen dem Subjektsatz und dem vorderen Kontext hervorzuheben, kann ein *es*-Korrelat in obigen Belegen alternativ hinzufügt werden, ohne die Grammatizität und Akzeptabilität der Sätze zu beeinträchtigen. Es ist zu beachten, dass *es0* wegen der niedrigen Korrelat-Freundlichkeit der Phraseologismen nahezu immer eliminiert wird, wenn die PP eines Phraseologismus im Vorfeld steht, wie die folgenden Korpusbelege darstellen:

(231) Zur Diskussion stehe, erneut Steuerrückzahlungen in Millionenhöhe einzubehalten und nicht an die Autonomiebehörde in Ramallah weiterzuleiten. (RHZ12/MAR.31368)

(232) Zur Sprache kam, dass viele junge Fußballer afrikanischer Herkunft, die der Verband kostspielig ausbilden lässt, Doppelstaatsbürger sind. (U11/MAI.00673)

(233) Auf Unverständnis stößt vor allem, dass mit angeblichen Informationen eine durchsichtige Politik betrieben werde. (U00/JUN.05015)

(234) Auf Kritik stieß indessen, dass die neuen Minister schon umfassende personelle Veränderungen vornehmen, ehe sie überhaupt bestätigt sind. (U13/AUG.00045)

Wenn ein *es0* im Mittelfeld eingesetzt wird, scheint der Satz sehr markiert zu sein. Aus tausenden Belegen kommen Gegenbeispiele wie (235) lediglich vereinzelt vor und bilden eine absolute Minderheit in der Belegsammlung:

(235)Außer Zweifel stand es für Schröder allerdings, dass die Deutschen sich weiterhin an internationalen Einsätzen beteiligen müssen. (NUN02/JUN.01138)

Bei folgenden Phraseologismen mit verschiedenen (Funktions-)Verben, die unterschiedlichen semantischen Gruppen zugehören, ist *es0* fakultativ, wenn ein *dass*-Subjektsatz extraponiert wird. *Es0* wird vorzugsweise realisiert, wenn ein Inf- oder *wenn*-Subjektsatz nach dem Matrixsatz steht[①]:

j-m auf die Nerven gehen, ins Gewicht fallen, eine Rolle spielen, in Vergessenheit geraten, (klar) auf der Hand liegen, j-m nicht in Frage kommen, für / gegen ... sprechen, zu ... werden usw.

Hierfür einige Korpusbelege:

(236)Auch spielte es eine Rolle, Sparkassen und Genossenschaftsbanken entgegen zu kommen, für die eine IFRS-Bilanzierung gar nicht üblich ist. (U11/MAI.00107)

(237)Da liegt es auf der Hand, dass die Menschen länger arbeiten werden. (U11/NOV.04302)

(238)Und doch liegt auf der Hand, dass die Währung der zweitgrößten Weltwirtschaft der Welt rapide an Macht gewinnen wird, wenn [...]. (Z11/MAI.00024)

(239)Dann spielt eine Rolle, dass die Firmen gegenwärtig keine Probleme haben, Geld am Kapitalmarkt zu bekommen. (T10/OKT.00913)

(240)Die lange Liste der unterlegenen sozialdemokratischen Kandidaten hat dazu geführt, dass nahezu in Vergessenheit geraten ist, dass es auch Seiten der Konservativen große Verlierer im Kampf um das Kanzleramt gab. (U08/SEP.01226)

Bei *j-m gut zu Gesicht stehen* (+ Inf- / *dass*- / *wenn*-Subjektsatz) und *zu Problemen kommen* (+ *wenn*-Subjektsatz) muss *es0* im Matrixsatz realisiert werden:

---

① Es ist jedoch eine gewisse Menge von Ausnahmen zu finden. In folgenden Belegen wird die pragmatische Funktion des *es*-Korrelates von den Adverbialen *auch* und *in diesem Zusammenhang* übernommen:

• Und fünftens spielt auch eine wichtige Rolle, die Bürger und Unternehmen zu informieren und zu unterstützen. (M12/JUL.08230)

• Positiv fällt in diesem Zusammenhang beispielsweise ins Gewicht, wenn das Unternehmen Kontinuität in der Geschäftsführung sowie mindestens einen Spitzenmanager mit ausgeprägten betriebswirtschaftlichen Kenntnissen präsentieren kann. (U03/MAR.04447)

(241) Da steht es ihr gut zu Gesicht, dass sie bei den Angeboten für ihre Mitarbeiter eine Topleistung bringt. [/ wenn sie ... eine Topleitung bringt. / ... eine Topleitung gebracht zu haben.] (M13/NOV.01662)

(242) Dabei kam es dann zu Problemen, wenn die genaue Zusammensetzung der Gesellschafter unbekannt war. (T01/JAN.05031)

Aus der obigen Analyse, die selbstverständlich nicht sämtliche kollokativen Prädikaten umfassen kann, lässt sich schließen, dass die Regeln, die hinter einem (nicht) realisierten *es0* bei einem Phraseologismus oder Verb mit obligatorischer PP stehen, ziemlich kompliziert sind. Es ist im DaF-Unterricht nicht praktisch, sie so expliziert an Lernende zu vermitteln, weil damit gerechnet werden muss, dass selbst fortgeschrittene Lernende Schwierigkeiten beim Umgang mit solchen idiomatischen Ausdrücken haben und durch derartige Regeln zur Korrelatsetzung verwirrt werden können. Die Lerner können sich mit der Verwandlung der Satzstruktur gut behelfen, wenn sie einen satzförmiges Subjektiv an solche Prädikate anschließen. Als Beispiel lassen sich folgende Erklärungen in den DaF-Unterricht einführen:

> *Wenn das Subjekt ein Satz ist (Subjektsatz), kannst du*
> *ein „es" am Satzanfang schreiben und den Subjektsatz am Ende.*
>
> • *Oder ihn an den Satzanfang setzen, wenn du den Subjektsatz betonen willst. Der Satz braucht dann kein „es" mehr.*
> • *dann schreib noch ein „es" nach dem ersten Verb, wenn ein Adverb oder eine andere Phrase (wie „vielleicht", „allerdings", „wie gesagt" usw.) am Satzanfang steht.*
> *(Ausnahme: wenn der Ausdruck „etwas wahrnehmen, sagen bzw. bekanntgeben" bedeutet, muss man kein „es" schreiben.)*
> *Achtung: Bei der Regel 3 handelt es sich nur um eine Tendenz. Vielleicht kannst du beim Lesen und Hören Sätze finden, die dieser Regeln widersprechen.*

4.9 Zwischenfazit

Ein didaktisches Konzept, in dem der *es0*-Gebrauch bei den Prädikaten mit ausbaubarem Akkusativobjekt behandelt wird, wird angesichts der Ergebnisse der vorliegenden Teiluntersuchung nach dem folgenden Modell aufgestellt. Allgemein gültig ist, dass *es0* seltener bis kaum vorkommt, wenn ein Teil des Prädikats ins Vorfeld gerückt wird:

Tabelle 5: Kontinuum-Modell der *es0*-Setzung bei Verben mit ausbaubarem Subjekt

es0 im Mittelfeld des Matrixsatzes		
unzulässig oder äußerst selten	fakultativ	sehr stark gefordert bis obligatorisch
Verben des Bekanntgebens	Verben des Wissens	die meisten Verben des Effekts; rationale Verben; kopulaähnliche Verben; *leidtun*, *wehtun*, *guttun*
	Gefühlsverben, helfen, auszahlen	
	[- V2-Matrixsatz] und [+ *dass*-Subjektsatz]	[+ V2-Matrixsatz] oder [+ Inf- /*wenn*-Subjektsatz]
FVG und Phraseologismen, die den Verben des Bekanntgebens entsprechen	andere FVG und Phraseologismen	

5 PRÄDIKATE, DIE SATZARTIGE OBJEKTE ZULASSEN

In Kapitel 5 werden Matrixverben sowie manche mehrteilige Prädikate untersucht, welche die satzförmige Realisierung der Akkusativobjekte zulassen. Im Mittelpunkt steht weiterhin die Möglichkeit der Korrelat-Setzung (*es1*). In der ausführlichsten und zugleich oft kritisierten Studie von Sandberg (1998) wird auf nahezu 100 Verben mit ausbaubarem Akkusativobjekt eingegangen. Die *verba dicendi* werden darin nur am Rande betrachtet, weil das *es*-Korrelat bei diesen Verben ohne anaphorischen Bezug nicht im Matrixsatz stehen könne (vgl. ebd.: 104). Seine Studie bezieht sich in erster Linie auf die Analyse der *es1*-Setzung bei propositionalen Attitüdeverben und Verben des Handlungsspielraums, bei denen laut Sandberg bestimmte semantische Faktoren über den *es1*-Gebrauch entscheiden können. Im Gegensatz zu anderen Ansichten in der Forschungsliteratur, die den Korrelatgebrauch bei einem bestimmten Matrix-verb als obligatorisch, fakultativ oder unzulässig einstufen oder in einem Kontinuum-Modell betrachten, vertritt Sandberg die Ansicht, dass ein „fakultatives Korrelat" auf der kontextuellen Ebene nicht existiert und nie beliebig eingesetzt oder gelöscht werden kann (vgl. ebd.: 125).

Obwohl diese Herangehensweise umstritten ist und in nachfolgenden Studien falsifiziert wird, bietet Sandberg eine Basis zur semantischen Klassifizierung dieser Verben. Außerdem werden konstruktive Ansatzpunkte für den Umgang mit bestimmten Verben gegeben, die mehrere Bedeutungsrichtungen oder Interpretationsmöglichkeiten aufweisen, wie z. B. *schätzen* (wertschätzen vs. näherungsweise bestimmen). In Anlehnung an Sandberg (1998) sowie an andere Untersuchungsergebnisse der vorliegenden Forschungsliteratur widmet sich dieses Kapitel dem *es1*-Gebrauch bei den häufig verwendeten Matrixverben. Neben den von Sandberg untersuchten Verben werden auch Verben des Sagens, Denkens, Wissens und der Wahrneh-mung sowie Verben in einigen anderen semantischen

Feldern im Folgenden mit einbezogen.

5.1 Verben des Sagens, Denkens, Wissens und der Wahrnehmung

Als erstes werden die Verben des Sagens, Denkens, Wissens und der Wahrnehmung hinsichtlich des *es1*-Gebrauchs untersucht, wie *mitteilen*, *glauben*, *verstehen*, *sehen*, *bemerken* u. a. Im Folgenden werden sie ausschließlich akronymisch als **SDWW**-Verben bezeichnet.

5.1.1 Allgemein zu der *es1*-Unzulässigkeit von SDWW-Verben

Die SDWW-Verben bilden eine umfangsreiche Gruppe und finden sowohl Anwendung in der alltäglichen Kommunikation als auch in Medientexten sowie in wissenschaftlichen Arbeiten. Da das Akkusativobjekt bei manchen SDWW-Verben wie *sagen*, *fragen* usw. meist satzartig realisiert wird (vgl. Bausewein 1990: 95), werden diese in zahlreichen Beiträgen zur Korrelatforschung behandelt. Es ist außerdem anzumerken, dass sich ein großer Teil der Fehler aus den untersuchten Lernertexten (Kap. 7.1) auf diese Verben bezieht.

Eine systematische Analyse ihrer semantischen und syntaktischen Merkmale sowie der Möglichkeit zur *es1*-Setzung wird zuerst in Pütz (1975) vorgenommen. Dort werden folgende Verben, bei denen der Objektsatz stets unkorreliert extraponiert wird, aufgelistet:

> *abmachen* (=vereinbaren), *ahnen*, *andeuten*, *androhen*, *angeben*, *ankündigen*,
> *annehmen*, *anordnen*, *antworten*, *sich ausrechnen*, *beabsichtigen*, *beanspruchen*,
> *beantragen*, *bedenken*, *bedeuten*, *bedingen*, *befehlen*, *befürchten*, *bekennen*,
> *bemerken*, *beobachten*, *berichten*, *berücksichtigen*, *beschliessen*, *beteuern*, *denken*,
> *einbilden*, *einreden*, *empfehlen*, *entdecken*, *enteignen*, *entnehmen*, *erkennen*, *ersehen*,
> *festlegen*, *feststellen*, *finden*, *folgern* (aus), *fühlen*, *herausfinden*, *hoffen*, *hören*, *sagen*,
> *schätzen* (=annehmen), *schliessen* (aus), *übersehen*, *untersagen*[①], *vereinbaren*,

---

① Das Matrixverb *untersagen* ist als Verb des Handlungsspielraums zu klassifizieren. Das Korrelat ist im Matrixsatz fakultativ, die V2-Objektsatz-Einbettung unzulässig:

• Bis heute hat der zuständige Landrat [(es)] fünf Familien untersagt, dort wieder in ihre Häuser zurückzugehen. (U10/NOV.01270)

• *Bis heute hat der zuständige Landrat (es) fünf Familien untersagt, sie dürften dort nicht wieder in ihre Häuser zurückgehen.

vermuten, voraussehen, vorgeben, wissen, wünschen … (Pütz 1975: 70)

Laut Autor sind drei syntaktische Umformungsmöglichkeiten bei diesen Verben möglich, während sie bei den Verben mit fakultativem oder obligatorischem *es1* stets blockiert werden. Als erstes wird angemerkt, dass bei den Verben, die kein *es1* als Korrelat erlauben, Satzglieder aus dem Objektsatz extrahiert werden können (vgl. ebd.):

> (1) Mit einem Messer behauptet Peter, ihn angegriffen zu haben. (ebd.)
>
> (2) *Mit einem Messer bedauert Peter, ihn angegriffen zu haben. (ebd.)

In (1) kommt die inhaltliche Hervorhebung des instrumentalen Adverbials vor. Das Matrixverb *behaupten* hat hier die Funktion, einen zu äußernden Sachverhalt einzuleiten. *Behaupten* sowie andere SDWW-Verben sind in bestimmten Kontexten als inhaltsleer anzusehen und bieten die syntaktische Möglichkeit, Informationseinheiten des Objektsatzes im Vorfeld des Matrixsatzes hervorzuheben[1]. Ein weiterer Beweis für ihre Inhaltsleere ist, dass die „inhaltszentrierte Verknüpfungsvariante" (Boettcher 2009: 84) bei einem großen Teil der SDWW-Verben möglich ist. Wenn der Sachverhalt des Objektsatzes fokussiert sein soll, kann die Quellenangabe, nämlich der Matrixsatz, in den syntaktischen Hintergrund rücken. Bei den Verben, die das *es*-Korrelat erlauben wie *begrüßen*, gilt diese inhaltszentrierte Präsentation als grammatikalisch verfehlt:

> (3) Sie wird morgen kommen, wie Paul behauptet [/ *begrüßt].
>
> (4) Sie wird morgen kommen, so behauptet [/ *begrüßt] Paul. (ebd.)

Außer diesen Permutationsmöglichkeiten ermöglichen viele SDWW-Verben

---

[1] Hier lässt sich anhand der Informantenbefragung von Kvan (1983) feststellen, dass es einen bestimmten Spielraum für die Möglichkeit der Linksverschachtelung bei Matrixverben gibt. Nach den Testergebnissen in Kvan (1983: 240) halten 25 von 31 Informanten Bsp. (1) bei *behaupten* für grammatikalisch „möglich". Bsp. (2) bei *bedauern* wird jeweils von 13 Informanten als „möglich" und 16 als „unmöglich" beurteilt. Allgemein gesagt lässt sich das Subjekt des Objektsatzes kaum ins Vorfeld des Matrixsatzes setzen. Das Akkusativobjekt des Objektsatzes darf aber in viel mehr Fällen ins Vorfeld rücken, so auch bei manchen Verben, die das *es*-Korrelat erlauben, wie *wagen* usw. (siehe Kvan 1983: 237ff.):

- *Dieser alte Wagen habe ich befohlen, daß sofort entfernt wird. (ebd.: 237)
- Den Sieg wagte niemand vor zwei Wochen vorherzusagen.

nach Pütz auch die Subjekts-Anhebung sowie die Einbettung des nicht eingeleiteten V2-Objektsatzes. Pütz (1975: 77f.) stellt fest, dass die Verben kein *es1* im Mittelfeld erlauben, bei denen das Auftreten von einem nicht eingeleiteten Objektsatz möglich ist. Bei den Verben, die keine V2-Nebensätze als Akkusativobjekt regieren können, sei die *es1*-Setzung bei extraponiertem Objektsatz zulässig. Folgende Beispiele in Pütz (1975) sollen seine Annahme bestätigen:

Verben, die kein *es1* erlauben	Verben, die *es1* erlauben
Paul behauptet, Peter ist krank. Franz sagt, Rainer kann nicht, Rainer meint, Franz irrt. Willy weiss, keiner hat Recht. Karl fürchtet, er ist erledigt. Herbert nimmt an, Karl ist zu weit gegangen. Karl ahnt, er hätte es nicht tun dürfen. Ich sehe, du bist schon da. Peter wünscht, du wärest nicht gekommen.	Peter bereut, dass er nicht dagewesen ist. *Peter bereut, er ist nicht da gewesen. Paul verheimlicht, dass er das Buch verloren hat. *Paul verheimlicht, er hat das Buch verloren. Adolf beklagt, dass er kein Spanier ist. *Adolf beklagt, er ist kein Spanier. Peter erlaubt Paul, dass dieser das Haus verlässt. *Peter erlaubt Paul, dieser verlässt das Haus. Willy bedauert, dass er Herbert so gut kennt. *Willy bedauert, er kennt Herbert so gut.

Quelle der Beispielsätze: (ebd. 77)

Wenn die Zulässigkeit der nicht eingeleiteten Objektsätze bei Matrixverben als Maßstab zur Bestimmung des *es1*-Gebrauchs angesehen wird, muss berücksichtigt werden, dass inhärent negierte Verben, wie *bezweifeln* (nicht glauben), *verheimlichen* (nicht zugeben) usw. keine V2-Objektsätze binden können (vgl. Reis 1997: 123; Freywald 2013: 328). Allerdings gehören sie jeweils zu den Verben des Sagens und Denkens und verlangen kein *es1* im Matrixsatz, wenn das Akkusativobjekt satzartig extraponiert wird und kein anaphorischer Bezug vorhanden ist:

(5)   *Paul verheimlicht, er hat das Buch verloren.

(5a)   Paul verheimlicht (*es), dass er das Buch verloren hat.

(6)   *Paul bezweifelt, sie hat das Buch schon gefunden.

(6a)   Paul bezweifelt (*es), dass sie das Buch schon gefunden hat.

Ob und inwieweit solche Umformungsmöglichkeiten für die Didaktik im DaF-Unterricht relevant sind, wird in Kap. 5.1.3 weiter diskutiert. Pütz' Aussagen legen eine wichtige Grundlage für die späteren Untersuchungen. Ballweg (1976: 242ff.) versucht mittels einer Informantenbefragung zu beweisen, dass das *es*-Korrelat bei *sagen* usw. auch ermöglicht wird, wenn das Mittelfeld des Matrixsatzes mit langen Satzgliedern gefüllt ist. Laut der Untersuchungsergebnissen ist rund die Hälfte der Informanten der Meinung, dass alternativ ein *es* in folgenden Belegen hinzugefügt werden kann, in denen das Mittelfeld des Matrixsatzes stark ausgedehnt wird:

(7) Ich habe ___ Dir gestern dreimal gesagt, daß ich Dich liebe. (ebd.: 242)

(8) Der Lehrer hat ___ schon lange mit guten Gründen vermutet, daß dieser Schüler faul ist. (ebd.)

Bei anderen Belegen, deren Matrixsatz schlicht formuliert ist, ist unter den Informanten Konsens erzielt worden, dass *es1* nicht auftreten kann. Auch Latour (1985: 123) erläutert mit dem folgenden Satzpaar, dass die Länge des Matrixsatzes Einfluss auf die *es1*-Setzung ausübt. Allerdings kann *es* in bestimmten Kontexten als anaphorische Proform fungieren. Latour ergänzt selbst, dass die Wahrscheinlichkeit der *es1*-Setzung in (10) vergrößert wird, wenn es sich beim Objektsatz um vorerwähnte Sachverhalte handelt. (vgl. ebd.)

(9) Er sagte, daß er morgen kommt.

(10) Er hat es bisher noch niemandem gesagt, dass er morgen kommt. (ebd.)

Bei der Eigen-oder Informantenbefragung sollte stetig darauf geachtet werden, dass die Beeinflussungen wegen der anaphorischen Proform-*es* ausgeschlossen oder möglichst unter Kontrolle gehalten werden. Wenn die Informanten lediglich einzelne Sätze ohne Kontext auf ihre Grammatikalität hin beurteilen müssen, wie (7) und (8), ist es durchaus möglich, dass die Probanden aufgrund eines von ihnen imaginierten Kontextes ein anaphorisches *es* als Korrelat annehmen (vgl. Mollica 2010: 110f.). Die Aussage, dass ein langer Matrixsatz die *es1*-Unzulässigkeit bei den SDWW-Verben lockern kann, wird in dieser Arbeit für fragwürdig gehalten. In folgenden Beispielen ist es kaum akzeptabel, ein *es1* hinter dem finiten Verb im Matrixsatz zu ergänzen, obwohl eine große Distanz zwischen dem finiten Verb und dem Objektsatz vorhanden ist. Der Grund hierfür liegt darin, dass die Möglichkeit des anaphorischen Gebrauchs von *es1* kontextuell ausgeschlossen wird.

(11) Er sagt, während er liebevoll über eine dicke braune Ölkruste streicht, dass er sich beim Malen von Jazzmusik der Dreißiger Jahre inspirieren lasse [...]. (U01/ MAR.00578)

(12) Ich kann [anhand der anderen Belege, die von ihm zitiert wurden,] nur vermuten, dass bei dem ganzen Verkauf nicht alles in der richtigen Reihenfolge und Offenheit gelaufen ist. (RHZ14/JUN.16167)

In der späteren Literatur[①] wird häufig die Ansicht vertreten, dass *es1* bei SDWW-Verben ausschließlich mit anaphorischem Bezug realisierbar ist, wie folgende Beispiele illustrieren:

(13) A: Was gibt's Neues?
   B: Michael behauptet (*es), dass der Urlaub vorbei ist.
(14) A: Wer behauptet denn, dass der Urlaub vorbei ist?
   B: Michael behauptet es, dass der Urlaub vorbei ist. (Auf'mkolk 2014: 12)

Den anaphorischen Charakter von *es* spiegelt hier das Intonationsmuster des Satzes wider. In (14) soll das Subjekt *Michael* den Satzakzent tragen, weil es einer Antwort auf die vorangehende Frage entspricht. Akzentuiert wird der Nebensatz nicht, „weil er lediglich bereits bekannte Information wieder aufnimmt, also zum Hintergrund der Äußerung gehört" (Sudhoff 2003: 71). Je nach inhaltlichem Schwerpunkt im Kontext können andere Satzglieder im Matrixsatz als Intonationsphrase fungieren und betont werden, wie das Matrixverb *behaupten* in (15). Auch wenn *es* als Proform durch *das* ersetzt wird, ändert sich das Intonationsmuster nicht (vgl. Auf'mkolk 2014: 107):

(15) Michael hat es / das beHAUPtet, dass der Urlaub vorbei ist. Das heißt ja nicht, dass es stimmt.

Zu beachten ist, dass der anaphorische *es*-Gebrauch in der geschriebenen Sprache generell sehr selten vorkommt. Bei *wahrnehmen* wurde unter hunderten Belegen im *T2*-Korpus kein einziger mit dem anaphorischen *es* ausgelesen. Beim Verb *wissen* ergibt sich eine Wahrscheinlichkeitsquote von unter 1% für sein Vorkommen. Deshalb soll diese *es*-Gebrauchsweise im DaF-Unterricht nicht besonders thematisiert werden, um den Lernern unnötigen Lernstoff zu ersparen. Ein Beispiel für das anaphorische *es* zeigt der folgende Beleg, in dem der Sachverhalt im Nebensatz dem Interviewer bereits als eine Tatsache bekannt ist:

---

① Sandberg (1998: 103f.); Zitterbart (2002a: 93); Sudhoff (2003: 64ff.); Mollica (2010: 110f., 116); Auf'mkolk (2014: 107ff.) usw.

(16) Nach rund einem Jahr wurde nun das Verfahren abgeschlossen, das Pfleger-Trio vom Verdacht der Tierquälerei frei gesprochen. Gundinger: „Ich habe es ohnehin schon immer gewusst, dass wir keine Tierquäler und -mörder sind." (NON13/JUN.16139)

5.1.2 Homonyme Varianten bei *glauben* und *verstehen*

Das Verb *glauben* wird von Sudhoff (2003: 63, 135) dem *„behaupten*-Typ" zugeordnet, d. h. ein Verb ohne *es1* im Matrixsatz. Allerdings wird ein gewisser Teil der Akkusativobjektsätze bei *glauben* im Korpus mit *es1* korreliert. Wie Sandberg (1998: 163ff.) annimmt, ist eine Unterscheidung der homonymen Varianten bei *glauben* hinsichtlich der Bedeutung gerechtfertigt. Laut Autor kann das Matrixverb *glauben* in (17) und (18) als „etwas für glaubhaft halten" (ebd.: 166) paraphrasiert werden. In der Sammlung aus *es1*-haltigen Belegen kommt die Kollokation *nicht / kaum glauben können* häufig vor, wie z. B.:

(17) Als er von den 500 Millisievert hörte, habe er es gar nicht glauben können, dass es sich nicht um einen Messfehler handelte. (T12/MAR.01941)

(18) Die Mitglieder des Teichwirtschaftsvereines sowie die Feuerwehrkameraden können es ebenso kaum glauben, dass der junge Vater so abrupt aus dem Leben gerissen wurde. (NON10/OKT.18618)

Im obigen Beispiel wird durch *es nicht glauben können* nicht nur die Unglaubwürdigkeit des Sachverhaltes im Objektsatz ausgedrückt, sondern auch die Emotion des Agens (Schock und Unerträglichkeit). *Glauben* kann in den obigen Belegen alternativ als Attitüdeverb aufgefasst werden. Das Korrelat kann im Matrixsatz die Emotion im Matrixsatz betonen und gilt als fakultativ. Als ein prototypisches *verbum sentimendi* trägt *glauben* die Bedeutung ‚der Meinung sein' oder ‚etwas als wahr bzw. sehr wahrscheinlich annehmen'. Dabei ist die Unterbindung des *es*-Korrelates der Standardfall und das Objekt kann als nicht eingeleiteter Nebensatz realisiert werden:

(19) Wir begrüßen das sehr, ich glaube, es war notwendig. (U11/JAN.00493)

(19a)Wir begrüßen das sehr, ich glaube (*es), dass es notwendig war.

(20) Immer wenn man glaubte, die Idee sei nun begraben, erstand sie kurz darauf

wieder auf. (U13/JUL.01864)

(20a)Immer wenn man (*es) glaubte, dass die Ideen nun begraben sei, entstand sie kurz darauf wieder auf.

Bei *verstehen* hängt die Möglichkeit zur *es1*-Setzung ebenfalls von den Paraphrasen des Verbs ab. Kommt das von *unter* eingeleitete Präpositionalobjekt im Matrixsatz vor, gehört *verstehen* (im Sinne von, in bestimmter Weise auslegen, deuten, auffassen') zweifelsohne zu den *verba sentiendi* und das *es*-Korrelat darf nicht realisiert werden:

(21) Unter Nachhaltigkeit verstehe er in diesem Zusammenhang, dass die jetzige Generation nicht auf Kosten der nachfolgenden lebe. (M11/AUG.08762)

Ohne die *unter*-PP als Maßstab muss anhand des Kontextes beurteilt werden, ob *verstehen* im Matrixsatz als, begreifen, den Sinn erfassen' oder, Verständnis haben, für nachvollziehbar halten' paraphrasiert werden soll. Wie *glauben* wird die zweite Interpretation bei *verstehen* häufig in der Kollokation *nicht verstehen können*, aber auch in *gut verstehen können* erlesen.

(22) Ich kann es aber gut verstehen, wenn man die Gefahr bei einem Vertragsabschluss nicht einschätzen kann. (RHZ12/JUN.12273)

Außerdem ist zu erwähnen, dass das Verb *verstehen* Inf-Sätze als Objekt subklassifizieren kann, wenn es die Bedeutung „die Realisierung des B-Satzinhaltes [des Inhaltes im Objektsatz; Y. Y.] gut können / beherrschen" (Sandberg 1998: 349) trägt. Sandberg rechnet diese Bedeutung der Variante „*es verstehen*" (ebd.) zu, was folglich bedeutet, dass das Korrelat hier nicht fehlen dürfe. Auch das *VALBU* (2004: 804) und die *GdS* (1997: 1391) kennzeichnen *es1* in diesem Fall als obligatorisch. Im *T2*-Korpus wird *es1* nahezu ständig[①] eingesetzt:

(23) Schwesig ist bei der Basis beliebt, sie versteht es, sich in einfachen Bildern und Worten auszudrücken. (U13/MAI.03519)

---

a　Ausnahmen treten lediglich vereinzelt auf:

• Er genießt die Unterstützung des Strippenziehers Ozawa, er versteht, sich kompetent zu geben, ist redegewandt und dürfte für die Opposition im Falle einer großen Koalition akzeptabel sein. (U11/APR.04243)

(24) Das ist wohl auch ein Teil ihres Erfolgsrezepts, dass sie es versteht, Begeisterte um sich zu scharen. (U13/MAR.01283)

5.1.3 Korrelat in Passivformen und Passiversatzformen bei den SDWW-Verben

Werden die Anwendungen des *es*-Korrelates von DaF-Lernern betrachtet, dann lässt sich feststellen, dass es sich bei einem großen Teil der fehlerhaften oder zumindest ungewöhnlichen Formulierungen um Passivformen sowie Passiv-Ersatzformen der SDWW-Verben handelt. Hierfür einige Beispiele:

(25) [...] und die sollen die entsprechenden chinesischen Übersetzungen zu den Wörtern aufschreiben, damit es bestätigt wird, ob alle Wörter unbekannt sind. (15M01)

(26) Nach der Tabelle lassen es sich festhalten, dass die Funktion der Mobilgeräte als Mobiler Internetzugang in alle fünf Beispiele angewandt wird. (11M01)

(27) Mit Tabelle 7 lässt es sich ganz einfach bemerken, dass zusätzliche Pausen hauptsächlich auf Nomen (*Mutter* und *Eimer*) gesetzt werden – acht von zehn Probanden fügt eine Pause hinzu. (06M09)

Nach Pütz (1975: 80) darf *es1* im *werden*-Passiv bei den SDWW-Verben, die oben aufgelistet werden, ohne anaphorischen Bezug nicht im Matrixsatz realisiert werden.[1] Marx-Moyse (1986a: 299f.) zieht 26 „Verben des Mitteilens im weiteren Sinne" in Betracht und kommt mittels einer Korpusuntersuchung[2] zu dem Ergebnis, dass *es1* im Mittelfeld des Matrixsatzes unabhängig von dessen topologischen Merkmalen und der Realisierung des fakultativen Dativ- oder Präpositionalobjektes eliminiert werden muss. Diese These kann mit den Belegen aus dem *T2*-Korpus

---

[1] In seiner Monografie werden folgende Sätze als Beispiele angeführt:
- Vom Arzt wurde gewünscht, der Patient solle das Bett hüten.
- *Vom Arzt wurde es gewünscht, der Patient solle das Bett hüten.
- Dann wurde berichtet, dass die Strasse doch gebaut werde.
- *Dann wurde es berichtet, dass die Strasse doch gebaut werde. (ebd.)

[2] „Unsere Materialsammlung weist 60 Belege mit einem Verb des Mitteilens auf. In keinem tritt *es* auf, in keinem kann *es* eingesetzt werden" (Marx-Moyse 1986a: 299). Bezüglich der Verben des Mitteilens werden folgende Verben in ihrer Untersuchung mit einbegriffen (ebd.):

anbefehlen, andeuten, angeben, antworten, behaupten, berichten, bestimmen, betonen, darlegen, einprägen, entgegenhalten, erklären, erörtern, erwähnen, festhalten, festlegen, hervorheben, melden, mitteilen, notieren, sagen, vereinbaren, versichern, verstehen unter, vorwerfen bestätigt werden. In (28) – (30) darf kein *es* im Mittelfeld des Matrixsatzes auftreten:

(28) Bei der Aufstellung des Wildunfall-Hinweisschildes   wurde bemerkt, dass genau an der Unfallstelle der blaue Reflektor am Leitpfosten fehlte. (RHZ13/ JUL.02637)

(29) So wurde in mehreren kontrollierten Studien erwiesen, dass die Opiatdosis bei Schmerzpatienten deutlich reduziert werden kann, wenn zuvor THC gegeben wurde. (T12/JAN.01630)

(30) Dort wird empfohlen, dass Kinder unter 1,40 Metern Körpergrösse nicht ohne Begleitung auf einen Sessellift sollten. (A10/FEB.07981)

Allerdings darf diese Aussage nicht einfach auf andere Passiv(ersatz)formen übertragen werden, ohne auf die semantischen und syntaktischen Einflussfaktoren näher einzugehen. Beispielsweise gilt das *es*-Korrelat in folgenden Belegen als fakultativ:

(31) Für den Vorsitzenden Richter Dieter Temming ist es erwiesen, dass in Osnabrück der Anführer der Piraten vor ihm saß. (U14/APR.02246)

(32) Selbst Wirtschaftsführern ist es mittlerweile zu empfehlen, lieber einen guten Roman zu lesen, als sich zu sehr in Wirtschaftsprognosen zu vertiefen. (U10/ AUG.01172)

Marx-Moyse hat in fünf Beiträgen (1985, 1986a, b, 1987, 1989) jeweils die *es1* Setzung bei Matrixverben im Vorgangs- und Zustandspassiv, in den Passiversatzformen (AcI bei *sich lassen* und die *sein-zu*-Konverse) sowie in den, kommentierenden *wie*-Sätzen' (z. B.: *wie bereits erwähnt*) untersucht. Aus ihren Beiträgen geht hervor, dass die prototypischen, Verben des Mitteilens' generell kein Korrelat im Mittelfeld des Matrixsatzes verlangen. Bei anderen Verben, wie *erklären, empfehlen, erweisen*, übersehen usw. kann *es1* je nach der Passiv(ersatz) form des Matrixsatzes als (bedingt) fakultativ auftreten. Ein Teil davon wird in der Gruppe, möglicher Gebrauch von *es*, aber überwiegender Fortfall von *es*' eingeordnet, weil die *es*-losen Belege quantitativ deutlich überwiegen oder ihre Informanten den Nichtgebrauch von *es* vorziehen. Nach der Recherche im *T2*-Korpus wurden keine Matrixverben gefunden, bei denen *es1* im Aktiv und Vorgangspassiv fortbleiben muss, aber im Zustandspassiv sowie in den Passiversatzformen großenteils eingesetzt wird. Wenn das *es*-Korrelat in den Passiv(ersatz)formen überhaupt erlaubt ist, bilden die mit *es* korrelierten Nebensätze eine Minderheit. Als Beispiel wird eine

Zusammenstellung der *es*-haltigen und *es*-losen Korpusbelege bei drei Satzstrukturen in folgender Grafik angezeigt:

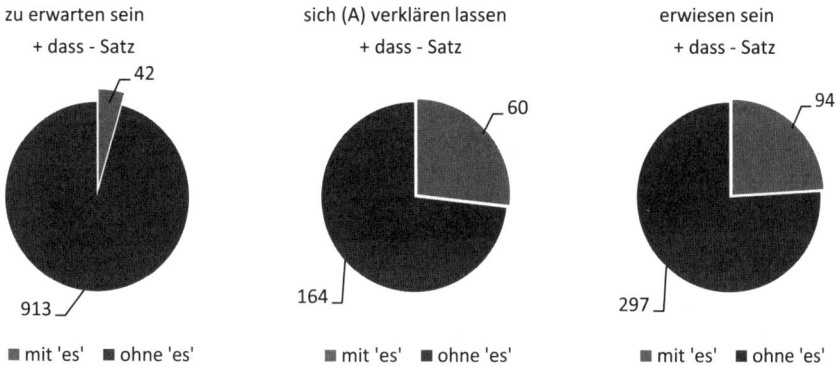

Grafik 8: *Es*-Setzung bei *erwarten*, *erklären* und *erwiesen* in drei Passiv(ersatz)formen[1]

Aus der Grafik geht hervor, dass die *es*-losen Belege in allen drei Satzstrukturen (mit jeweils 95,6%, 73,2% und 76,0%) gegenüber den *es*-haltigen quantitativ teils sehr stark sowie stark überwiegen. Allerdings gilt das *es*-Korrelat hier als fakultativ, wie die folgenden Korpusbelege zeigen:

(33) Zudem ist kaum zu erwarten, dass sich ausgerechnet Atombefürworter für Transparenz und eine angemessene Information der Öffentlichkeit einsetzen. (T12/DEZ.01798)

(34) Insofern war es nicht zu erwarten gewesen, dass ein Bamberger solch ein Kunststück schaffen würde [...]. (U10/OKT.04010)

(35) Statistisch ist erwiesen, dass es in jeder zweiten Klasse der weiterführenden Schulen einen mehr oder weniger schweren Mobbingfall gibt, heißt es in der Ankündigung. (RHZ14/MAI.05051)

(36) Längst ist es wissenschaftlich zweifelsfrei erwiesen, dass Fahrradhelme Gehirnwellen aussenden, die aggressiv, rücksichtslos und rechthaberisch machen. (U14/MAI.00586)

Das eingesetzte *es*-Korrelat kann eine bestimmte pragmatische Funktion erfüllen. Beispielsweise kann *es1* bei den Passiversatzformen (AcI bei *sich lassen* und die *sein-zu*-Konverse) die Modalität des Matrixsatzes (*können*, *sollen* oder *müssen*) hervorheben. Während in (37) kein *es*-Korrelat eingesetzt werden darf, gilt das *es* in (38) als fakultativ:

---

[1] Datenquelle: *T2*-Korpus

(37) So muss er [*es] sich etwa von zwei jungen Männern erklären lassen, warum die Zeugenaussage einer Frau vor Gericht nur halb so viel zählt wie die eines Mannes- „weil Frauen so emotional sind". (T14/JUN.00076)

(38) Wie sonst erklärt es sich [/ Wie sonst erklärt sich], dass die ambulante Pflegekraft für die gleiche Leistung mehr als das doppelte Geld erhält wie der pflegende Angehörige? (U13/FEB.01898)

Anders als in (37), in dem das Reflexivpronomen im Dativ steht, orientiert sich die Kollokation *sich* (A) *erklären lassen* in (38) nicht am transitiven Gebrauch von *erklären* (jemandem etwas erklärend beschreiben), sondern an dessen reflexiven Gebrauch und kann als ‚eine Begründung für etwas finden können' interpretiert werden. Das Vollverb *erklären* in (38) verliert bereits die Eigenschaft eines *verbum dicendi*. Der Matrixsatz kann in eine Kopulakonstruktion umformuliert werden:

(38a) Wie sonst wäre es erklärlich, dass die ambulante Pflegekraft für die gleiche Leistung mehr als das doppelte Geld erhält wie der pflegende Angehörige?

Zusammenfassend sollte die Generalisierung lauten: Bei den SDWW-Verben, bei denen *es1* im Aktiv und Vorgangspassiv ohne anaphorischen Bezug nicht vorkommt, gilt das *es*-Korrelat im Zustandspassiv und in den Passiversatzformen je nach dem Matrixverb und der Satzstruktur als unzulässig oder (bedingt) fakultativ. Wenn zudem das Korrelat u. U. eingesetzt werden kann, wird eine Mehrheit der Argumentsätze unkorreliert extraponiert. Im DaF-Unterricht ist es nicht praktisch, auf sämtliche Richtlinien bei den einzelnen Verben sowie die verschiedenen Satzformen einzugehen, insbesondere in der Situation, dass die bisherigen Studien ausschließlich zu einer Teillösung gekommen sind und daher noch kein allgemein anerkanntes Regelsystem beschrieben worden ist. Weil solche Richtlinien eher verwirren als nützen könnten, sollte das *es*-Korrelat bei SDWW-Verben grundsätzlich eliminiert werden, es sei denn, das Korrelat steht im Passiv an der ersten Stelle zur Satzeröffnung. Diese Generalisierung kann die DaF-Lerner davor bewahren, ein falsches oder stilistisch ungeschicktes *es* als Korrelat zu gebrauchen.

5.1.4 Umgang mit den SDWW-Verben im DaF-Unterricht

Im kommenden Teil wird zunächst auf methodische Überlegungen in Bezug auf diese umfangreichen Gruppen von Verben eingegangen. Ziel ist es, ein Verfahren zur möglichst vollständigen, aber auch für DaF-Lerner gut verständlichen Gruppierung der Verben zu finden.

Didaktisch ist es nicht angebracht, die Zulässigkeit von nicht eingeleiteten Objektsätzen direkt mit der Korrelat-Freundlichkeit der jeweiligen Verben zu verbinden, denn diese Vorgehensweise setzt Kenntnisse voraus, welche Verben unter welchen kontextuellen Bedingungen die V2-Objektsatz-Einbettung erlauben. In diesem Sinne wird quasi ein neues Problem aufgeworfen. Des Weiteren ist zu berücksichtigen, dass der Konjunktiv im nicht eingeleiteten Objektsatz die Norm ist, wenn es sich um schriftliche Sprachproduktion handelt, es sei denn, das Subjekt des Matrixsatzes steht in der 1. Person Singular oder bei semifaktiven Verben wie *wissen* (vgl.: Freywald 2013: 324; Bernhardt & Pedersen 2007: 158):

> (39) Sie weiß, es gibt / *gebe / *gäbe nur diese eine Möglichkeit. (Freywald 2013: 324)
>
> (40) Ich glaube, es gibt / *gebe / *gäbe nur diese eine Möglichkeit. (ebd.)
>
> (41) Sie sagt, es gebe / ??gibt nur diese eine Möglichkeit. (ebd.)

Im DaF-Unterricht sollte den Lernern deswegen vorgeschlagen werden, V2-Objektsätze überwiegend in der gesprochenen Sprache zu verwenden und beim Schreiben die eingeleiteten Objektsätze zu präferieren. Für die Didaktisierung liegt es nahe, die SDWW-Verben nach ihren semantischen Merkmalen in kleinere Gruppen einzuteilen. Im *Handbuch deutscher Kommunikationsverben* (Harras et al. 2004, Teil 1, S. 16) werden diese Verben sowie ein Teil der Verben des Handlungsspielraums in Anlehnung an die Sprechakttheorie von Searle und Vanderveken (1985) sowie Vanderveken (1990) folgenderweise klassifiziert:

> a. Allgemeine verba dicendi: *sagen, sprechen, (sich) äußern* usw.
>
> b. Repräsentative: *vorhersagen, behaupten, lügen* usw.
>
> c. Direktive: *erlauben, verbieten* usw.
>
> d. Expressive: *loben, vorwerfen* usw.
>
> e. Kommissive: *anbieten, ablehnen, vereinbaren* usw.
>
> f. Deklarative: *annoncieren, telefonieren, vortragen* usw.

Die Grundtypen werden nach den Bedeutungsnuancen noch in weitere Kategorien unterteilt. Dieses Muster legt großen Wert auf die Vollständigkeit und wissenschaftliche Systematik der Klassifikation, dient aber in erster Linie der linguistischen Forschung und kann deswegen ohne Bearbeitung nicht direkt in den DaF-Unterricht integriert werden (vgl. Jahr 2005: 239). In der Literatur werden in Bezug auf die Untersuchungen der V2-Objektsätze andere Klassifikationsmuster aufgestellt, die m. E. handhabbarer für den DaF-Unterricht sind, wie z. B. in Axel-Tober (2012: 129):

> a. Verben des Sagens und Mitteilens: *antworten, behaupten, bemerken, berichten, bestätigen, sagen, unterstreichen, wissen lassen, zugeben, ...*
> b. Verben des Wollens und Hoffens: *hoffen, verlangen, wollen, wünschen, ...*
> c. Verben des Veranlassens und Aufforderns: *anempfehlen, belehren, bitten, empfehlen,* überreden, überzeugen, *verlangen, ...*
> d. Verben des Wahrnehmung und des Fühlens: *ahnen, bemerken, entdecken, erfahren, erkennen, feststellen, finden, herausbekommen, hören, merken, sehen, spüren, ...*
> e. Verben des Denkens und Erkennens: *annehmen, argumentieren, begreifen, berechnen, beschuldigen, sich besinnen, beweisen, denken, einsehen, fürchten, glauben, meinen,* überlegen [...] ...

Auch dieses Klassifikationsmuster muss noch für den DaF-Unterricht vervollständigt[1] und verfeinert werden. Zum Zweck der Vermittlung der Handlungsstruktur in schriftlichen Texten versucht Jahr (2005) in ihrem Beitrag, Sprachhandlungstypen speziell für den Einsatz im DaF-Unterricht zu charakterisieren, deren Differenzierung für die Lernenden leicht vorzunehmen ist, wie FESTSTELLEN, BEHAUPTEN, VERMUTEN[2] u. a. Für die Vermittlung des Korrelat-gebrauchs ist es ausführbar, die SDWW-Verben in Anlehnung an Jahrs Basis-Inventar in verschiedenen Sprachhandlungstypen einzuteilen und gezielte Übungen in der Form des Stationenlernens zu praktizieren. Die SDWW-Verben sind assoziierbar mit den Verben des Bekanntgebens in Kap. 4.1, die satzförmige Subjekte selegieren können. Ein Unterrichtskonzept, das nicht nur zum Thema der Korrelatsetzung, sondern auch zur Wortschatzerweiterung konzipiert wird, findet sich in Kap. 7.3.1.

---

① Verben wie *bezweifeln, argwöhnen, verheimlichen, leugnen* usw., die eine Negation enthalten, können keine V2-Objektsätze selegieren und treten daher nicht in dieser Einteilung auf.

② Wie im Original werden die Sprachhandlungstypen groß geschrieben.

5.2 Verben der Untersuchung

Eine weitere wichtige Gruppe der Verben, die kein *es1* als Korrelat im Mittelfeld erlauben, sind die Verben der Untersuchung, wie *prüfen*, *testen*, *untersuchen* usw. Verben dieser Gruppe können keine *dass-* oder Inf-Sätze, sondern lediglich Interrogativsätze als Akkusativobjekt regieren. Nach der Analyse der Belege aus dem *DWDS*-Korpus[①] gelangt Schwabe (2013) zu dem Ergebnis:

> Prädikate, die nur *ob-* und *w*-Komplementsätze einbetten, kommen nicht mit *es*-Korrelaten vor – vgl. *abfragen, anfragen, dazwischenfragen, fragen, herumfragen, nachfragen, untersuchen* und *rückfragen*. Zu diesen Prädikaten gehören auch Verben wie *argwöhnen*, bei denen es sich um modifikatorische frageeinbettende Prädikate handelt. (Schwabe 2013: 144)

Schwabes Aussage entspricht der sprachlichen Realität. Die Verben, die *fragen* als Verbstamm haben sowie das Verb *argwöhnen* gehören jeweils zu den Verben des Sagens und Denkens im letzten Kapitel und verlangen kein *es1* im Matrixsatz.[②] Bei *untersuchen*, dem einzelnen angeführten Beispiel in diesem semantischen Feld, werden im *T2*-Korpus keine Belege mit *es1* gefunden. Das *es*-Korrelat wird in Belegen sowohl im Aktiv als auch im Passiv eliminiert und darf nicht eingesetzt werden:

(42) Ende der Woche soll der komplette Fund geborgen sein, dann werden Experten untersuchen, ob sich in den Flaschen wirklich der älteste Champagner der Welt befindet. (U10/SEP.00226)

(43) Nun werde untersucht, warum die kleineren Unternehmen ihre Tickets nicht an den Bahnhöfen verkaufen dürfen. (M14/JAN.09388)

(44) Jedenfalls wäre ernsthaft zu untersuchen, ob es nicht doch zum Weg in die emissionsfreie Zukunft passt, einige Meiler etwas länger als bisher gesetzlich geregelt laufen zu lassen. (Z10/FEB.00583)

[①] Die Abkürzung *DWDS* steht hier für: *Digitales Wörterbuch der deutschen Sprache* (www.dwds. de, letzter Zugriff am 15. 01. 2016)

[②] Hierfür werden zwei Korpusbelege von Schwabe als Beispiel angeführt:
  • Sie fragen (*es) den Besitzer, ob sie sein Geschäft fotografieren sollen. (Schwabe 2013: 144)
  • ... die Gesundheitsbehörden müssen (*es) stets argwöhnen, ob sich eine neue Epidemie anbahnt. (ebd.)

Hier werden die häufigsten Verben dieser Gruppe aufgelistet, deren Akkusativobjekt zum Nebensatz auszubauen ist:

untersuchen, forschen, erforschen, testen, prüfen, überprüfen, analysieren, beleuchten, beobachten, nachprüfen, recherchieren, erproben usw.

In Lernerkorpora tauchen gelegentlich Fehler bei *überprüfen* und *untersuchen* auf, wenn es sich bei dem Matrixsatz um eine Passivform handelt, wie z. B.:

> (45) [...] und die in die chinesische DaF-Unterrichtspraxis umzusetzen, damit es überprüft wird, ob eine wirklich effektiver als die andere für die chinesischen Probanden wirken oder nicht. (M1501)

5.3 Verben des Handlungsspielraums

Der Terminus ‚Verb des Handlungsspielraums' wird erstmalig in *ViF* beschrieben, indem für diese Verben (*erlauben, verbieten, ermöglichen* usw.) konstatiert wird, „dass der Handlungsspielraum eines handlungsfähigen Individuums (x) hinsichtlich seiner (möglichen) Handlungen (h) durch ein abstraktes Individuum (y) oder durch eine nicht genannte Entität beeinflusst ist" (*ViF* 1986: 619). In Anlehnung daran bezieht Sandberg insgesamt 43 Matrixverben und eine Kollokation bezüglich der *es1*-Setzung mit in seine Teiluntersuchung ein. Unter dem Begriff ‚Verben des Handlungsspielraums' subsumiert Sandberg auch manche, die in *ViF* den ‚Verben der allgemeinen Existenz'[①] zugeordnet werden, wie *vermeiden, verhindern* u. a.

5.3.1 Allgemeines zur *es1*-Setzung bei den Verben des Handlungsspielraums

Während *es1* in *ViF* bei den meisten Verben des Handlungsspielraums und der allgemeinen Existenz als fakultativ gekennzeichnet wird[②], versucht Sandberg

---

① „Der Ausdruck ‚allgemeine Existenz' soll charakterisieren, daß hier nur solche Verben erfaßt sind, mit denen lediglich behauptet werden kann, daß etwas existiert, zur Existenz gelangt oder aus der Existenz tritt, ohne auf spezielle Formen der Existenz oder deren räumliche, zeitliche und modale Situierung Bezug zu nehmen" (*ViF* 1986: 69).

② In *ViF* gilt das *es*-Korrelat bei *zustande bringen* als obligatorisch und bei *befehlen* und *fordern* als unzulässig. *Anordnen, verbieten, gestatten* und neun anderen Verben würden einen fakultativen Korrelatgebrauch bei extraponiertem Objektsatz aufweisen.

hingegen zu beweisen, dass das *es*-Korrelat bei keinem der untersuchten Verben wirklich alternativ ergänzt oder gelöscht werden kann. Wenn bei einem Verb sowohl *es1*-haltige als auch *es1*-lose Belege im Korpus vorhanden sind, handle es sich dabei um zwei verschiedene Lexeme (wie z. B. *ermöglichen* und *es ermöglichen*), die unterschiedliche Bedeutungen aufweisen. Der *es1*-Gebrauch sei stets kontextbedingt und dürfe niemals von dem Verfasser aus der persönlichen Schreibgewohnheit bestimmt werden. Beispielsweise wird *ermöglichen* in Sandberg (1998: 196) als „die Leistung erbringen, die Wirkung herbeiführen" paraphrasiert, während die andere Variable *es ermöglichen* als „eine notwendige Voraussetzung liefern" (ebd.: 200) verstanden werden kann. Für jede Variante werden in Sandberg (1998) einige Korpusbelege als Beispiele angeführt. Selbst wenn ein isolierter Matrixsatz mit oder ohne Korrelat grammatikalisch korrekt sei, wie das folgende Beispiel zeigt, müsse *es1* je nach der durch den Kontext bestimmten Interpretation des Matrixverbs ergänzt oder eliminiert werden. Ein fakultatives *es1* sei auf der Textebene nicht existent:

(46) *Die neue Versuchsanordnung ermöglicht /es/, Elektronen sichtbar zu machen.*
[Hervorhebung wie im Original] (ebd.: 197)
„Soll mitgeteilt werden, daß Elektronen sichtbar gemacht werden können, und daß es die neue Versuchsanordnung ist, die diese Wirkung herbeiführt, steht kein *es*. Soll dagegen ausgedrückt werden, daß mit der neuen Versuchsanordnung eine erste notwendige Voraussetzung geliefert worden ist, um überhaupt Elektronen sichtbar zu machen, wird das Verb *es ermöglichen* gewählt." (ebd.)

Dass das Korrelat die Interpretation des Matrixverbs *ermöglichen* festlegen kann, wird dennoch für sehr fragwürdig gehalten, weil sich im Korpus noch Satzpaare finden, die von demselben Journalisten stammen und inhaltlich identisch sind, obwohl das *es*-Korrelat jeweils ergänzt und unterbunden wird:

(47) Ein doppeltes technisches Gebrechen ermöglichte drei Wölfen in der Nacht zum Sonntag aus dem sogar mit Strom abgesicherten Wolf-Forschungszentrum zu entkommen. [Titel: *Wölfin „Una" kam zum Fußballmatch*, Autor: J. Christelli] (NON13/OKT.10704)
(47a)Ein doppeltes technisches Gebrechen ermöglichte es drei Wölfen, in der Nacht zum Sonntag aus dem mit Strom abgesicherten Wolfforschungszentrum zu entkommen. [Titel: *Ein kurzer Ausflug in die Freiheit*, Autor: J. Christelli] (NON13/

OKT.11792)

Es liegen auch andere Satzpaare vor, die zwar von verschiedenen Autoren geschrieben wurden, sich aber in ähnlichen Kontexten befinden. Das Vorkommen oder Weglassen von *es1* liegt eher an dem persönlichen Schreibstil des jeweiligen Autors:

(48) Insbesondere in Schwellenländern, in der Region Asien/Pazifik, in Amerika und von Superreichen bekam die UBS neue Vermögen anvertraut. [...] Die Fortschritte ermöglichten, dass die UBS nun eigene Anleihen im Umfang von bis zu 5 Mrd. Fr. zurückkaufen wolle. Damit würden die Finanzierungskosten gesenkt, erklärte Finanzchef Tom Naratil. (SOZ13/FEB.01075)

(48a) Während Europäer weiter verstärkt Geld abzogen, kamen Neuzuflüsse aus China, Russland, dem Nahen Osten und anderen aufstrebenden Staaten. All diese Fortschritte ermöglichten es der UBS, dass sie nun eigene Anleihen im Umfang von bis zu fünf Milliarden Franken zurückkaufen kann. Mit diesem Schritt würden die künftigen Finanzierungskosten gesenkt, schreibt die Bank. (U13/FEB.00606)

Betrachtet man das Matrixverb *vermeiden*, das in *ViF* in der Kategorie *Verben der allgemeinen Existenz* eingeteilt wird, dann stellt sich heraus, dass eine scharfe Trennung zwischen zwei Varianten (*vermeiden* und *es vermeiden*) mittels bestimmter semantischer Differenzen ebenfalls unzutreffend ist. Nach Sandberg „können die Adverbiale *sorgfältig, tunlichst, geflissentlich, peinlich* bei *es vermeiden* stehen, jedoch nicht bei *vermeiden*. Bei *es vermeiden* kommt niemals ein Instrument vor, es ist auch nicht möglich, eines einzusetzen" (1998: 263). In Anbetracht der ausgelesenen Korpusbelege ist festzuhalten, dass es sich bei Sandbergs Regel lediglich um Tendenzen handelt. Kommt ein Adverbial wie *sorgfältig* vor, wird *es1* häufig realisiert, weil es die Funktion hat, die Proposition (einschließlich der Adverbiale) im Matrixsatz hervorzuheben. Dennoch sind unkorrelierte Sätze usuell, wie die folgenden Belege zeigen:

(49) Thomas ist auch schon fremdgegangen, hat aber sorgfältig vermieden, dass Mira etwas herausfindet. (Z12/DEZ.00315)

(50) Angela Merkel vermeidet sorgfältig, das schwarz-gelbe Votum mit der Zukunft der Koalition oder ihrer Kanzlerschaft zu verknüpfen. (T11/SEP.03020)

(51) Das Ministerium kennt diese Kosten ganz genau, vermeidet aber tunlichst, diese

darzustellen. (RHZ13/OKT.27058)

Obwohl es sich hier um eine Stilfrage handeln kann und das *es*-Korrelat daher streng genommen nicht als willkürlich einsetzbar zu bezeichnen ist, sind solche Tendenzen zumindest für den DaF-Unterricht kaum didaktisierbar. Die *es1*-Setzung wird ferner nicht von dem Vorkommen eines Satzgliedes blockiert, das die semantische Rolle Instrument innehat[1]. Das *es1* ist in folgenden Belegen weiterhin als fakultativ anzusehen:

(52) Mit ihrer Entscheidung haben die Politiker nun geschickt vermieden, neben den bestehenden Einrichtungen eine weitere Institution zu schaffen. (Z08/FEB.00829)

(53) Argentiniens Präsident Néstor Kirchner hat es mit der Ratenzahlung vermieden, gegenüber dem IWF wie im vergangenen September in Zahlungsrückstand zu geraten. (U04/MAR.02009)

Ein weiterer Beleg dafür, dass das *es*-Korrelat nicht lediglich aus reinen semantischen Gründen gesetzt oder getilgt wird, besteht darin, dass *es1* in infiniten Adverbialsätzen (*um-zu*, *(an)statt-zu* und *ohne-zu*) bei den Verben des Handlungsspielraums generell selten vorkommt. Bei manchen Verben wie *vermeiden* usw. gilt die *es1*-Ellipse in diesem Satzbau als Normalfall:

(54) Die Strafe muss hoch genug sein, um zu verhindern, dass sich Firmen von der Quote freikaufen. (U11/FEB.01581)

(55) Er nannte das Ergebnis der Untersuchung „beunruhigend". Um zu verhindern, dass das Meer eine einzige „Plastiksuppe" werde, müsse man die Verschmutzung an der Quelle eindämmen. (U11/JAN.01120)

Die Infinitivkonjunktionen *um*, *(an)statt* und *ohne* verbinden den Matrixsatz mit dem vorangehenden oder nachgestellten Hauptsatz und weisen darauf hin, dass die Proposition des Objektsatzes als ein Zweck oder eine nicht erwartete / realisierte Angelegenheit zu begreifen ist. Die Verweisfunktion von *es1* auf den kommenden Teilsatz wird in den eingeleiteten Infinitivkonstruktionen abgeschwächt. Diese Tatsache besagt, dass nicht nur semantische Differenzen, sondern auch syntaktische

---

[1] „Bei es vermeiden kommt niemals ein Instrument vor, es ist auch nicht möglich, eines einzusetzen" (Sandberg 1998: 263).

Faktoren die Frequenz des Korrelatgebrauchs beeinflussen können. Es scheint nicht optimal zu sein, eine klare Unterscheidung zwischen den *es1*-haltigen und *es1*-losen Varianten eines Verbs nur nach den nahe aneinander liegenden Bedeutungsnuancen zu treffen.

Wie bei *ermöglichen* und *vermeiden* geht Sandberg bezüglich duzender Verben auf die semantischen Differenzen ein, die von Spezifizierungen ein und derselben Grundbedeutung handeln und nur fallweise bestimmte Tendenzen zur *es1*-Setzung oder *es1*-Unterbindung widerspiegeln. Bei den meisten Verben bringt eine scharfe Trennung der zwei Varianten in Hinblick auf den linguistischen Aspekt viele Unklarheiten mit sich und ist auch für die Didaktik nicht brauchbar. Eine ähnliche Auffassung vertritt Sudhoff (2003: 110ff.). Es wird nach der Thematisierung von (*es*) *begrüßen*, (*es*) *bedauern*, (*es*) *zulassen* usw. die Schlussfolgerung gezogen, dass die semantischen Unterschiede hinsichtlich der *es1*-haltigen und *es1*-losen Varianten von Sandberg „schon für deutsche Muttersprachler kaum begreiflich sind" und „nur deshalb verfochten wird, damit seine Hypothesen den Anschein universeller Gültigkeit erhalten" (ebd.: 112). Auch Mollica (2010: 117f.) argumentiert, dass „es sich [dabei] nicht um zwei durch das Vorkommen des Korrelates *es* unterschiedliche Verben handelt, sondern um ein einziges Lexem, das sowohl mit als auch ohne *es* verwendet werden kann".

Nun stellt sich die Frage, wie der *es1*-Gebrauch bei Verben des Handlungsspielraums im DaF-Unterricht vermittelt werden soll. In Bezug auf diejenigen Verben, bei denen sowohl *es1*-haltige als auch *es1*-lose Belege auffindbar sind und die keine absolute Mehrheit bilden, ist es ratsam, nicht weiter auf die Einflussfaktoren einzugehen. Ansonsten kann es passieren, dass sich die Lerner beim Schreiben über die Faktoren Gedanken machen müssen, die selbst in der linguistischen Fachliteratur umstritten sind. Bei folgenden Verben kann *es1* in der Didaktik als fakultativ betrachtet werden:

> *erlauben, gestatten, einwilligen, billigen, zulassen, verbieten, untersagen, vermeiden, verhindern, unterbinden, verursachen, angewöhnen, abgewöhnen, erreichen, aufgeben, ablehnen, erfordern, verlangen* (im Sinne von *erfordern*), *gönnen, verpassen, versäumen, vermögen, wagen* usw.

Die Verben des Handlungsspielraums, bei denen das *es*-Korrelat sehr stark gefördert oder gehemmt wird, lassen sich als Ausnahmen aufstellen und werden in Kap. 5.3.2 thematisiert.

5.3.2 Verben ohne *es1*

Eine Sondergruppe bilden hier die Verben wie *befehlen, anordnen* usw. In *ViF* werden beide der Gruppe der ‚Verben des Handlungsspielraums' zugeteilt. Für die Vermittlung des Korrelat-Gebrauchs ist es nachvollziehbar, sie als ‚Verben des Mitteilens im weiteren Sinne' aufzufassen. Ähnlich wie *empfehlen* usw. können sie als ‚einen Befehl, eine Forderung usw. angeben' paraphrasiert werden. Diese Kategorisierung ist auch aus der syntaktischen Perspektive zu rechtfertigen, weil Verben wie *befehlen, anordnen, verlangen* usw. sich mit einem nicht eingeleiteten Objektsatz verbinden können. In diesem Fall wird die Notwendigkeit der Aufgabeerfüllung mit dem Modalverb *sollen* oder *müssen* betont:

(56) Der fordert nun aber, „der Anbieter" müsse endlich einen Nachweis bringen, dass er tatsächlich über die Gemälde verfüge. (U14/JAN.01379)

(57) Behörden des Bundes und anderer Länder hatten verlangt, ihre Beamten müssten zunächst Schwärzungen vornehmen dürfen. (U12/OKT.02762)

Bei anderen Verben des Handlungsspielraums gilt die Einbettung eines nicht eingeleiteten Objektsatzes als ungrammatisch:

(58) *Er hat (es) erlaubt, ich dürfte hier rauchen.

(59) *Er hat (es) verboten, wir dürften hier keine Party machen.

Bei *verlangen* ist eine Unterscheidung zwischen zwei Lexemen mit verschiedenen Bedeutungen von Belang. Im *VALBU* (2004: 784) wird das *es*-Korrelat als unzulässig gekennzeichnet, wenn das Matrixverb die Bedeutung ‚einen Wunsch äußern' trägt und ein handlungsfähiges Individuum oder eine handlungsfähige Institution als Subjekt selegiert:

(60) Die Bundesländer sowie fast alle Experten hatten in den vergangenen Monaten verlangt, dass sich die deutschen Krankenversicherungen finanziell an diesem System beteiligen. (U11/DEZ.01624)

Wenn die Paraphrase von *verlangen* ‚in einer bestimmten Situation erfordern, gebieten' lautet, ist das Korrelat fakultativ (vgl. ebd.: 784f.). Das Subjekt des Matrixsatzes bezieht sich auf Konditionen, Prozesse o. ä., die nicht als handlungsfähig angesehen werden können. Das Matrixverb *verlangen* im folgenden Beleg kann durch *erfordern* ersetzt werden:

> (61) Doch verlangt es die Tradition des Parlamentarismus, dass sie gestellt wird. (M13/OKT.06910)
>
> (62) Wenn äußere Umstände verlangen, dass Gefahren, die von Unternehmen ausgehen können, zu entfernen oder stillzulegen sind, dann kann man [...]. (RHZ11/APR.09166)

Das Matrixverb *erfordern* gehört in *ViF* zu den Verben des Handlungsspielraums. Das Verb kann sich nicht wie *fordern* mit einem V2-Objektsatz verbinden und unter dem Feld *verba dicendi* behandelt werden. Bei *erfordern* ist *es1* stets fakultativ:

> (63) Welche Uneitelkeit hätte es erfordert, sich einzugestehen, dass man sich verrannt hat? (Z14/JAN.00317)
>
> (64) Dies erfordert, dass alle an der Entwicklung beteiligten Bereiche auf eine gemeinsame Datenbasis zugreifen können. (VDI10/JAN.00249)

Eine weitere Unterscheidung zwischen den Varianten „*erfordern*" und „*es erfordern*" mittels deren Bedeutungsdifferenzen (vgl. Sandberg 1998: 229ff.) macht für die Didaktik wenig Sinn. Wie *verlangen* handelt es sich bei dem Matrixverb *aufgeben* um zwei lexikalische Homonyme, die jeweils die Bedeutung, etwas als Aufgabe stellen' und, etwas nicht (mehr) unternehmen' tragen und ein satzförmiges Akkusativobjekt selegieren können. Wie bei *verlangen* darf *es1* im folgenden Beleg nicht eingesetzt werden, in denen *aufgeben* als, etwas als Aufgabe angeben' zu paraphrasieren ist:

> (65) Als Auflage wurde ihm aufgegeben, sich weiter psychiatrisch behandeln zu lassen. (BRZ12/MAI.01486)
>
> (66) Das Gericht hatte dem Gesetzgeber aufgegeben, bis zum 31.Dezember 2010 eine verfassungskonforme Regelung zu finden. (T10/FEB.01245)

Trägt *aufgeben* die zweite Bedeutung, ist eine starke Tendenz zur *es1*-Setzung zu betrachten. Die *es1*-haltigen Belege wie (68) und (69) betragen etwa 85% aller Belege im *SZ*-Korpus:

(67) Die Finanzmärkte haben es aufgegeben, auf einen Zusammenbruch der Währungsunion zu spekulieren. (U14/MAR.04603)

(68) Der Präsident hat es aufgegeben, mit den Republikanern Kompromisse zu suchen. (U12/FEB.02030)

Allerdings sind Belege ohne *es1* grammatikalisch völlig akzeptabel. Die *es1*-Ellipse ist als eines der Charakteristika der Umgangssprache anzusehen:

(69) Aber der Präsident hat aufgegeben, sich gegen diese Willkür zu wehren. (U13/MAR.03844)

(70) Aber er mahnt seine Gläubigen auch, nicht aufzugeben, an den Frieden zu glauben. (U10/DEZ.03696)

Ausgenommen von den obengenannten Verben wie *befehlen* usw. muss das *es*-Korrelat bei einigen Verben wie *bewirken*, *durchsetzen* usw. stets eliminiert werden[1]. Weil diese Verben im Lernerkorpus sehr selten mit satzförmigem Objekt auftreten, erhalten sie eine niedrigere Priorität in der Vermittlung des *es1*-Gebrauchs. Im Lernerkorpus der vorliegenden Untersuchung finden sich keine fehlerhaften Belege mit unnötigem *es1*.

5.3.3 Verben mit obligatorischem *es1*

Bei den Verben mit einem obligatorischen *es*-Korrelat kommen zunächst diejenigen vor, die als, etwas erledigen bzw. erfolgreich zum Abschluss bringen' interpretierbar sind und einen *dass*- oder Inf-Satz als Subjekt subkategorisieren können:

schaffen, fertig bringen, hinkriegen, vollbringen, zu Ende bringen usw.

Im *T2*-Korpus verfügen *schaffen*, *fertigbringen* sowie das umgangssprachliche Verb *hinkriegen* über die meisten Belege, in denen ein Akkusativobjektsatz

---

[1] In folgenden Belegen darf kein *es1* ohne anaphorischen Bezug eingesetzt werden:

• Sie setzten durch, dass die EU-weit garantierte Freizügigkeit in Deutschland und Österreich für Arbeitnehmer aus den neuen EU-Staaten für sieben Jahre außer Kraft gesetzt wurde. (U11/MAI.00190)

• Die Demonstranten wollen beim Betreiber bewirken, dass er ihr Programm wieder laufen lässt. (U10/APR.01221)

extraponiert wird. In der Literatur wird *es1* bei *schaffen* allgemein als obligatorisch gekennzeichnet[①]. Die Belegsammlung aus dem *SZ*-Korpus macht deutlich, dass alle drei Matrixverben das *es*-Korrelat bei satzförmigem Objekt erfordern[②]:

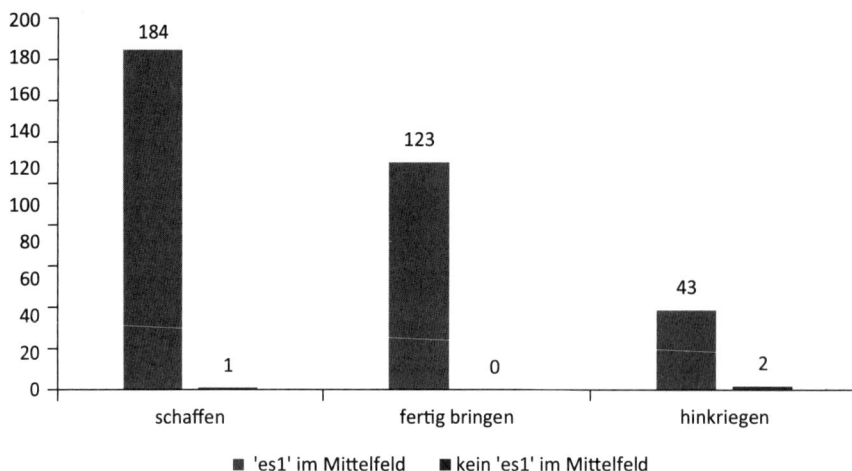

Grafik 9: *Es1*-Setzung bei *schaffen*, *fertig bringen* und *hinkriegen* in allen Satzstrukturen[③]

Einige Korpusbelege hierzu sind:

(71) Sie wurden im eigenen Nachwuchsbetrieb großgezogen und schafften es, sich in ihren Gastvereinen durchzusetzen. (U10/APR.01461)

(72) Die Römer bringen es tatsächlich fertig, einem Mann ein Denkmal zu setzen, dessen Qualen sie Jahrhunderte zuvor bejubelt hatten. (U13/MAR.04109)

(73) Sinnvoll sei daher die Überlegung: „Wie kriege ich es hin, dass ich das Fach mag?" (U11/JAN.02696)

Bei *zustande bringen*, *vollbringen*, *zu Ende bringen* usw. wird das Akkusativobjekt

---

① *VALBU* (2004: 616), Zitterbart (2002a: 96) etc.

② Nach Ulvestad und Bergenholtz (1983: 21) kann *es1* bei *schaffen* in Imperativsatz nicht eingesetzt werden (siehe auch Mollica 2010:122). Diese Aussage trifft nicht zu. In insgesamt zehn ausgelesenen Imperativsätzen wird *es1* neunmal verwendet, wie z. B.:

• Der Hirnforscher kommt zu einem eindeutigen Schluss: „Die beste Prävention? Schaffen Sie es, dass Ihr Sohn gern in eine Pfadfindergruppe oder in einen Knabenchor geht!" (Z08/MAR.00287)

Nur in einem Beleg wird *es1* getilgt. Dennoch wird dieser Satz als sehr umgangssprachlich charakterisiert, weil dessen Satzklammer stark gedehnt wird:

• Die Saat meines im Sommer begonnenen Feldversuchs „Schaffe ich, dass andere merken, wie blöd eine Person ist, am Beispiel Veronica Ferres?" scheint aufzugehen. (T10/JAN.02527)

③ Datenquelle: *T2*-Korpus

sehr selten zu einem Nebensatz ausgebaut. Deswegen führt eine quantitative Analyse hier zu keinen aussagekräftigen Ergebnissen. In den ausgelesenen Belegen werden extraponierte Objektsätze vorzugsweise mit *es1* korreliert:

(74) Ratspräsident Herman Van Rompuy brachte es am Dienstag aber nicht zustande, den Europaparlamentariern verbindliche Zusagen zur Geschlechterparität bei der künftigen Besetzung von Schlüsselpositionen in europäischen Institutionen zu machen. (U12/OKT.03573)

(75) Nur zwei Länder haben es überhaupt je vollbracht, einen WM-Titel zu verteidigen: Italien 1938 in Frankreich, Brasilien 1962 in Chile. (U14/JUN.00420)

Gegenbeispiele sind ebenfalls zu finden:

(76) Die Bahnen mit ihren Tunnelkonstruktionen haben seinerzeit vollbracht, dass in Europa die Hungersnöte aufgehört hatten, weil Lebensmittel endlich in Mengen transportiert werden konnten. (SOZ10/OKT.02907)

Neben den Verben mit dem Sem [+schaffen] wird der *es1*-Gebrauch auch bei vier Verben mit untrennbarem Präfix erzwungen, nämlich *unterlassen*, überlassen, *unternehmen* und übernehmen. Sowohl im Aktiv als auch im Passiv werden Akkusativobjektsätze bei diesen Verben überwiegend korreliert. *Es1*-lose Belege bilden hier eine absolute Minderheit[1]:

(77) Dem war es überlassen, Tag für Tag immer neue Fragen von Journalisten zu beantworten. (U11/DEZ.02718)

(78) Außerdem habe es Zumwinkel unterlassen, für eine Aufklärung der Affäre zu sorgen, nachdem er von der Erhebung von Telefondaten erfahren habe. (U10/JUN.02119)

(79) Relativ wenige Autoren haben es unternommen, allein Wagners Musik ins Visier zu nehmen. (U13/MAI.02651)

(80) Außenminister Guido Westerwelle hat es in der Bundesregierung übernommen, den Termin 2014 bei jeder Gelegenheit zu nennen. (U10/NOV.02867)

---

[1] Zusammenstellungen der *es*-haltigen und *es*-losen Belege bei diesen vier Verben siehe Grafik 27 in Anhang III

Exkurs 2: *Machen* + **Adjektiv** + **Akkusativobjektsatz**

Das hochfrequente Verb *machen* kann ein prädikatives Adjektiv und ein satzförmiges Akkusativobjekt selegieren. In diesem Exkurs wird diesen mehrteiligen Prädikaten in Bezug auf den *es*-Gebrauch nachgegangen. Manche solcher *machen*-Konstruktionen konkurrieren mit den entsprechenden Matrixverben, die eine adjektivische Basis enthalten (*deutlich machen* – *verdeutlichen, möglich machen* – *ermöglichen* usw., siehe auch Möller 2010: 202ff.):

> (81) Das macht deutlich [/verdeutlicht], dass der Vorschlag über einen Verzicht Steinbachs nicht ehrlich gemeint sein kann. (U10/JAN.01472)
>
> (82) Das Unternehmen verkauft Parksysteme, die es möglich machen [/ermöglichen], auf der Fläche für einen Stellplatz gleich mehrere Fahrzeuge unterzubringen. (U10/JUL.01210)

In den obigen Belegen können die mehrteiligen Prädikate jeweils als Verben des Sagens und des Handlungsspielraums eingeteilt werden. Es stellt sich die Frage, wann *es1* bei der Konstruktion *machen* + Adjektiv auftreten muss, kann oder nicht darf. Diese Problematik wird in Latour (1985) erstmalig behandelt. Latour unterteilt die möglichen Adjektive in zwei Gruppen und stellt die These auf, dass *es1* bei Adjektiven der Gruppe A fakultativ und der Gruppe B obligatorisch ist (vgl. Latour 1985: 122f.):

> Gruppe A: *klar, deutlich, geltend*
>
> Gruppe B: *erforderlich, leicht, möglich, schwer, schwierig, notwendig*, überflüssig, *unerträglich, unmöglich*

Der gleichen Ansicht ist ebenfalls Mollica (2010: 105f.), wobei beide Autoren allerdings keine Belege anführen, in denen *es1* bei *klar / deutlich / geltend machen* auftritt. Nach der Durchsuchung der Korpusbelege ist hier die Aussage festzuhalten, dass das *es*-Korrelat bei *klar / deutlich / geltend machen* ohne anaphorischen Bezug nicht realisiert werden darf, wie bei den sinnähnlichen SDWW-Verben *klarlegen* und *verdeutlichen*:

> (83) Deshalb muss die EZB klar machen, dass sie die Probleme Europas nicht lösen kann. (U14/MAI.02960)

(84) Cicero will mit seiner Anklage deutlich machen, „dass diejenigen einen ganz außerordentlichen Schmerz empfinden, aus deren Städten man solche Werke wegführt". (U10/MAR.02121)

(85) In der Sache macht die Klägerseite geltend, dass die Bahn ihre Verkehrssicherungspflichten verletzt und den Bahnsteig unzureichend von Schnee und Eis geräumt habe. (NUZ11/MAR.01392)

Angesichts der Belege aus dem *T2*-Korpus ist zu rechtfertigen, dass *es1* bei Gruppe B bis auf sehr vereinzelte Ausnahmen eingesetzt wird und deswegen als obligatorisch anzusehen ist:

(86) Wir stehen ja auch vor demographischen und sozialen Herausforderungen, die es erforderlich machen, Bildung in neuer Form anzubieten. (NUN10/MAR.00176)

(87) Der Wegzug der klugen Köpfe mache es sehr schwierig, qualifizierte Nachwuchskräfte zu finden, beklagen Kusow und Penschew. (U14/JAN.02451)

Ergänzend weist Latour darauf hin, dass seine Gruppierung keine Vollständigkeit anstrebt. Angesichts der Korpusbelege können *bekannt* und *bewusst* der ersten Gruppe hinzugefügt werden. Das mehrteilige Prädikativ *bekannt / bewusst machen* hemmt ebenfalls das *es*-Korrelat:

(88) Ferner machen sie bekannt, dass sie in alle Pflichten aus den Netzanschlussverträgen des bisherigen Netzbetreibers Westnetz eintreten. (RHZ14/JAN.00802)

(89) Erst der Tod eines nahestehenden Menschen rüttelt sie auf, macht ihr bewusst, wie wichtig es ist, zu sich zu stehen. (NUN10/NOV.00745)

Es gibt auch eine gewisse Menge von Adjektiven, die in der Konstruktion mit *machen* ein fakultatives *es1* verlangen, wie Beispiel (91) aus Möller (2010) zeigt:

(90) Der Koch macht klar, dass die Suppe noch nicht heiß ist. (Möller 2010: 190)

(91) Die Wahlen machen (es) fraglich, ob die Regierung weiterarbeiten kann. (ebd.)

Diese, Gruppe C' setzt sich aus einer Reihe von Adjektiven zusammen, die *ob*- und *w*-Interrogativsätze als Objekt determinieren können. Dazu zählen *verständlich*, *erkennbar*, *offensichtlich*, *offenkundig*, *sichtbar* usw. Bei einigen Adjektiven wie *verständlich* und *erkennbar* kommt das *es*-Korrelat selten vor. Wie bei *klar*, *deutlich* usw. handelt die Proposition im Akkusativobjektsatz der obigen Belege von einer Tatsache oder einer offenen Frage. Deren Klarheit, Verlässlichkeit oder Nachvollziehbarkeit werden durch das Adjektiv im Matrixsatz charakterisiert bzw. klargelegt. Das Matrixverb *machen* kann meistens durch ein SDWW-Verb, wie etwa äußern oder *zeigen* ersetzt werden:

> (92) Sie müssten den Bürgern verständlich machen, warum sie weniger Rente und weniger Sozialleistungen bekommen sollen. (BRZ11/NOV.00738)
>
> (93) Diese kleinen Strahlungsherde machen auf Schnittbildern des Gehirns erkennbar, ob und wo sich bereits Plaques gebildet haben. (Z12/NOV.00335)

Adjektive der Gruppe B, zu der auch *kompliziert, umständlich, (un)nötig* usw. gehören, beziehen sich in Verbindung mit *machen* auf eine Eigenschaft der Proposition im Nebensatz. Hier wird meistens ein Sachverhalt hinsichtlich seiner Schwierigkeit, Möglichkeit oder Notwendigkeit verändert. Deshalb kann, *machen* + Gruppe B' bis auf einzelne Ausnahmen[①] lediglich Inf- und *dass*-Satz subkategorisieren. Angesichts die Komplexität der *es1*-Setzung bei, *machen* + Adjektiv' bietet es sich an, eine Generalisierung für DaF-Lernende zu formulieren, die zwar dem tatsächlichen Sprachgebrauch nicht völlig entspricht, aber leicht zu begreifen ist und nicht zum verfehlten *es1*-Gebrauch führt: Kann *machen* + Adjektiv nicht mit einem *ob*- oder *w*-Satz kombiniert werden (z. B. *schwer machen*), muss ein *es1* für ein Akkusativobjektsatz eingesetzt werden (Gruppe B); sollten solche Interrogativsätze als Akkusativobjekt möglich sein, kann *es1* im Zweifelsfall stets eliminiert werden (Gruppe A & C). Die einzige Ausnahme bildet das Prädikat *geltend machen*, das kein *es1* erlaubt, bei dem aber keine *ob*- oder *w*-Interrogativsätze als Akkusativobjekt vorkommen können. *Geltend machen* kann allerdings V2-Nebensätze selegieren und lässt sich als *verbum dicendi* auffassen:

> (94) Die Frauen machen geltend, es sei Geschäftspolitik von Novartis, Männer zu bevorzugen. (A10/APR.01769)

---

① Bei Adjektiven wie *interessant, spannend* usw. kann auch gelegentlich *ob*- und *w*-Interrogativsätze als Akkusativobjekt extraponiert werden, wie z. B.:

• Die Grünen Hollabrunn machten es lange spannend, wer von ihnen ihren einzigen Platz im Gemeinderat besetzen wird. (NON10/MAI.07700)

Schließlich wird auf drei Verben des Handlungsspielraums eingegangen, die den Konstruktionen *leicht / schwer / möglich machen* entsprechen, nämlich *erleichtern*, *erschweren* und *ermöglichen*. Laut Latour (1985: 123) und Mollica (2010: 106f.) erscheint *es1* bei diesen drei Verben „meistens". Hall & Scheiner (2014: 340) haben in ihrer Lernergrammatik das *es1* bei *erleichtern* und *erschweren* als obligatorisch gekennzeichnet und bei *ermöglichen* als fakultativ. Aus den Belegen im *SZ*-Korpus ergeben sich bei diesen Verben folgende Zusammenstellungen:

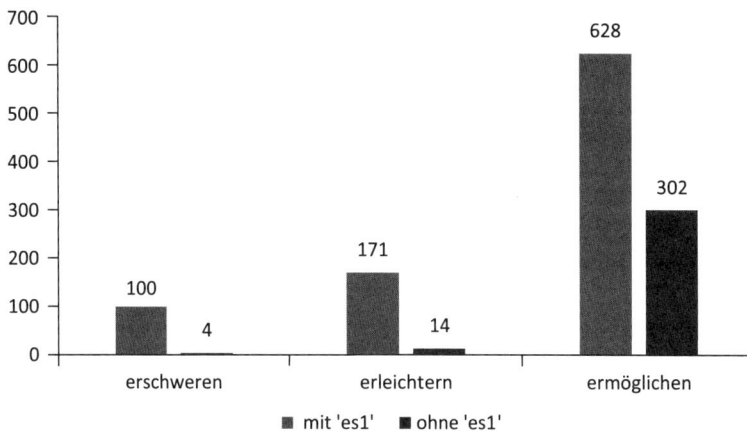

Grafik 10: *Es1*-Setzung bei *erschweren, erleichtern* und *ermöglichen* in allen Satzstrukturen[1]

Aus Grafik 10 folgt, dass die Wahrscheinlichkeitsquote der *es1*-Setzung bei *erleichtern* und *erschweren* wesentlich höher liegt (>90%) als bei *ermöglichen* (67,5%), bei dem lediglich von einer groben Tendenz zum *es1*-Gebrauch die Rede sein kann. Dennoch ist zu beachten, dass das *es*-Korrelat bei *ermöglichen* im Lernerkorpus *FALKO (fehlerannotiertes Lernerkorpus des Deutschen als*

[1] Datenquelle: *SZ*-Korpus

Hierfür einige *es1*-haltige und *es1*-lose Belege bei *erleichtern* und *erschweren*:

• Weiter wird moniert, dass die neue Verfassung es dem Parlament erschwere, Gesetzesänderungen zu beschließen. (U11/APR.02789)

• Diese Regel soll älteren Menschen erleichtern, schrittweise in den Ruhestand zu gelangen. (U11/FEB.00008)

• Diese unklare Rechtslage erleichtert den Missbrauch und erschwert es den Kontrollbehörden nachzuweisen, dass es sich im Einzelfall um Elektroschrott handelt. (U12/FEB.01198)

• Das würde der Polizei nicht erschweren, den Halter eines Fahrzeuges schnell und zweifelsfrei zu ermitteln, teilte der stellvertretende Bundesvorsitzende der Gewerkschaft der Polizei (GdP), Frank Richter, angesichts anders lautender Stimmen mit. (U12/AUG.03113)

Fremdsprache)[①] häufig von deutschen Muttersprachlern beim Korrekturlesen als Stilmittel ergänzt wird. Hirschmann (2005: 56f.) hat in seiner Fehleranalyse zwei Belege bei *ermöglichen* aus dem *FALKO* ausgelesen und die Meinungen von 15 Probanden hinsichtlich der *es1*-Setzung eingeholt. Abgesehen von anderen Fehlern halten jeweils neun und elf Informanten die *es1*-Ellipse in folgenden Belegen (ebd.) für ungrammatisch:

(95) Alle oben genannten Mittel ermöglichen Objekte und Ereignisse besser zu charakterisieren, unterscheidende Merkmale aufzuweisen und von den anderen Vertreter derselben Klasse hervorzuheben.

(96) Eine Vielzahl syntaktischer Mittel, z. B. Relativsatz, Präpositionalphrase, Genitivergänzung, adjektivische Modifikationen, ermöglichen ein bestimmtes Mitglied dieser Klasse hervorzuheben.

Dazu muss angemerkt werden, dass der Kongruenzfehler in (96) und das fehlende Komma in beiden Sätzen das Sprachempfinden der Informanten beeinflussen können. Würde z. B. ein Komma hinter dem Matrixverb *ermöglichen* gesetzt, könnten die Verständlichkeit und Akzeptabilität der Lernersätze erhöht werden, weil die Struktur des gesamten komplexen Satzes dadurch deutlicher angezeigt würde. Bleiben die anderen Teile der Sätze unkorrigiert, könnte der Auftritt des *es*-Korrelates die Sätze gewissermaßen reparieren. Wie die Satzpaare am Anfang des Kapitels sowie die Belegverteilung in Grafik 10 zeigen, gibt es bei *ermög-lichen* großen Spielraum hinsichtlich der *es1*-Setzung. Es kann aber in der Didaktik auch eine rationale Lösung sein, das Verb *ermöglichen* wie *erleichtern* und *erschweren* getrost in, *machen* + Gruppe B' einzuteilen und das *es*-Korrelat hier als notwendig zu vermitteln.

5.4 Verben des Urteils

Manche transitive Matrixverben können ein Objektsprädikativ determinieren, das bestimmte Eigenschaften des Akkusativobjektes denotiert und in der Form eines Adjektivs (bzw. einer Adjektivphrase (**AP**)), Substantivs (bzw. einer NP), einer PP

---

① https://www.linguistik.hu-berlin.de/de/institut/professuren/korpuslinguistik/forschung/falko/ standardseite (letzter Zugriff am 21. 08. 2016)

oder *als*-Phrase realisiert werden kann[1]. Latour (1985: 121) bezeichnet diese als‚ Verben des Urteils'[2] und fasst folgende Verben nach deren Valenzmodell in drei Gruppen zusammen:

> Gruppe 1: Adjektiv / AP / Substantiv / NP als Objektsprädikativ: *aufnehmen, sich denken, empfinden, finden, nehmen, nennen*
>
> Gruppe 2: PP als Objektsprädikativ: *für ... ansehen*[3], *befinden, erklären, halten; zu... rechnen, zählen*
>
> Gruppe 3: *als*-Phrase als Objektsprädikativ: *als ... ansehen, betrachten, bezeichnen, empfinden, erachten, werten, zählen* (außerdem auch *als ... anerkennen, auffassen, einschätzen* usw.; *als* + Substantiv (*Beispiel, Grund, Voraussetzung* usw.) + *nennen*)

Sämtliche Verben des Urteils können satzförmige Objekte selegieren. Hinsichtlich des Korrelat-Gebrauchs im Matrixsatz gibt es in der Forschungsliteratur diverse Aussagen. Nach der Beobachtung von Latour (1985: 121) erscheint *es1* bei diesen Verben „fast immer" (ebd.).

> (97) Die Ärzte bezeichneten es als unverständlich, daß...
> (98) Als bedenklich empfinden es die Schulforscher, daß... (ebd.)

Laut Latour sind Ausnahmen weiterhin „so selten, daß es1 durchaus als obligatorisch bezeichnet werden kann" (ebd.). Mollica (2010: 113) argumentiert mit folgenden Beispielen dagegen, dass *es1* trotz seines häufigen Gebrauchs als fakultativ einzustufen ist:

> (99) Als sehr angenehm hat sie _____ auch empfunden, daß ihr Wunsch in Erfüllung ging, [...]. (ebd.)
> (100) Ich halte _____ für wichtig, dass es ein- bis zweimal in der Schullaufbahn die Möglichkeit gibt, mit einem „Nicht genügend" aufzusteigen. (ebd.)

Auch in Zitterbart (2002a: 90ff.) wird die obligatorische *es1*-Setzung mit

---

[1] Wie z. B.:

• Sie fand die Aufgabe sinnlos / Unsinn.

• Sie hält / bezeichnet die Aufgabe für / als sinnvoll.

[2] Für diese Verbmenge verwendet *ViF* (1986: 519) den Terminus „Verben der Evaluation".

[3] Im heutigen Deutsch wird das Objektsprädikativ überwiegend von *als* eingeleitet:

• Ein US-Gericht sah es als erwiesen [auch: für erwiesen] an, dass der Pilot große Mengen Drogen transportiert hatte. (U14/APR.01422)

mehreren Korpusbelegen widerlegt. Dennoch ist zu beachten, dass die Autoren hier die Belege, in denen das Objektsprädikativ ins Vorfeld rückt, nicht von den Sätzen mit der unmarkierten Satzglied-Reihenfolge (Objektsprädikativ im Mittelfeld) unterschieden haben. Ohne Rücksicht auf dieses topologische Merkmal ist eine Generalisierung schwierig. Bei den Verben mit einem Subjektsprädikativ wird in Kap. 4.6 erläutert: Nimmt das Subjektsprädikativ die erste Stelle im Matrixsatz ein (wie: *Gut hört sich an, dass* ...), kann das unter Umständen Einflüsse auf die Notwendigkeit der *es1*-Setzung nehmen. Bei Verben mit Objektsprädikativ hängt die Okkurrenz der *es1*-Satzung ebenfalls von der Reihenfolge der Satzglieder ab[①]. Wird das Objektsprädikativ ins Vorfeld versetzt, kommt *es1* im Mittelfeld der Matrixsätze viel seltener vor. Grafik 11 gibt Auskunft über die Häufigkeit der *es1*-Setzung bei *für... halten* und *als... bezeichnen* in Bezug auf der zwei Satzbautypen:

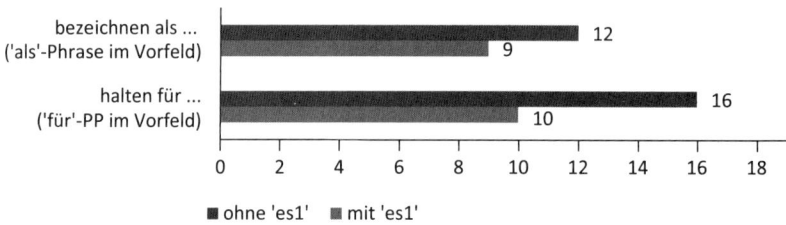

Grafik 11: *Es1*-Setzung bei *für... halten und als... bezeichnen* mit einem *dass*-Satz als Akkusativobjekt[②]

Hier jeweils zwei Belege für die beiden Grafiksphären:

(101)Manche Kritiker halten es sogar für einen Fauxpas, dass Cameron ausgerechnet Browne für den prestigeträchtigen Posten ausgewählt hat. (U10/JUL.03525)

(102)Man muss es als fruchtbaren Zufall bezeichnen, dass jetzt zwei ganz verschiedenartige Bücher über ihn auf Deutsch erscheinen. (U11/OKT.01545)

---

① Laut Sandberg (1998:48) ist *es0* / *es1* unzulässig, wenn das Prädikativ bei Kopulaverben oder das Objektsprädikativ bei Verben der Evaluation im Vorfeld steht. Als Beispiel wird der folgende Satz angeführt:

• Für wichtig halte ich, daß eine U-Bahn gebaut wird. (ebd.)

Diese zu strikte und nicht als korrekt geltende Regel wird in Sudhoff (2003: 122) mit folgenden Gegenbeispielen widerlegt:

• Unanständig nennt es Barney, dass Fred beim Essen schmatzt. (ebd.)

• Merkwürdig ist es, dass Fred eine Brille braucht. (ebd.)

Ausgenommen von Sandbergs Modell sind Sätze, in denen das Objektsprädikativ fokussiert wird, m. E. nach in der Literatur noch nicht getrennt analysiert worden. Sie werden entweder außer Betracht gelassen oder mit Belegen anderer Satzstrukturen gemeinsam untersucht.

② Datenquelle: *SZ*-Korpus

(103) Für besorgniserregender als diese Ergebnisse halten Experten, dass Kinder die Neugier verlieren, mehr über die Natur zu erfahren. (U11/AUG.01618)

(104) Als „sehr problematisch" bezeichnete es Vize-Fraktionschefin Sahra Wagenknecht, dass ihre Partei nicht in die Vorbereitung eingebunden worden sei. (U12/JUL.02954)

Aus der Grafik wird ersichtlich, dass die *es1*-haltigen und *es1*-losen Belege ungefähr gleichmäßig verteilt sind, wenn das Objektsprädikativ ins Vorfeld des Matrixsatzes rückt. Diese markierte Satzgliedreihenfolge macht das Objektsprädikativ auffällig. Die Notwendigkeit der *es1*-Setzung wird deswegen abgeschwächt. Steht das Objektsprädikativ im Mittelfeld des Matrixsatzes, überwiegen die *es1*-haltigen Belege so stark, dass das *es*-Korrelat hier als obligatorisch zu vermitteln ist[①].

Um festzustellen, ob das *es1* bei anderen Verben im zweiten Satzmodell genauso notwendig ist, werden die Belege bei drei anderen häufig gebrauchten Verben mit Objektsprädikativ mit betrachtet, nämlich *finden; ansehen, betrachten* und *erachten* + *als*-Phrase. Die Zusammen-stellung spiegelt eine sehr starke Tendenz der *es1*-Setzung wider. *Es1* wird bei sämtlichen Verben ausschließlich in weniger als 5% der Fälle unterbunden, wie die folgende Grafik zeigt:

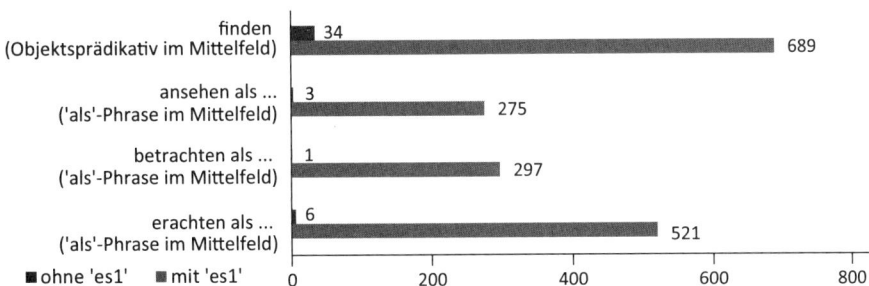

Grafik 12: *Es1*-Setzung bei *finden; als... ansehen / betrachten / erachten* mit Inf- / *dass*-Sätzen als Objekt[②]

① Weil bei *für...halten* und *als...bezeichnen* eine kaum zu bewältigende Anzahl von Belegen im *SZ*-Korpus zu finden ist, werden hier lediglich *dass*-Objektsätze in die Teiluntersuchung einbezogen. Bei Inf-, Interrogativ- und *wenn*-Sätzen herrscht ebenfalls die Regelmäßigkeit des *es1*-Gebrauchs, wie die folgenden Belege mit *ob*-Interrogativsätzen zeigen. Während das *es*-Korrelat in (a) quantitativ selten eliminiert wird, kann es alternativ in (b) hinzugefügt werden:

a. Politiker halten es indessen für fraglich, ob ein Urteil überhaupt durchgesetzt werden könnte. (U13/NOV.02314)

b. Für fraglich hält er [(es)] allerdings, ob damit die Verankerung sozialer Grundrechte in der Charta vereinbar wäre. (T00/SEP.44886)

② Datenquellen: *SZ*-Korpus (*finden* und *ansehen*), *T2*-Korpus (*betrachten* und *erachten*)

Hierfür einige *es1*-haltige Belege:

> (105)Der Gemeinderat habe es daher als notwendig erachtet, das Leitbild einer Gesamtrevision zu unterziehen. (A11/JUL.03117)
> (106)Die Richter in Nancy sahen es am Dienstag als erwiesen an, dass die DB AutoZug GmbH bei Sicherheitsvorkehrungen schlampte und damit den Tod von zwölf Menschen mit verantworten muss. (U12/JUN.00762)

Da ebenfalls eine kleine Menge von *es1*-losen Beispielen ausgelesen wurde, handelt es sich bei der *es1*-Setzung abermals um Tendenzen und Stilfragen, wie bei vielen anderen Matrixverben. Das *es*-Korrelat hier als absolut obligatorisch einzustufen, ist nicht stichhaltig. Bei dem in der Umgangssprache häufig auftauchenden Matrixverb *finden* wird *es1* häufiger weggelassen als bei *ansehen*, *betrachten* u. a., vor allem wenn der Matrixsatz schlicht formuliert wird:

> (107)Ein paar Mal sind sie sich begegnet, sie findet bewundernswert, dass er sogar im August ein Bierzelt füllen konnte. (U13/JUN.04177)
> (108)Ich finde gut, dass die Gesellschaft in Bürgerentscheiden über dieses Konzept abstimmen kann. (U13/NOV.02101)

Hier ist anzumerken, dass das *es*-Korrelat auch in einem gewissen Maße in Aussprache-Varianten wie ‚*find's*‘ vorkommt[①]:

> (109)„Ich find's ganz wichtig im Leben", sagte er, „dass man das Glück, das man hat, auch erkennt." (U14/MAR.01318)
> (110)„Ich fand's toll, dass wir auf dem Berg waren", sagt sodann auch Marius Guckes, einer der jüngeren Fahrgäste [...]. (RHZ12/APR.07867)

Das zeigt, dass ‚*finden* + Objektsprädikativ‘ in der mündlichen Kommunikation gebräuchlich ist, um die Objektsproposition zu beurteilen, und die Möglichkeit daher besteht, dass die umgangssprachliche *es*-Ellipse bei *finden* in Schriftdeutsch umgewandelt wird. Belege wie (107) und (108) können zwar als gesprochensprachliche Umsetzungen angesehen werden, sind aber grammatisch durchaus korrekt. Auch in linguistischen Beiträgen sind Beispielsätze ohne *es1* auffindbar:

---

① Die Belege mit den Aussprachevarianten werden in der Statistik nicht mit einbezogen. Bei anderen Verben wie *für ... halten*, *als ... betrachten* usw. treten die Aussprachevarianten des *es*-Korrelates äußerst selten bis niemals im *T2*-Korpus auf.

(111)Ich finde schön, dass ich bald sehr reich werde. (Boettcher 2009: 202)

Erweitert sich der Matrixsatz mit mehr und längeren Satzgliedern, gilt die *es1*-Setzung als Standardfall:

(112)Der 62-Jährige aber findet es noch immer absolut richtig, dass er die Bauten am Ring mit dem Kauf von amerikanischen Risikolebensversicherungen finanzieren lassen wollte. (U12/OKT.02773)

(113)[...] und ich finde es mehr als ungeheuerlich, dass im Jahre 2012 mittelalterliche Vorurteile in Teilen unserer Bevölkerung wieder en vogue zu sein scheinen. (U12/SEP.02353)

Für den DaF-Unterricht ist es aber empfehlenswert, *es1* bezüglich solcher mehrteiliger Prädikate in der schriftlichen Sprache als obligatorisch zu bezeichnen, wenn das Objektsprädikativ im Mittelfeld des Matrixsatzes steht. Denn diese Richtlinie spiegelt den Sprachgebrauch der meisten in der Teiluntersuchung betroffenen deutschen Zeitungsredakteure und –autoren wider und vereinfacht das Regelsystem erheblich. Sie ist auch adäquat für die Matrixverben, deren Akkusativobjekt relativ selten zum Nebensatz ausgebaut wird. Folgende Belege würden als stilistisch ungeschickt gelten, wenn das *es*-Korrelat gelöscht würde:

(114)Ich rechne es zu meinen Verdiensten, dass wir eine Verwaltung haben, die in keiner Weise parteipolitisch strukturiert ist. (M13/NOV.07411)

(115)Als Schule zählen wir es zu unseren Aufgaben, deutlich zu machen, dass Mobbing nicht geduldet wird (...) (BRZ11/FEB.00906)

(116)Die Madrider Regierung erklärt es für ausgeschlossen, dass die spanischen Staatsfinanzen in Gefahr geraten könnten. (NUZ11/APR.00876)

Die einzige Ausnahme bildet das Matrixverb *nennen* in der Kollokation, *etwas als Beispiel, Grund, Voraussetzung usw. nennen'*. In folgenden Belegen muss *es1* eliminiert werden:

(117)Er nannte als Grund für den Rückgang, dass in den Medien eine „Hinwendung zu den Opfern" stattgefunden habe. (T11/OKT.02513)

(118)Die Deutsche Börse nennt als Beispiel, dass mit Hilfe des Turbohandels Preisdifferenzen eines Wertpapiers in verschiedenen Märkten ultraschnell ausgeglichen werden. (U13/JUL.01626)

Verbindet sich mit *nennen* ein adjektivisches oder substantivisches Objektsprädikativ, das nicht von *als* eingeleitet wird, gilt *es1* als notwendig, wie bei den anderen Verben des Urteils:

> (119) Sarkozy nannte es einen Skandal, dass der Bau von Atomkraftwerken nicht von internationalen Instituten unterstützt werde. (U10/MAR.01447)
>
> (120) Google nannte es zwar erfreulich, dass die Suchfunktion zur Vervollständigung zulässig bleibe. (U13/MAI.01705)
>
> (121) Linken-Fraktionschef Udo Wolf nannte es „mehr als rätselhaft", dass die Polizei auch über eine Woche nach dem 1. Mai nicht weiß, ob die Rohre zündfähig waren. (T12/MAI.01276)

5.5 Propositionale Attitüdeverben

Propositionale Attitüdeverben[1] (auch „Psych-Verben" nach Blume 2004: 44; Engelberg 2015: 269 etc.) werden verwendet, um die emotionale Relation (wie Liebe, Hass, Zuneigung, Abneigung usw.) zwischen dem Stimulus im Akkusativobjekt und dem Emotionsträger (Emoter[2]) zu kodieren. Verben wie *bezweifeln*, die die Faktivität eines Sachverhaltes beurteilen, zählen nicht dazu. Die häufig gebrauchten Attitüdeverben mit ausbaubarem Akkusativobjekt werden in der folgenden Tabelle aufgelistet und nach ihrer Valenz verteilt:

Tabelle 6: Attitüdeverben, die satzartige Objekte selegieren können

Verben, die kein Dativobjekt regieren	*lieben, hassen, mögen, gern haben, satt haben* *schätzen* (im Sinne von ‚wertschätzen'), *zu schätzen wissen,* *genießen, auskosten, verschmähen, verabscheuen,* *bevorzugen, vorziehen* *nicht / kaum abwarten können, kaum erwarten können* *ertragen, aushalten, hinnehmen* usw. **die Verben, die auch den** *verba dicendi* **angehören:** *begrüßen, bedauern*
Verben mit einem obligatorischen Dativobjekt	*verübeln,* übelnehmen, *anlasten* *verdenken* (meistens in: *nicht verdenken können*)

---

① Der Terminus „propositionales Attitüdeverb" geht auf Sandberg (1998: 128) zurück. Im Folgenden werden die behandelten Verben verkürzt als Attitüdeverben bezeichnet.

② Der Terminus Emoter geht als eine semantische Rolle auf Kailuweit und Hummel (2004: 68) zurück.

5.5.1 Allgemeines zum *es1*-Gebrauch bei Attitüdeverben

Wie bei Verben in anderen semantischen Feldern wird die *es1*-Setzung bei Attitüdeverben in der Literatur verschiedentlich erläutert. Laut Sandberg (1998) gilt *es1* bei *lieben, hassen, schätzen, genießen, verübeln* u. a. als unerlässlich oder wird regelmäßig eingesetzt, während es sich bei *begrüßen* und *es begrüßen* um zwei Lexeme mit voneinander abweichender Bedeutung handelt, sowie bei *bedauern* und *es bedauern*. Auf die homonymen Formen eines Matrixverbs ist auch Zitterbart (2002a: 95) in Bezug auf *hassen* und *lieben* eingegangen, bei denen *es1* im *VALBU* (2004: 451, 532) als obligatorisch gekennzeichnet wird. Zitterbart hat den folgenden Satz als Beispiel genommen und ist der Auffassung, dass *hassen* hier nicht als propositionales Attitüdeverb fungiert, weil „im Matrixsatz kein Kommentar zum Nebensatzinhalt gemacht" werde (ebd.).

> (122) Am meisten haßten sie, daß sie das Ost-Zeichen tragen mußten. (ebd.)

Allerdings bleibt hier die Frage offen, unter welchen Umständen das Matrixverb *hassen* den propositionales Gehalt des Nebensatzes kommentiert und als Attitüdeverb anerkannt wird.

Mollica (2010: 105, 117ff.) zufolge ist *es1* bei sämtlichen Attitüdeverben unabhängig von den Bedeutungsnuancen fakultativ, obwohl bei *lieben* und *hassen* „eine gewisse Tendenz" (ebd.: 105) zur *es1*-Setzung vorhanden sei. Als Beispiele werden folgende Belege mit einem fakultativen *es1* angeführt:

> (123) Ich liebe (*es*), mit anderen Menschen zusammen zu arbeiten. (ebd.)
> (124) Ich hasse (*es*), eine Lady in Not zu sehen. (ebd.)

Aufgrund der diversen Konklusionen empfiehlt es sich, den Gebrauch von *es1* bei den Attitüdeverben in einem geschlossenen Korpus zu untersuchen. Zunächst wird auf *lieben* und *hassen* eingegangen, die in bisherigen Untersuchungen am häufigsten betrachtet werden. Grafik 13 stellt die Verteilung der *es1*-haltigen und *es1*-losen Belege dar:

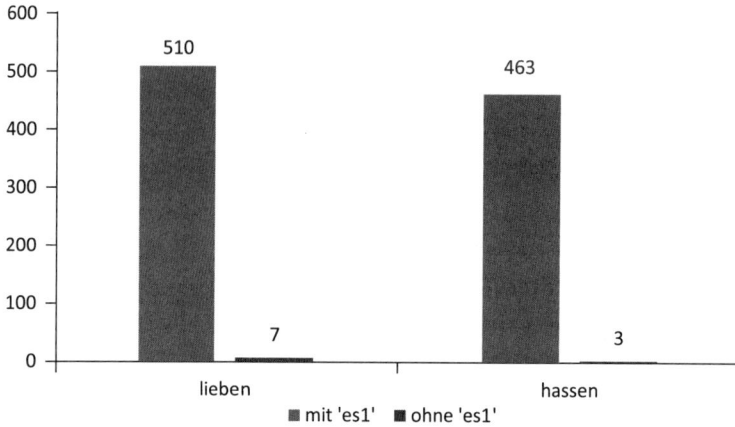

Grafik 13: *Es1*-Setzung bei *lieben* und *hassen* in allen Satzstrukturen[①]

Hierfür einige Korpusbelege:

(125) Informatiker lieben es, viele Daten lange aufzubewahren (U12/APR.00262)

(126) „Manche Leute werden es total hassen, dass es da dieses Parkhaus gibt", sagt einer der beteiligten Immobilienmakler. (U14/FEB.03214)

(127) „Tillmans Bilder lieben es, zusammen zu sein, sie hassen es, allein zu sein", schrieb der Kritiker Jerry Saltz 1998 in der Village Voice. (T02/FEB.06311)

Aus der Grafik ergibt sich, dass die *es1*-haltigen Belege bei allen Nebensatztypen über die *es1*-losen bei weitem dominieren. Im Folgenden werden die vereinzelten *es1*-losen Belege im Kontext betrachtet:

(128) Und dann schwärmt er: „Ich liebe alles an der U-Bahn. Die Atmosphäre. Die Lichter. Die Signale. Ich liebe, dass sie sich die ganze Zeit bewegt - 24 Stunden am Tag, sieben Tage in der Woche." (HMP13/AUG.01257)

(129) André [...]: „Ich hasse, dass er so oft zickig und schnell eingeschnappt ist. Aber auf der anderen Seite ist Björn auch sehr fleißig, ehrlich, ehrgeizig und zuverlässig. [...]" (HMP13/AUG.00329)

Alle drei Matrixsätze sind Zitate aus der gesprochenen Sprache. Mittels der Kontexte wird ersichtlich, dass es sich bei den Matrixsätzen weniger um ein nicht realisiertes, fakultatives *es1*, sondern viel wahrscheinlicher um die Ellipse einer PP handelt, die von *an* eingeleitet wird und auf deren Eigenschaften der Objektsatz

---

① Datenquelle: *SZ*-Korpus

Bezug nimmt:

(128a)Ich liebe [an der U-Bahn], dass sie sich die ganze Zeit bewegt [...].

(129a)Ich hasse [an meinem Mann], dass er so oft zickig und schnell eingeschnappt ist.

In Bsp. (128) und (129) sind die Bezugselemente der Anapher *sie* (*die U-Bahn*) und der Katapher *er* (*der Mann der Interviewten*, *Björn*) im Kontext vorerwähnt und gelten für den Hörer als bekannt, was die Unterbindung der *an*-PP ermöglicht. Anhand der statistischen Daten ist zu schlussfolgern, dass *es* bei *hassen* und *lieben* als obligatorisch anzusehen ist, wenn es sich nicht um ein von *an* eingeleitetes, ggf. getilgtes Präpositionalobjekt im Matrixsatz handelt. Vom obligatorischen Korrelatgebrauch ist auch bei dem Attitüdeverb *satt haben* die Rede[①]:

(130)Fest steht, dass wir Niederburger es satt haben, die Jahr für Jahr zeremoniell

---

[①] Es ist anzumerken, dass *es1* bei einigen Phraseologismen mit *haben* leicht mit dem formalen Objekt-*es* zu verwechseln ist. Sandberg (1998: 85ff., 153f.) weist mit folgenden Beispielen darauf hin, dass das *es* in *es eilig / leicht / schwer haben* weder als Korrelat noch als Pronomen-*es* fungieren kann, sondern als formales Objekt-*es*, das von dem Autor als „idiomatisiertes" *es* (ebd.: 87) bezeichnet wird. Die Kollokationen *eilig / leicht / schwer haben* können ein Präpositionalobjekt regieren, das sich zum Nebensatz ausbauen lässt:

- **Er hat die Stellensuche / sie schwer / leicht.* [kursiv im Original, auch in folgenden Zitaten] (ebd.: 85)
- *Er hat es schwer / leicht damit.* (ebd.: 87)
- *Eine neue Stelle zu finden, damit hat er es schwer / leicht.* (ebd.)

Bei *satt haben* werden extraponierte Objektsätze nicht mit Präpositionaladverbien, sondern ständig mit *es1* korreliert, weil das mehrteilige Prädikativ ein Akkusativobjekt verlangt:

- Ich habe die Stellensuche satt.

Als Beispiel wird in Sandberg (1998) ebenfalls folgender Satz angeführt:

- *Er hat es schwer / leicht damit, eine neue Stelle zu finden.* (ebd.)

Das Korrelat *damit* scheint hier aber überflüssig zu sein. Im *T2*-Korpus finden sich lediglich Belege für *es eilig haben* mit dem Korrelat *damit*:

- Jedoch hat es Cameron gar nicht eilig damit, sich in der City unpopulär zu machen. (RHZ11/ JAN.09008)
- In Kairo hat man es offenbar nicht allzu eilig damit, die Verantwortung für den Gazastreifen zu übernehmen. (T12/APR.00357)

Die zwei Belege bei *es eilig haben* sind auch ohne *damit* korrekt. Bei *es leicht / schwer haben* wird das Korrelat *damit* i. d. R. nicht realisiert, wenn das Präpositionalobjekt als Nebensatz extraponiert wird. Deshalb ist das *es* im folgenden Beispiel, das als Objekt-*es* fungiert, leicht mit dem *es1* zu verwechseln, das auf einen extraponierten Akkusativobjektsatz verweist. Der Inf-Satz *eine neue Stelle zu finden* ist als Präpositionalobjektsatz aufzufassen:

- Er hat es schwer / leicht, eine neue Stelle zu finden.

und gezielt geplanten Aktionen länger hinzunehmen. (RHZ14/MAI.04177)

Wie bei *faszinieren*, *stören* usw., die satzförmige Subjekte erlauben, finden sich bei *lieben*, *hassen* und einigen anderen Attitüdeverben eine gewisse Menge von Belegen, in denen eine sich auf das Objektsatz beziehende *an*-PP im Matrixsatz vorkommt. In diesem Fall wird *es1* oft eliminiert, weil die PP syntaktisch gesehen mit der Nebensatzproposition zusammenhängt und die Verweisfunktion von *es1* übernimmt. In folgenden Belegen orientiert sich die PP jeweils an dem Subjekt oder Objekt im Akkusativobjektsatz, nämlich die Pronomina *er* und *sie*:

> (131) Raúl: Ich mag an ihm, dass er sowohl ehrgeizig als auch bescheiden ist. (U11/
> APR.00130)
> (132) Andere schätzen gerade am Umgang mit ihren Vorgesetzten, sie genauso duzen
> zu dürfen wie einen Kollegen. (RHZ10/DEZ.01754)

Anderenfalls kann die *an*-PP als ein vorangestelltes situatives Adverbial des Objektsatzes betrachtet werden. Die PP weist hier ebenfalls eine korrelierende Funktion auf:

> (133) Ich liebe an meinem Beruf, dass ich Menschen in den unterschiedlichsten
> Lebenssituationen begegnen darf. (RHZ12/JUN.20546)

Weiterhin wird das Attitüdeverb *schätzen* analysiert, das zur Gruppe der homonymen Verben mit mehreren Bedeutungen gehört und deswegen häufig in der Literatur zur Diskussion steht. Bei *schätzen* (wertschätzen) erfüllt ein eingesetztes *es1* eine Disambiguierungsfunktion, weil die homonyme Variable *schätzen* (näherungsweise bestimmen) kein *es1* zulässt:

> (134) Experten schätzen, dass Leasingfinanzierung im Schnitt etwa 30 Prozent teurer
> kommt als der Direktkauf. (U10/JAN.04076)

In der Literatur ist umstritten, ob *es1* bei *schätzen* (wertschätzen) obligatorisch ist. Nach Sandberg (1998: 134f.) und Zitterbart (2002a: 96) ist *es1* zur Disambiguierung unentbehrlich. Eine Gegenmeinung vertreten Eisenberg (1999: 491), Sudhoff (2003: 113) u. a. Nach Sudhoff muss *es1* hier nicht unbedingt wegen seiner Disambiguierungsfunktion vorkommen, weil auch Gradpartikel wie *sehr* im

Matrixsatz eingesetzt werden können, um die zweite Interpretationsmöglichkeit, näherungsweise bestimmen' auszuschließen. Selbst wenn keine Gradpartikel im Matrixsatz vorkommt, bleibt der ambige Satz ohne Korrelat für beide Bedeutungsrichtungen grammatisch, wie das Beispiel von Eisenberg zeigt:

(135) Sie schätzt, dass er alles versucht hat. (Eisenberg 1999: 491)

Anhand der aus dem *T2*-Korpus ausgelesenen Belege ist festzuhalten, dass *es1* bei *schätzen* (wertschätzen) als fakultativ gilt, wenn ein Adverbial wie *sehr*, *besonders* usw. im Matrixsatz vorkommt und es sich bei dem Objektsatz um einen *dass*-Satz handelt. Auch ein Frequenzadverbial wie *immer*, das nur in bestimmten Kontexten eine Disambiguierungs-funktion aufweist, macht *es1* im Matrixsatz nicht zwingend notwendig:

(136) «Neben seinem Pflichtbewusstsein habe ich immer geschätzt, dass Armin Sieber eine gehörige Prise Humor mit in den Rat brachte», sagte Karl Köppel. (A13/ MAR.07302)

Steht kein Adverbial im Mittelfeld zur Hervorhebung der Bedeutung, wertschätzen', wird *es1* größtenteils realisiert. Im Korpus findet sich ausschließlich ein Beleg ohne *es1*, der von einem Zitat aus der gesprochenen Sprache handelt:

(137) Seine Freiheiten habe er aber nie missbraucht. «Ich schätzte, dass ich überaus selbständig arbeiten durfte», blickt Willi Ziegler zurück. (BRZ12/MAI.01624)

In den anderen ca. 200 ausgelesenen Belegen wird *es1* eingesetzt:

(138) Viele Mittelständler schätzen es, dass sie keine Mitspracherechte abgeben müssen (U13/OKT.01204)

(139) „Die schätzen es, dass in den Wohnungen alles vorhanden und ein Hausmeister als Ansprechpartner erreichbar ist." (Z13/MAI.00066)

(140) Bettina Graul-Geisser von der Commerzbank AG schätzt es, dass zahlreiche Firmen an einem Ort versammelt sind. (M13/JAN.09617)

Außerdem zeigen die Korpusbelege, dass die Wahrscheinlichkeit der Korrelat-Setzung bei *schätzen* (wertschätzen) in Zusammenhang mit den Nebensatztypen steht[①]. In Inf- und *wenn*-Sätzen[②] wird *es1* kaum getilgt, gleichgültig ob der Matrixsatz von Adverbialen modifiziert wird und eine Ambiguität ausgeschlossen ist. Für die Kollokationen *etwas zu schätzen wissen*, in dem *schätzen* ausschließlich die Bedeutung ‚wertschätzen' tragen kann, ist der Einfluss der Nebensatztypen auf den *es1*-Gebrauch weiterhin zu ersehen, wie die folgende Grafik zeigt:

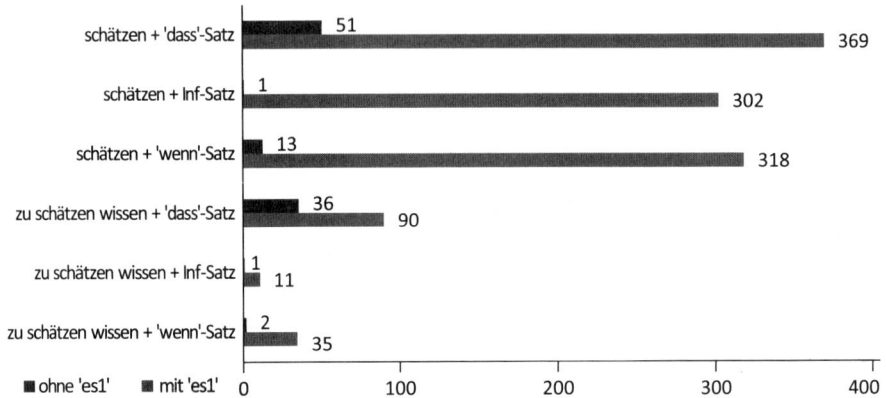

Grafik 14: *Es1*-Setzung bei *schätzen* und *zu schätzen wissen* in allen Satzstrukturen[③]

In folgenden Belegen wird *es1* kaum eliminiert:

(141) An den Wochen in Nürnberg schätzt sie es sehr, wenigstens noch etwas Herrin ihrer Zeit zu sein und selbst über Termine bestimmen zu können. (NUN14/APR.00698)

(142) Dementsprechend wüssten es die Menschen auch zu schätzen, hier so ein Fest zur Weihnachtszeit in fußläufiger Reichweite besuchen zu können. (M11/DEZ.08813)

---

① Bei Attitüdeverben darf ein Inf-Objektsatz nicht immer willkürlich gegen einen *dass*-Satz ausgetauscht werden. Mit einem *dass*-Satz wird ein für wahr gehaltener, meistens einmaliger Sachverhalt formuliert. Alternativ kann ein Inf-Satz eingebettet werden, wenn das Subjekt im Obersatz und im *dass*-Objektsatz gleichgesetzt wird:

• Ich schätze es sehr, eingeladen zu werden / dass ich eingeladen werde.

Wenn der Sachverhalt im Objektsatz nicht als ‚wahr' angenommen werden kann, wie z. B. eine sich nicht bewahrheitete Behauptung oder vergangenheitsbezügliche Iteration (*immer wenn...*), darf kein *dass*-Satz, sondern nur ein Inf-Satz oder ein ergänzender *wenn*-Satz gebraucht werden.

• *Ich würde es sehr schätzen, dass ich eingeladen würde.

• Ich würde es sehr schätzen, eingeladen zu werden / wenn ich eingeladen würde.

② Attitüdeverben können außerdem auch ergänzende *wenn*-Sätze als Objekt subklassifizieren, deren Proposition als potenziell oder kontrafaktisch aus Sprechersicht zu bezeichnen ist (vgl. *GdS* 1997: 2261f.).

③ Datenquelle: *T2*-Korpus

(143) Viele Griechen würden es allerdings auch schätzen, wenn die ausländischen Besucher an ihren Klischees arbeiten. (T10/JUL.02381)

Bei *schätzen* und *zu schätzen wissen* mit einem ergänzenden *wenn*-Satz wird *es1* in ca. 95% der Belege eingesetzt. Das könne an der Korrelat-Freundlichkeit vom *wenn*-Satz als nicht kanonischem Subjekt- oder Objektsatz liegen (vgl. *VALBU* 2004: 44). Das *es*-Korrelat hilft hier dabei, die Satzstruktur klarer zu regeln. Inf-Sätze werden bei den Attitüdeverben mit Subjektkontrolle unter dem Matrixsatz eingebettet. Wie in (141) und (142) orientieren sich die Inf-Sätze am Agens im Matrixsatzes ([+hum]), das eine Einstellungsäußerung vollzieht. *Es1* dient zur Verknüpfung der zwei Teilsätze und auch zur Hervorhebung der Relation zwischen dem Orientierungsterm im Matrixsatz und der Objektsatzproposition. Wird das Akkusativobjekt zum *dass*-Satz ausgebaut, wird die Objektsatzproposition voll ausformuliert und muss sich syntaktisch nicht an dem Subjekt im übergeordneten Satz orientieren. Das *es*-Korrelat im Matrixsatz kann alternativ unterbunden werden, wenn nicht die Attitüde des Subjektes, sondern die Proposition im Akkusativobjektsatz ein größeres Gewicht hat. Dass *es1* bei *schätzen* im Passiv viel seltener realisiert wird, spricht ebenfalls für diese Annahme. Steht der Matrixsatz im Passiv, wird vorzugsweise ein *dass*-Satz statt Inf-Satz extraponiert. In elf ausgelesenen Belegen kommt *es1* ausschließlich dreimal vor. Hierfür zwei *es1*-lose Belege:

(144) Von den Besuchern wird allgemein geschätzt, dass sie über eine Treppe und nicht mehr über eine Leiter in und aus dem Wasser gelangen. (RHZ10/MAR.01860)
(145) Generell wird geschätzt, dass wir mit den Partnern im Gespräch sind und mit der Neuanordnung der Bühne auf dem Klosterplatz ein Anliegen der Kirche aufgenommen haben. (A11/JUL.03074)

In den obigen Belegen darf *es1* hinzugefügt werden, wobei die Sätze korrekt blieben. Mit dem Passiv und dem Wegfall von *es1* wird der Sachverhalt im Nebensatz akzentuiert. Der Zusammenhang zwischen den Nebensatztypen und dem *es1*-Gebrauch gilt auch bei einer Reihe anderer Attitüdeverben, wie *mögen, gern (gerne, lieber, am liebsten) haben, genießen, auskosten, verschmähen, verabscheuen* usw., sowie bei *erwarten* und *abwarten* in der Kollokation *nicht / kaum erwarten /*

abwarten können. Die folgende Grafik stellt die Verteilung der Belege bei *mögen* und *genießen* aus dem *T2*-Korpus dar[①]:

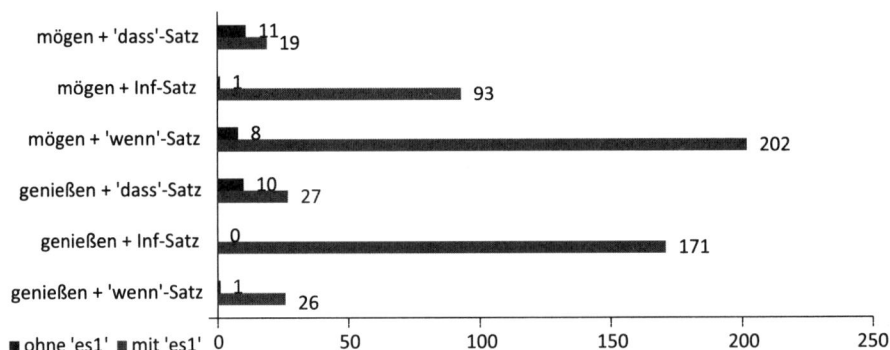

Grafik 15: *Es1*-Setzung bei *mögen* und *genießen* bei drei Nebensatztypen

Die obige Grafik macht deutlich, dass das *es*-Korrelat bei *mögen* und *genießen* mit Inf- oder *wenn*-Sätzen als Akkusativobjekt äußerst selten getilgt wird:

> (146) Mancher wird es nicht mögen, wenn über das eigene Berufsschicksal in nicht nachprüfbaren Prozessen im kleinsten Zirkel entschieden wird. (U10/JAN.02125)
>
> (147) Der in Polen geborene Mathias Fischer genießt es dennoch, bei einem Klub zu arbeiten, bei dem finanzielle Solidität und Vertrauen zum Trainer Priorität haben. (U13/NOV.04185)

Bei *dass*-Objektsätzen wird das *es*-Korrelat vorzugsweise realisiert, kann aber auch eliminiert werden:

> (148) Seitdem genießt sie [(es)], dass die Mutter gekocht hat, wenn sie Freitagabend vom Bahnhof kommt. (U14/JUN.02487)
>
> (149) Und sie mag es auch [/ sie mag auch], dass es in dieser jungen Branche keine Blaupause für den Weg zum Erfolg gibt. (U14/JAN.03514)

5.5.2 *Es1*-Gebrauch bei *bevorzugen* und *vorziehen*

Weiterhin werden die sinnähnlichen Verben *bevorzugen* und *vorziehen* betrachtet, bei denen bestimmte semantische Merkmale auf die *es1*-Setzung

---

① Zusammenstellungen der *es1*-haltigen und *es1*-losen Belege bei *nicht / kaum erwarten / abwarten können* siehe Grafik 28 in Anhang III.

einwirken können. Nach Sandberg (1998: 154) ist ein *es*-Korrelat bei *bevorzugen* und *vorziehen* „völlig erwartungsgemäß" und die Gegenbeispiele, nämlich die *es1*-losen Belege, sind als „Abweichungen von dem zu erwartenden Standard" (ebd.: 155) zu bezeichnen. Angesichts der ausgelesenen Belege wird deutlich, dass der Gebrauch von *es1* ausschließlich bei *vorziehen* mit Inf-Satz praktisch als obligatorisch einzustufen ist, wie die folgende Grafik zeigt:

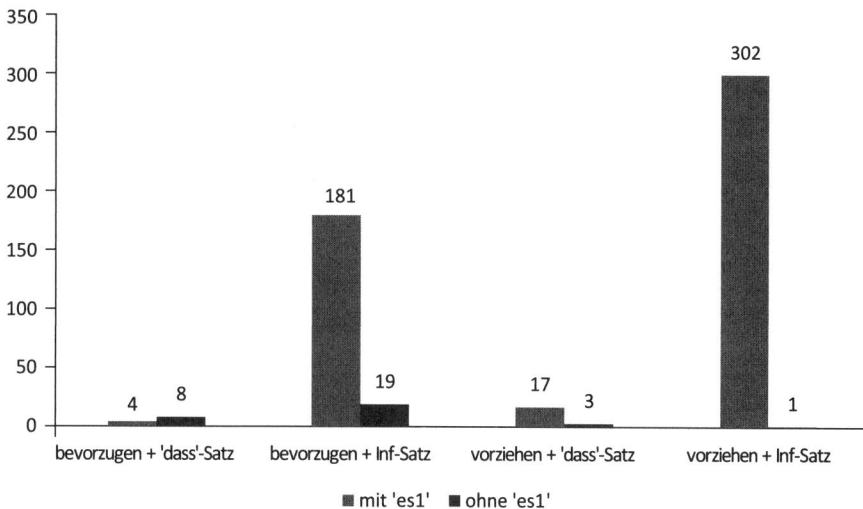

Grafik 16: *Es1*-Setzung bei *bevorzugen* und *vorziehen* mit Inf- und *dass*-Sätzen[①]

In folgenden Belegen kann *es1* sehr schwerlich wegfallen:

(150)Dennoch sind es nicht nur religiöse Fanatiker, die es vorziehen, ihre Kinder lieber zu Hause zu unterrichten. (U10/NOV.01206)

(151)Aufgrund solcher Unwägbarkeiten ziehen es andere Börsenaspiranten derzeit vor, ihre Pläne in der Schublade zu lassen. (U10/JUL.00790)

Bei *bevorzugen* können *es1*-lose Belege sowohl bei *dass*-Sätzen als auch bei Inf-Sätzen ausgelesen werden. Das könnte daran liegen, dass *bevorzugen* nicht ausnahmslos eine dauerhafte Attitüde des Agens charakterisiert. Beispielsweise wird *bevorzugen* in folgenden Belegen verwendet, um einen Aufruf bzw. einen Wunsch

---

① Datenquelle: *T2*-Korpus

zu äußern. Das Matrixverb kann durch *hoffen, verlangen* usw. ersetzt werden[①]:

> (152)Ein anderer Teilnehmer berichtet, die Bundeskanzlerin habe zugleich deutlich gemacht, dass sie bevorzuge, nach den Wahlen nicht mit dem Parlament um den Kommissionspräsidenten zu streiten. (U14/MAR.01014)
>
> (153)Wir bevorzugen, dass das effektive Interesse an unserem Tun auch entsprechend entlöhnt wird. (A12/AUG.04326)

Wenn *bevorzugen* im Satz als ‚eine Option aus Interesse, Vorliebe oder wegen ihrer Vorteile gegenüber anderen Optionen vorziehen (und ständig in diese Weise handeln)' interpretierbar ist, sind *dass*-Sätze als Objekt in Konkurrenz zu Inf-Sätzen ausgeschlossen. Das *es*-Korrelat ist in diesem Fall schwerlich wegzulassen:

> (154)Viele Bewohner bevorzugen es mittlerweile, solche Feiern im kleinen Kreise abzuhalten. (NON13/DEZ.08907)
>
> (155)Generell bevorzuge ich es, alleine zu reisen. (U12/SEP.04013)

Im Lernerkorpus in Kap. 7.1 werden *vorziehen* und *bevorzugen* nahezu immer verwendet, um eine Wahl zu äußern, die das Subjekt andauernd lieber trifft. Deshalb ist es im DaF-Unterricht empfehlenswert, *es1* bei *vorziehen* und *bevorzugen* bei infiniten Objektsätzen als einen Bestandteil zu bezeichnen. Hierfür wird ein Beleg aus einer Studentenarbeit angeführt:

> (156)Manche Lehrer bevorzugen im Anfängerunterricht, die Korrektur sofort nach dem Fehler durchzuführen, um eine Automatisierung der Lernenden zu schaffen [...]. (06M09)

Abgesehen von anderen Unangemessenheiten im dritten Teilsatz dürfte die Abwesenheit von *es1* im Matrixsatz große Markiertheit verursachen. Mit dem Matrixverb wird ausgedrückt, dass das Agens (*manche Lehrer*) eine Vorliebe für eine Korrekturmethode hat und diese den anderen Optionen andauernd vorzieht.

---

① Zudem kann *es1* eliminiert werden, wenn eine einmalige Entscheidung im Objektsatz thematisiert wird und der Vergleich mit anderen Optionen nicht im Vordergrund steht. In der Regel kann statt *bevorzugen* das Verb *wählen* (ohne *es1*) oder *sich entscheiden* (mit fakultativem Korrelat *dafür*) gebraucht werden, und das *es*-Korrelat scheint bei *bevorzugen* fakultativ zu sein:

• Der Gemeinderat Glarus Süd bevorzugt, das Szenario 4 plus 1 schrittweise umzusetzen. (SOZ12/SEP.03957)

• Letztendlich bevorzugte sie, stillschweigend als Zweite durch die Tür zu gehen. (M11/DEZ.02996)

Im Objektsatz geht es nicht um eine einmalige Entscheidung, sondern um eine latente, auf eine Gewohnheit bezogene Proposition. Deshalb ist der folgender Satz in geschriebener Sprache für angemessener zu halten:

> (156a) Manche Lehrer bevorzugen es im Anfängerunterricht, die Korrektur sofort nach dem Fehler   durchzuführen, um eine Automatisierung bei den Lernenden zu erreichen [...].

Wie *bevorzugen* weisen Verben der *ertragen*-Gruppe[1] sehr häufig, aber nicht ausnahmslos eine emotionale bzw. rationale Einstellung auf, wie etwa *ertragen*, *aushalten*, *hinnehmen*, *dulden* usw. In Belegen wie (157) liegt keine emotionale Relation zwischen dem Sachverhalt im Matrixsatz und Objektsatz vor. Das Subjekt ([-hum]) nimmt keine Experiencer-Rolle, sondern die Patiens-Rolle ein und *aushalten* kann deswegen nicht durch *ertragen*, sondern *vertragen* ersetzt werden. Das Korrelat hier gilt als fakultativ:

> (157) Hermann Zeuß [...] erklärt: „Leiterplatten müssen beim Reflowlöten aushalten, mehr als eine Minute mit 240 °C bearbeitet zu werden." (VDI12/APR.00143)

Werden die Verben der *ertragen*-Gruppe in Kollokationen wie *nicht ertragen können* verwendet, wird in meisten Kontexten die Einstellung des Subjektes gegenüber dem Nebensatzinhalt mit dem Matrixverb evoziert. Die Kollokation ist als ‚für unakzeptabel oder unerträglich halten' zu interpretieren. Das *es*-Korrelat wird vorzugsweise realisiert. Bei Inf-Sätzen dominieren die *es1*-haltigen Belege mit einem Anteil von etwa 95%:

> (158) Selbst der hartherzigste Vater könne es doch wohl kaum ertragen, seine Kinder derart lange nicht zu sehen, schrieb der Vormund [...]. (Z11/DEZ.00394)
>
> (159) Deswegen habe ich mich ja von meinem Beruf als Fondsmanagerin verabschiedet, weil ich es nicht leiden konnte, andere zu übervorteilen. (T11/AUG.02837)

---

[1]   Sandberg (1998: 148) fasst folgende Verben in der *ertragen*-Gruppe zusammen, die typischerweise mit Negation und *können* auftreten:

es nicht aushalten / ausstehen / durchstehen / einstecken / ertragen / haben / hinnehmen / riechen / schlucken können

es sich nicht gefallen lassen / können

es gut / nicht leiden können / mögen

Hier kann nicht von einem grammatikalischen Fehler gesprochen werden, wenn *es1* im Mittelfeld ausgelassen wird. Im Folgenden wird auf einen ‚Ausrutscher‘ eingegangen:

> (160) Konnte er nicht ertragen, sie zu verlieren? Nach der Tat kündigte er per Handy seinen Selbstmord an, doch er misslang. Frank raste mit seinem Auto davon. Die lebensgefährlich verletzte Frau ließ er liegen. (NUN10/SEP.01121)

Bei (160) wird versucht, mit hintereinander folgenden kurzen Sätzen eine hastige Wirkung bei der Szenebeschreibung zu erzielen. Das semantisch bedeutungsleere *es1* wird gelöscht, damit der erste Satz noch kompakter erscheint. Allerdings weist die Korrelat-Ellipse auf den umgangssprachlichen Charakter des Abschnittes hin und kommt deswegen ausschließlich in einem kleinen Teil der Belege vor.

Zusammenfassend lässt sich festhalten, dass das *es*-Korrelat bei sämtlichen obengenannten Attitüdeverben als obligatorisch oder bedingt eliminierbar gilt. Wie bei *interessieren, faszinieren* usw. in Kap. 4.3.2, welche satzförmige Subjekte selegieren können, ist bei den Attitüdeverben das Verhältnis zwischen den Nebensatztypen und der *es1*-Setzung lediglich als Tendenz zu betrachten. Didaktisch lassen sich solche Tendenzen als generalisierte Regeln vermitteln. Die Verben in diesem Kapitel können im DaF-Unterricht mit den Verben wie *interessieren, faszinieren* usw. assoziiert werden, weil sie im gleichen semantischen Feld liegen und Gemeinsamkeiten bezüglich der Korrelatsetzung und der Argumentstrukturen besitzen.

5.5.3 *Es1*-Gebrauch bei *begrüßen, bedauern* usw.

Abschließend wird eine kleine Gruppe von Verben betrachtet, die je nach dem sprachlichen Umfeld sowohl den Attitüdeverben als auch den *verba dicendi* zugeordnet werden können:

> *begrüßen, bedauern, verübeln,* übelnehmen, *anlasten, nicht verdenken können*

In Bezug auf *begrüßen* und *bedauern* werden in Sandberg (1998) bestimmte semantische und syntaktische Faktoren aufgestellt, die als Beweis für die ausnahmslose Verteilung der *es1*-haltigen und *es1*-losen Varianten (mit unterschiedlichen

Paraphrasen) dienen. Wie bei den meisten anderen Matrixverben besteht hier keine 1:1-Entsprechung zwischen den Bedeutungsdifferenzen und dem *es1*-Gebrauch. Auch die behandelten Faktoren sind lediglich als Tendenzen zu betrachten[1]. Beispielsweise können nach Sandberg (1998: 140, 158) Gradadverbien wie *sehr* und das Adverb *offenbar* nur jeweils bei ‚*es begrüßen*' und ‚*es bedauern*' stehen, was mit folgenden Belegen falsifiziert werden kann. In (161) und (162) wird der Objektsatz nicht mit *es1* korreliert. Das Korrelat ist im Mittelfeld fakultativ:

(161) Wir haben sehr begrüßt, dass die europäischen Nato-Länder die Slowakei unter die Länder eingereiht hat, die im November in die Nato aufgenommen werden sollen. (T02/JUL.32464)

(162) Er bedauert ganz offenbar, dass es heute nicht mehr so ist, dass Hof stattdessen immer mit als erstes genannt wird, wenn die Folgen des demographischen Wandels beklagt werden. (U14/NOV.01185)

Allerdings ist die pragmatische Funktion von *es1* bei *begrüßen* und *bedauern* zu rechtfertigen. Tritt *es1* im Matrixsatz auf, wird die Einstellung des Subjektes, bei dem es sich um handlungsfähige Personen oder Institutionen handelt, hervorgehoben. Wird der Objektsatz nicht mit *es1* korreliert, sollte die Proposition im Objektsatz beim Lesen einen größeren Stellenwert einnehmen. Das erklärt das Phänomen, dass *es1* bei *begrüßen* und *bedauern* im *werden*-Passiv äußerst selten[2] vorkommt und in der *sein-zu*-Konverse vergleichsweise häufig realisiert wird:

(163) Auch in Ruppertshofen wird begrüßt, dass endlich eine Umgehungsstraße um Marienfels und Miehlen herum führen soll. (RHZ11/MAR.19013)

(164) Beim Karnevalszug wird bedauert, dass es 2013 keine Weihnachtsbäume an der Hauptstraße gab. (RHZ14/MAR.04899)

(165) So gesehen ist es nur zu begrüßen, dass der Rat einen Schlusspunkt unter diese unnötige Diskussion gesetzt hat. (RHZ11/APR.18296)

Im *werden*-Passiv wird das Patiens, nämlich die Proposition im Subjektsatz, thematisiert. Die Einstellung des Agens, das bei *begrüßen* und *bedauern* im *werden*-Passiv sehr selten mit einer *von*-PP hinzugefügt wird, steht nicht im Mittelpunkt.

---

[1] Für eine detailliert formulierte Widerlegung siehe Sudhoff (2003: 111f.)

[2] Es finden sich noch einzelne *es1*-haltige Belege im *T2*-Korpus, wie z. B.:

• Deshalb wurde es vom Verein besonders begrüßt, dass bei der letzten Afrikareise nach Satonévri und Silly auch Bürgermeister Matthias Baaß sowie zwei Stadtverordnete dabei waren. (M14/APR.02476)

In der *sein-zu*-Konverse wird je nach Kontext eine der beiden modalen Relation (müssen / können) festgelegt. Das *es*-Korrelat kann zur Hervorhebung der Interpretation einer Notwendigkeit oder Möglichkeit dienen.

Das gleiche gilt auch bei den Verben wie *verübeln*, übelnehmen, *anlasten* usw., die ein obligatorisches Dativobjekt verlangen. Sandberg (1998: 140ff.) merkt bezüglich der Lexeme „*es übelnehmen*" und „*es verübeln*" an, dass das *es1* bei extraponiertem Objektsatz „regelmäßig" realisiert wird und die *es1*-losen Varianten „übelnehmen" und „*verübeln*" nicht existieren. Die wenigen *es1*-losen Belege sollten laut Autor als „Ausrutscher" (ebd.: 142) betrachtet werden, was der sprachlichen Realität nicht entspricht. Im *T2*-Korpus verteilen sich die Belege ungefähr gleichmäßig auf die *es1*-haltige und *es1*-lose Gruppe. Das Korrelat ist sowohl bei *dass*-Sätzen als auch bei Inf- und *wenn*-Sätzen fakultativ:

> (166)Die ehemalige Präsidentengattin nimmt [(es)] der Presse übel, Spekulationen über ihre mögliche Scheidung nach Sarkozys Wahlniederlage in Umlauf gebracht zu haben. (U12/JUN.00680)
>
> (167)Kann man [(es)] ihr verdenken, wenn sie genießt, dass nicht mehr alles gegen sie verwendet wird, dass sie auf einer Welle der Sympathie surft? (Z13/SEP.00003)

Wie *begrüßen* und *bedauern* liegen diese Verben im semantischen Überlappungsbereich der *verba dicendi* und Attitüdeverben. Beispielsweise wird das Verb *anlasten* im *Duden* (2011: 152) als „die Schuld an etw. zuschreiben; jmdm etw. vorwerfen, zur Last legen" paraphrasiert. In verschiedenen Kontexten kann das Matrixverb jeweils durch *für lästig halten* oder *kritisieren* ersetzt werden. In Bezug auf die erste Interpretation wird die *es1*-Setzung stärker gefördert, aber keinesfalls erzwungen.

Im *werden*-Passiv wird *es1* sehr häufig eliminiert, kann aber auch realisiert werden:

> (168)Andererseits wird ihm angelastet, dass er seine Umgebung oft deutlich spüren lässt, für wie gut er sich selbst hält. (U13/SEP.02254)
>
> (169)Dem Duo Lötzsch und Ernst wird es angelastet, dass die Partei ausgerechnet während der Finanzkrise- eigentlich ein Top-Thema der Linken- nie so recht auf sich aufmerksam machen konnte. (NUN12/APR.00866)

5.6 FVG und Phraseologismen

Wie die Vollverben verschiedener semantischer Felder können auch FVG sowie Phraseologismen satzförmige Akkusativobjekte selegieren:

> (170) So übernahm die KFG das Guthaben und machte es sich zur Aufgabe, kulturelle Veranstaltungen zu unterstützen oder sogar auszurichten und außerdem Heimatpflege zu betreiben. (BRZ10/MAI.08352)

Da die FVG und Phraseologismen im Lernerkorpus ganz selten mit satzförmigen Objektsätzen kombiniert verwendet werden, ist es ausreichend, einige gut verständliche Richtlinien für die DaF-Lerner aufzustellen. Aufschlussreich ist hier die Annahme Sadzińskis (1983), dass die Umformulierungsmöglichkeit des Vollverbs zur entsprechenden FVG als Maßstab genommen werden kann, um festzustellen, bei welchen Vollverben *es1* vorkommen muss, kann oder nicht darf. Kann das Vollverb durch ein äquivalentes FVG ersetzt werden (wie z. B. *vorwerfen – einen Vorwurf machen*), darf *es1* i. d. R. nicht realisiert werden; anderenfalls gilt das Korrelat als fakultativ oder obligatorisch[①]. Für DaF-Lerner ist diese Faustregel nicht gut anwendbar, weil Kenntnisse über FVG vorausgesetzt werden, die selbst bei deutschen Muttersprachlern nicht immer als einfach gelten. Allerdings ist es eine gängige Methode, die *es1*-Setzung bei FVG mittels der entsprechenden Vollverben festzulegen. Ein großer Teil der FVG sowie Phraseologismen mit satzartigem Akkusativobjekt sind semantisch und syntaktisch mit einem SDWW-Verb gleichzusetzen. Wie bei SDWW-Verben kommt das *es*-Korrelat hier äußerst selten vor:

> (171) In den Empfehlungen wurde klar zum Ausdruck gebracht [/ausgedrückt], dass das Wehrsystem so zu gestalten sei, dass [...]. (Z11/FEB.00198)
>
> (172) Die jungen Leute stellten unter Beweis [/bewiesen], dass sie im Laufe der Zeit viel gelernt haben und ihre Instrumente bestens beherrschen. (RHZ13/APR.30510)
>
> (173) Wer Steiner nähertritt, muss in Erwägung ziehen [/erwägen], dass die Sache

---

① „In Bezug auf das zur Diskussion stehende *es*-Korrelat kann folgende Faustregel formuliert werden: (a) die Verben, die nach keinem Korrelat verlangen, sind diejenigen, die durch eine Streckform (Funktionsverbgefüge (FVG)) ersetzt werden können; (b) die Verben, bei denen das Korrelat üblich ist, lassen in der Regel kein FVG zu; (c) die in dieser Beziehung schwankenden Verben können zwar gestreckt werden, aber die Streckform ist meistens syntaktisch bzw. stilistisch nicht völlig äquivalent mit dem Verb." (Sadziński 1983: 337)

auch andersherum gelaufen sein könnte und vielleicht auch anders ausgeht. (Z11/FEB.00311)

Bei manchen FVG und Phraseologismen, bei denen keine homonymen Vollverben vorliegen, gilt *es1* meistens als fakultativ (wie bei *in Kauf nehmen, zur Bedingung machen* usw.) oder obligatorisch (wie bei *nicht mit... vereinbaren können*). Bei diesen FVG und Phraseologismen kann ein *es*-Korrelat im Zweifelsfall stets im Mittelfeld hinzugefügt werden:

(174)Dabei sollten Vorgesetzte [(es)] in Kauf nehmen, dass ein Mitarbeiter eine Aufgabe nicht perfekt erledigt. (U11/SEP.02682)

(175)Sie können es mit ihrem Gewissen nicht vereinbaren, über die Missstände in ihren Betrieben und Organisationen zu schweigen. (SOZ11/DEZ.03866)

5.7 Zwischenfazit

Anhand der vorliegenden Teiluntersuchung wird das didaktische Konzept, in dem der *es1*-Gebrauch bei den Prädikaten mit ausbaubarem Akkusativobjekt behandelt wird, in Kap. 7.3 nach dem folgenden Modell aufgestellt:

Tabelle 7: Kontinuum-Modell der *es1*-Setzung bei Verben mit Akkusativobjektsätzen

es1 unzulässig bis äußert selten	*es1* fakultativ	*es1* stark gefordert bis obligatorisch
SDWW-Verben; Verben der Untersuchung	die meisten Verben des Handlungsspielraums	*schaffen, fertigbringen* ...; *unternehmen*, übernehmen, *unterlassen*, überlassen; *lieben, haben, satthaben*; *es verstehen, etwas zu tun*
	die meisten Attitüdeverben [+*dass*-Satz] [+Inf- / *wenn*-Satz] Verben des Urteils [Objektsprädikativ im Mittelfeld] [Objektsprädikativ im Vorfeld]	
FVG und Phraseologismen, die den SDWW-Verben entsprechen	andere FVG und Phraseologismen	
machen + Adjektiv [+Interrogativsatz]	*machen* + Adjektiv [-Interrogativsatz] *erleichtern, erschweren, ermöglichen*	

6 KOPULAKONSTRUKTIONEN, DIE SATZFÖRMIGE SUBJEKTE ZULASSEN

Nicht nur Vollverben, sondern auch manche Adjektive sowie Substantive können ein satzförmiges Subjekt (in sehr seltenen Fällen auch ein satzförmiges Objekt[1]) determinieren:

(1)Es ist gut / mein Ziel, früh aufzustehen. (extraponierte Subjekt-Inf-Satz)
(2)Ich bin es gewohnt, früh aufzustehen. (extraponierte Objekt-Inf-Satz)

Dieses Kapitel beschäftigt sich mit den Auftretensbedingungen von *es0* bei Kopulakonstruktionen. Wie bei den Vollverben darf *es0* hier grundsätzlich zur Satzeröffnung das Vorfeld einnehmen. Bei einem vorangehenden Subjektsatz muss *es0* eliminiert werden. Statt des *es*-Korrelats ist *das* als ein anaphorisches Bezugselement einsetzbar:

---

① Bei wenigen Adjektiven ist die Extraponierung eines satzartigen Akkusativ- oder Genetivobjektes möglich (Zu einer genaueren Aufstellung der adjektivischen Satzmodelle im Deutschen siehe Piitulainen 255ff.). Das *es*-Korrelat ist in den meisten Fällen obligatorisch (*satt, leid, wert*) oder zumindest fakultativ (*gewohnt, würdig*, überdrüssig, *schuldig* usw.):

• Sie sei es leid gewesen, dass ihr die beiden Kinder immer Widerworte gegeben hätten. (NUZ11/JAN.02530)

• Denn längst sind es viele von uns satt, permanent so schwerwiegende Entscheidungen zu treffen, wie [...]. (NON10/SEP.00036)

• Obwohl er es [/ Obwohl er] eigentlich gewohnt sein müsste, den Preis entgegen zu nehmen. (HMP13/JAN.00548)

Bei *geständig* werden Genitivobjektsätze stets unkorreliert extraponiert:

• Er war [*es / *dessen] geständig, zwischen 1985 und 1989 Otto und 21 weitere Schwimmerinnen mit Dopingmitteln versorgt zu haben. (U02/SEP.02147)

Bei bewusst in dem folgenden Satzmodell ist das Korrelat *dessen* fakultativ. Das *es*-Korrelat ist hier fehl am Platz:

• Roberts: Indem man sich dessen [/ *es] bewusst wird, dass diese Filmfigur von Generationen von Menschen abstammt, die in der schwülen, heißen Ebene von Oklahoma lebten. (Z14/MAR.00046)

(3)Dass das Projekt rechtzeitig beendet wird, (das / *es) ist erwünscht / ist unser Ziel.

Der Untersuchungsgegenstand dieses Kapitels beschränkt sich auf den *es0*-Gebrauch im Mittelfeld des Matrixsatzes, vorausgesetzt dass der Subjektsatz extraponiert wird.

6.1 Adjektivische Prädikatsnomina

6.1.1 Adjektivische Prädikatsnomina im Mittelfeld des Matrixsatzes

Zunächst werden im Mittelfeld stehende adjektivische Prädikatsnomina hinsichtlich der *es0*-Setzung untersucht. Dabei handelt es sich um folgende Satzstrukturen:

    a. Deshalb ist es möglich, dass …
    b. weil es möglich ist, dass …

Die Korrelatfreundlichkeit der Adjektive bezüglich der Struktur (a) wird zuerst in Pütz (1975) einer eingehenden Untersuchung unterzogen. Anhand folgender Beispiele illustriert Pütz, dass die Notwendigkeit der *es0*-Setzung mit den möglichen Subjektsatztypen der jeweiligen Adjektive im Zusammenhang steht:

(4) Jetzt ist es klar, dass wir ihm helfen müssen. (Pütz 1975: 23)
(4a) Jetzt ist klar, dass wir ihm helfen müssen. (ebd.)
(5) Jetzt ist es peinlich, dass wir ihm helfen müssen. (ebd.)
(5a)*Jetzt ist peinlich, dass wir ihm helfen müssen. (ebd.)
(5b) Jetzt ist es peinlich, ihm helfen zu müssen.

Laut Pütz ist *es0* im Mittelfeld des Satzes nicht weglassbar, wenn das adjektivische Prädikatsnomen sowohl *dass*- als auch Inf-Sätze als Subjekt determinieren kann, wie z. B. *peinlich* in (5) und (5b). Wenn Inf-Sätze als Subjekt ausgeschlossen werden müssen, wie z. B. bei *klar*, kann *es0* im Mittelfeld alternativ eliminiert werden, wie die Belege (4) und (4a) zeigen.

Pütz' These beweist ein großes Erklärungspotential der Frage, bei welchen Adjektiven ein *es0* im Mittelfeld des Matrixsatzes notwendig ist. Anzumerken ist ferner, dass seine *klar*-Gruppe [+*dass*-Satz, -Inf-Satz] und *peinlich*-Gruppe [+*dass*-Satz, +Inf-Satz] nicht vollständig ist. In Sudhoff (2003) wird Pütz› Klassifizierung mit Adjektiven wie *fraglich*, *unsicher* u. a., die ausschließlich eingeleitete *ob*- und *w*-Interrogativsätze selegieren, und den Adjektiven wie *schwierig*, *umständlich* usw., die keine *dass*-Sätze, sondern lediglich Inf-Sätze regieren können, vervollständigt (vgl. Sudhoff 2003: 124). Laut Sudhoff verlangen diese Adjektive jeweils ein fakultatives und obligatorisches *es*-Korrelat im Mittelfeld und sollen dementsprechend in die *klar*- und *peinlich*-Gruppe eingeordnet werden (vgl. ebd.):

(6)   Allerdings könnte [(es)] laut Egger fraglich sein, ob dem am Streik teilnehmenden Arbeitnehmer der Verstoß gegen den Arbeitsvertrag auch vorwerfbar sei. (NON14/FEB.07059)

(7)   Damit wird es schwierig [/ ?Damit wird schwierig], die in den High-Tech-Anzügen aufgestellten Rekorde zu brechen. (U10/JAN.02571)

In Anlehnung an Pütz› These und unter Hinweis auf die unvollständige Klassifizierung leitet Sudhoff die Generalisierung ab, dass „bei extraponiertem Subjektsatz und Mittelfeldstellung des adjektivischen Prädikativs in der Regel dann ein *es*-Korrelat obligatorisch ist, wenn das Adjektiv die Einbettung eines infiniten Satzes erlaubt. Sind hingegen nur finite (durch *dass*, *ob* oder *w*-Wörter eingeleitete) Argumentsätze möglich, erscheint es meist fakul-tativ" (Sudhoff 2003: 124). Diese Generalisierung kann so direkt im DaF-Unterricht eingesetzt werden, da sie das Regelsystem wesentlich vereinfachen kann. Allerdings ist hier hervorzuheben, dass *es0* bei Adjektiven, die Inf-Sätze als Subjekt haben können, de facto nicht unter allen Umständen als obligatorisch aufzufassen ist. Beispielsweise handelt es sich bei manchen Adjektiven, wie z. B. *wichtig*, *interessant* u. a., lediglich um eine starke Tendenz zur *es0*-Setzung, wenn das Subjekt als ein Inf-Satz extraponiert wird. Wird der Subjektsatz von *dass*, *ob* oder einem *w*-Wort eingeleitet, ist das *es*-Korrelat als fakultativ anzusehen. Dementsprechend lässt sich eine gewisse Menge von *es0*-losen Beispielen aus dem Korpus finden. Grafik 17 stellt die Verteilung der *es0*-haltigen und *es0*-losen Belege bei *wichtig* dar:

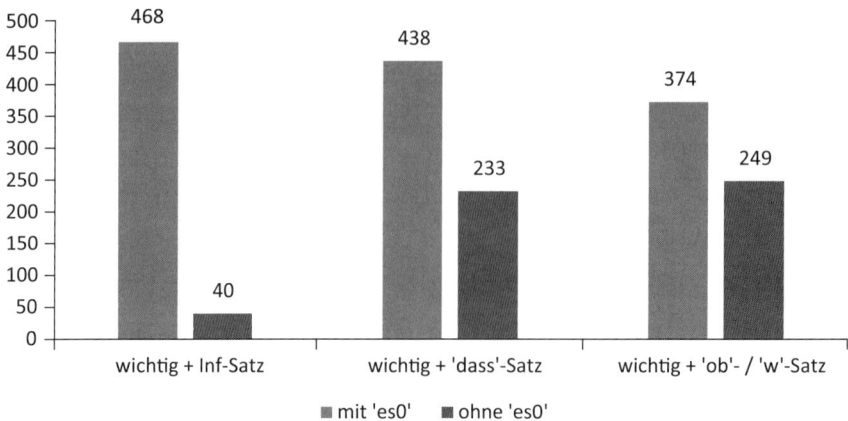

Grafik 17: *Es0*-Setzung bei wichtig in Kopulakonstruktionen[①]

Aus der Grafik wird ersichtlich, dass die *es0*-haltigen Belege mit *wichtig* ausschließlich bei Inf-Subjektsätzen die *es0*-losen Belege quantitativ deutlich überwiegen. Bei *dass*-, *ob*- und *w*-Subjektsätzen machen die *es0*-losen Belege mehr als ein Drittel aus. Dies widerlegt die obengenannte *es*-Obligatorik. Betrachtet man die Belegsammlungen, so fällt auf: Die *es0*-Ellipse im Mittelfeld ereignet sich mit höherer Wahrscheinlichkeit, wenn ein *dativus iudicantis* oder eine von *für* / *bei* eingeleitete PP ins Vorfeld rückt:

(8) Ich habe wie jeder andere auch zu meinen Schwächen und Fehlern zu stehen. [...] Und mir war immer wichtig, diese vor der Öffentlichkeit nicht zu verbergen. (U11/MAR.00196)

(9) Kleiner Haken: Die Cafeteria wird bis heute jeden Tag von den Angestellten der Zeitung genutzt. Für Page ist aber nicht länger wichtig, ob ein Raum frei ist oder nicht. (U10/AUG.03118)

(10) Nicht selten rauben sie auch Beute aus Spinnennetzen. [...] Hierbei ist besonders interessant, dass die Spinne, selbst wenn sie den Raub bemerkt, die Skorpionsfliege unbehelligt lässt. (BRZ10/SEP.09506)

Diese Satzglieder beziehen sich häufig gleichzeitig auf den im vorangehenden Text auftretenden Inhalt und die Proposition im Subjektsatz. Deswegen fungieren sie hier wie das *es*-Korrelat als Satzverknüpfungsmittel. *Es0* ist zwar in obigen Belegen nicht zwingend notwendig, kann aber durchaus eingesetzt werden.

Bei einer Reihe anderer Adjektive wie *gut*, *vorteilhaft*, *möglich* u. a. wird *es0*

---

① Datenquelle: *SZ*-Korpus

sowohl bei *dass*- als auch bei Inf-Sätzen nur in äußerst wenigen Belegen getilgt und ist daher praktisch als obligatorisch einzustufen. In folgenden Beispielen würde der Wegfall von *es0* zur starken stilistischen Markiertheit führen:

(11) Wenn etwa ein Vierjähriges adoptiert wird, kann es sogar gut sein, es in seiner Kindergartengruppe zu lassen. (U11/MAI.01445)

(12) Trotzdem sei es möglich, sagt Wolosch, dass die bloße Internetsuche über kurz oder lang zur Ware werde- zu einem Gut, mit dem man sich als Anbieter nicht mehr absetzen kann. (Z12/JAN.00483)

Wie Adjektive lässt sich ein Teil der Partizipien I und PP in der Funktion eines adjektivischen Prädikatsnomens in Kopulakonstruktionen einsetzen, wie *entscheidend, beruhigend, von Bedeutung* usw. Sämtliche in der Korpus ausgesuchten PP können einen Inf-Satz als Subjekt selegieren und lassen sich deswegen der *peinlich*-Gruppe hinzufügen:

von / ohne Belang, von / ohne Bedeutung, von Interesse, nicht ohne Ironie, in Mode, in Ordnung, in Planung, im Trend, von Vorteil / Nachteil, von Wichtigkeit, an der Zeit usw.

Bei den PP wird das *es0*-Korrelat vorzugsweise eingesetzt, wenn ein satzartiges Subjekt extraponiert wird. Laut Boszák (2010: 134f.) bedingen *in Ordnung sein* und *an der Zeit sein* den obligatorischen *es0*-Gebrauch. Diese These lässt sich mit den Belegen im *T2*-Korpus bestätigen:

(13) Rein rechtlich betrachtet, ist es also völlig in Ordnung, dass eine Pharmareferentin einem niedergelassenen Arzt einen Scheck von 18 000 Euro ausstellt, weil [...]. (U12/JUN.03367)

(14) Und schließlich ist es an der Zeit, die Aufsicht über Investmentbanken zu verschärfen und ihre Marktmacht zu begrenzen. (U10/APR.03493)

Wie die PP können sich Partizipien I bis zu sehr vereinzelten Ausnahmen[1]

---

[1] Die Aussage von Marx-Moyse (1990: 411), dass Adjektive wie *entscheidend, ausschlaggebend* u. a. nicht mit Inf-Sätzen korrespondieren können, trifft nicht zu:

• Entscheidend ist, die richtige Balance zu finden. (U11/JAN.00374)

• Für rund ein Drittel war ausschlaggebend, in den Ferien auf Handy und Internet verzichtet zu haben. (RHZ13/AUG.31190)

Als eine mögliche Ausnahme gilt hier lediglich das Partizip *himmelschreiend*, das keine Inf-Sätze, sondern ausschließlich dass-Sätze als Subjekt selegieren kann. Allerdings finden sich kaum Belege bei *himmelschreiend* mit satzförmigem Subjekt.

mit Inf-Subjektsätzen verbinden und können deswegen zu der *peinlich*-Gruppe gerechnet werden. Eine große Anzahl von Partizipien I wird in Marx-Moyse (1990) behandelt. Anhand von Korpusbelegen und konstruierten Beispielsätzen stellt die Autorin eine Reihe auf Details eingehender Richtlinien hinsichtlich der Möglichkeit bzw. Notwendigkeit zur *es0*-Setzung auf. Aus ihren ausführlich dargestellten Untersuchungsergebnissen kann die ganz grobe Schlussfolgerung gezogen werden, dass das *es*-Korrelat beim Partizip I mit dem Sem [+wichtig] fakultativ ist, wie bei *entscheidend, ausschlaggebend* u. a. (vgl. Marx-Moyse 1990: 415f.). Bei dem übrigen großen Teil der Partizipien I gelte *es0* als obligatorisch oder (sehr) häufig, wenn das Partizip I im Mittelfeld des Matrixsatzes steht, wie bei *aufregend, befriedigend, anstrengend, gewinnbringend, naheliegend* u. a. (vgl. ebd. 422ff.):

(15) Insofern ist es bezeichnend, dass jetzt zwei Filme mit einer Einstellung anfangen, in der man ihn von hinten sieht, während er lässig irgendwo langgeht. (Z13/JUL.00263)

(16) Manchmal ist es allerdings deprimierend, dass Forderungen nur schwerfällig durchgesetzt werden. (BRZ10/JAN.04920)

(17) Manchmal kann es auch anstrengend sein, allem und jedem gegenüber aufgeschlossen zu sein, sich ständig im kritischen Denken zu üben und [...]. (Z12/SEP.00096)

Weil die PP und Partizipien I im Allgemeinen eine starke *es0*-Freundlichkeit aufweisen, kann den DaF-Lernern eine detailliertere Unterteilung erspart werden, um die Menge des Lernstoffs zu reduzieren. In der Praxis scheint es eine vernünftige Strategie zu sein, sich grundsätzlich für das *es*-Korrelat zu entscheiden.

Sudhoffs (2003) Generalisierung ist didaktisch in Bezug auf die VL-Matrixsätze als ebenso adäquat einzustufen. Bei zahlreichen Adjektiven, Partizipien I und PP gilt der Auftritt von *es0* als Standardfall. Folgende Belege würden stilistisch verlieren, wenn das *es*-Korrelat eliminiert würde:

(18) Er begründete dies den Dokumenten zufolge damit,   d a s s   e s   f ü r   d a s   Verfahren von Vorteil sei, schnell auf Rechtsrat aus dem eigenen Haus zurückgreifen zu können. (U10/DEZ.01438)

(19) Cameron fordert weiter, dass es künftig möglich sein soll, dass nationale Parlamente zusammenarbeiten, um Gesetzesvorhaben aus Brüssel zu blockieren. (U14/MAR.02643)

Die Belege (20) und (21) liefern einen Beweis dafür, dass das *es*-Korrelat bei gewissen Prädikatsnomen auch im VL-Matrixsatz nicht zwingend notwendig ist. Ein *es0* ist freilich einsetzbar, um das Sachverhältnis im Matrixsatz hervorzuheben und auf das Vorkommen des Subjektsatzes zu verweisen:

(20) Ich habe ihm die besonderen Hintergründe für Nadjas Ausscheiden aus dem Polizeidienst genau dargelegt, weil mir wichtig war, dass er sie kannte. (U12/AUG.01444)

(21) Er kam zum Schluss, dass entscheidend sei, dass ein Kind vom Schulstoff fasziniert werde oder sich davon faszinieren lasse. (A12/APR.02096)

Handelt es sich bei dem Subjektsatz um einen eingeleiteten *wenn*-Satz, wird das obligatorische Auftreten von *es0* erzwungen. In den folgenden Belegen kann das Korrelat nur schwerlich eliminiert werden:

(22) Bürgermeister Metz betonte, dass es wichtig wäre, wenn der Gemeinderat geschlossen hinter dem Anliegen stehe. (M11/DEZ.06570)

(23) Natürlich sei es deshalb enttäuschend, wenn er jetzt feststellen müsse, dass seine Arbeit keinen Anklang gefunden habe. (SOZ12/JUN.04026)

Wie in Kap 4.1 erläutert, kann *es0* bei manchen Adjektiven der *klar*-Gruppe, wie *klar*, *bekannt* u. a., in Kopulakonstruktionen lediglich als bedingt fakultativ betrachtet werden und, wenn es eingesetzt wird, zum Stilelement werden. Zu der *klar*-Gruppe gehören ebenfalls die Adjektive, die auch *dass*-Sätze i. d. R. ausschließen und lediglich Interrogativsätze determinieren können (quasi die, unklar'-Gruppe), wie *unklar*, *fraglich*, *unsicher* u. a. Bei diesen Adjektiven gilt das *es*-Korrelat generell als fakultativ:

(24) Weil die Finanzmärkte dem Land misstrauen, ist fraglich, ob dies gelingt. (U10/FEB.02463)

(25) Schließlich sei es fraglich, ob die Dorfbewohner nach dem zeitlich begrenzten Programm widerstandslos die Waffen abgeben werden. (U10/JUL.02694)

(26) Aufgrund der Einsprachen gegen den Gestaltungsplan Güterschuppenareal sei es unsicher, wann über das Saalprojekt der Gemeinde auf dem Güterschuppenareal abgestimmt werden könne [...]. (A10/MAI.00269)

(27) Seit März war unsicher, wo und ob die 100 Kinder im Herbst überhaupt weiter in die private Reformschule gehen können. (NON13/AUG.27752)

6.1.2 Adjektivische Prädikatsnomina im Vorfeld des Matrixsatzes

Steht das Prädikatsnomen im Vorfeld, ist das *es*-Korrelat bei Adjektiven, PP und Partizipien, die mit Inf-Sätzen korrespondieren können und zu der *peinlich*-Gruppe gehören, nicht weiter als gewöhnlich zu betrachten. „Syntaktisch ist die Vorfeldstellung des prädikativen Adjektivs an sich schon, korrelat-hemmend', denn die Vergabe der formalen Merkmale ist halbwegs geklärt" (Zitterbart 2002a: 69), wie (28) zeigt:

> (28) Positiv ist schließlich, dass die Commerzbank unterm Strich beim Gewinn im ersten Quartal überhaupt ein Plus von 200 Millionen Euro ausweist. (U14/ MAI.00984)

Hinsichtlich der Satzstruktur der obigen Belege müssen bei der Analyse der *es0*-Problematik mehr semantische und syntaktische Faktoren berücksichtigt werden. Bei den Ergänzungsinterrogativsätzen[①], die von dem Frageadverb *wie* eingeleitet werden, ist von einem grundsätzlich regelmäßigen *es0*-Gebrauch auszugehen. In diesem Satzmodell kommt *es0* stets unabhängig vom Nebensatztyp vor, wie in (29) – (32) deutlich wird:

> (29) Wie wichtig ist es, berühmte Architektenstars nach München zu locken? (U11/ SEP.01607)
> (30) In und außerhalb der Partei sorgt das nun für Diskussionen: Wie legitim ist es, sein Staatsamt und den Parteiposten so offen zu verbinden? (U11/OKT.01515)
> (31) Wie wichtig ist es, dass Ihre Organisation stellvertretend diesen Frauen eine Stimme gibt? (T10/OKT.04014)
> (32) Wie realistisch ist es, dass ein Athlet aus Ihrem Verein den Sprung in den Weltcup schafft? (A10/JAN.05212)

Abgesehen von diesen *es0*-fordernden *wie*-Sätzen müssen bei der Aufstellung der relevanten Regeln die verschiedenen möglichen Formen von Subjektsätzen berücksichtigt werden, weil sie eine unterschiedliche *es0*-Freundlichkeit

---

① Auch Exklamativsätze können von *wie* eingeleitet werden, in denen *es0* obligatorisch bleibt:
• Wie schmerzlich war es, bei Dir zu stehen, dem Leiden hilflos zuzusehen. (SOZ11/AUG.00379)
• Wie schön ist es doch, sich mit den Kollegen am Ende des Sommers zu betrinken. (T11/ AUG.03110)

aufweisen. Betrachtet man die Inf- und *dass*-Subjektsätze, die am häufigsten bei Kopulakonstruktionen vorkommen und in vielen Fällen gegeneinander austauschbar sind, ergibt sich die Schlussfolgerung, dass Inf-Sätze deutlich häufiger mit *es0* korreliert werden als *dass*-Sätze, wenn das adjektivische Prädikatsnomen das Vorfeld einnimmt. Dieser quantitative Unterschied ist in den Belegsammlungen aus dem *SZ*-Korpus ersichtlich. Während weniger als 10% der *dass*-Sätze als Subjekt mit *es0* korreliert werden, kommt das Korrelat bei Inf-Sätzen in 945 Belegen von insgesamt 1500 vor, was einem prozentualen Anteil von 66% entspricht, wie Grafik 18 darstellt:

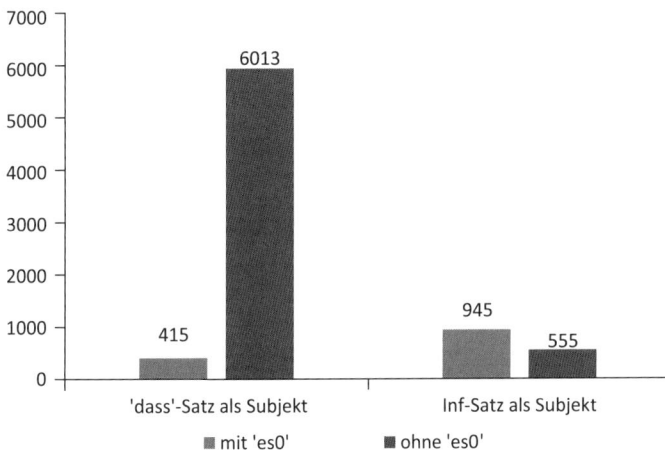

Grafik 18: Auftrittsquoten von *es0* in Kopulasätzen (adjektivisches Prädikativum im Vorfeld)[1]

Dieser signifikante Unterschied hinsichtlich der *es0*-Setzung ist auf die syntaktischen Eigenschaften der Nebensatztypen zurückzuführen. Topologisch betrachtet haben Inf-Sätze eine höhere Flexibilität gegenüber eingeleiteten Nebensätzen. Beispielsweise können Inf-Sätze das Mittelfeld eines Verbendsatzes besetzen (Scrambling), was eingeleiteten Nebensätzen nicht zugeschrieben wird[2]:

---

[1] Datenquelle: *SZ*-Korpus

[2]   Laut Rapp und Wöllstein (2013: 343f.) gilt eine kohärente Infinitivkonstruktion als markierte Form und es hängt von drei Faktoren ab, ob sie grammatisch erlaubt ist, nämlich die syntaktische Funktion der Infinitivkonstruktion, die Modalität des Matrixverbs (des einbettenden Verbs) sowie die Adjazenz von den zwei Konstituenten. Eine kohärente Infinitivkonstruktion sei nur möglich, wenn sie das direkte Objekt vertrete, unmittelbar linksadjazent zum Matrixverb stehe und das Matrixverb modal sei, wie in Bsp. (33). Für jeden Faktor wird ein Gegenbeispiel von Rapp und Wöllstein (2013: 344) zitiert:

• *weil sich *ihn* Maria zu kennen erinnert (Die Infinitivkonstruktion entspricht in diesem Satz keinem direkten Objekt, sondern einem Genetivobjekt.)

• *weil *ihn* die Frau zu vergessen *nicht* versucht (die linksadjazente Position wird von *nicht* besetzt.)

• *weil *es* die Frau zu wissen leugnet (*leugnen* zählt nicht zu modalen Verben.)

(33) In Hamburg darf „Gefahr im Verzug" jetzt aber nur noch angenommen werden, wenn der Fahrer zu fliehen versucht. (U10/JAN.02400)

(34) Auch wenn ein Gericht erlaube, dass die Karikaturen gezeigt würden? (U12/OKT. 01507)

(34a)??Auch wenn ein Gericht, dass die Karikaturen gezeigt würden, erlaube?

Bei einem Kopulasatz mit einem Inf-Subjektsatz kann Scrambling ebenfalls vorkommen:

(35) Dann muss er prüfen, ob es sinnvoll ist, dieses Labor zu übernehmen. (U12/ JAN.00421)

(35a)Dann muss er prüfen, ob dieses Labor zu übernehmen sinnvoll ist.

Des Weiteren ist es bei Inf-Sätzen bedingt möglich, die Satzglieder des Inf-Satzes in unterschiedliche Felder des Matrixsatzes zu versetzen. Laut der *GdS* (1997: 2186) handelt es sich beim Satz (36) um eine integrierte Konstruktion und der Inf-Satz ist als eine nicht geschlossene Stellungseinheit anzusehen. „Die Möglichkeit der integrierten Konstruktion grenzt Infinitivkonstruktionen gegenüber Nebensätzen in besonderer Weise ab" (ebd.).

(36) Auch über eine kurzfristige Zusammenarbeit lohne es sich nachzudenken. (integrierte Konstruktion)

(36a)Es lohnt sich, über eine kurzfristige Zusammenarbeit nachzudenken. (nicht integrierte Konstruktion)

Handelt es sich bei einem Inf-Satz um das Subjekt eines Kopulasatzes, wird die integrierte Konstruktion unterbunden. Dennoch ist das *Tough Movement*[1], bei dem das Objekt des Inf-Satzes in das Subjekt der *sein-zu*-Konverse umgestaltet wird, bei manchen adjektivischen Prädikatsnomina[2] möglich. Ggf. müssen das Kopulaverb

---

① Postal (1971: 27) hat diese Bewegung des Objekts zum Subjekt als *Tough Movement* bezeichnet, da das englische Adjektiv *tough* diese Bewegung bewirken kann:

• It is tough to imagine a world without movies. / A world without movies is tough to imagine.

In Nanni (1978: 30f.) ist eine Liste erstellt worden, in der möglichst viele englische Adjektive, die das *Tough Movement* erlauben, zusammengefasst sind (wie *easy, tough, simple, hard, difficult, boring, horrible* u. a.). Im Deutschen finden sich bisher noch keine diesbezüglichen Adjektivlisten.

② Im *T2*-Korpus sind Belege, die wegen des *Tough Movements* umformulierbar sind, folgende Adjektive betreffend: *leicht, einfach, schwer, schwierig, billig, günstig, teuer, hart, angenehm, anstrengend, mühsam* u. a.

und das Objekt des Inf-Satzes flektiert werden (Bsp. 37 und 37a), damit die Satzteile miteinander kongruieren können. Allerdings kann es u. U. lediglich durch einen Reihenfolgewechsel der Satzteile erzielt werden (37b). Das *Tough Movement* weist ebenfalls eine topologische Instabilität des Inf-Satzes auf:

> (37) Es ist schwer, Herrn K. zu überzeugen. Herr K. ist schwierig zu überzeugen.
>
> (37a) Es ist schwer, die Herren zu überzeugen. Die Herren sind schwer zu überzeugen.
>
> (37b) Es ist schwer, diese Frau zu überzeugen. Diese Frau ist schwer zu überzeugen.

Die topologische Flexibilität der Inf-Sätze kann nach Eisenberg (2013: 353) ein Grund dafür sein, dass sie nicht nach links mit einer Konjunktion abschließen. Die Abwesenheit der subordinierenden Konjunktion im Inf-Satz kann aber im Sprachkontakt zu der Frage führen, ob ein Satzteil (z. B. das Adverb *immer* in Bsp. 38) zum Matrixsatz oder zum Subjektsatz zählt, weil ein Komma im Satz oder eine Pause in einer mündlichen Kommunikation übersehen bzw. überhört werden kann (vgl. Marx-Moyse 1992: 330):

> (38) Helga Gissels größter Wunsch war es immer, Kinder um sich zu haben. (ebd.)

Die obengenannten Faktoren besagen, dass Inf-Sätze als Subjekt stärker als *dass-*, *ob-* und *w*-Sätze dazu neigen, das *es*-Korrelat zu bewirken, um das Verständnis des ganzen Satzstruktur zu erleichtern. In Kap. 6.1.2.1 wird zunächst auf die *es0*-Setzung bei Inf-Sätzen eingegangen.

6.1.2.1 Inf-Sätze als Subjekt

In Bezug auf die Inf-Subjektsätze können eine Reihe semantischer und syntaktischer Faktoren die *es0*-Setzung verlangen bzw. begünstigen. Beispielsweise wird in der Literatur oft erwähnt, dass die paarweise vorkommenden Konjunktionen *je ... desto / umso ...* ein obligatorisches *es0* im Matrixsatz erfordern. In Latour (1985) wird das folgende Beispiel zur Erörterung der Regelmäßigkeit angeführt:

> (39) Je schwieriger die Zeiten, desto dringender ist es, ... (Inf +) (Latour 1985: 118)

In der Tat gilt diese Regel ebenfalls für sämtliche anderen im Korpus aufgefundenen korrelativen Paare, wie z. B. *umso... als / weil...* oder *so... so...*. In folgenden Beispielen darf *es0* nicht getilgt werden:

> (40) Der Tiefbaufachmann machte aber auch eines klar: Je mehr Anlieger es für ein
> solches Vorhaben gebe, umso schwieriger sei es, alle Meinungen und Ideen
> neben der Finanzierung unter einen Hut zu bringen. (RHZ09/NOV.13993)
>
> (41) Umso schöner war es, in die strahlenden Kinderaugen – wie hier in Rutzendorf –
> zu blicken, als sie ihre tollen Geschenke bekamen. (NON14/APR.15187)
>
> (42) Doch so reich das Land an Rohstoffen ist, so schwer ist es bislang, jenseits der
> Kohle eine stabile Kooperation bei der Rohstoffförderung aufzubauen. (U11/
> OKT.02061)

Wie die korrelativen Paare trägt das *es*-Korrelat hier dazu bei, den Kopulasatz mit dem vorderen Satz oder Satzteil bezüglich der Proposition in Verbindung zu setzen. Auch wenn *desto*, *so* und *umso* als einteilige Konjunktionen im Satz auftreten, ist *es0* nicht weglassbar:

> (43) Seine Ministerriege hält Niedersachsens Ministerpräsident David McAllister
> aus dem Wahlkampf tunlichst raus: Die fähigsten waren amtsmüde, die
> anderen taugen nur zur Abschreckung. <u>Desto</u> wichtiger ist es, zum Abschied zu
> bilanzieren, was sie sich so geleistet haben. (T13/JAN.02243)
>
> (44) Sehr verehrte Frau Kreetz, <u>so</u> leicht ist es, das Blatt zu unterschätzen. (U11/
> SEP.02659)
>
> (45) Um glaubwürdig zu bleiben, müsse Le Monde frei von Einflüssen bleiben. <u>Umso</u>
> schwieriger ist es, einen passenden Investor zu finden. (U10/JUN.01682)

Abgesehen von den Konnektorenpaaren wird das adjektivische Prädikatsnomen häufig von Adverbien modifiziert:

> (46) <u>Ebenso</u> nötig sei es jedoch, die Finanzmärkte zu beachten. (U10/NOV.00904)
>
> (47) <u>Viel</u> schwieriger sei es gewesen, an gutes Hodengewebe für ihre Studie zu
> kommen. (U10/SEP.03484)

Laut der *Duden-Grammatik* (2009: 575) zählt ein großer Teil der Adverbien, die zu einem adjektivischen Prädikatsnomen im Vorfeld hinzutreten, zu den Modaladverbien, wie *genauso*, *ebenfalls* u. a.[①] Nach der Grund- und

---

① Nur ganz wenige Temporaladverbien (z. B.: *immer*) fungieren häufig im Kopulasatz als Attribut des Prädikatsnomens.

Steigerungsform der nachgestellten Adjektive (siehe Bsp. 46 und 47) können die Adverbien folgenderweise eingeteilt werden:

- nachgestelltes Adjektiv im Positiv: *besonders, ebenfalls, ebenso, entsprechend, ganz, genauso, sehr, wenig(er), ziemlich* u. a.
- nachgestelltes Adjektiv im Komparativ: *immer, noch, viel* u. a.

Es fällt bei der Betrachtung der Belege aus dem *SZ*-Korpus auf, dass die im Vorfeld als Attribut eingesetzten Adverbien eine begünstigende Wirkung auf den *es0*-Gebrauch haben. Um die Korrelation zwischen diesen Adverbien und der *es0*-Setzung erläutern zu können, werden sämtliche Belege aus dem *T2*-Korpus ausgelesen und zusammengestellt. Für den Satzbau ,ADV + ADJ + Kopulaverb + Inf-Satz' finden sich im Korpus insgesamt 3429 Belege, in 2632 davon wird *es0* eingesetzt, was einer Prozentzahl von 81,0% entspricht. In der Belegsammlung ist es auffällig, dass das Adjektiv *wichtig* in nahezu der Hälfte der Belege (1606 von 3429) vorkommt. Grafik 19 stellt die Häufigkeit der *es0*-Setzung im Satzbau ,ADV + ADJ (mit / ohne *wichtig*) + Kopulaverb + Inf-Satz' separat dar und macht den Unterschied der Ergebnisse in den Belegen mit und ohne *wichtig* deutlich:

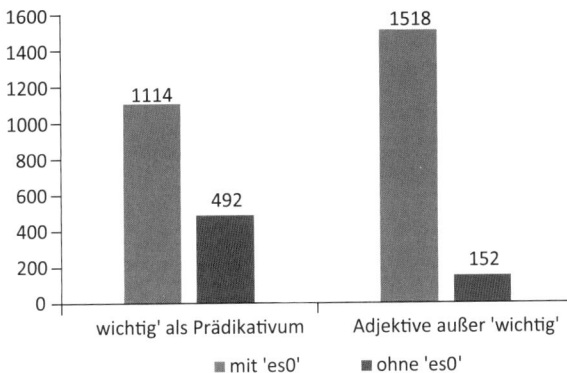

Grafik 19: *Es0*-**Setzung im Satzbau ,ADV + ADJ + Kopulaverb + Inf-Satz'**[1]

Die Verteilung der *es0*-haltigen und *es0*-losen Belege ist ein Beweis dafür, dass die dem Adjektiv vorangehenden Adverbien ein sehr starker *es0*-begünstigender Faktor sind und *wichtig* zu den Adjektiven zählt, die eine schwächere *es0*-Freundlichkeit aufweisen.[2] Die Häufigkeitsquoten der *es0*-Setzung bei häufig

---

[1] Datenquellen: *T*- und *T2*-Korpus

[2] Um eine größere Zuverlässigkeit der Ergebnisse von anderen Adjektiven zu gewährleisten, werden die Belege mit *wichtig* im kommenden Teil zunächst außer Acht gelassen.

vorkommenden Adverbien aus dem *T*- und *T2*-Korpus werden hier grafisch dargestellt:

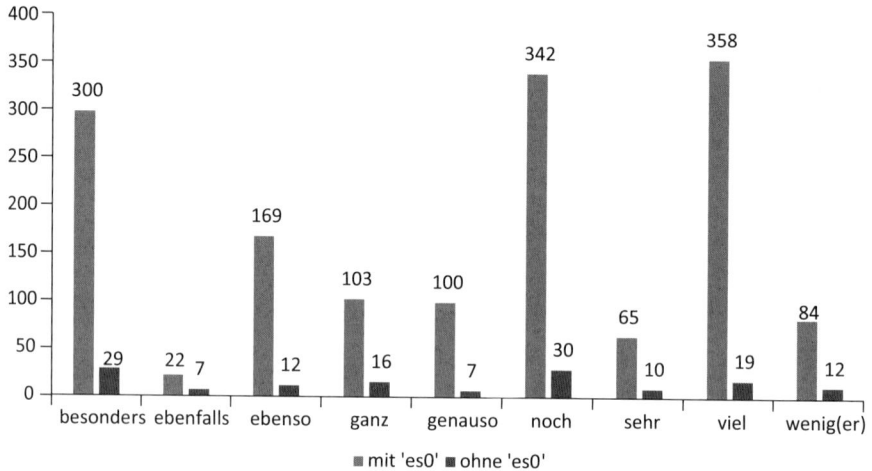

Grafik 20: *Es0*-Setzung bei häufig vorkommenden Adverbien

Hierfür einige Korpusbelege:

(48) Entsprechend reizvoll ist es für die Bürger im Freistaat, mit Photovoltaikanlagen Strom zu produzieren. (U11/FEB.01391)

(49) Ziemlich aufwendig wäre es auch, die Gülle nicht mehr auf die Felder zu sprühen, sondern in den Boden zu injizieren. (U13/JAN.02759)

(50) Besonders spannend war es für viele Besucher, sich die Fotos aus zwei Jahrzehnten Kindergartengeschichte anzuschauen. (BRZ12/SEP.08718)

(51) Aber ebenso falsch ist es, Frauen, die ihre Kinder in den Hort bringen müssen, als Egoisten oder als Rabenmütter zu bezeichnen. (A13/FEB.07438)

(52) Noch besser wäre allerdings, sich vorher gut zu überlegen, ob man wirklich ein Haustier haben möchte. (RHZ09/JUL.21638)

(53) Viel dringlicher war zunächst, Tempo 30 oder ein Lastwagen-Fahrverbot für die Altstadt umzusetzen. (A11/MAI.09658)

Wie Grafik 20 zeigt, kommen die Belege mit *es0* bei den Adverbien wie *entsprechend, ziemlich, ebenso* u. a. in einer signifikant höheren Anzahl vor als die *es0*-losen Belege (Bsp. 48 – 51). Allerdings ist im Korpus auch eine geringe Zahl Gegenbeispiele zu finden, deren Mittelfeld häufig von anderen Konstituenten besetzt wird (Bsp. 52 und 53).

Darüber hinaus muss die Steigerung der adjektivischen Prädikatsnomina bei den *es0-* begünstigenden Faktoren erwähnt werden. Aus den Korpora sind insgesamt 115 Belege ausgelesen worden, deren adjektivisches Prädikativum im Superlativ steht, wie z. B.:

> (54) Am schwierigsten wird es aber sein, die Lebenseinstellung zu ändern und Stress gar nicht erst entstehen zu lassen. (SOZ11/DEZ.04082)

Die *es0-*haltigen und *es0-*losen Belege in der Superlativ-Gruppe verteilen sich wie folgt:

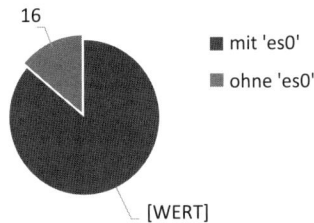

Grafik 21: *Es0-*Setzung in der Superlativgruppe[1]

Den 99 Belegen mit *es0* stehen 16 *es0-*lose Belege gegenüber, was zeigt, dass sich der Superlativ in dieser Satzstruktur als korrelatfreundlich erweist. Das lässt sich dadurch erklären, dass der Superlativ die Komplexität des Matrixsatzes stark steigert, weil er eine hierarchisierende Wirkung mit sich bringt und einen (indirekten) Vergleich mit dem Inhalt innerhalb oder außerhalb des schriftlichen Kontexts ermöglicht. Wie die folgenden Beispiele illustrieren, trägt *es0* hier dazu bei, die strukturelle Spannung zwischen dem Matrixsatz und dem Subjektsatz abzubauen:

> (55) Am sinnvollsten dürfte es sein, ihn nicht vom Repertoire her zu definieren, sondern von den sozialen und technischen Voraussetzungen her. (U10/SEP.04550)
>
> (56) Am schlimmsten ist es, nach dem Spiel vom Feld zu gehen und nicht verschwitzt zu sein. (HMP06/MAR.00930)

Bei den *es0-*losen Belegen fällt auf, dass ein *dativus iudicantis* oder eine *für-*PP häufig im Mittelfeld des Matrixsatzes auftritt:

> (57) Am liebsten wäre ihm, ganz ohne Imkerei zu arbeiten. (T10/MAI.03524)

---

[1] Datenquellen: *T-* und *T2-*Korpus

(58) Am liebsten ist beiden, von Anfang an dabei zu sein, zu beraten und das Projekt bis zur Abnahme wachsen zu sehen. (BRZ05/OKT.03822)

Wie das *es*-Korrelat können diese Satzglieder zur Verknüpfung der Teilsätze beitragen, weil sie sich sowohl auf das Prädikativ als auch auf die Proposition im Subjektsatz beziehen. Handelt es sich bei dem Subjektsatz um eine Infinitivkonstruktion, kontrolliert ein *dativus iudicantis* oder eine *für*-PP in den meisten Fällen das phonetisch leere Subjekt (PRO). Kommen sie nicht im Matrixsatz vor, ist die Kontrolle von PRO frei (vgl. Rapp & Wöllstein 2013: 345):

(59) Am wichtigsten ist für das Team$_{[(i)]}$ in der Fertigung, [PRO$_{(i)}$] auch bei dem neuen Modell das hohe Qualitätsniveau zu halten. (BRZ13/APR.03391)
(60) Am wichtigsten ist in der Fertigung, auch bei dem neuen Modell das hohe Qualitätsniveau zu halten. (Subjektkontrolle entfällt)

Folgerichtig kann gesagt werden, dass der Komparativ wie auch der Superlativ die *es0*-Realisierung in Kopulakonstruktionen motivieren kann, weil das adjektivische Prädikatsnomen im Komparativ ebenfalls eine Vergleichsrelation auf der Satz- oder Kontextebene etabliert. Um die Relation zwischen der *es0*-Setzung und dem Komparativ darzustellen, wird im folgenden Teil eine quantitative Teiluntersuchung durchgeführt, in der die Belege aus dem *SZ*-Korpus zusammengestellt werden. Damit andere syntaktische Faktoren die Ergebnisse weniger beeinflussen, werden zunächst die Belege, deren Vorfeld lediglich aus einem Adjektiv besteht (z. B.: *Sinnvoll(er) ist (es) ...*, +Inf-Satz), quantitativ analysiert. In Bezug auf die *es0*-Setzung ergeben sich für die Belege in der Positiv- und Komparativ-Gruppe die folgende Zusammenstellung:

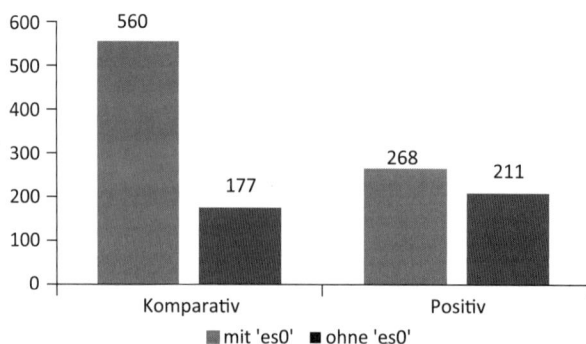

Grafik 22: *Es0*-Setzung bei Adjektiven in Komparativ und Positiv[1]

① Datenquelle: *SZ*-Korpus

Hinsichtlich der *es0*-Setzung fällt in Grafik 22 ein deutlicher Unterschied zwischen der Positiv- und der Komparativ-Gruppe auf: Während die *es0*-haltigen und *es0*-losen Belege in der Positiv-Gruppe nahezu gleichmäßig verteilt sind, kommt *es0* in der Komparativ-Gruppe in ca. 80% der Belege vor, was dafür spricht, dass der Komparativ das Erscheinen von *es0* in einer Kopulakonstruktion begünstigt.

Aus den Untersuchungsergebnissen in diesem Kapitel geht hervor: Je umfangsreicher und komplexer die Adjektivgruppe im Vorfeld des Matrixsatzes ist, desto wahrscheinlicher wird *es0* im Mittelfeld eingesetzt. Es liegen noch weitere Faktoren vor, die die Komplexität des Prädikativs erhöhen und deswegen den *es0*-Gebrauch begünstigen, wie z. B., wenn zwei oder mehr Adjektive im Vorfeld als Prädikativ stehen:

(61) Richtig und klug sei es gewesen, den Schaustellerbereich wieder selbst zu organisieren, ist Kandels erste Erkenntnis. (RHZ11/JUL.22672)

(62) „Irgendwie schwebend und erhebend" sei es, mit geschlossenen Augen auf dem Grantibrocken am Seil zu sitzen und sachte zu schwingen. (NUN14/APR.02515)

Allerdings muss den DaF-Lernern klar gemacht werden, dass es sich hier lediglich um Tendenzen handelt. Eine strukturell komplexe Adjektivgruppe kann im Vorfeld eine größere Spannung zwischen dem Haupt- und Nebensatz erzeugen. *Es0* kann hier dabei helfen, diese Spannung abzubauen und die Verständlichkeit des komplexen Satzes zu verbessern. Von einer absoluten Notwendigkeit ist lediglich in einzelnen Fällen die Rede.

6.1.2.2 Ergänzende *wenn*-Sätze

Didaktisch lassen sich die ergänzenden *wenn*-Sätze in Bezug auf diese Satzstruktur mit den Inf-Subjektsätzen assoziieren. Anders als die kanonischen eingeleiteten Subjektsätze (*dass*-, *ob*- und *w*-Sätzen) kommt das *es*-Korrelat in mehr als der Hälfte der Belege vor, um auf den syntaktischen Status des *wenn*-Satzes zu verweisen. Bei ergänzenden *wenn*-Sätzen bewahren sich die oben illustrierten Richtlinien und Generalisierungen ihre Gültigkeit. Das *es*-Korrelat in (63) und (64) ist wegen der Konjunktionen *desto* und *so* unentbehrlich. In (65) und (66) wird *es0* stark begünstigt, kann aber alternativ eliminiert werden.

(63) Je perfekter jemand sein will, desto schlimmer ist es, wenn es dann anders

kommt. (U11/AUG.00182)

(64) So spannend der sukzessive Aufbau dieser großen Verschwörung ist und so ehrgeizig man als Leser wird, die verschiedenen Personenkonstellationen zu entwirren, <u>so frustrierend ist es allerdings</u>, wenn man auch nach mehrmaliger Lektüre das Gefühl hat, dass zwar alles irgendwie diffus miteinander zusammenhängt – dieser Fall aber letztlich nicht zu lösen ist. (U12/AUG.00635)

(65) Und ganz schlecht wäre es für ihn, wenn der Krimi um die Mongolin in eine neue Folge ginge – und er darin doch noch eine Rolle spielen sollte. (U13/APR.00680)

(66) Besser wäre es, wenn ein ganzes Dutzend höchst unterschiedlicher Personen antreten würde. (U11/MAI.00542)

6.1.2.3 *Dass*-Satz und *ob*- / *w*-Interrogativsatz

Wie Grafik 18 zeigt, wird ein *dass*-Satz als Subjekt vorzugsweise unkorreliert extraponiert. Handelt es sich beim Subjektsatz um einen extraponierten *ob*- oder *w*-Interrogativsatz, bilden die Matrixsätze mit *es0* ebenfalls eine kleine Gruppe. Diese Korrelat-Unfreundlichkeit hängt von der Verweisfunktion der nebenordnenden Konjunktionen ab. Konjunktionen wie *dass* u. a., die den Subjektsatz einleiten, weisen auf dessen Kommen hin, was die Notwendigkeit des *es*-Korrelates wesentlich schwächt:

(67) Es gibt einige Vorschläge zur Lösung der Schuldenkrise, hinderlich ist nur, <u>dass</u> jedes Land zuerst den eigenen Vorteil sieht. (U11/JUL.03159)

(68) Diskussionswürdig ist aber, <u>ob</u> die Versicherten selbst Eigentümer der Alterungsrückstellungen sind, die ja immerhin auf ihren Eigenleistungen beruhen. (U13/JUN.00280)

Obwohl das *es* im Satzbau der Belege (67) und (68) auf der grammatischen Ebene nicht notwendig ist, kann es bestimmte pragmatische Funktionen ausüben und deswegen alternativ realisiert werden. Eine wichtige Funktion des *es*-Korrelats ist laut Zitterbart der Verweis auf Vorerwähntes und die thematische Progression. „Der Sprecher / Schreiber nimmt mit *es* das wieder auf, wovon schon die Rede war. Gleichzeitig weist dasselbe *es* als Progressionsindikator / Rhemaexponent auf etwas hin, das noch zu sagen ist, und zwar auf den Nebensatzinhalt" (Zitterbart 2002b: 183). In diesem Sinne könne *es0* als „in diesem Zusammenhang" (ebd.) paraphrasiert werden, wie das folgende Beispiel darstellt:

(69) [1] Spanische Banken können ihre Kredite also bei der EZB refinanzieren, das allerdings nur <u>mit einem Abschlag</u>. [2] So möchte die EZB <u>ihr Verlustrisiko begrenzen</u>. [3] Möglich wäre es, dass die EZB <u>diese Risikoabschläge weiter absenkt</u>. (U13/MAI.01275)

In diesem Abschnitt ist eine *einfache lineale Progression*[1] vorhanden. Das Rhema im vorderen Satz wird zum Thema des kommenden Satzes. Das *es0* in Segment [3] fungiert als ein Vorerwähntheits- und Progressionssignal, kann aber auch alternativ getilgt werden:

Thema	Rhema
[1] Spanische Banken, EZB	ihre Kredite refinanzieren, mit einem Abschlag
[2] EZB, (mit dem Abschlag)	ihr Verlustrisiko begrenzen
[3] EZB, Abschlag, (Ziel: Verlustrisiko begrenzen)	Abschläge weiter absenken

Ausgenommen von der Vorerwähntheit erfüllt *es0* im Kopulasatz auch die Funktion, bestimmte logische und thematische Relationen hervorzuheben. Als Beleg dafür kann angeführt werden, dass *es0* im Kopulasatz mit den paarweise vorkommenden Konnektoren (*je - desto* u. a.), die eine kausale oder konditionale Relation zwischen zwei oder mehr Teilsätzen aufbauen können, mit deutlich höherer Wahrscheinlichkeit auftritt:

(70) So sehr man es sich auch wünsche, <u>so selten sei es</u>, dass Patienten nach einem derart schweren Gehirntrauma ohne dauerhafte Schäden blieben. (U11/JUN.01895)

(71) „Je höher der Zins, <u>desto wahrscheinlicher ist es</u>, dass Portugal und in der Folge auch Spanien unter den EU-Rettungsschirm muss", sagt Gernot Griebling, Anleihe-Experte der Landesbank Baden-Württemberg. (U11/JAN.01162)

Anders als bei Inf- und *wenn*-Sätzen kann das *es*-Korrelat in (70) und (71) fehlen. Die Belege bleiben dann korrekt. Für die Signalisierung eines Kontrastes oder Vergleiches findet sich noch ein typisches Beispiel zum Thema Kinderschutz in der *Süddeutschen Zeitung*:

---

[1] Hinsichtlich der kontextbezogenen Thema-Rhema-Analyse werden in Daneš (1970: 75ff.) fünf verschiedene Typen der thematischen Progression unterschieden: Einfache lineare Progression; Progression mit einem durchlaufenden Thema; Progression mit abgeleiteten Themen; Entwickeln eines gespaltenen Rhemas; Progression mit einem thematischen Sprung.

(72) [1] Es ist kein schlechtes Gesetz, es ist allerdings zu zahm, um den deutschen Kinderschutz weit voranzubringen. [2] <u>Sinnvoll ist</u>, dass Familienhebammen künftig junge Mütter in Krisensituationen unterstützen können; [3] <u>weniger sinnvoll ist es</u>, dass dies andere Fachleute – etwa dafür ausgebildete Kinderkrankenschwestern – nicht tun sollen. [4] <u>Sinnvoll ist es</u>, dass Kooperationen von Kinderärzten mit Jugendämtern partiell vom Staat finanziert werden; [5] <u>wenig sinnvoll ist es</u>, dass Krankenkassen daran weiterhin nicht beteiligt sind. [6] Denn beides, die Familienhebammen wie die Kooperation der Fachleute, dient der Prävention von Misshandlungen, mithin der Vermeidung schwerer körperlicher und seelischer Verletzungen. [7] Das zu bezahlen, ist Aufgabe der Krankenversicherungen, nicht Aufgabe des Bundes. (U11/DEZ.01612)

Die Themen in den Segmenten [2] – [7] werden von dem Hyperthema [1] (zahmes Gesetz zum Kinderschutz) abgeleitet. Die Kontrast-Verknüpfungen zwischen Segmenten [2] und [3] sowie zwischen [4] und [5] werden dadurch hergestellt, dass die Prädikatsnomina *sinnvoll* und *wenig(er) sinnvoll* in semantischer Opposition stehen. Der Kontrast wird durch die Setzung von *es0* in [3] und [5] verstärkt. Das Korrelat in [4] dient zur Hervorhebung des thematischen Zusammenhangs zwischen dem Sachverhalt im extraponierten Subjektsatz (staatliche Finanzierung) und dem Hyperthema. Dennoch ist hier anzumerken, dass alle drei *es0* in [3] – [5] weglassbar sind, ohne grammatikalisch Anstoß zu erregen. Die Korrelate hier tragen ebenfalls zur stilistischen Abwechslung bei und hängen vom individuellen Schreibstil ab (vgl. u. a. Zitterbart 2002a: 75). Didaktisch kann man das Korrelat bei einem im Vorfeld versetzten adjektivischen Prädikatsnomen als, fakultativ, aber häufig ausgespart' vermitteln und den Lernenden die Entscheidung darüber überlassen, ob ein *es0* vor dem eingeleiteten Nebensatz eingesetzt wird. Das gilt auch für die Partizipien I, PP und manche adjektivähnliche Formulierungen wie *alles andere als ...* In (73) kann das *es* im Mittelfeld des Matrixsatzes gelöscht und in (74) – (76) ergänzt werden:

(73) Entscheidend wird es sein, ob der Präsident die Sicherheitslage verbessern kann. (U14/JUN.01708)

(74) Von Bedeutung könnte auch sein, dass im Rahmen des regulären Rotationsverfahrens bei der Fed neue Mitglieder in den Offenmarktausschuss kommen. (U13/JAN.03954)

(75) Und alles andere als normal ist schließlich, dass die Kunstsammlung des Hauses bislang nur ein Dutzend Arbeiten umfasst. (Z10/SEP.03227)

(76) Mehr als erfreulich sei dagegen, dass der Verein das Start-Darlehen der Gemeinde in Höhe von 15 000 Euro bis auf die Restsumme von 3400 Euro ablösen konnte. (RHZ12/MAR.34447)

6.2 Substantivische Prädikatsnomina

Dieses Kapitel wendet sich den Auftretensbedingungen von *es* für den Fall zu, wenn ein substantivisches Prädikatsnomen in einer Kopulakonstruktion steht und der Subjektsatz extraponiert wird.

6.2.1 Substantivische Prädikatsnomina im Mittelfeld des Matrixsatzes

Wie in Kap. 6.1 werden zunächst folgende Satzmodelle bezüglich der *es0*-Setzung betrachtet:

- deshalb ist (es) ein Vorteil, dass ...
- weil (es) ein Vorteil ist, dass ...
- dessen / deren Vorteil (es) ist, dass ...

Bei adjektivischen Prädikativnomina kommt *es0* in diesen Satzmodellen mit deutlich höherer Wahrscheinlichkeit vor, als wenn das Prädikatsnomen ins Vorfeld versetzt ist. Diese Tendenz zeichnet sich auch bei substantivischen Prädikatsnomina ab. Latour (1985: 117) behauptet, dass *es0* in diesen Satzmodellen „fast immer" auftritt. Mit folgenden Beispielen hat der Autor seine These illustriert, wobei es allerdings noch an genaueren Analysen fehlt.[1]

(77) Daher ist es eine biologisch naheliegende Vermutung, daß...

(78) Natürlich ist es kein Zufall, daß...

(79) Nach Auffassung des Unternehmerverbandes ist es aber Tatsache, daß...

(80) Natürlich ist es doch das Ziel, (Inf+) (ebd.)

Werden eine größere Anzahl von Korpusbelegen dieser Satzmodelle betrachtet, so lässt sich feststellen: Die Wahrscheinlichkeit der *es0*-Setzung steht nicht nur mit der Reihenfolge der Satzglieder, sondern auch eng mit dem Artikel des Prädikatsnomens

---

[1] „Zwar wären erheblich umfangsreichere Untersuchungen erforderlich, um es [hier ist *es0* gemeint; Y.Y.] als obligatorisch zu bezeichnen, dennoch dürften Ausnahmen selten sein" (Latour 1985: 117).

im Zusammenhang. Außerdem spielen dabei die Nebensatztypen und die *es0*-Freundlichkeit der jeweiligen Substantive eine Rolle. Determiniert ein bestimmter Artikel (seltener: ein Demonstrativartikel) das Prädikatsnomen, steht es dem jeweiligen Autor frei, ein *es0* zur Verstärkung des Matrixsatzes einzubetten oder nicht, wie die folgenden *es0*-haltigen und *es0*-losen Belege bei *Problem* und *Ziel* in Kopulakonstruktionen zeigen:

(81) Hier war das Problem, dass wir zuerst nur feines Salz bekommen haben, das grobe war wohl zu teuer. (U14/FEB.03461)

(82) Vielleicht ist es das allgemeine Problem eines Satirikers, dass jeder Satz eine Pointe sein muss. (NON11/FEB.17801)

(83) Vielmehr ist das Ziel des Trainers, möglichst viel auszuprobieren, damit seine Spielerinnen Erfahrungen sammeln können. (RHZ13/NOV.00896)

(84) Während [...] versuchen will, wieder an alte Erfolge anzuknüpfen, ist es das Ziel der Opposition, die schwarze Mehrheit weiter zurückzudrängen. (RHZ14/MAI.05424)

Die folgende Grafik zeigt die Ergebnisse einer Teiluntersuchung, in deren Belegen *Problem* oder *Ziel* als Prädikatsnomen zusammen mit *das / dieses* im Mittelfeld des Matrixsatzes steht:

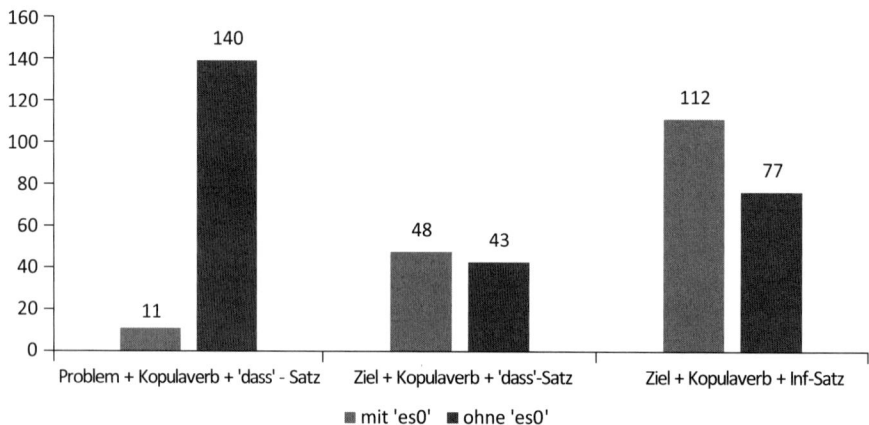

Grafik 23: *Es0*-Setzung bei *Problem* und *Ziel* in Kopulakonstruktionen[①]

Grafik 23 zeigt, dass beim Substantiv *Problem* die *es0*-losen Belege gegenüber den *es0*-haltigen quantitativ deutlich überwiegen und bei *Ziel* die Belege mit *es0*

---

① Datenquelle: *T2*-Korpus

eine bescheidene Mehrheit bilden. Außerdem stellt sich aus der Belegsammlung von *Ziel* heraus, dass die *es0*-Setzung stärker begünstigt wird, wenn ein Inf-Satz extraponiert wird. Hieraus lassen sich allerdings keine klaren Regeln für die Didaktik ableiten. Das *es*-Korrelat ist bei beiden Subjektiven als fakultativ einzustufen. Dass *es0* bei *Ziel* häufiger vorkommt als bei *Problem*, liegt an der unterschiedlichen Korrelatfreundlichkeit der Prädikatspronomina. Sollten Belege bei anderen Substantiven mit bestimmtem Artikel betrachtet werden, ist die fakultative *es0*-Setzung weiterhin festzuhalten:

(85) Deshalb ist [(es)] die eigentliche Überraschung, dass nicht bereits schon viel mehr Bankangestellte Kundendaten haben mitgehen lassen, um sie meistbietend zu verkaufen. (SOZ10/FEB.00214)

(86) So wie im Vorjahr war es das Bestreben [/ war das Bestreben] von Stadträtin Wiesmüller, dass sie den Voranschlag für 2011 wieder ausgleichen konnte. (NON10/DEZ.16718)

(87) Dabei sei [(es)] der Fehler gewesen, dass die Polizei nicht schnell genug zum Einsatzort gelangt sei. (T10/OKT.00742)

(88) Und da ist es fast die Pflicht [/ ist fast die Pflicht] der Stadtverantwortlichen, im Sinne ihrer Bürger auch die juristischen Möglichkeiten auszuschöpfen. (NON12/JUN.15586)

Hat das Substantiv einen anderen Artikel (als den bestimmten) vor sich oder handelt es sich dabei um den Gebrauch des Nullartikels, sind die Verhältnisse der *es0*-Setzung komplizierter. Zunächst ist zu betonen, dass *es0* in *negierten Aussagesätzen* durchaus als obligatorisch einzustufen ist, wenn ein Negationsadverb wie *nie, nicht, kaum* u. a. oder der Negationsartikel *kein* als Attribut dem im Mittelfeld stehenden substantivischen Prädikativum vorangeht[1]. Diese Richtlinie betrifft sowohl V2- als auch VL-Matrixsätze. Wie die folgenden Belege zeigen, wird

---

[1] Im Gegensatz dazu unterbindet ein nachgestelltes Negationsadverb aus syntaktischen Gründen die *es0*-Setzung:

• Vielleicht ist die Gefahr nicht, dass Julien Assange der neue Lenin wird, sondern dass der „DSDS"-Politiker Karl-Theodor zu Guttenberg eine Art digitaler Berlusconi werden könnte. (T10/DEZ.00644)

• Ich sage es einmal so: Auch hier ist das Problem nicht, dass man gegen den eigenen Kandidaten stimmt. (U10/JUL.03439)

Es0, wenn es überhaupt im Matrixsatz eingesetzt wird, muss direkt auf dem Kopulaverb folgen. In diesem Fall muss das Negationsadverb dem substantivischen Prädikatsnomen vorangehen:

• *Auch hier ist es das Problem nicht, dass ...

• Auch hier ist es nicht das Problem, dass ...

es0 in quantitativer Hinsicht kaum getilgt:

(89) Für einen großen Konzern, der ABC, CBS und NBC mit Anzeigen fütterte, war es kein Problem, eine Show absetzen oder umschreiben zu lassen. (U10/OKT.00941)

(90) So war es kaum ein Zufall, dass er sich nach dem Abschluss des Wirtschafts- und Politik-Studiums den Liberalen anschloss. (U10/JUN.03778)

(91) Und zweitens ist es nicht Aufgabe der EZB, den Wechselkurs zu steuern. (U14/MAI.01146)

(92) Zwar bestätigte auch Ribbeck, daß es sicher kein Nachteil sei, „daß die Bayern so gut drauf sind". (U99/MAR.21472)

(93) Man könnte daher vermuten, dass es kein Zufall ist, dass nicht eine einzige der 17 (siebzehn) Banken fallende Kurse vorhersagt, sondern alle die Welt in Rosa malen. (U08/JUL.02076)

Bei affirmativen Aussagesätzen ist hinsichtlich der *es0*-Setzung lediglich von Tendenzen die Rede. Allgemein gesagt selegiert das substantivische Prädikatsnomen das *es*-Korrelat mit hoher Wahrscheinlichkeit, und die Tendenz zur *es0*-Setzung wird noch deutlicher, wenn es sich bei dem Subjektsatz um einen Inf-Satz oder ergänzenden *wenn*-Satz handelt:

(94) Über Jahrzehnte war es Aufgabe der Bundeswehr, den Ernstfall im geteilten Heimatland zu verhindern. (U10/DEZ.03045)

(95) Für das Kino war es ein Glücksfall [/ war ein Glücksfall], für die Medizin fast ein Wunder, dass Dennis Hopper vor knapp zwei Wochen, am 17. Mai, noch seinen 74. Geburtstag erlebte. (M10/MAI.40543)

(96) Offiziell dient das dem Schutz, in Wirklichkeit ist es eine Methode, fünf Euro pro Person einzusammeln und die Anziehungskraft eines Orts sogar noch zu steigern. (U11/JUN.02161)

(97) Außerdem sei es ein „Nullsummenspiel" für die Gemeinde, wenn die „geschäftsführenden Gemeinderäte die Vorsitzenden in den Ausschüssen sind". (NON10/APR.05736)

(98) Trotzdem ist es eine Katastrophe, wenn Ratingurteile mehr vom Eigennutz der Agenturen getrieben werden als von der Bonität eines Landes. (U11/AUG.03062)

Der Grund für diese Tendenzen kann folgendermaßen formuliert werden: Der bestimmte Artikel kann sich auf ein Attribut des Prädikatsnomens (wie in Bsp.

86 und 88) oder einen vorerwähnten Sachverhalt beziehen (Bsp. 87) und so eine Verbindung zwischen dem Kopulasatz und dem vorangehenden Kontext herstellen. Dadurch wird der Matrixsatz stärker hervorgehoben, was die Notwendigkeit der *es0*-Setzung schwächt. Wird das Prädikatsnomen mit einem Artikel anderer Art (also nicht mit einem bestimmten Artikel) näher bestimmt, tritt *es0* häufig zur Verstärkung des Matrixsatzes auf. Die Auftretensbedingungen von *es0* scheinen hier aber nicht von strikten Regeln erfassbar zu sein.

DaF-Lerner sollten im Falle des unbestimmten Artikels sowie Possessiv- und Nullartikels stets ein *es0* in der Kopulakonstruktion einsetzen, anstatt beim Schreiben alle Besonderheiten im Kopf zu behalten. Wird das Prädikatsnomen bereits von *das / dieses* usw. betont, kann man je nach Umfang des Matrixsatzes erwägen, ob ein *es0* im Matrixsatz das Verständnis des Satzbaus vereinfachen kann und realisiert sein soll. Die oben zusammengefassten Richtlinien gelten ebenfalls, wenn es sich bei dem Matrixsatz um einen eingeleiteten Nebensatz handelt. In Belegen wie (99) – (103) wird *es0* eher nicht unterbunden:

> (99) „Wir möchten auch darauf hinweisen, dass es keine Schwäche ist, sich Hilfe zu holen", betonte Brückner. (U12/SEP.02042)
> (100) Die Union der Syrischen Journalisten sagt zu solchen Fällen kein Wort, obwohl es ihre Aufgabe wäre, nach dem Schicksal von Journalisten zu fragen. (T12/FEB.04002)
> (101) Wir haben Hinweise darauf, dass es sogar ein Vorteil ist, wenn die Klassen eher heterogen sind. (T12/DEZ.01966)
> (102) In der allgemeinen Umfrage hielt Rolf Züllig fest, dass es gar keine Frage sei, ob die Badi Schönenbodensee erhalten bleibe. (A11/NOV.13686)
> (103) Ich finde aber, dass es ein gutes Zeichen ist, dass sein Gehalt öffentlich diskutiert wird. (BRZ12/APR.08952)

Durch den Gebrauch bestimmter Artikel wird der Spielraum für die *es0*-Ellipse vergrößert. Hierzu zählen auch die Matrixsätze, die von den Relativpronomina *dessen* und *deren* eingeleitet werden:

> (104) Ein Nutzer schreibt, das Projekt wolle offenbar beweisen, „dass [(es)] das eigentliche Problem ist, dass Obdachlosigkeit keinen Nutzen bringt". (U12/MAR.02112)
> (105) Dann begann der Berlin-Hype: Immer öfter traf ich Leute, deren Traum es war [/

deren Traum war], in Berlin zu leben. (T10/NOV.01048)

6.2.2 Substantivische Prädikatsnomina im Vorfeld des Matrixsatzes

Fernerhin wird der Satzbau, in dem das substantivische Prädikatsnomen ins Vorfeld rückt, bezüglich der *es0*-Setzung untersucht, wie z. B.:

> (106) Der Grund dafür ist, dass allein in diesem Jahr zwölf neue Schiffe auf den deutschen Markt kommen. (U10/SEP.04866)
> (107) Mein Traum war es, eine eigene Firma zu haben und meine Ideen umzusetzen. (U14/FEB.00298)

Während das *es0* in (107) gestrichen werden kann, ist es kaum möglich, ein *es*-Korrelat im Satz (106) zu ergänzen. Auffällig ist aber auch, dass *es* bei dem Substantiv *Grund* auch im Vorfeld nicht als Korrelat fungieren kann, sondern nur als eine anaphorische Proform, die sich auf die vorangehende Proposition bezieht. Durch die Umstellung wird der Sinn des Satzes geändert:

> (106a) Es ist der Grund dafür, dass allein in diesem Jahr zwölf neue Schiffe auf den deutschen Markt kommen.

Im Beleg (106) steht der Grund im *dass*-Satz, während er im Satz (106a) im vorangegangenen Satz steht. Das *es* verweist auf den vorherigen Satz und sollte korrekterweise durch „das" ersetzt werden.

Es stellt sich hier nun die Frage, welche Substantive bei extraponiertem Subjektsatz vorzugsweise ins Vorfeld gerückt werden (wie *Grund* in Bsp. 106) und ob diese Substantive generell kein Korrelat im Mittelfeld des Matrixsatzes erlauben. Marx-Moyse (1992) stellt die These auf, dass *es0* weder an der Satzspitze noch im Mittelfeld stehen kann, wenn eine Gruppe der Substantive in einer Kopulakonstruktion „mit bestimmtem Artikel auftritt und die Nominalgruppe, assoziativ-anaphorisch' funktioniert"[①] (Marx-Moyse 1992: 317). Zu der „assoziativ-

---

① Mit ‚assoziativ-anaphorisch' ist gemeint, dass eine NP im vorangehenden Kontext zwar nicht direkt erwähnt wird, aber in einem gewissen weiteren Sinn als anaphorisch zu betrachten ist, weil sie von den bereits erwähnten Propositionen abhängt. Ein Beispiel ist die NP *die Möbel* im folgenden Satz. Es ist zu erwarten, dass der Leser *die Möbel* als *die Möbel in seiner neuen Wohnung* versteht:
• Seine neue Wohnung ist schön. Die Möbel sind geschmackvoll.

anaphorischen Nominalgruppe" (ebd.: 318) können laut der Autorin folgende Substantive zählen: *der Beweis*, *das Ergebnis*, *die Folge*, *der Grund*, *der Nachteil*, *der Unterschied* und *die Wirkung*. Im Folgenden zwei Belege aus ihrem Beitrag:

> (108) Die natürliche Folge war, daß auch die Geistlichkeit verweltlichte. (ebd.)
> (109) Der Nachteil an dieser Lösung ist, daß das Lexikon (...) auf diese Weise ungeheuer aufgeschwemmt würde. (ebd.)

Marx-Moyse vertritt hier die Ansicht, dass substantivische Prädikatsnomina wie *Folge* oder *Nachteil* nicht ins Mittelfeld gerückt werden können, wobei das Vorfeld entsprechend mit dem *es*-Korrelat besetzt wird (vgl.: ebd.). Das kann durch einen Permutationstest widerlegt werden: Während der Beleg (108a) zwei Interpretationen zulässt und *es* sowohl als Korrelat als auch als Proform der vorangehenden Proposition aufzufassen ist, ist in (109a) der syntaktischen Status von *es* als Korrelat ganz deutlich zu erkennen. Authentische Belege wie (110) finden sich ebenfalls im Korpus:

> (108a) Es war die natürliche Folge, daß auch die Geistlichkeit vewelltlichte.
> (109a) Es ist der Nachteil an der Lösung, daß das Lexikon (...) auf diese Weise ungeheuer aufgeschwemmt würde.
> (110) Es ist der Nachteil einer Stadttheater-Aufführung, dass sie auf vokale „Generalisten" angewiesen ist [...]. (U10/APR.02884)

Laut der *GdS* verfügen Substantive wie *Grund*, *Beweis* u. a. „über potentiell zwei verschiedene Argumentstellen, die durch einen Komplementsatz realisiert sein können" (*GdS* 1997: 1452). In Anlehnung an Sitta (1971: 59) werden die beiden Argumentstellen jeweils als „worin X besteht" und „wofür X gilt" bezeichnet (ebd.). „Von diesen beiden Stellen ist nur die erstgenannte (‚worin X besteht') in Kopulakonstruktionen subjektfähig. Beide können – jeweils die andere Interpretation ausschließend – als attributive N-Komplemente auftreten, jedoch überwiegt hier die Interpretation, wofür X gilt' [...]" (ebd.):

> (111) <u>Daß ich noch alles wahrnehmen kann</u>, ist ein Beweis, <u>daß ich noch lebe</u> [.] (Sitta 1971: 59)
>   ‚worin X besteht'   , wofür X gilt'
> (112) <u>Dass er es überhaupt tut</u>, ist der Grund, <u>warum Karl keine Mithörer möchte</u>. (T14/FEB.00935)
>   ‚worin X besteht'   , wofür X gilt'

Die Substantive mit den beiden Argumentstellen sind unter anderem:

- *Grund, Ursache, Anlass, Auslöser, Hintergrund ...*
- *Beweis, Beleg ...*
- *Folge, Konsequenz, Resultat, Ergebnis, Folgerung, Effekt, (Aus)Wirkung, Preis, Reaktion, Strafe*[1] *...*
- *Voraussetzung, Bedingung ...*
- *Zeichen, Symbol, Signal, Indiz, Anzeichen, Indikator, Hinweis ...*

Bei Substantiven mit dem Sem [+kausal], wie *Grund* usw. kommt nahezu ausschließlich das sententiale Komplement mit der Interpretation, wofür X gilt' im Nachfeld vor, wenn das Substantiv als Prädikatsnomen im Mittelfeld steht (siehe Beleg 112). Wird der ins Nachfeld extraponierte Nebensatz als, worin X besteht' interpretiert und bezieht sich auf den Grund, muss das Prädikatsnomen i. d. R. ins Vorfeld rücken. Das *es0* würde sich in den folgenden Belegen erübrigen, wenn es eingesetzt würde[2]:

(113) Ursache des Zusammenstosses war, dass der Lokführer eines Thurbo-Zugs zu früh losgefahren war und ein rotes Signal missachtet hatte. (A13/FEB.08755)

(114) Ein Grund könnte sein, dass das Bohrloch bei der Explosion am 20. April, die zum Untergang der Bohrinsel Deepwater Horizon führte, beschädigt wurde. (U10/JUL.03121)

---

[1] Bei manchen Substantiven wie *Zeichen*, *Signal*, *Strafe*, u. a. kann das Komplement, wofür X gilt' im Kontext nicht vorhanden sein. Im folgenden Beispiel bezieht sich die „Strafe" auf keine bestimmte Angelegenheit.

• „Es ist keine Strafe, in die Tagespflege zu gehen, sondern für viele das Highlight der Woche." Pflegedienstleiterin Beatrix Mertes berichtet von ihren Erfahrungen. (RHZ11/FEB.00153)

[2] Als Ausnahme gilt hier ein selten auftretender Satzbau, in dem das Substantiv *Grund* oder *Anlass* mit einer PP näher bestimmt wird, die aus *zu* und einem Substantiv bzw. einem nominalisierten Verb besteht. In diesem Fall können das Prädikatsnomen im Mittelfeld und der Subjektsatz im Nachfeld stehen. *Es0* ist im Mittelfeld des Matrixsatzes obligatorisch, wie folgende Belege zeigen:

• Für die Bürgerinitiative sei es kein Grund zum Aufatmen, dass die Notmaßnahmen zur ersten Stabilisierung des Atommüll-Endlagers Morsleben jetzt abgeschlossen wurden. (BRZ11/MAI.05603)

• Eigentlich ist es ein Grund zur Freude, dass auch im Biologieunterricht endlich auf soziokulturelle Einflüsse auf die Sexualität eingegangen wird. (U11/SEP.03725)

Im eingeleiteten Kopulasatz ist *es0* ebenfalls obligatorisch:

• Gerhard findet, dass es ein Grund zum Stolzsein ist, „dass wir mittlerweile über zwei Generationen von demokratischer Tradition nach dem Zweiten Weltkrieg sprechen dürfen". (RHZ06/SEP.25123)

Bei *Zeichen*, *Beweis*, *Voraussetzung* u. a. kann der Subjektsatz in wenigen Fällen direkt dem Prädikatsnomen folgen, wenn eine Ambiguität ausgeschlossen wird, wie in (115) und (116):

(115) Es ist erstaunlich und ein Beweis der Erstklassigkeit der deutschsprachigen Literaturlandschaft, dass viele der sehr umfangreichen Romane Mo Yans bereits jetzt in guten Übersetzungen vorliegen. (Z12/OKT.00466)

(116) Aber sicherlich ist [(es)] eine Bedingung für Erfolg in der Kunst, dass man mehr tut als normal. (A13/SEP.02341)

In (116) kann alternativ ein *es*-Korrelat eingesetzt werden, um auf das Vorkommen des Subjektsatzes zu verweisen. Unabhängig davon, ob der bestimmte Artikel dem Substantiv vorangeht, fungieren die oben aufgelisteten Substantive in Kopulakonstruktionen als Anknüpfungselement an die Propositionen ‚wofür X gilt‘ und ‚wofür X gilt‘. Weil der inhaltliche Zusammenhang bereits klar hergestellt ist, scheint ein *es*-Korrelat im Mittelfeld des Matrixsatzes markiert zu sein, wenn das Prädikatsnomen ins Vorfeld rückt:

(117) Bedingung dafür ist [?es], dass man bereit ist, selbst etwas mit der Leihgemeinschaft zu teilen. (T13/FEB.03931)

(118) Bester Beweis dafür ist [?es], dass die Arbeitslosigkeit in Niederösterreich im Mai 2010 um 3,5 Prozent zurückgegangen ist. (NON10/JUN.17438)

Daher ist das *es0* vorzugsweise in Matrixsätzen mit umfangreichen Satzgliedern zu finden:

(119) Denn fundamentale Bedingung für den Transfer sei es aus spanischer Sicht, dass Özil „nicht eine Minute" im anstehenden Uefa-Wettbewerb spiele, so Marca. com weiter. (T10/AUG.02125)

(120) Doch der überzeugendste Beweis für Grestenberger Schnäpse ist es nach wie vor, die Nase über das Degustationsglas zu führen. (NON10/JAN.04040)

Neben den ‚assoziativ-anaphorischen‘ Substantiven fasst Marx-Moyse (1992) Substantive in fünf Untergruppen zusammen, die zu der Kategorie „obligatorischer Fortfall von *es*" (Marx-Moyse 1992: 319) gehören. Mit den Belegen aus dem *T2*-Korpus kann bestätigt werden, dass das Korrelat bei den Substantiven des Mitteilens (z. B. *Frage* oder *Meinung*) sowie NP aus substantivischem Adjektiv (z. B. *das*

Beste) (vgl.: ebd. 319, 321) kaum realisierbar ist, wie die folgenden Belege zeigen:

> (121) Doch die Frage ist, ob sie für ihre Anstrengungen schon jetzt belohnt werden oder ob sie noch weitere Schritte gehen müssen. (U10/MAI.01980)
>
> (122) Das Beste war, dass wir das als Team gewonnen haben, und nicht ein Mann alles überstrahlt hat. (M12/NOV.00644)
>
> (123) Das Wichtigste ist, dass sie eine aktive und offensive Immigrationspolitik macht und dass sie offen für Europa ist. (Z10/AUG.02933)

Bei den anderen drei Untergruppen handelt es sich um *es0* bei manchen nicht pluralisierbaren Abstrakta mit bestimmtem Artikel, wie *die Chance, die Gefahr* u. a., bei den Substantiven *Bedingung* und *Voraussetzung* sowie bei den Substantiven *Leitsatz* und *Grundsatz* (vgl. Marx-Moyse 1992: 321f.). Diesbezüglich gibt es eine Tendenz, den extraponierten Subjektsatz nicht mit *es0* zu korrelieren, wobei das Korrelat nicht als unzulässig zu klassifizieren ist. Vor allem bei den Abstrakta wie *die Chance* und *die Gefahr* kommen *es0*-haltige Belege nicht selten vor:

> (124) Die größte Gefahr für die AfD ist es, das Schicksal manch anderer bürgerlicher Protestpartei zu erleiden- etwa der Statt-Partei und der Schill-Partei in Hamburg. (NUN14/MAI.03147)
>
> (125) Die grosse Chance der Fusion ist es, genau diese Ansprüche in einen kontrollierten Weg zu bringen. (SOZ10/JUN.05095)

Überdies wird in Mary-Moyse (1992) eine große Anzahl von Substantiven je nach ihrer Korrelat-Freundlichkeit (überwiegend fehlend, bedingt fakultativ, fakultativ und obligatorisch) in vier Kategorien eingeteilt. Die Substantive in einer Kategorie werden weiter nach ihren semantischen Merkmalen in mehrere Untergruppen unterteilt. Weil die Untersuchungs-ergebnisse in Marx-Moyse (1992) auf einer Informantenbefragung basieren und neben Korpusbelegen auch konstruierte Beispielsätze zur Beurteilung angegeben worden sind, kommt es in ihrem Beitrag nicht selten zu subjektiven Schlussfolgerungen, die nicht nur nicht durch eine hinreichende Zahl von Korpusbelegen zu rechtfertigen sind, sondern im Gegenteil sogar durch zahlreiche authentische Korpusbelege widerlegt werden können. Bei vielen von Marx-Moyse untersuchten Substantiven ist der Spielraum für die (Nicht-)Realisierung von *es0* größer als von ihr beschrieben. Beispielsweise kann die Aussage, dass das *es*-Korrelat bei *Wahnsinn, Irrsinn* usw. mit Nullartikel immer eingefügt werden müsse (ebd.: 331), anhand der folgenden Korpusbelege falsifiziert werden. Bei allen Nebensatzarten kann *es0* hier als fakultativ gelten:

> (126)Wahnsinn ist, wenn wir gewinnen, Drama ist, wenn die anderen gewinnen. (HMP10/JUN.01600)
>
> (127)Wahnsinn ist auch, was für eine Entwicklung Thomas Müller genommen hat. (BRZ10/JUN.06234)
>
> (128)Wahnsinn ist, die Beiträge auf ein Plakat zu drucken. (A11/MAI.11182)

Ferner soll verdeutlicht werden, dass der Korrelatgebrauch auch aus pragmatischen Gründen begünstigt oder restringiert werden kann. In der gesprochen Sprache verwendet man häufig schlicht formulierte Teilsätze unkorreliert als feste Satzeröffnungselemente. Diese Eigenschaft wird mitunter auch in die Schriftsprache übertragen. In folgenden Belegen würde ein *es*-Korrelat sehr markiert wirken, wenn es im Mittelfeld des Matrixsatzes realisiert würde:

> (129)Das Problem ist, dass niemand sonst für diesen Prozess bezahlen kann. (U13/ MAR.02760)
>
> (130)Ein Vorteil ist, dass Fischers Blick auf die wirklich wichtigen Ereignisse nun geschärft ist. (U11/FEB.02656)

Bei *Problem*, *Vorteil* u. a. kann alternativ ein V2-Subjektsatz extraponiert werden, wenn der Matrixsatz in den thematischen Hintergrund rückt, wie z. B.:

> (131)Das Problem ist, Vaios hat nichts Richtiges gelernt. (U11/AUG.01350)
>
> (132)Der Nachteil ist, man ist nicht in operativer Verantwortung. (U12/JUL.04153)

Belege (131) und (132) gehören den umgangssprachlichen Passagen an und dürfen wegen der Einbettung des V2-Satzes nicht mit dem *es*-Korrelat ausgestattet werden. In den folgenden Belegen, in denen das Prädikatsnomen mit Attributen näher bestimmt wird, gilt *es0* als fakultativ:

> (133)Das größte Problem bei allen Betroffenen ist es, die Notwendigkeit der professionellen Hilfe einzusehen [...]. (RHZ11/AUG.09665)
>
> (134)Ein großer Vorteil ist es nun, dass mit dem dreimal in der Woche geöffneten Treff auch ein Angebot für Kinder und Jugendliche in der Nordstadt geschaffen wurde. (M13/NOV.07497)

Für die Didaktik ist es von geringer Bedeutung, weiter auf die Einflussfaktoren einzugehen, denn diese Feinheiten bauen unnötiges Lernmaterial auf und können den Gedankenfluss der DaF-Lerner behindern, wenn sie versuchen, sie beim Schreiben in ihre Überlegungen mit einzubeziehen. Steht das substantivische Prädikatsnomen im Vorfeld, wird es bereits topologisch hervorgehoben. Das *es*-Korrelat kann man bis auf wenige Ausnahmen stets weglassen. Dadurch könnten viele Fehler und ungeschickte *es0*-Setzungen in den Lernerkorpora vermieden werden. Mit den 'wenigen Ausnahmen' sind die Substantive in der *Ziel*- und *Aufgabe*-Gruppe gemeint. Angesichts der Korpusbelege selegieren *Aufgabe*, *Ziel* und einige sinnähnliche Substantive das *es*-Korrelat besonders häufig. Jedoch handelt es sich hier um eine Stilfrage, und der Verzicht auf *es0* führt hier keinesfalls zur Ungrammatikalität. Marx-Moyses Aussage, dass *es0* hierbei nicht weglassbar sei, wenn ein Genitivattribut mit dem Sem [+hum] zu dem Prädikatsnomen mit Nullartikel hinzutrete (vgl. Marx-Moyse 1992: 324f.), ist lediglich als Tendenz einzuschätzen. Folgende Gegenbeispiele dazu sind nicht selten zu finden:

> (135) Aufgabe der Wissenschaftler des Instituts war, stabile Fettsäuremoleküle zu entwickeln, die diesem Oxidationsprozess nicht unterliegen. (SOZ13/MAI.02907)
>
> (136) Aufgabe der Schüler war, die richtigen Pflanzen an die dafür bestimmte Stelle einzusetzen und auch zu gießen. (NON13/NOV.08193)
>
> (137) Ziel der Initiatoren ist vor allem, eine Leerstelle zu besetzen: ein Museum für zeitgenössisches Design, das neue Zusammenhänge zwischen Design und Welt herstellt. (U11/OKT.01039)

Werden mehr authentische Belege bei *Aufgabe* und *Ziel* betrachtet, wird klar, dass die *es0*-Setzung nicht vom Genitivattribut und nicht vom Artikel determiniert wird. Auch wenn das Prädikatsnomen (mit Nullartikel) nicht von einem Genitivattributen näher bestimmt, wird *es0* in überwiegendem Maße realisiert, wie die folgende Grafik zeigt:

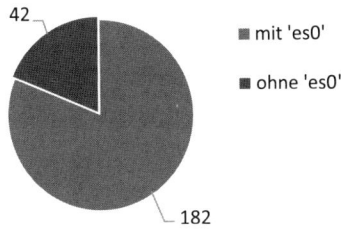

Grafik 24: *Es0*-**Setzung bei** *Ziel* **(im Vorfeld, mit Nullartikel, nicht attribuiert) in Kopulakonstruktionen**[1]

Hierfür einige Korpusbelege:

(138) Ziel ist es, 20 Gigawatt bis 2020 zu produzieren, fünf Gigawatt davon sollen aus dem Norden Afrikas nach Europa importiert werden. (U10/MAI.02914)

(139) Ziel sei es gewesen, den Ausgang der Bundestagswahl zu beeinflussen. (U10/JUN.03525)

(140) Ziel ist, dass diejenigen Geschäftsbereiche, die über die Bank hinaus relevant sind, abgespalten und vom Staat oder einer anderen Institution weitergeführt werden. (U10/JUN.03739)

Für die Didaktik ist es angebracht, den DaF-Lernern zu empfehlen, beim Schreiben ein *es*-Korrelat im Mittelfeld des Matrixsatzes zu ergänzen, wenn *Ziel* oder *Aufgabe* als substantivisches Prädikatsnomen im Matrixsatz fungiert. Die Korrelatsetzung bezieht sich nicht auf grammatikalische Korrektheit, hat aber häufig stilistische Gründe. Bei diesen wenigen Substantiven, zu denen auch *Zweck*, *Auftrag*, *Pflicht* usw. zählen, wird ein enger Zusammenhang zwischen dem Handlungsführenden oder Vorgang und dem anzustrebenden Endeffekt evoziert. Das *es*-Korrelat kann diese thematische Beziehung bekräftigen. In manchen Kontexten sind diese Kopulakonstruktionen durch bestimmte Kollokationen ersetzbar, in denen der Handlungsführende oder der Vorgang die Rolle als Agens spielt, ohne den Sinn des Satzes grundsätzlich zu ändern:

(141) Ziel des Projektes ist (es), Lehrkräfte für Alphabetisierungskurse auszubilden.

(141a) Das Projekt setzt (es) sich zum Ziel / hat zum Ziel, Lehrkräfte für Alphabetisierungskurse auszubilden.

Weiterhin weist eine Gruppe von Substantiven, die eine positive Sinnesempfindung

---

[1] Datenquelle: *SZ*-Korpus

ausdrücken, eine starke *es0*-Freundlichkeit auf, wie *Freude, Genuss, Vergnügen* u. a. Dennoch ist es nicht notwendig, sie im DaF-Unterricht mit *Ziel, Aufgaben* usw. zusammen zu vermitteln, weil das Prädikatsnomen in authentischen Texten überwiegend ins Mittelfeld gesetzt wird:

(142)Es war eine Freude zu sehen, wie die kleine Reihe dieser Bücher langsam wuchs. (U12/DEZ.02352)

Rückt das Prädikatsnomen ins Vorfeld, weist es bereits eine bestimmte Markiertheit auf. Auch wenn das *es*-Korrelat häufig realisiert wird, gilt es als fakultativ:

(143)Ein besonderer Genuss war es, den beiden Musikern bei den allerdings oftmals etwas arg ausgedehnten instrumentalen Zwischenspielen zuzuhören. (RHZ14/ FEB.10141)

(144)Ein besonderes Vergnügen ist, die neuen Modekollektionen mit ihren aktuellen Trends und Farben zu entdecken. (RHZ14/APR.03624)

7 DIDAKTISCHE KONZEPTION ZUM THEMA *ES*-KORRELAT

Ein Fazit der Analyse der Zeitungskorpora in Kap. 4 – 6 muss wie folgt formuliert werden: Je umfangreicher ein Textkorpus ist, desto zahlreicher sind die Ausnahmen von den Regeln und desto unübersichtlicher ist das gesamte Regelwerk. Lerner könnten sich so einer kaum zu bewältigenden Menge an Regeln und Feinheiten gegenüber sehen. Ein didaktisches Konzept, dessen ursprünglicher Zweck es ist, eine vollständige Sammlung der Regeln zu bieten, läuft so Gefahr, zum eigentlichen Problem für die Lerner zu werden. Als Grundlage für ein didaktisches Konzept können die Befunde der Untersuchung der Zeitungskorpora zwar die Auftretenswahrscheinlichkeiten des *es*-Korrelates aufklären, sie können aber nicht direkt in ein didaktisches Konzept überführt werden. Aus diesem Grund soll in diesem Kapitel der Versuch gewagt werden, mithilfe einer Fehleranalyse von Lernertexten zu einer genaueren Beschreibung des Bedarfs an Lehrtexten und Übungen für DaF-Lerner zu gelangen. Die Lücke zwischen dem Anspruch linguistischer Forschungsarbeiten und der Notwendigkeit, DaF-Lernern adäquates Lernmaterial zu bieten, soll so in einem ersten Schritt wenigstens teilweise zu schließen versucht werden. Die Ergebnisse der Lernerkorpusuntersuchung in Kap. 7.1 können dazu beitragen, Schwerpunkte des benötigten Unterrichtskonzeptes festzustellen und die Menge der zu vermittelnden Regel zu reduzieren. Ergänzend zu einer kritischen Betrachtung ausgewählter bereits vorhandener Lernmaterialien (Kap. 7.2) werden weitere Regelblätter und Übungen, die sich den bislang noch vernachlässigten Fehlertypen widmen, für das Unterrichtskonzept entworfen. Diese können im DaF-Unterricht direkt zum Einsatz kommen oder als Vorlage für weitere ähnliche Übungen dienen. Ziel dieses Konzeptes ist es, den Gebrauch des *es*-Korrelates auf knappem Raum, aber mit möglichst genau formulierten Richtlinien und Ausnahmefällen darzustellen. Darin werden Übungen zur Vertiefung der zu vermittelnden Regeln sowie zur Förderung der Sprachproduktionskompetenz von DaF-Lernern ab dem B2-Niveau angeboten.

7.1 Fehler und Fehleranalyse

Dass das Regelsystem im Falle der *es*-Setzung komplex ist, liegt an der Natur dieses Grammatikphänomens und ist kaum zu ändern. Mit Bezug auf den didaktischen Anspruch eines guten DaF-Unterrichts kann sich jedoch nicht damit zufrieden gegeben werden. Die Übungen sollten einerseits linguistisch korrekt, andererseits auch für die Lerner verständlich, behaltbar und anwendbar sein, wobei sie in der Darstellung überschaubar zu halten sind (vgl. Albert 2008: 102). Daher soll sich beim Konzeptentwurf auf die Prädikate fokussiert werden, die eine Herausforderung für die DaF-Lerner darstellen. Die gemäß der Fehleranalyse eher unbedeutenden Prädikate können im didaktischen Konzept und in der Unterrichtsvorbereitung vernachlässigt werden. Alternativ können sie gemeinsam mit anderen Grammatikphänomenen oder mit Wortschatzübungen assoziiert werden, um so die Effizienz während der Übungszeit zu steigern. Als Überblick über die Problematik in Lernertexten dient eine Fehleranalyse zu einem Lernerkorpus aus Texten von 33 chinesischen Germanistikstudierenden. Granger (2008) hat Lernerkorpora sowie deren didaktische Verwendung folgenderweise beschrieben:

> Learner corpora, which can be roughly defined as electronic collections of texts produced by language learners, have been used to fulfill two distinct, though related, functions: they can contribute to Second Language Acquisition theory by providing a better description of interlanguage (i. e. transitional language produced by second or foreign language learners) and a better understanding of the factors that influence it; and they can be used to develop pedagogical tools and methods that more accurately target the needs of language learners. (Granger 2008: 259)

Die Lernerkorpusanalyse leistet also im Idealfall einen Beitrag zur Optimierung der Lehr- / Lernmethoden in der DaF-Didaktik, und sie kann Ausgangspunkt für den Entwurf von Lehrmaterial bzw. Übungen sein. Mit Bezug auf das *es*-Korrelat werden mithilfe der vorliegenden Analyse folgende Fragen erörtert:

a. Bei welchen Prädikaten (in welchen semantischen Feldern) haben die Lerner häufig

Schwierigkeiten mit dem Korrelat und wann gelingt ihnen der korrekte Gebrauch?

b. Bei welchen Prädikaten treten häufig vom *es*-Korrelat unabhängige Fehler auf? Welche Fehlertypen könnten mit Hinblick auf die Effizienz mit dem *es*-Korrelat gemeinsam geübt werden?

Methodisch verfolgt die vorliegende Fehleranalyse das Fünf-Schritte-Vorgehen von Ellis und Barkhuizen (2005), das ursprünglich von Corder (1974) entwickelt wurde:

1. Collection of a sample of learner language
2. Identification of errors
3. Description of errors
4. Explanation of errors
5. Error evaluation (Ellis & Barkhuizen 2005: 52)

Bei dem Schritt *error evaluation* handelt es sich um die Gewichtung der einzelnen Fehlerarten im Kontext.[1] Auf diesen fünften Schritt wird in der vorliegenden *es*-Fehler-Analyse, wie auch in einer Vielzahl von bereits vorliegenden Untersuchungen[2], verzichtet, weil der zusätzliche Aufwand einer so detaillierten Fehlerevaluierung nur in solchen Studien adäquat anwendbar ist, die sich nicht auf ein bestimmtes Grammatikphänomen beschränken. Ein Korrelat-Fehler führt nicht zu so erheblichen Verständlichkeitsstörungen wie manch andere Ambiguität auslösende Kongruenzfehler. Es handelt sich in meisten Fällen um eine Stilfrage, nämlich um eine Erleichterung oder Erschwerung des Verständnisses bis zu einem gewissen Grad, sowie um eine Frage der Schlichtheit oder Redundanz. Im Folgenden werden die ersten vier Schritte der Fehleranalyse in Bezug auf das *es*-Korrelat beschrieben.

7.1.1 Erhebung einer Probe der Lernersprache

Als Untersuchungsmaterial für die Fehleranalyse wurden 150 Studienarbeiten von 33 chinesischen Probanden herangezogen. Alle diese Probanden sind

---

[1] „[Error evaluation] involves determining the gravity of different errors with a view to deciding which ones should receive instruction" (Ellis & Barkhuizen 2005: 67).

[2] Dazu zählt z. B. die Untersuchung von Jiang (2009), welche die Wortstellungsfehler der Lerner des Chinesischen als Fremdsprache behandelt. Im DaF-Bereich gelten die Untersuchungen von Berth (2009) und Studinger (2010) im Rahmen einer Magisterarbeit als Beispiele, in denen jeweils auf die Suffix-Fehler (-*ung*) und Kasusfehler von DaF-Lernern eingegangen wurde.

chinesische Muttersprachler und haben ihr Bachelorstudium nach acht Semestern mit Germanistik als Hauptfach in China abgeschlossen. Davon sind 23 in einem Masterstudiengang DaF an einer deutschen Universität eingeschrieben. Die Texte von ihnen, die in das Lernerkorpus aufgenommen worden, stammen aus dem ersten bis vierten Studiensemester ihres Masterstudiums. Die Texte der zehn Bachelorstudenten sind ihre Bachelorarbeiten, also an chinesischen Hochschulen verfasste Texte. Bei den gesammelten Texten handelt es sich folglich um akademische Arbeiten verschiedener Art, wie Haus-, Bachelor- und Masterarbeiten, Unterrichtskonzepte, Reflexionen, Ausarbeitungen usw. Die Textlänge variiert von ca. 1000 Wörtern bei kurzen Ausarbeitungen und Reflexionen bis über 20.000 Wörter bei Masterarbeiten. Sämtliche Texte waren Anforderungen für Leistungsnachweise an Hochschulen.[1] Die Themen der Lernertexte beziehen sich auf alle Teildisziplinen der Germanistik einschließlich Deutsch als Fremdsprache.

Sprachlich gesehen zählen die Probanden zu den fortgeschrittenen DaF-Lernern und befinden sich auf dem C1- bis C2-Niveau gemäß des Gemeinsamen Europäischen Referenzrahmens. Alle haben Englisch als erste Fremdsprache in der Sekundarschule, die i. d. R. sechs Jahre dauert, und an der Universität (während der ersten bis vier Semester) gelernt. Ein Teil von ihnen verfügt darüber hinaus über Kenntnisse anderer Fremdsprachen, wie z. B. Japanisch, Französisch oder Spanisch auf unterschiedlichem Niveau.

Anders als in manchen Lernerkorpora wie z. B. dem *FALKO* sind die Texte des vorliegenden Lernerkorpus nicht in einer Prüfungssituation geschrieben worden. Je nach der Textart standen den Probanden mehrere Tage bis Monate zur Verfügung. Sie hatten, anders als in Prüfungssituationen, Zugriff auf Hilfsmittel[2] wie Wörterbücher, Nachschlagewerke und Rechtschreibkorrekturprogramme, sowie auf das Internet. Dieses Erhebungsverfahren reduziert den Aufwand der Textsammlung im Vergleich zu einer Prüfungssimulation drastisch und ermöglicht zudem die Sammlung einer größeren Datenmenge, was besonders vorteilhaft für die quantitative Fehleranalyse ist. Darüber hinaus verringert sich dadurch die Anzahl der individuell bezogenen Fehler (Ausrutscher, engl. *slips*), die aufgrund von Nervosität, Unachtsamkeit oder

---

① Die Probanden haben erst bei der Materialsammlung zur Kenntnis genommen, dass ihre benoteten Texte zur Analyse des *es*-Gebrauchs eingesetzt worden sind.

② Allerdings werden bereits korrigierte Texte, deren Korrekturspuren nicht bzw. nur unvollständig verzeichnet werden, zugunsten der quantitativen Analyse der Fehler aus dem Lernerkorpus ausgeschlossen.

Zeitmangel entstehen können.

Da der Zugang zu Arbeiten von chinesischen Probanden am leichtesten war, besteht die Stichprobe lediglich aus Texten von chinesischen Fortgeschrittenen. Auf Texte von DaF-Lernern aus anderen Ländern wird beim Aufbau des Lernerkorpus verzichtet, auch weil die bei der Datensammlung zur Verfügung stehenden Texte quantitativ nicht genügen, was sehr wahrscheinlich dazu führt, dass die Fehlererhebung wenig bringt. Eine Mischung aus Texten von Lernern mit unterschiedlichen Erstsprachen für das Thema Korrelat kann erst Sinn ergeben, wenn die Datenmenge groß genug ist. Die vorliegende Fehleranalyse kann höchstens repräsentative Ergebnisse in Bezug auf chinesische fortgeschrittene DaF-Lerner bieten und vermutlich auch auf diejenigen, in deren Muttersprache ebenfalls keine entsprechenden Korrelate existieren.

Dieses pragmatische Vorgehen bringt aber auch Einschränkungen für die Generalisierung der Ergebnisse mit sich, weil die Gruppe in Bezug auf die Erstsprache nicht ausgewogen genug ist. Es ist zu beachten, dass die Frequenzen der Fehlerarten anders sein könnten, wenn Texte von anderen DaF-Lernern, deren Erstsprache ein äquivalentes Korrelat von *es* enthält[1], gesammelt werden. Die Untersuchungsergebnisse in Bezug auf das vorliegende Lernerkorpus dienen in erster Linie dazu, bei der Erstellung des Unterrichtskonzeptes die Priorität der Verben festzustellen. Ein Teil der Verben, bei denen weniger bis keine Korrelatfehler auftreten, wird ebenfalls in das Unterrichtskonzept eingebettet, damit das Konzept eine breite Anwendung finden kann.

7.1.2 Fehleridentifizierung

Vor der Identifikation und Klassifikation der *es*-Korrelatfehler im Lernerkorpus

---

[1] wie Englisch, Französisch, Italienisch, Romanisch, Norwegisch u. a.:

Englisch: <u>It</u> is of no concern to you what I'm doing here. (Balzer Haus 1996: 211)

Französisch: <u>Il</u> ne te regarde pas se que je fais là. (ebd.)

[Übersetzung: Es geht dich nichts an, was ich hier mache. (ebd.)]

Italienisch: Il dottore (<u>lo</u>) trova/ritiene necessario che il paziente smetta di fumare. (Mollica 2010: 300) [Übersetzung: Der Arzt findet es notwendig, daß der Patient das Rauchen aufgibt. (ebd.)]

Rumanisch: <u>Îl</u> bucură (<u>faptul</u>) că mă vizitezi des. (Vancea 1978: 18)

[Übersetzung: Es freut mich, dass du mich oft besuchst. (ebd.)]

Norwegisch: <u>Det</u> er meget beklagelig at han ikke er her. (Askedal 1999: 41)

[Übersetzung: Es ist sehr bedauerlich, dass er nicht da ist. (ebd.)]

ist zunächst die Frage zu beantworten, was ein Fehler ist. In Anlehnung an Corder (1971) merken Ellis und Barkhuizen (2005: 56) an, dass sowohl die Grammatikalität als auch die Akzeptabilität (grammaticality or acceptability) als Basiskriterium der Fehleridentifizierung angesehen werden können. Im Falle der Entscheidung zugunsten der Grammatikalität als Hauptkriterium der Abgrenzung handelt es sich bei Fehlern um einen Bruch mit den in der Zielsprache vorgegebenen Regeln und außerdem lassen sich die fehlerhaften Äußerungen als ungrammatisch bezeichnen (z. B. *ich gehen statt ich gehe) (vgl. Lüdeling 2007: 34f.). Allerdings ist es durchaus möglich, dass grammatikalisch richtige Äußerungen bei Muttersprachlern wenig Verwendung finden, weil sie für jene untypisch oder stilistisch ungeschickt wirken. Hier geht es um Sprachnorm. Im Gegensatz zu den grammatischen Regeln ist diese Sprachnorm eine Konvention, die „von außen gesetzt (Orthographie oder Ausdruckskonventionen)" (ebd.: 35) ist. „[D]ie Abweichung einer Norm führt zu unakzeptablen Äußerungen" (ebd).

Die Grammatikalität als Basiskriterium garantiert in der Fehleranalyse ein höheres Maß an Objektivität, setzt allerdings voraus, dass in Bezug auf ein Grammatikphänomen klare, unstrittige Regeln existieren (wie z. B. beim Thema Adjektivdeklination). Für das Thema es-Korrelat lässt sich lediglich in wenigen Fällen von absoluten Regeln sprechen, wie z. B., wenn ein Subjekt- / Objektsatz dem Matrixsatz vorangeht und ein es trotzdem als Korrelat eingesetzt wird. Bei vielen anderen Fällen handelt es sich eher um stilistische Ungewöhnlichkeiten, die in Texten erfahrener muttersprachlicher Schreiber kaum oder überhaupt nicht auftreten und deren Identifizierung in gewissem Maße von subjektiven Ermessensspielräumen der Korrekturleser abhängt.[1] Angesichts dessen orientiert sich die vorliegende Lernerkorpusuntersuchung an der Definition von Lennon (1991), die die zwei Kriterien Grammatikalität und Akzeptabilität nicht voneinander unterscheidet:

> A linguistic form or combination of forms, which in the same context and under similar conditions of production, would in all likelihood, not be produced by the speakers' native speaker counterparts. (Lennon 1991: 182)

Um festzustellen, ob die (Nicht-)Realisierung des es in einem bestimmten

---

[1] „Acceptability is more dependent on the subjective evaluation of the researcher and often involves making stylistic rather the grammatical judgements" (Ellis & Barkhuizen 2005: 56).

Fall kongruent mit der Sprachproduktion eines Muttersprachlers ist, werden die fraglichen Lernerbelege den entsprechenden Belegen im gleichen Satzmodell des Referenzkorpus gegenübergestellt.[1] Beispielsweise sind bei den SDWW-Verben in Passiv(ersatz)formen die folgenden *es*-haltigen Belege als Fehler zu rechnen, weil die Belege im Referenzkorpus generell kein *es*-Korrelat enthalten:

(1) Damit ist es gemeint, dass die Atmosphäre bei der Besprechung eine ausgesprochen große Rolle spielt. (20M07)

(2) Deshalb sollte es ermittelt werden, ob die Antworten der Studierenden Gemeinsamkeiten mit der Ansicht der Unilehrenden aufweisen. (12M01)

Findet sich ebenfalls eine gewisse Menge *es*-haltiger Belege bezüglich eines Satzmodells im Referenzkorpus, werden die *es*-haltigen Lernersätze hingegen nicht in die Zählung aufgenommen, wie (3)[2]:

(3) Allerdings ist es nicht überzusehen [sic!][3], dass diese Veränderung [...]. (11M06)

Dies gilt auch für die *es0*-freundlichen Prädikate. Wenn das *es*-Korrelat bei bestimmten Verben (wie u. a. *ermöglichen* oder *bevorzugen*) zwar häufig von Muttersprachlern eingesetzt wird, aber nicht zwingend notwendig und dessen Abwesenheit auch mit authentischen Belegen zu rechtfertigen ist, werden *es*-lose Belege als korrekt bewertet, wie Bsp. 4 darstellt. Die Setzung von *es* wird dennoch bei solchen Verben im didaktischen Konzept (Kap. 7.3) empfohlen, um das Regelsystem zu vereinfachen.

---

[1] Hier wird, wie in Kap. 4 – 6 empirisch erörtert, weiterhin auf eine Informantenbefragung verzichtet, weil sonst den muttersprachlichen Informanten klar gemacht werden müsste, inwiefern sie die Lernerbelege als korrekt beurteilen sollten. Wenn z. B. lediglich ein Mindestmaß an Grammatizität und Verständlichkeit gefordert würde, könnte ein Großteil der Lernerbelege von ihnen akzeptiert werden. Dieses Vorgespräch würde die Objektivität der Ergebnisse beeinträchtigen, denn ein *es* kann stets als ein anaphorisches *es* akzeptiert werden, wenn den Informanten nur einzelne Sätze ohne Kontext angeboten werden.

[2] Das *es*-Korrelat bei übersehen in der *sein-zu*-Konverse wird in der Mehrheit der Belege ins Vorfeld platziert. Gegenbeispiele wie die folgenden treten aber ebenfalls im Korpus auf:

• In Bad Gastein ist es kaum zu übersehen, dass die Hotelpaläste mit der großen Vergangenheit heute geschlossen sind. (U01/JAN.05477)

• Irgendwann war es auf der Kanzel eben nicht mehr zu übersehen, dass die Kirchgänger älter und rarer wurden. (T06/JUN.00865)

[3] Gravierende Fehler in Lernersätzen werden in ausgewählten Fällen markiert, aber nicht weiter kommentiert, da sie keinen Bezug zum Gegenstand dieser Arbeit haben.

(4) Daher bevorzugt man möglicherweise, Fehler bei einigen Schülern strenger zu bewerten als bei anderen. (04M04)

Bei Kopulakonstruktionen, bei denen *es0* im Mittelfeld des Matrixsatzes notwendig ist, werden die *es0*-losen Lernerbelege toleriert, wenn der extraponierte Subjektsatz mit einer Subjunktion eingeleitet wird. Der Grund dafür ist, dass Subjunktionen wie *dass* die syntaktische Einordnung des Subjektsatzes markieren und das Verständnis des Satzbaus in gewissem Maße erleichtern[①]:

(5) Zudem ist ein Vorteil der KM, dass die Lernenden als Subjekt ihres Lernprozesses verstärkt im Mittelpunkt stehen und ihr Interesse hochgeschätzt wird [sic!]. (30B01)

Als verfehlt markiert werden hier die Lernerbelege, bei denen ein Inf- oder *wenn*-Satz als Subjekt extraponiert wird. Hier ist das *es0* notwendig, um auf das Vorkommen des Subjektsatzes zu verweisen:

(6) Ihr Vorteil besteht darin, dass bei einer Kunstsprache einfach ist, Vokabeln zu erfinden, die alle gleich schwer bzw. gleich lang und für die Lernenden gleich interessant sind. (15M01)

(7) Deswegen ist von Bedeutung, echte Kommunikation möglichst viel auf verschiedenen Weise in den Fremdsprachen zu integrieren. (18M07)

Bei den wenigen als Ausnahmen geltenden Adjektiven wie *klar*, *bekannt* oder *deutlich* wird ein *es* im Mittelfeld des Matrixsatz in der vorliegenden Untersuchung häufig akzeptiert, obwohl das *es* in bestimmten Kontexten nicht notwendig ist.[②]

---

① Im Referenzkorpus treten solche *es0*-losen Belege auch gelegentlich auf:

• Aber noch immer ist möglich, dass dies nur eine Reaktion auf den Proteststurm nach der Absetzung ist [...] (U14/JUN.03282)

② Hier ist anzumerken, dass das *es0* bei diesen Adjektiven im *FALKO*-Korpus in den meisten Fällen bei der Korrektur, nämlich bei der Herstellung einer minimalen oder erweiterten Zielhypothese (ZH1 und ZH2), gelöscht wird, obwohl in dem Handbuch des Korpus verdeutlicht wurde, dass „vermieden [wird], Korrelate hinzuzufügen und zu entfernen, wenn dies noch grammatisch möglich ist" (Reznicek et al. 2012: 46), wie z. B.:

• Wenn man die Argumente abwägt, wird es klar, dass Kriminalität oft sich nicht auszahlt. (ebd.)
ZH1: Wenn man die Argumente abwägt, wird klar, dass Kriminalität oft sich nicht auszahlt.

• In der Universität von Lausanne ist es bekannt, dass die Studenten in Geschichte und Literatur immer Probleme haben, um eine Stelle nach ihren Studien zu finden. (Lernertext: fkb001_2007_09)
ZH2: In der Universität von Lausanne ist bekannt, dass [...]

Allerdings werden hier die in Kap. 5 beschriebenen *es0*-hemmenden Faktoren bei der Datenerhebung berücksichtigt. Wenn z. B. eine Quellenangabe des Subjektsatzinhaltes im Matrixsatz auftritt, gilt ein *es* ohne anaphorischen Bezug als stilistisch ungeschickt und wird durchaus in Texten des Referenz-korpus vermieden. Belege wie (8) werden als unangemessene Formulierungen annotiert:

> (8) Aus der Tabelle ist es ersichtlich, dass die unbekannten Kunstwörter mit der Singularendung –en bei der Pluralbildung häufiger wiederholt werden [...] (05M03)

Fernerhin ist zu betonen, dass der anaphorische Gebrauch von *es* (am häufigsten bei den SDWW-Verben) in die Bewertung mit einbezogen wird. Ein realisiertes *es* wird als ein anaphorisches *es* begriffen und gilt als korrekt, wenn es sich bei dem Sachverhalt im Nebensatz nicht um eine Ersterwähnung handelt, sondern um eine Wiedergabe einer bekannten Information, wie z. B.:

> (9) <u>Drittens sollten wir mehr Kommunikation mit den Lernern aufnehmen</u>, was ich am schwersten fand. Als ein Lerner beispielsweise „Gesundheit" nannte, konnte ich darauf so reagieren: „Für mich ist die Gesundheit auch wichtig". Vor dem Unterricht hatte ich es mir selbst schon gesagt, <u>dass ich aktiv mit den Lernern kommunizieren sollte</u>. (01M11)

Die oben als Beispiele angeführten Überlegungen, die auf Basis der Korpusuntersuchung angestellt wurden, können die Subjektivität der Beurteilung aber lediglich in gewissem Maße relativieren. Um mögliche Informationsverluste bei der Fehleridentifizierung zu kompensieren, werden die als stilistisch ungeschickt eingestuften Belege in Anhang VI zusammengefasst, sowie die Belege, die zwar nicht in die Fehlerstatistik einfließen, aber noch Verbesserungs-potential besitzen, damit sie anderen didaktischen Konzepten zugutekommen können.

7.1.3 Fehlerklassifizierung

Insgesamt wurden 182 Sätze, in denen das *es*-Korrelat unangemessen bis fehlerhaft ergänzt oder eliminiert wird, aus dem Lernerkorpus ausgewählt. Auf der linguistischen Ebene können sie in folgende Kategorien eingeordnet werden:

Tabelle 8: Klassifikation der ausgelesenen Lernerfehler

Fehlertypen	Häufig-keit	fehlerhafte oder stilistisch ungeschickte Beispiele im Lernerkorpus

1. überflüssige *es*-Setzung bei Prädikaten, die kein *es0 / es1* erfordern (130 Fehler):

1a	bei Matrixverben im Aktiv, die einen Akkusativobjektsatz selegieren	13	Ich erklärte dem Lerner unbekannte Wörter im Text, als ich es sah, dass er fremde Wörter nachschlug. (01M11)
1b	bei Matrixverben im Passiv oder in Passiversatzformen, die im Aktiv einen Akkusativobjektsatz selegieren	102	Allerdings ist es zu erwähnen, dass die Stellung der Präposition in den allgemeinen Regeln nicht zu finden ist. (20M06)
1c	bei Matrixverben, die einen Subjektsatz selegieren	3	Durch die folgende Tabelle [...] manifestiert es sich welche satzprosodische Kenntnisse als Schwerpunkt gesetzt werden [...] (06M09)
1d	bei Kopulakonstruktion	12	Ein Grund kann es sein, dass wir als Lehrpersonen nicht laut genug gesprochen haben. (19M05)

2. ungünstige *es*-Tilgung bei Prädikaten, der ein *es0 / es1* erfordern (12 Fehler):

2a	bei Matrixverben im Aktiv, die einen Akkusativobjektsatz selegieren	2	Es wird deutlich, dass die Mehrheit der Befragten vorziehen, Fehler durch Lehrperson direkt korrigieren zu lassen. (04M04)
2b	bei Matrixverben im Passiv oder in Passiversatzformen, die im Aktiv einen Akkusativobjektsatz selegieren	0	... weil bereits geschafft wurde, die Daten zu gewinnen. (konstruierter Satz)
2c	bei Matrixverben, die einen Subjektsatz selegieren	0	... weil mir schwer fällt, die Daten zu gewinnen. (konstruierter Satz)
2d	bei Kopulakonstruktion	10	Deshalb ist wichtig, die Bedeutung der Verben mit-hilfe des Kontextes genau zu schließen [sic]. (09M07)

3. syntaktisch falsche Setzung des *es*-Korrelates (11 Fehler):

3a	falsche *es*-Setzung, wenn ein Subjekt-/ Akkusativobjektsatz ins Vorfeld rückt oder wenn ein Inf-Satz das Mittelfeld des Matrixsatzes besetzt.	4	Aber wann und wie soll ich die Fehler korrigieren, es ist noch ein Problem für mich. (03M05)
3b	Fehler oder Unangemessenheiten anderer Art	7	Obwohl das eine kleine Herausforderung für uns ist, besteht es, was uns betrifft, größer freier Raum dafür, unsere Fantasie zu entfalten. (05M05)

续表

Fehlertypen	Häufig-keit	fehlerhafte oder stilistisch ungeschickte Beispiele im Lernerkorpus
4. qualitative Valenzfehler (29 Fehler):		
4a *es* statt Pronominaladverbien als Korrelat eines Präpositionalobjektsatzes	6	Tante Chan kann es [richtig: Ø / damit] nicht aufhören, an den fremden Angestellten zu denken, den sie früher in der Bank getroffen hat. (25B01)
4b Pronominaladverbien statt *es* als Korrelat eines Subjekt- / Akkusativobjektsatzes	3	Allerdings soll man darauf [richtig: Ø] beachten, dass es Veränderung bei Wortstellung gibt. (11M03)
4c bei Matrixverben, die keine Subjekt-/ Akkusativobjektsätze selegieren können, wird ein Subjekt /Akkusativ-objekt zum Nebensatz ausgebaut.	20	Die Lehrpersonen haben es gut gemacht, dass sie die unbekannten Vokabeln vor dem Hören vorentlasten, deutliche Tonaufnahmen und Hörmaterialien mit angemessenen Sprechtempo wählen. (07M04)

Die qualitativen Valenzfehler (Kategorie 4) sind in erster Linie auf den falschen Gebrauch der Prädikate (z. B.: *gut machen* statt (*gut*) *schaffen*; *lassen* statt *fordern / zulassen*) sowie auf mangelnde Valenzkenntnisse der betroffenen Verben (z. B.: Transitivität eines Verbs, wie *achten* und *beachten*) zurückzuführen. Sie werden in der folgenden quantitativen Analyse nicht mit einbezogen. Aus Tabelle 8 geht hervor, dass sich die *es*-Fehler in Kategorie 1 konzentrieren (130 von 153 Fehlern; 85,0 %), d. h., ein unnötiges *es* wird viel häufiger bei Verben, die kein *es*-Korrelat vorsehen, ergänzt, als dass ein notwendiges *es* getilgt wird (12 Fehler; 7,8 %). Zu Kategorie 3 gehören lediglich elf fehlerhafte Belege aus dem Lernerkorpus. Das kann so gedeutet werden, dass fortgeschrittene Lerner eher dazu in der Lage sind, gemäß ihres Sprachgefühls und der eventuell erlernten Regeln richtig zu entscheiden, in welchen Satzbauarten das *es*-Korrelat unbedingt zu eliminieren ist. Das didaktische Konzept sollte daher keinen großen Wert auf die allgemeinen syntaktischen Gebrauchsregeln des *es*-Korrelates legen. Die Verteilung der Lernerfehler stellt die folgende Grafik dar:

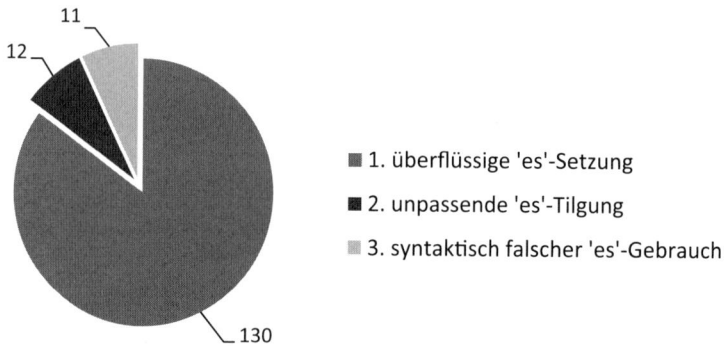

Grafik 25: Verteilung der Lernerfehler der ersten drei Kategorien

Betrachtet man die fehlerhaften Lernersätze in der Kategorie 1 (insgesamt 130 Fehler), können folgende Schlussfolgerungen gezogen werden[①]:

- 78,5% der Fehler treten bei den Vollverben in Passiv(ersatz)formen auf, die ein satzartiges Akkusativobjekt determinieren können (Kategorie 1b). Steht der Matrixsatz im Aktiv, wird viel seltener ein unnötiges *es* hinzugefügt (13 in Kategorie 1a gegenüber 102 in Kategorie 1b, siehe Tabelle 8).

- Bei den SDWW-Verben, die generell *es*-unzulässig sind, werden die meisten Fehler gemacht. Bei diesen Verben finden sich insgesamt 101 unangemessene *es*-Setzungen, 12 davon in Matrixsätzen im Aktiv (Kategorie 1a) und 89 davon in Passiv(ersatz)formen (Kategorie 1b). Mit großem Abstand folgen auf dem zweiten Platz die Fehler bei Kopulakonstruktionen (überflüssiges *es* in 12 Lernersätzen). Zudem fehlt in zehn Kopulasätzen ein notwendiges *es*, das auf den extraponierten Subjektsatz verweist (Kategorie 2d).

Da sich die Fehler besonders bei den SDWW-Verben sowie bei Kopulakonstruktionen häufen, wird in Kap. 7.1.4 in erster Linie auf ihre Ursachen eingegangen. Im didaktischen Konzept wird ihnen ebenfalls ein großer Stellenwert beigemessen.

Bei den Vollverben, die ein satzartiges Subjekt selegieren können (wie *gelingen*, *sich ergeben*), sind lediglich vier *es*-Fehler ausgelesen worden. Allerdings handelt

---

① Hier muss wiederum die bestehende Subjektivität bei der Beurteilung betont werden. Beispielsweise wird die Anzahl der Fehler in der Kategorie 2a um acht erhöht, wenn die *es1*-losen Belege im Lernerkorpus bei *vorziehen* und *bevorzugen* als fehlerhaft gekennzeichnet werden, wie z. B.:

• Es wird deutlich, <u>dass die Mehrheit der Befragten vorziehen</u> [sic!], Fehler durch Lehrperson direkt korrigieren zu lassen. (04M04)

• <u>Ich bevorzuge</u>, meine Äußerungen vor dem Sprechen mehrmals zu überprüfen. (18M03)

es sich hier bei einem Teil der Verben um eine Unterproduktion (*underuse*) von Lernern. Beispielsweise kommen die Verben *sich empfehlen / anbieten / lohnen*, die in Unterrichtskonzepten von deutschen Muttersprachlern zur Darstellung der didaktischen oder methodischen Überlegung[①] häufig gebraucht werden, im Lernerkorpus lediglich zweimal mit einem Subjektsatz vor. Ausdrucksfehler wie in folgenden Beispielen lassen sich ebenfalls finden:

> (10) Aber es ist mir schwerfällig, wenn zwei von den drei Beteiligten [...] gleichzeitig sprechen. (07M06)
> (11) Zum Beispiel fällt man schwer aus, eine gemeinsame Datenbank für Vokabelkarteikarten zu benutzen, denn es Unterschiede zwischen Lernstrategien oder Lerntypen gibt. (11M01)

Die Probanden haben das Verb *schwerfallen* generell nicht korrekt einsetzen, flektieren und mit dem Subjektsatz kombinieren können. Für gebräuchliche Matrixverben, die Subjektsätze regieren können, werden Umformulierungsübungen ins Konzept eingebaut, damit auch das Ausdrucksvermögen der Lerner beim Umgang mit der *es*-Problematik trainiert werden kann.

Als Nebenprodukt der vorliegenden Analyse konnten in Bezug auf den Subjekt- und Akkusativobjektsatzgebrauch eine Reihe fehlerhafter Sätze ausgelesen werden, die selbst in Texten fortgeschrittener Lerner auftauchen und im didaktischen Konzept mit dem *es*-Korrelat gemeinsam geübt werden könnten. So bereiten die redeeinleitenden *wie*-Sätze bis in hohe Niveaustufen gewisse Probleme. Sowohl Korrelatfehler (in Bsp. 12 und 13) als auch Wortstellungsfehler[②] (in Bsp. 14 und 15)

---

① Wie z. B. in Beiträgen zum Thema Grammatik und Rechtschreibung im DaZ-Unterricht:
• „Da der Text lang ist, bietet es sich an, ihn in mehreren Abschnitten zu behandeln." (Livonius 2015: 13)
• „Dabei empfiehlt es sich, die Nomen mit weiblichem, sächlichem und männlichem Artikel zu mischen." (Lascho 2013: 24)
oder im Lehrerhandbuch des Lehrwerks *Mittelpunkt – Deutsch als Fremdsprache für Fortgeschrittene* (B2):
• „In diesem Fall lohnt es sich, für das Planspiel insgesamt mehr Zeit zu veranschlagen. Bei anderen Gruppen bietet es sich an, nicht zu sehr ins Detail zu gehen." (Lanz & Albert 2008: 37)
② In einem redeeinleitenden *wie*-Satz verliert das SDWW-Verb teilweise seine syntaktische Vollverbfunktion. D. h., es kann keinen valenzbedingten Nebensatz mehr regieren. Semantisch dient der *wie*-Satz als eine Informationsquelle und sollte nach Pittner (1993: 322f.) zu den Adverbialsätzen gerechnet werden. In syntaktischer Hinsicht kann ein redeeinleitender *wie*-Satz entweder vor und nach dem Hauptsatz stehen oder in den Hauptsatz eingebettet werden, wie Adverbialsätze anderer Art.

und Valenzfehler (in Bsp. 16) finden sich im Lernerkorpus:

(12) Wie <u>es</u> da oben beschrieben wird, haben die Lernenden [...] gelernt. (06M07)

(13) Die DaF-Studierenden in China brauchen Motivation [...], wie <u>es</u> im Kapitel 2 erwähnt wird. (15M01)

(14) Wie Saul Robinsohn formuliert, die landeskundlichen Inhalte <u>seien</u> [...]. (01M02)

(15) Wie Adamczak-Krysztofowicz und Stork vorschlagen, <u>dass</u> den Lernenden [...]. (18M01)

(16) Wie vorher <u>erwähnt hat</u>, wird in dieser Hausarbeit [...]. (10M05)

Ferner wird die Valenz bestimmter Prädikate, die ein satzförmiges Subjekt oder Objekt determinieren können, von Lernern gelegentlich falsch bestimmt, wie z. B. bei den Verben des Bittens, der Aufforderung und Empfehlung:

(17) Sie wurden gefordert, einen Text namens *Die Söhne* vorzulesen und [...]. (06M09)

(18) Sie wurde verlangt, darüber mit ihren Nachbarn zu diskutieren. (20M04)

(19) In dieser Phase sind die TN angefordert, das Gelernte in Alltagssituationen anzuwenden. (02M01)

(20) [...] am Ende des Textes schlage ich ihn vor, dass er mehr auf das Tempus achten und die Fehler selbst korrigieren soll. (04M04)

Außer dem gelegentlich hinzugefügten *es*-Korrelat, das bei diesen Verben stilistisch unglücklich wirkt, scheint ein Teil der Lerner Schwierigkeiten mit der Valenz zu haben: Der ‚Hörer‘ oder der Mittelungsinhalt des Satzes sind matrixverbabhängig im Dativ, Akkusativ oder als eine PP zu realisieren. Der Grund für diese Unsicherheit könnte darin liegen, dass der ‚Hörer‘ bei manchen Verben nicht stets realisiert wird (z. B. bei *verlangen*) und die Pronominaladverbien (*dazu*, *davon* usw.) als Korrelate in Texten von Muttersprachlern häufig eliminiert werden, was es den Lernern erschwert, die Valenzregeln bei solchen Verben anhand ihres Inputs abzuleiten.

7.1.4 Erklärung der Fehlerursachen

Obwohl sich im Chinesischen keine Äquivalenz hinsichtlich des deutschen Korrelates *es* findet, kann die Möglichkeit nicht ausgeschlossen werden, dass ein

Teil der *es*-Fehler auf interlinguale Ursachen zurückgeführt werden kann, weil das Pronomen *it* im Englischen, der ersten Fremdsprache der chinesischen Lerner, ebenfalls als *formal subject* und *formal object* fungieren kann. Die englisch-deutschen Interferenzen können sich, wie die Interferenzen aus der Muttersprache der Lerner, lernfördernd oder lernhemmend auf das Deutschlernen auswirken (vgl. Albert: 2012: 19).

Eine falsche Analogie beim *es*-Gebrauch für Subjektsätze kann aber ausgeschlossen werden, weil *it* als *formal subject* im englischen Deklarativsatz nur vor dem finiten Verb stehen kann:

> (21) So it is / it's / *is it important to change our plan.
> (22) It appears that this brand does not lead the market.
> (23) It has to be said that you are fired.

Da die stilistisch unangemessenen *es0*-Setzungen nur im Mittelfeld des Matrixsatzes vorkommen, sind sie eher nicht auf englischsprachige Einflüsse zurückzuführen. Sie können auf intralingualen Fehlerursachen[1] wie Übergeneralisierung und Unwissen beruhen.

Auch bei den SDWW-Verben in Passiv(ersatz)formen kann ein redundantes *es* auf die intralinguale Übergeneralisierung zwischen verschiedenen *es*-Varianten zurückgeführt werden. Im Lernerkorpus treten deutlich weniger Fehler bei diesen Verben im Aktiv auf, weil die Lerner vermutlich kaum *es1*-haltigen Input haben, wenn sie Texte von deutschen Muttersprachlern lesen oder mit Deutschen kommunizieren. Dass das *es*-Korrelat in passivischen Matrixsätzen in Texten von Muttersprachlern im Vorfeld gebraucht wird, um den Satz zu eröffnen, kann dazu führen, dass die Lerner falsche Regeln daraus ableiten. Sollte ein *es* als formales Subjekt fungieren, kann es sowohl im Vorfeld als auch im Mittelfeld des Satzes stehen:

> (24) Es gibt deshalb solche Fehler. / Deshalb gibt es solche Fehler.

Handelt es sich um ein Korrelat-*es* (*es0*), sind keine analogen Richtlinien

---

[1] Nach Böttger (2008: 24ff., 27) zählen (intralinguale) Übergeneralisierung und Unwissen zu den „intralingual motivierte[n] Fehlertypen". Den „interlingual motivierte[n] Fehlertypen" werden Ersetzung, falsche Analogie, Hyperkorrektur usw. zugeordnet.

zu Rate zu ziehen. Ob das Korrelat *es* mittelfeldfähig ist, hängt sowohl von dem Matrixverb als auch von syntaktischen Faktoren ab:

> (25) Es wird deshalb erlaubt, / Deshalb wird (es) erlaubt, neue Methoden zu probieren.
>
> (26) Es wird deshalb angenommen, / Deshalb wird (*es) angenommen, dass man diese Fehler machen kann.

Auch in Bezug auf andere *es*-Varianten kann diese Art Übergeneralisierung vorgenommen werden. Wie das Korrelat-*es*, so wird auch das Vorfeld-*es* von einem großen Teil der Probanden fälschlich im Mittelfeld eines Satzes eingesetzt[①], wie z. B.:

> (27) Im Folgenden wird es auf die Lernertyp und Lernfortschritte der Lerngruppe eingegangen. (20M04)
>
> (28) Wenn es bei einem Probanden keine Missing-Daten vorhanden sind, werden die Ergebnisse der ersten zehn Wörter ausgewertet. (17M08)
>
> (29) Aus diesen Unterschieden kann man feststellen, dass es kaum grausame Handlungen im Märchen der chinesischen Version vorkommt. (13M01)

In Bezug auf den Fehlertyp 1d (bei Kopulakonstruktionen mit einem Subjektsatz) könnte das notwendige *es*-Korrelat aus Unwissenheit eliminiert werden, weil in den Texten der Lerner, die diese Art Fehler gemacht haben, ebenfalls Belege zu finden sind, in denen das *es*-Korrelat richtig eingesetzt wird (Bsp. 31 und 33):

Aus dem Text 09M07:

> (30) ?Deshalb ist wichtig, die Bedeutung der Verben mithilfe des Kontextes genau zu schließen.
>
> (31) Deshalb ist es nach meiner Meinung sehr wichtig, die semantische Ebene und die grammatische Ebene der Verben beim Erwerb der Wörter zu beachten.

---

① Das Vorfeld-*es* hat die Funktion, die interrogative Lesart des Satzes zu verhindern und die deklarative Lesart zu gewährleisten, wenn keine anderen Satzglieder ins Vorfeld versetzt werden. Außerdem wird dieses Vorfeld-*es* aus stilistischen Gründen angewendet. Durch die Vorfeldbesetzung von einem *es* kann vermieden werden, dass ein enorm langes Subjekt am Satzanfang stehen muss. Allerdings hat das Vorfeld-*es* keinen Subjektstatus und kongruiert deswegen nicht mit dem finiten Verb. Wegen seiner semantischen Leere ist es auch phonogisch leer, d. h., dass es nicht betonbar ist. Steht ein anderes Satzglied im Vorfeld, muss dieses *es* eliminiert werden, weil seine pragmatischen Funktionen in diesem Fall bereits entfallen.

Aus dem Text 06M09:

(32) ?[...] zu sehen, <u>wie wichtig ist</u>, dass der Lehrer [...] eine optimale Aussprache hat.

(33) [...] <u>dass es besser wäre</u>, wenn die Lernenden bei Aussprachefragen sich an deutsche Lehrer wenden [...].

Es ist daher zu vermuten, dass sich die Lerner, die diese Fehler gemacht haben, dessen nicht bewusst waren, dass das *es*-Korrelat notwendig ist, wenn das Prädikatsnomen (außer Adjektiven wie *klar, deutlich* u. a.) im Mittelfeld des Matrixsatzes steht und der Subjektsatz extraponiert wird. In Unkenntnis dieser Regeln haben die Lerner gemäß ihres Sprachgefühls entschieden, das *es* zu verwenden oder wegzulassen, was häufig, aber eben nicht immer zur Produktion von korrekten Sätzen führt.

Bei Fehlertyp 2d handelt es sich bei den wenigen Adjektiven der *klar*-Gruppe sowie bei manchen Substantiven (*Grund dafür ist *es, dass*...) um unnötige *es0*-Setzungen. Hier sind die unangemessenen Formulierungen auf die grammatikalische Übergeneralisierung zurück-zuführen, weil die *es0*-fordernden Adjektive wie z. B. *möglich* oder *gut* und Substantive wie z. B. *Ziel* oder *Aufgaben* in demselben Satzbau mit hoher Häufigkeit auftreten. Außerdem ist es möglich, dass die *es0*-haltigen Belege aus Unwissen der Lerner unsystematisch und eher zufällig produziert wurden.

Der falsche Gebrauch von *es1* lässt sich sowohl auf intralinguale als auch auf interlinguale Interferenz zurückführen: Wie *es1* steht das *dummy-it* im Englischen als *formal object* stets im Mittelfeld des Matrixsatzes, wobei ihre Auftretensbedingungen dennoch nicht komplett übereinstimmen. Bei den Verben mit einem Objektsprädikativ sind *es* und *it* im Gebrauch sehr ähnlich. Dass die Probanden in Bezug auf diese Verben lediglich einmal *es1* ungünstig eliminiert haben, liegt möglicherweise an diesem positiven Transfer:

(34) Wir halten es für einen Riesenerfolg, dass unser Produkte auf den Markt gekommen sind.

(34a) We consider it a huge success that our products have been launched on the market.

(35) Ich empfand es als sehr nett, wenn man nach einer Wanderung am Abend freundlich empfangen wurde.

(35a)I found it very nice to be friendly welcomed when I arrived there after a hiking tour.

(36) Wir betrachten es als unsere Aufgabe, Behinderten im Arbeitsleben zu helfen.

(36a)We regard it as our mission to help disabled people at work.

Bei Verben manch anderer Gruppen können sich *es1* und dessen englische Entsprechung im Matrixsatz unterschiedlich verhalten, wie bei *klar / deutlich ... machen* u. ä. Während *es* hier ohne anaphorischen Bezug nicht vorkommen darf, wird *it* bei *make clear / obvious* (*that*) häufig realisiert:

(37) Dieses Beispiel macht klar / deutlich, dass es hier nicht um Kleinigkeiten geht.

(37a)This example makes it clear that it is not a question of minor details.

Folgende Fehler können als Beispiele für einen negativen Transfer aus dem Englischen gelten:

(38) Die oben genannten Beispiele <u>machen es deutlich</u>, dass Studienweg Deutsch die kulturellen Unterschiede zwischen Deutschland und China sachlich präsentiert. (01M09)

(39) Infolgedessen will ich <u>es klarmachen</u>, warum chinesische Deutschlerner beim Kommunizieren [...]. (06M09)

Zusammenfassend kann festgehalten werden, dass die meisten unangemessenen *es*-Setzungen oder -Eliminierungen von fortgeschrittenen chinesischen DaF-Lernern in Zusammenhang mit den SDWW-Verben (im Passiv oder in einer Passiversatzform) und Kopulakonstruktionen stehen. Ein großer Teil davon beruht auf intralingualen Fehlerursachen. Bei manchen Prädikaten *können die Strukturen der englischen Sprache einen negativen Einfluss auf die Sprachproduktion im Deutschen ausüben.*

7.2 Differenzierte Beschreibung der Grammatik-Lehr- und Übungswerke

Dass selbst weit fortgeschrittene DaF-Lerner Korrelatfehler verschiedener Art beim Schreiben produzieren, ist darauf zurückzuführen, dass sich eine Vielzahl der gängigen Lern- und Übungsgrammatiken und DaF-Lehrwerke nicht hinreichend mit dieser Problematik befasst. Das könnte daran liegen, dass den Lernern keine komplexe Beschreibung der Auftretens-bedingung von *es0* / *es1* zugemutet werden kann, da Sprachvermittlung sich nicht auf Lerner mit linguistischem Hintergrund fokussieren kann, sondern lediglich generell auf die Verbesserung des Deutschen der Lerner, auch wenn sich dieses bereits auf einem hohen Niveau befinden kann. Zudem sind die Regeln aus linguistischer Perspektive nicht klar definiert. Fragen hinsichtlich der *es*-Setzung im Mittelfeld des Matrixsatzes werden meistens nicht oder eben nur am Rande behandelt.

Als Beispiel sei an dieser Stelle das *Lehr- und Übungsbuch der deutschen Grammatik* (Dreyer & Schmitt 2012) genannt, das wegen seiner ausführlichen Beschreibungen und umfangreichen Übungen sehr verbreitet ist (vgl. Hennig 2001: 52ff.). Für die *es1*-Freundlichkeit der Matrixverben wird hier lediglich erwähnt, dass *es1* bei manchen Verben „oft" eingeführt wird, um „den Zusammenhang zu betonen" (Dreyer & Schmitt 2012: 94), wie bei (*es*) *ablehnen*, (*es*) *unterlassen*, (*es*) *vermeiden*, (*es*) *versäumen* und (*es*) *wagen*. Auf das Vorkommen von *es0* im Mittelfeld wird in Bezug auf einige Kopulakonstruktionen eingegangen, wie z. B. *es ist angenehm* / *freundlich* (ebd.: 98).[1] In den Übungen wird großer Wert auf die Austauschbarkeit zwischen Inf-, *dass*- und V2-Nebensätzen gelegt. Das *es*-Korrelat wird, wenn es nötig ist, in den Übungen vorgegeben, wie z. B.:

> a. von dir eine E-Mail erhalten (ich habe mich gefreut, ...)
> b. dir nicht früher schreiben (Ich bedaure es, ...)
> c. noch nie zu spät kommen (Die Schülerin behauptet, ...) (Einheit 16, Übung 9, Aufgabe 1 – 3; ebd.: 97)

Ähnlich verhält es sich in der *B-Grammatik* (Buscha & Szita 2011), die sich an Lerner auf der Mittelstufe (B1 - B2) wendet. Im Erklärungsteil wird nur kurz beschrieben, dass *es* „als ‚Platzhalter' für nachfolgende Infinitivsätze, *dass*-Sätze oder indirekte Fragesätze" stehen und entfallen kann, wenn „der Nebensatz

---

[1] Es wird angemerkt, dass das *es*-Korrelat im Mittelfeld des Matrixsatzes notwendig ist, wenn „ein anderer Nebensatz am Anfang in der Position I steht" (ebd.). Als Beispiel wird der folgende Satz angeführt:
• Weil das Telefon des Abgeordneten immer besetzt war, war es unmöglich, ihn anzurufen. (ebd.)
Es ist hier allerdings nicht ersichtlich, ob es sich bei dieser Regel nur um die Kopulakonstruktionen wie *es ist angenehm* / *freundlich* handelt oder auch um die angegebenen Vollverben. In Bezug auf den obigen Beispielsatz ist diese Erklärung unzureichend, weil das *es*-Korrelat auch im Mittelfeld des Kopulasatzes notwendig ist, wenn das Vorfeld von anderen, nicht satzförmigen Satzgliedern besetzt wird:
• Deshalb war es unmöglich, ihn anzurufen.

oder Infinitivsatz vorangestellt ist" (Buscha & Szita 2011: 129). Bei den wenigen Beispielen handelt es sich ausschließlich um das *es0* für Subjektsätze. Das *es1* für Objektsätze kommt erst (und nur) in einer Übungsaufgabe vor, in dem die Lerner fünf Sätze unter Verwendung von *hassen*, *lieben* und *schön finden* mit einem ausgebauten Objekt bilden sollten. Auch in der später erschienenen *C-Grammatik* (Buscha et al. 2013) für (weit) fortgeschrittene Lerner wird diese Thematik nicht weiter ausgeführt. Das ist aus den folgenden Übungsaufgaben ersichtlich:

- Heute müssen wir konstatieren, *(davon – nicht viel – übrig bleiben)*
- Doch einige Firmen leisten es sich noch, *(Entspannung – Mitarbeiter – Yogatrainer – engagieren)*

(Übung 6.5.4.5 und 6.5.4.6, ebd.: 193)

Die Lerner werden hier aufgefordert, Objektsätze mit den vorgegebenen Phrasen zu bilden, während die Matrixsätze bereits geliefert werden. Lerner, die sich auf C1- / C2- Niveau befinden und nach der Lernerkorpusanalyse keine großen Schwierigkeiten bei der Unterscheidung zwischen den Nebensatztypen haben, nehmen solche Übungen eher als eine Wortschatzwiederholung wahr denn als ein Grammatiktraining.

In DaF-Lehrwerken kommt das *es*-Korrelat meistens auf den Niveaustufen B2 – C1 vor. Die hier ausgewählten Lehrwerke beschränken sich in Bezug auf das *es*-Korrelat in ähnlicher Weise wie die meisten Lernergrammatiken, denn dieses *es* wird i. d. R. nur im Rahmen einer Zusammenfassung von sämtlichen *es*-Varianten thematisiert, die in der Länge auf eine oder zwei Druckseiten passt.[1] Dieses Thema steht offenbar generell bei der Konzeption von Lehrwerken zur deutschen Sprache nicht im Fokus. Im Folgenden werden die wenigen Grammatiklehr- und Übungswerke betrachtet, die näher auf den *es*-Gebrauch eingehen und eine größere Anzahl von Übungen dieser Problematik widmen:

---

[1] Hier sind die Darstellungen in folgenden Lehrwerken gemeint:
- *Berliner Platz 4 NEU. Deutsch in Alltag und Beruf. Lehr- und Arbeitsbuch* (Rohrmann et al. 2012: 63)
- *DaF in 2 Bänden. Band 2* (Dienst et al. 1999: 74f.)
- *em. Abschlusskurs. DaF für die Mittelstufe. Kursbuch* (Perlmann-Balme et al 2004: 116)
- *em. Abschlusskurs. DaF für die Mittelstufe. Arbeitsbuch* (Orth-Chambah et al 2003: 103f.)
- *Mittelpunkt C1. DaF für Fortgeschrittene. Lehrbuch* (Köhl-Kuhn et al. 2008: 48, 178f.)
- *Mittelpunkt C1. Grammatiktrainer* (Köhl-Kuhn et al. 2009: 83)
- *Sicher!. DaF. Kursbuch und Arbeitsbuch. C1.1. Lektion 1 – 6* (Perlmann-Balme et al. 2015: 60)
- *Ziel C1. Kursbuch. Band 1. Lektion 1 – 6* (Dallapiazza et al. 2012: 63)

1. Schade (2009): *Einführung in die deutsche Sprache der Wissenschaften* (13. Auflage)
2. Helbig & Buscha (2011c): Übungsgrammatik Deutsch (6. Auflage)
   sowie die zwei systematischen Grammatikwerke, die ausführliche Erläuterungen für die Übungen in der Übungsgrammatik enthalten:
   Leitfaden der deutschen Grammatik (6. Auflage, Helbig & Buscha: 2011b)
   Deutsche Grammatik: ein Handbuch für den Ausländerunterricht (7. Auflage, Helbig & Buscha: 2011a)
3. Hall & Scheiner (2001): Übungsgrammatik für Fortgeschrittene
   sowie ihre Neubearbeitung: Übungsgram*matik für die Oberstufe* (Hall & Scheiner: 2014)

Die relevanten Kapitel in diesen Grammatiken werden in Bezug auf drei Kriterien, nämlich die Darstellungsweise der Regeln, die Gestaltung der Übungen und die inhaltliche Korrektheit der relevanten Sprachmaterialien, untersucht.

7.2.1 Darstellungsweise der Regeln zum *es*-Gebrauch

Das *es*-Korrelat wird i. d. R. mit anderen *es*-Typen oder mit den Korrelaten zu Präpositionalobjektsätzen (*dafür*, *dazu* usw.) gemeinsam behandelt. Ein gesondertes Kapitel für das Lexem *es* findet sich in Schade (2009) sowie Helbig und Buscha (2011a). Schade hat versucht, die Typen und Funktionen von *es* in Anlehnung an die traditionelle Klassifizierung (expletives-*es*, Pronomen-*es*, Platzhalter-*es*, Korrelat-*es* usw.) auf eine innovative Weise darzustellen. Allerdings werden m. E. keine bessere Übersichtlichkeit und Verständlichkeit dieser Problematik durch sein neues, vierstufiges Schema ermöglicht:

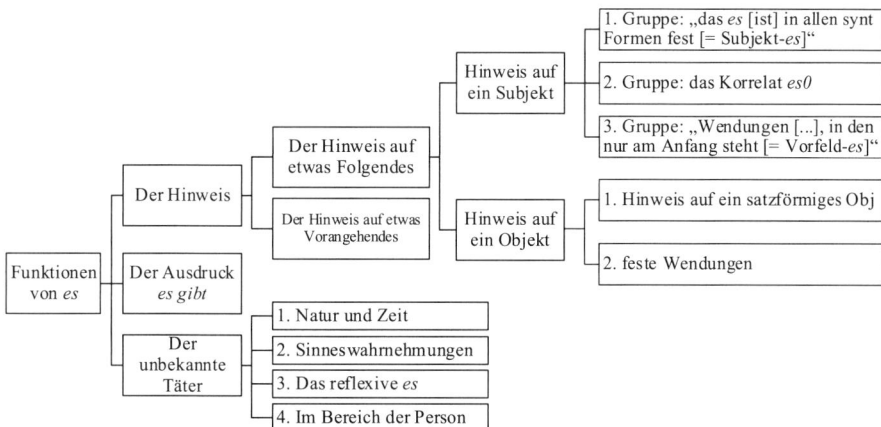

Abbildung 2: Systematisierung der *es*-Funktionen nach Schade (2009: 249ff.)[①]

Das Schaubild stellt das gesamte *es*-System in Schade (2009) dar. Damit ist es als systematische Darstellung zu würdigen. Den nächsten, notwendigen Schritt der Reduktion der Komplexität im Hinblick auf die didaktische Konzeption ist Schade nicht gegangen. Als Handreichung für den DaF-Unterricht oder gar als Hilfestellung für das Selbststudium auch fortgeschrittener DaF-Lerner scheint solch ein Schaubild weniger geeignet.

Diese komplizierte Art der Kategorisierung hat selbst dem Autor Schwierigkeiten bei der Zusammenstellung der Ausdrucksmittel bereitet. Beispielsweise wird *es0* in *Es fällt auf, dass* irrtümlich als fester Bestandteil der Formulierungen (Subjekt-*es*) gekennzeichnet, wie das *es* in *Es dauert lange, bis* und *Es geht mir gut* (vgl. ebd.: 252f.). In Bezug auf *es1* gelten *es sich leisten können, dass; Inf.* und *es satt haben, dass; Inf.* (ebd.: 257) als verfehlte Beispiele, die sich in der Liste des formalen Objekt-*es* befinden, zu der die Phraseologismen wie *es in sich haben* usw. gehören (ebd.). Die dazu gehörige Beschreibung: „Worauf das *es* deutet, wird dann nicht näher erläutert" (ebd.), gilt m. E. als falsch. Das *es* bei *es sich leisten können* (+Nebensatz) deutet offensichtlich auf den extraponierten Nebensatz. Schade betont außerdem, dass dieses *es* „nicht durch *das* ersetzt werden [kann]" (ebd.), was ebenfalls nicht zutrifft:

(40) Das können wir uns nicht leisten! / Das habe ich satt!

(41) Dass unser Laden jeden Tag beklaut wird, das können wir uns nicht leisten! / das habe ich satt!

Abgesehen von den obengenannten Beispielen lassen sich bei Schade noch weitere Unklarheiten finden.[②] Mit Hinblick auf die Didaktik empfiehlt es sich, das expletive *es* und das Korrelat-*es* getrennt zu vermitteln und ggf. den Lernern zu helfen, die Unterschiede dieser zwei *es*-Typen deutlicher wahrzunehmen. Besonders hervorzuheben ist, dass das expletive *es* unabhängig von dem syntaktischen

---

① zusammengefasst und erstellt von Y. Y.

② Beispielsweise wird das *es* in *Es liegt daran, dass; darin, dass* als ein Korrelat betrachtet und sein Ersatz durch ein anderes Substantiv wird daher ausgeschlossen (vgl. Schade 2009: 254). Der *dass*-Satz in dieser Wendung orientiert sich eindeutig an dem Pronominaladverb *daran* oder *darin*. Das *es* fungiert als ein Pronomen und kann durch ein Substantiv ersetzt werden:

• Der Grund liegt darin, dass...

Umfeld stets auftritt[①] (als formales Objekt nur im Mittelfeld) und didaktisch als ein Bestandteil der Vollverben bzw. Kollokationen betrachtet werden sollte.[②] Obwohl das expletive *es* semantisch vakant ist, wie das Korrelat-*es*, kann es als formales Subjekt oder Objekt aber weder gelöscht noch durch *das*, *dies* oder andere Elemente ersetzt werden:

> (42) Ich meine es gut mit dir. – *Ich meine gut mit dir.
> (43) Er hat es eilig (mit der Bestellung). – *Er hat die Bestellung eilig.

Darüber hinaus erscheint es für die *es*-Klassifizierung als wenig sinnvoll, dass die Gefühlsverben (ärgern, *freuen*, *gefallen* u. a.) im Kapitel *Der unbekannte Täter* (ebd. 258ff.) isoliert vorgestellt werden. Sie sollten zu den Wendungen wie *Es gelingt, dass* und *Es kommt vor, dass* zählen, die ein satzartiges Subjekt determinieren können. Positiv ist, dass der transitive und intransitive Gebrauch der Gefühlsverben (wie *es ärgert mich / ich ärgere mich über Akk.*), in diesem Teil zusammengefasst werden, was den Lernern einen klaren Überblick über die spezifische Umgebung der Verben bietet (siehe ebd.: 261).

In Schade (2009) wird auch der semantische Aspekt des *es0 / es1*-Gebrauchs behandelt, wobei den Prädikaten, die *es* erlauben, in den Regelerläuterungen deutlich mehr Aufmerksamkeit geschenkt wird als denjenigen, die kein *es*-Korrelat zulassen. Die *es0*-unzulässigen Verben wie *aus ... folgen / hervorgehen* wurden komplett außer Acht gelassen. In Bezug auf das *es1* werden 26 Prädikate aufgelistet, die das *es* „fast immer bei sich" haben, und elf weitere, bei denen „das vorangestellte *es* weniger häufig vor[kommt]" (ebd.: 256). Bei den Verben, die „kein *es* bei sich haben" (ebd.: 256f.), werden lediglich die Verben des Denkens (am Beispiel von *meinen* und

---

① Als einzige Ausnahme gilt eine Gruppe von Verben, die als „persönliche Impersonalien" (Hempel 1980: 131) bezeichnet werden können und bestimmte Empfindungen beschreiben, wie *grausen*, *frieren* usw. Steht das Dativ- / Akkusativobjekt im Vorfeld, kann das formale Subjekt *es* im Mittelfeld getilgt werden:
- Es graust mir / mich. - Mir / Mich graust (es).
- Es friert mir / mich. - Mir / Mich friert (es).

② Das expletive *es* sollte zunächst in den gebräuchlichsten Wendungen eingeführt werden, wie z. B. *es gibt* oder *es geht j-m* (*gut*) für das formale Subjekt *es* sowie *es gut mit j-m meinen* für das formale Objekt *es*. Gemäß dem Niveau der Lerner können neue Ausdrücke ergänzt werden. Wichtig ist auch, solche Ausdrücke nicht nur als Phrasen, sondern stets in Beispielsätzen darzustellen, und wenn nötig mit Bedeutungserklärungen zu versehen, wie in dem folgenden Beispiel:
- Er hat es auf ihr Geld und Auto abgesehen. (Er ist begierig auf ihr Geld und Auto.)

glauben) erwähnt. Die viel größere Gruppe der Verben, die kein *es1* zulassen, wird nicht ausreichend berücksichtigt:

Tabelle 9: Der *es1*-Gebrauch bei Verben nach Schade (2009: 256f., nicht im Original-Layout)

Verben, die das es „fast immer bei sich" haben:	Verben, bei denen es weniger häufig vorkommt:
• es ablehnen, Inf. • es sich angelegen sein lassen Inf. • es ansehen als • es aufgeben, Inf. • es aushalten, Inf.; dass • es aufschieben, Inf. • es bezeichnen als • es so einrichten, dass • es sich erlauben, Inf. • es nicht ertragen, dass; Inf. • es nicht erwarten können, dass; Inf. • es unglaublich (schön etc.) finden, dass • es sich gefallen lassen, dass • es sich gestatten, dass; Inf. • es gewohnt sein, Inf.; dass • es für gut (ausgeschlossen etc.) halten, dass; Inf. • es hinnehmen, dass • es machen wie • es sich nicht nehmen lassen, dass, Inf. • es übelnehmen, dass • es D (P) überlassen, dass; Inf. • es unterlassen Inf.; dass • es verabscheuen, dass; Inf. • es D (P) nicht verdenken können, dass • es verdienen, dass • es vermeiden, Inf.	• es bedauern, dass; Inf. • es begreifen, dass • es beklagen, dass • es einsehen, dass • es gern haben, dass; Inf. • es hören, dass • es lieben, dass; Inf. • es merken, dass • es verstehen, dass; Inf. • es wagen, dass, Inf. • es wissen, dass Verben ohne es: „Gerade bei den Verben des Denkens gibt es aber einige, die kein es bei sich haben, besonders wenn der *dass*-Satz unmittelbar folgt: *Ich meine (glaube), dass diese Statistik wichtige Aussagen zu machen hat.*" (ebd. 256f.)

Bei den Lernern könnte so fälschlicherweise der Eindruck entstehen, dass sämtliche Prädikate *es0* im Mittelfeld des Matrixsatzes erlauben und die allermeisten *es1*, was aber nicht der Fall ist. Auf die Genauigkeit der Verb-Klassifizierung hinsichtlich der *es*-Setzung wird in Kap. 7.2.3 näher eingegangen.

Helbig und Buscha (2011a) systematisieren die Vermittlung der *es*-Typen lernerfreundlicher. Das *es*-Korrelat wird zunächst in verschiedenen Kapiteln im Zusammenhang mit Subjekt- und Objektsätzen sowie Infinitivkonstruktionen (als Subjekt und Objekt) eingeführt. Als eine Zusammenfassung der Funktionen von *es* kommt das *es*-Korrelat in einem Kapitel vor, in der die anderen *es*-Varianten[①] in Unterkapiteln separat behandelt werden. In dem Kapitel *ES ALS KORRELAT* (ebd.: 241f.) werden die allgemeinen syntaktischen Regeln zum Thema Subjekt- / Objektsatz und *es*-Korrelat ausführlich beschrieben und mit blau gedruckten Beispielsätzen illustriert. Auch die Pronominalform *das* wird in der Feststellung erwähnt, dass dieses Bezugselement als „rückweisendes" Korrelat für einen vorangestellten Subjekt- / Objektsatz fakultativ erscheinen kann, während *es* als „vorausweisendes" Korrelat in diesem Fall gesperrt sein muss (ebd.: 241).[②] Allerdings finden die ergänzenden *wenn*-Sätze in Bezug auf den *es*-Gebrauch keine Berücksichtigung.

Es ist kritisch anzumerken, dass die Auftretensbedingungen von *es0* / *es1* an nicht-erster Stelle nur beiläufig erwähnt werden. Für die *es1*-Freundlichkeit der Verben werden im Kapitel *ES ALS KORRELAT* nur die Verben *übernehmen* (*es* obligatorisch), *erfahren* (*es* fakultativ) und *hoffen* (*es* fehlt „gewöhnlich") als Beispiele angeführt (ebd.). Mit den satzgrammatischen Angaben zum Infinitiv werden noch ein paar andere transitive Verben hinzugefügt: *aufgeben* (+*es*); *befürworten, jemandem auftragen, bedauern* (±*es*); *vorwerfen, appellieren* (-*es*) (ebd.: 99). Der *es0*-Gebrauch im Mittelfeld für extraponierte Subjektsätze wird im *Leitfaden der Deutschen Grammatik* an den zwei Kopulakonstruktionen *sonderbar sein* und *ein Glück sein* veranschaulicht:

> (44) *Es* ist sonderbar / Sonderbar ist (*es*), dass er nicht schreibt. (Helbig & Buscha 2011b: 215)
>
> (45) *Es* ist ein Glück / Ein Glück ist (*es*), dass du kommst. (ebd.)

Die *es0*-Freundlichkeit der Vollverben bleibt aber in beiden Werken komplett ausgeklammert. An dieser Stelle ist festzustellen, dass eine nicht hinreichende Beschreibung der semantischen Faktoren, die den *es*-Gebrauch bestimmen können, den Lernern beim Umgang mit den Übungen und beim Schreiben eigener Texte nur begrenzt helfen kann. Es ist zu erwarten, dass ein Teil der Übungen B15, B16 und M12 (Helbig & Buscha 2011c: 40ff., 175f.) den Lernern schwerfallen wird (siehe Kap. 7.2.2).

---

① Nämlich *es* als Proform, Platzhalter (=Vorfeld-*es*); formales Subjekt und Objekt
② Entsprechende Beispielsätze werden hier eingeführt (ebd.):
  • Dass ich dich getroffen habe, (*das*) freut mich. (Subjektsatz)
  • Dass sie nicht kommen können, (*das*) bedauere ich. (Objektsatz)

In der Übungsgrammatik für die Oberstufe wird erstens in dem Kapitel *Subjektsätze, Objektsätze und Attributsätze* (Hall & Scheiner 2014: 172ff.) auf die Korrelate (*es* und Pronominaladverbien) eingegangen, während das als Pronomen und als „stellvertretendes Subjekt" fungierende *es* (Vorfeld-*es*) in anderen Teilen erläutert wird (ebd.: 291). Dieses Gliederungsprinzip dient zur Hervorhebung der syntaktischen Funktion der Korrelate (Hinweis auf einen nachfolgenden Nebensatz) und soll verhindern, dass die Lerner das Korrelat-*es* mit anderen *es*-Varianten verwechseln. Der Zusammenhang zwischen wort- und phrasenweise realisierten Subjekten / Objekten, Subjekt- / Objektsätzen und deren Korrelaten wird dadurch veranschaulicht, dass synonyme und syntaktisch parallele Beispielsätze paarweise verglichen werden:

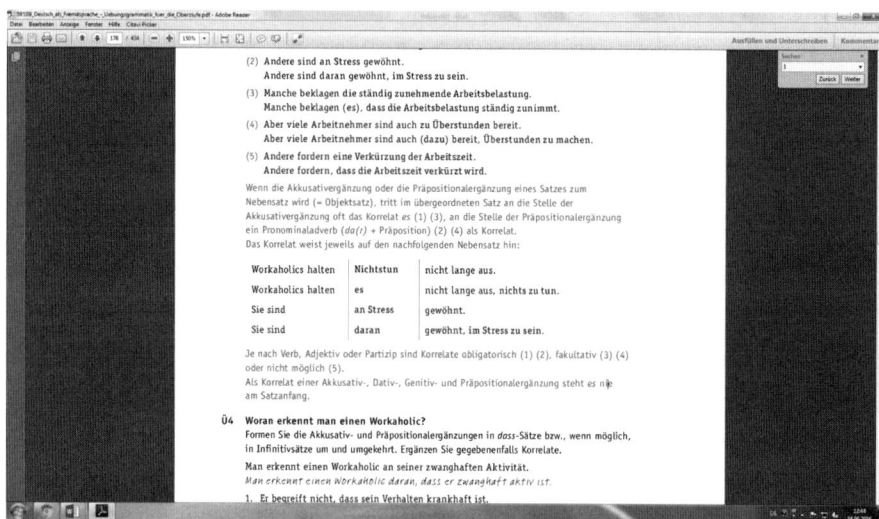

Abbildung 3: Darstellung der Beispiele in der Übungsgrammatik für die Oberstufe (ebd. 176)

Solch eine Darstellung kann auch als Vorlage für schriftliche oder mündliche Übungen herangezogen werden. Sie erscheint als sinnvoll und angemessen. Die allgemeinen syntak-tischen Faktoren werden, außer bei den Kopulakonstruktionen, nicht ausführlich erläutert. Das lässt sich dadurch begründen, dass sich diese Grammatik an den Bedürfnissen der Lerner auf dem B2 – C2 Niveau orientiert, die bereits Grundwissen der deutschen Grammatik besitzen[①].

---

① Die Grammatik setzt die Beherrschung der Grundstrukturen voraus. Daher werden in erster Linie die Grammatikphänomene, die erfahrungsgemäß besondere Schwierigkeiten bereiten, erklärt und geübt. (vgl. ebd.: 6)

Die Auftretensbedingungen der Korrelate werden in vier Listen im Anhang der Grammatik aufgeführt. Allein die erste Tabelle setzt sich aus 425 Matrixverben, die alphabetisch sortiert sind, auf sieben Druckseiten zusammen. Dazu zählen sowohl die Matrixverben mit infinitivsatzartigen Subjekten / Akkusativobjekten als auch die mit Präpositionalobjekten. Die Notwendigkeit bzw. Zulässigkeit des Korrelates wird bei sämtlichen Verben getrennt gekennzeichnet. Folgende Abbildung zeigt einen kleinen Ausschnitt der ersten Liste:

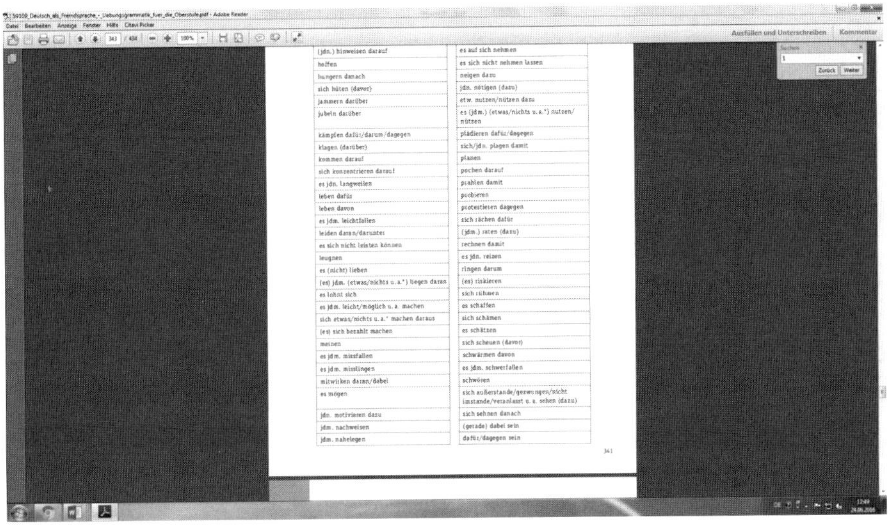

(jdn.) hinweisen darauf	es auf sich nehmen
hoffen	es sich nicht nehmen lassen
hungern danach	neigen dazu
sich hüten (davor)	jdn. nötigen (dazu)
jammern darüber	etw. nutzen/nützen dazu
jubeln darüber	es (jdm.) (etwas/nichts u. a.*) nutzen/ nützen
kämpfen dafür/darum/dagegen	plädieren dafür/dagegen
klagen (darüber)	sich/jdn. plagen damit
kommen darauf	planen
sich konzentrieren darauf	pochen darauf
es jdn. langweilen	prahlen damit
leben dafür	probieren
leben davon	protestieren dagegen
es jdm. leichtfallen	sich rächen dafür
leiden daran/darunter	(jdm.) raten (dazu)
es sich nicht leisten können	rechnen damit
leugnen	es jdn. reizen
es (nicht) lieben	ringen darum
(es) jdm. (etwas/nichts u. a.*) liegen daran	(es) riskieren
es lohnt sich	sich rühmen
es jdm. leicht/möglich u. a. machen	es schaffen
sich etwas/nichts u. a.* machen daraus	sich schämen
(es) sich bezahlt machen	es schätzen
meinen	sich scheuen (davor)
es jdm. missfallen	schwärmen davon
es jdm. misslingen	es jdm. schwerfallen
mitwirken daran/dabei	schwören
es mögen	sich außerstande/gezwungen/nicht imstande/veranlasst u. a. sehen (dazu)
jdn. motivieren dazu	sich sehnen danach
jdm. nachweisen	(gerade) dabei sein
jdm. naheliegen	dafür/dagegen sein

341

Abbildung 4: Ein Ausschnitt aus dem Anhang III in *der Übungsgrammatik für die Oberstufe* (ebd. 341)

Diese Listen im Anhang der Grammatik dienen zum Nachschlagen. Da lediglich ein kleiner Teil der Verben in den Übungen behandelt wird, stellt sich die Frage, wie die Lerner mit den anderen hunderten Verben in der Liste umgehen sollten. Hier werden keine ausreichenden Übungen angeboten. Ohne intensive Bearbeitung durch die Lehrperson sind die Listen für die Lerner nicht gut brauchbar.

In der Liste IV (ebd.: 344ff.) werden 92 Adjektive aufgelistet, die sich an ein infinitivsatzförmiges Subjekt anknüpfen können (wie *abstoßend*, (*un*)*angebracht*), sowie 84 andere, die ein aufbaubares Präpositionalobjekt determinieren (wie *angewiesen darauf*). Es wird am Anfang der Liste verdeutlicht, dass das *es*-Korrelat bei den 92 Adjektiven, die mit, °' gekennzeichnet werden, notwendig ist, wenn das Adjektiv das Mittelfeld des Kopulasatzes einnimmt; fakultativ ist es, wenn das Adjektiv ins Vorfeld rückt. Allerdings lässt sich m. E. der Umfang der Liste auf die Adjektive mit Präpositionalobjekten beschränken. Einerseits verkompliziert solch eine

Auflistung die *es*-Thematik und schafft unnötigen Lernstoff. Andererseits wird dadurch keine Vollständigkeit gewährleistet, weil die Liste nur eine gewisse Menge Adjektive mit Subjektsätzen umfasst. Die Adjektive der Sondergruppe (*klar*, *deutlich*, *ersichtlich* u. a.) werden in der dreiseitigen Adjektivliste nicht aufgeführt, weil sie nicht mit Inf-Sätzen korrespondieren können. In Bezug auf die adjektivischen Prädikatsnomina ist es am einfachsten, die Subkategorisierungseigenschaften der Adjektive (mit oder ohne Inf-Satz als Subjekt) als Indikator der *es0*-Setzung zu vermitteln.

7.2.2 Die Gestaltung der Übungen

In quantitativer Hinsicht bieten die vorliegenden Grammatiken eine viel größere Menge an Übungen in Bezug auf den *es0*- / *es1*-Gebrauch als andere gängige Lerngrammatiken. In Schade (2009) werden sowohl Einzelsätze als auch Texte als Übungsmaterial angeführt. Positiv dabei zu bewerten ist, dass die Schwierigkeit des Übungsmaterials einer angemessenen Progression entspricht. Am Anfang werden einzelne Sätze und einfach formulierte, kurze Texte in den Übungen eingesetzt. In der letzten Übungseinheit werden drei lange, authentisch wirkende Texte für die Gesamtübungen der *es*-Typen verfasst. Allerdings bestehen sämtliche Aufgaben, die das Korrelat-*es* betreffen, lediglich aus Lückenübungen, bei denen die Lücken entweder mit einem *es* gefüllt oder frei gelassen werden sollen. Die Lerner werden im Übungsteil nicht aufgefordert, bestimmte Satzglieder in Matrixsätze (ggf. mit einem Korrelat) umzuformulieren oder Matrixsätze neu zu bilden.

Das größte Defizit der Übungen liegt in der Vernachlässigung der Prädikate, die kein *es*-Korrelat für einen extraponierten Subjekt- oder Objektsatz fordern. Im Gegensatz zu den Übungsaufgaben für andere *es*-Typen, die die Lerner besser zum Nachdenken über die Vorkommensproblematik von *es* anregen, animieren die Korrelat-Übungen die Lerner offenbar zur *es*-Setzung, wie folgende Sätze aus den Lückentexten darstellen (ebd. 270f.):

(46) __ ist aber zu bedenken, dass __ [es] in diesem Netz keine Aufsicht, keine Kontrolle gibt [...]. (ebd.: 267)

(47) __ muss daher gesehen werden, dass Rohstoffe und Produktion, Güter und Dienstleistungen nicht gleichmäßig verteilt sind. (ebd.: 270)

(48) __ muss erkannt werden, dass die Entwicklung der Technik während der Geschichte des Menschen nicht dazu geführt, ihn [...]. (ebd.: 271)

Das notwendige, großzuschreibende *Es* am Satzanfang erfordert hier eindeutig nicht viel Überlegung von fortgeschrittenen Lernern, vielmehr scheint dies trivial. Allerdings muss darauf geachtet werden, dass das *es*-Korrelat bei den SDWW-Verben *bedenken*, *sehen* und *erkennen* im Vorfeld zur Satzeröffnung notwendig, weiter hinten im Satz aber überflüssig ist. Wenn die Übungen folgenderweise umgeformt werden, gilt die Weglassung von *es* als bessere Lösung:

(46a) Daher ist _____ zu bedenken, dass es in diesem Netz keine Aufsicht, keine Kontrolle gibt...

(47a) Daher muss _____ gesehen werden, dass Rohstoffe und Produktion, Güter und Dienstleistungen nicht gleichmäßig verteilt sind.

(48a) Daher muss _____ erkannt werden, dass die Entwicklung der Technik während der Geschichte des Menschen nicht dazu geführt, ihn...

Für das Korrelat-*es* sind insgesamt 48 Lücken vorgesehen. Laut dem Lösungsschlüssel sollen die Lerner in 47 Lücken ein *es* einfügen. Obwohl das *es* in manchen Fällen weglassbar ist, wird es (ohne Markierung der Fakultativität) in der Lösung empfohlen. Beispielsweise gilt das *es*-Korrelat, das im Lösungsschlüssel angegeben wird, in folgenden Übungsaufgaben als fakultativ und wird im Korpus sehr häufig von Muttersprachlern beim Schreiben eliminiert:

(49) Ferner ist _____ bei einem solchen Wahlgang klar, dass der gewählte Volksvertreter seinem Bezirk ebenso wie der Gesamtwählerschaft verantwortlich ist. (ebd.: 268f.)

(50) Andererseits ist _____ ebenso sicher, dass die Stimmen der Minderheit bei diesem Wahlsystem verlorengehen. (ebd.: 269)

Wie im Erklärungsteil wird den Lernern beim Umgang mit den Übungsaufgaben suggeriert, dass das *es*-Korrelat beim Schreiben häufig zu gebrauchen sei. Grundsätzlich ist aber eher davon abzuraten, die Lerner zum häufigen Gebrauch des *es*-Korrelates anzuregen oder sie pauschal davon abzuhalten, *es* häufig zu verwenden. Lehrziel sollte ein im gewissen Umfang systematisches Verständnis des Grammatikphänomens sein.

In Helbig und Buscha (2011c) werden die Korrelatübungen von den Übungen zu anderen *es*-Typen getrennt. In manchen Übungen (wie z. B. bei Übung B15, S. 41) müssen die Lerner entscheiden, ob ein *es* oder ein Pronominaladverb als

Korrelat in Frage kommt, in den anderen wird lediglich das *es*-Korrelat behandelt (wie bei Übung M12, S. 175f.). Allerdings sind sämtliche Übungen satzorientiert. Die eingesetzten Sätze, die umgeformt oder mit einem Korrelat vervollständigt werden sollen, folgen zusammenhangslos aufeinander und können sehr schnell zu Langeweile führen. Wie in Kap. 7.1.2 bereits erwähnt, sind die Erläuterungen vor den jeweiligen Übungen sowie in den empfohlenen Grammatiken für die Lösung der Aufgaben nicht ausreichend. Ohne hervorragendes Sprachgefühl sind manche Übungsaufgaben für die Lerner ein reines Ratespiel.

In beiden Grammatiken von Hall und Scheiner (2001; 2014) wird in den Übungen sowohl mittels Satz- als auch mit Textbeispielen gearbeitet. Die Autoren haben großen Wert auf die Kontextualität gelegt. Auch wenn eine Übung aus einzelnen Sätzen besteht, werden sie in ein kontextuelles Umfeld eingebettet.

In der älteren Auflage (2001) ist es den Autoren mit der Übung 7 (S. 186f.) gelungen, den Lernern einen Überblick über den Gebrauch verschiedener Korrelate im Rahmen eines authentisch wirkenden Textes zu bieten. Dabei werden einige *es*-fordernde Verben wie *schaffen, vorziehen, unmöglich machen* usw. zusammengefasst[①]. In der aktualisierten Fassung (2014) ist diese Übungsaufgabe nicht mehr vorhanden. Stattdessen enthält sie zwei neue Texte, zu denen die Lerner die gekennzeichneten Nebensätze nominalisieren sollten oder umgekehrt. Außer in der Übung 3 (S. 175), die ausschließlich Subjektsätze behandelt, werden das *es*-Korrelat und die Pronominaladverbien stets gemeinsam geübt. Darüber hinaus enthält die aktualisierte Fassung eine offene Übung, in der die Lerner aufgefordert werden, mithilfe vorgegebener Formulierungsmöglichkeiten (wie *j-m abraten von*; *j-m etw. empfehlen*) einer unglücklich verliebten Person Ratschläge zu geben, wie folgender Beispielsatz zeigt:

> (51) Ich würde ihm / ihr dazu raten, eine Kontaktanzeige im Internet aufzugeben. (Übung 12.8, ebd.: 179)

Diese offene Übung kann den Lernern dabei helfen, die Valenz der Verben der

---

① Die Lerner werden aufgefordert, Korrelate (*es* oder Präpositionaladverbien) in den Text einzufügen. Im Lösungsschlüssel wird keine Fakultativität gekennzeichnet, obwohl nicht sämtliche in Frage kommenden Korrelate obligatorisch sind, wie z. B.:
- Die Bergungsmannschaften wagten... wegen des Orkans nicht, sich der gestrandeten Tanker zu nähern.
- Sie wollten ... den Vögeln ersparen, langsam und hilflos zu verenden.

Aufforderung und Empfehlung, die den fortgeschrittenen chinesischen Probanden Schwierigkeiten bereitet, schriftlich oder mündlich zu wiederholen. Während sich die Übungen durch ihre Text-bezogenheit und Vielfältigkeit auszeichnen, scheinen die Tabellen im Anhang der Grammatik (S. 337ff.) als empfohlene Hilfsmittel eintönig und nicht für die Didaktik adäquat zu sein.

7.2.3 Die inhaltliche Korrektheit der relevanten Sprachmaterialien

Es gehört zu den Aufgaben einer DaF-Lehrperson, die inhaltliche Richtigkeit der Darstellungen in Lehrbüchern kritisch zu überprüfen und den Einsatz von fehlerhaften Materialien zu vermeiden (vgl. Albert 2008: 94f.). Es ist damit zu rechnen, dass in Bezug auf den Korrelatgebrauch häufiger ungeeignete, gar inkorrekte Erklärungen in solchen Werken zu finden sind als bei manchen anderen Grammatikphänomenen, bei denen es sich um reine Grammatikregeln handelt. Auch wenn keine vorliegenden empirischen Untersuchungsergebnisse in die Beurteilung mit einbezogen werden, lassen sich bereits erhebliche inhaltliche Widersprüche zwischen den Lehrwerken, zwischen verschiedenen Auflagen eines Titels sowie zwischen der Regelerläuterung und dem Übungsteil eines Bandes entdecken.

Wie in Kap 7.1.1 erwähnt, weist die Klassifizierung der Verben nach deren *es*-Freundlichkeit in Schade (2009) bestimmte Mängel auf (siehe Tabelle 9). Bei dem Verb *lieben* (+*dass*- / Inf-Satz), das zu den Verben mit „weniger häufig vor[kommendem]" *es* (ebd.: 256) gehört, tritt *es1* nach den Ergebnissen der vorliegenden Korpusuntersuchung deutlich häufiger auf als bei Verben wie *verabscheuen* (+*dass*- / Inf-Satz), *vermeiden* (+Inf-Satz) usw., die das *es1* „fast immer bei sich" hätten (ebd.). Bei SDWW-Verben wie *merken* und *wissen*, die von Schade mit *lieben* und *gern haben* in eine Gruppe eingeordnet werden (ebd.), wird *es1* ohne anaphorischen Bezug nicht realisiert. Obwohl klar ist, dass bei einem großen Teil der Matrixverben, statt von 100%-Regeln, eher von einem Kontinuum-Modell zur *es*-Setzung gesprochen werden sollte, entspricht die Klassifikation von Schade an vielen Stellen nicht der sprachlichen Realität und kann es den Lernern so unnötigerweise erschweren, den adäquaten *es*-Gebrauch zu lernen.

In der Übungsgrammatik von Helbig und Buscha (2011c) werden lediglich wenige Verben in den schlicht formulierten Erläuterungen als Beispiel angeführt, weshalb hier die Übungen sowie deren Lösungen betrachtet werden sollen. Gemäß den Lösungen sollen die Lerner folgende Sätze bilden:

(52) Er hat (es) beschlossen, seinen Wagen zu verkaufen. (Übung M12.4, ebd.: 176)

(53) Er hat (es) beabsichtigt, seine Dissertation bald abzuschließen. (Übung M12.7, ebd.)

(54) Er hat (es) behauptet, den Dozenten angerufen zu haben. (Übung M12.10, ebd.)

(55) Die Mutter hat (es) ihrer Tochter aufgetragen, die Fenster zu putzen. (Übung B16.18, ebd.: 42)

Ohne anaphorischen Bezug erübrigt sich das *es* in allen obigen Sätzen[①] sowie bei dem SDWW-Verb *versprechen* in den folgenden Sätzen, die als Muster für eine Umformulierungsübung konzipiert wurden (ebd. 41):

(56) Ich verspreche (es) dir, den Brief abzuholen.

← *Ich* verspreche (es) dir, *dass ich* den Brief abhole.

Selbstverständlich lassen sich Kontexte finden, in denen die *es*-Setzung bei *versprechen* berechtigt ist. Allerdings handelt es sich im Objektsatz in diesem Fall um eine Wiederholung der bekannten Information. Wie in Kap. 5.1 erläutert, kann das Vollverb in diesem Fall den Satzakzent an sich ziehen:

(57) -- Vergiss meinen Brief nicht.

-- Du hast mich schon dreimal daran erinnert. Ich verSPREche es dir, deinen Brief abzuholen.

-- Es ist schon 12 Uhr. Er ist noch nicht da.

-- Er hat es aber verSPROchen, uns zu besuchen.

Im folgenden Kontext, in dem der Objektsatz das Thema enthält und daher akzentuiert werden kann, erübrigt sich das *es1* im Mittelfeld des Matrixsatzes.

(58) -- Was genau hat er gerade am Telefon gesagt?

-- Er hat (??es) versprochen, uns zu beSUchen.

Wenn der anaphorische Gebrauch von *es* nicht in einem Lehr- oder Übungsbuch explizit thematisiert wird, sollte prinzipiell vermieden werden, Beispielsätze wie (56) anzuführen. Als Vertreter der Verben mit fakultativem *es1* eignen sich die meisten

---

① Hinsichtlich der Verben *beschließen* und *behaupten* siehe auch *VALBU* (2004: 224, 245)

Verben des Handlungsspielraums gut, wie *erlauben*, *vermeiden*, *untersagen* u. a.

Interessant zu erwähnen ist, dass die Lösungsvorschläge für die Übungen M12.2 und M12.8 in neueren Auflagen geändert vorzufinden sind. Das *es1* in folgenden Übungen ist in älteren Auflagen (z. B. Helbig & Buscha 1987: 342) als fakultativ eingestuft und in den neueren Auflagen als obligatorisch (Helbig & Buscha 2011c: 176):

- aufgeben – seine Tochter ermahnen (Er hat es aufgegeben, seine Tochter zu ermahnen.)
- übernehmen – die Verwandten informieren (Er hat es übernommen, die Verwandten zu informieren.)

Es erscheint als durchaus sinnvoll und zulässig, ein sehr häufig vorkommendes *es* aus didaktischen Erwägungen heraus als obligatorisch zu vermitteln. Jedem Autor eines lernerorientierten Grammatik-Lehr- und Übungsbuches sind hier Spielräume gegeben. Weit wichtiger scheint, dass die beschriebenen Richtlinien systematisiert und in größeren Informationseinheiten zusammengefasst werden, damit sie für die Lerner merkbar und brauchbar sind. Diese Problematik findet sich auch in der tabellarischen Zusammenfassung in Hall und Schreiner (2014: 337ff.). In der Tabelle für Vollverben und deren Korrelate (Anhang III der Grammatik) wird *es1* bei *bevorzugen* als obligatorisch eingestuft, bei dem sinnähnlichen Verb *vorziehen* aber als fakultativ. Wenn diese Vereinfachung (nämlich eine starke Häufigkeit als 100%-Regel darzustellen) bei *es bevorzugen* vorgenommen wird, wäre es didaktisch rational, dies bei *vorziehen* ebenso zu tun.

In Bezug auf die Darstellung der Auftretensbedingungen von *es0* / *es1* werden die umfangreichen Listen hinsichtlich weiterer Aspekte einer kritischen Betrachtung unterzogen. In der Liste (Anhang III) findet sich der Hinweis, dass *es1* bei *j-m auftragen*, *beabsichtigen*, *beschließen* und *behaupten*, das im Übungsteil von Helbig und Buscha (2011c) als fakultativ vermittelt wird, nicht auftreten darf. Obwohl die Tabelle hier Pluspunkte erzielen kann, enthält sie ebenfalls manche eindeutig fehlerhafte und für die Lerner irritierende Schlussfolgerungen. Beispielsweise wird das *es1* bei *akzeptieren*, *vermeiden* und *begrüßen* als obligatorisch bezeichnet, was nicht zutrifft (Hall & Scheiner 2014: 337f, 342). In den Korpusbelegen wird die Mehrzahl der Objektsätze nach *akzeptieren* nicht mit *es* korreliert:

(59) Die Silberpfeile haben im „Interesse des Sports" akzeptiert, weiter nicht bei den Zusatzfahrten auf die Strecke zu gehen. (M13/JUL.00915)

(60) Sie könne und wolle nicht akzeptieren, dass ein führendes Unternehmen gegen Datenschutzrecht verstoße und die Privatsphäre seiner Mitglieder in weiten Teilen ignoriere. (U10/JUN.00570)

Auch das *es1* bei *begrüßen* und *vermeiden* wird nicht besonders stark begünstigt. Zudem bedarf der *es1*-Gebrauch bei Verben mit homonymen Varianten (*aufgeben*, *schätzen* usw.) einiger Kommentare. Bei *es aufgeben* wird darauf hingewiesen, dass nur die Variante mit der Paraphrase, auf ... verzichten' *es1* vorsieht. Allerdings wird bei anderen Verben wie (*es*) *verstehen* (wahrnehmen, begreifen; etwas gut können) und *es schätzen* (annäherungsweise berechnen; wertschätzen) nicht näher auf die voneinander abweichenden Bedeutungen eingegangen. Ohne Kennzeichnung der Bedeutungsvarianten können die Richtlinien, gleichgültig wie *es* eingestuft wird, irreführend wirken.

Bei der Analyse eines Lehrwerkes wurde ein Widerspruch zwischen der Regelerläuterung und dem Lösungsschlüssel deutlich: Laut der Tabelle ist *es0* bei *sich anbieten / empfehlen* nicht weglassbar, Als Lösung wird das *es* allerdings als fakultativ markiert, wenn man das Subjekt im folgenden Satz in einen Inf-Satz umformt und das Adverbial *ebenfalls* die erste Stelle nimmt:

Ü. a3: Die Installation einer Brennwertheizung empfiehlt sich ebenfalls. (Hall & Scheiner 2014: 175)
Lösung: Ebenfalls empfiehlt (es) sich, ... (ebd.: Lösung, S. 32)

7.3 Unterrichtskonzept

Die aktuelle Darstellung und Vermittlung der *es*-Problematik im vorangehenden Teil machen deutlich, dass ein neuer Ansatz für die Erklärung und Vermittlung der Auftretensbedingungen von *es*, die nicht der syntaktisch-topologischen Komponente der deutschen Grammatik zugeordnet werden, notwendig ist. In diesem Kapitel wird versucht, die in Kap. 4 – 6 entwickelten Richtlinien oder starken Tendenzen in einem modularen Unterrichtskonzept darzustellen, das sich aus zehn Lehr- und Lern-Einheiten zusammensetzt. In jeder Einheit werden eine oder mehrere Gruppen von Prädikaten eingeführt. Die Reihenfolge der Einheiten sowie deren Umfang orientieren sich an der Fehlerfrequenz der chinesischen DaF-Lerner (siehe Tabelle 8 in Kap. 7.1.3). Die Vermittlungssequenz der Einheiten und der geplante Zeiteinsatz sind nicht festgelegt. Die DaF-Lehrpersonen können in Hinsicht auf den Lernstand der eigenen Klasse entscheiden, welche Einheiten in welcher Reihenfolge im Unterricht als Lernmaterial bestimmter Phasen oder als Hausaufgaben eingesetzt werden. Das vorliegende Unterrichtskonzept ist für die DaF-Lerner ab B2-Niveau gedacht. Zunächst werden die Vermittlungsvorschläge zu den Inhalten der Einheiten erläutert, dann werden sie in einer für den DaF-Unterricht direkt einsetzbaren Form präsentiert.

7.3.1 Lehr- und Lern-Einheiten für das *es*-Korrelat zu Akkusativobjektsätzen (*es1*)

Einheit 1-3: *es*-unzulässige Verben (S. 173–176; S. 177–178; S. 179–180)

Weil die meisten Fehler im vorliegenden Lernerkorpus bei den *es*-unzulässigen SDWW-Verben erscheinen, wird in dem Unterrichtskonzept größter Wert auf sie gelegt. Die erste Unterrichtseinheit hat zum Ziel, den Teilnehmern (TN) einen Überblick über die SDWW-Verben zu geben. In Anlehnung an einige Online-Artikel wird ein Text zum Thema ‚Prokrastination' so bearbeitet, dass möglichst viele *es*-Verwendungen bei den SDWW-Verben möglich werden[1]. Das Thema kann für die TN eine unmittelbare und starke Gegenwartsrelevanz haben und ihr Interesse zum Textlesen wecken, weil sie in ihrem Studium, Arbeitsfeld oder Alltag sehr wahrscheinlich mehr oder weniger mit dieser Störung konfrontiert werden. Als eine Einstiegsmöglichkeit können die TN, wenn möglich, den Begriff ‚Prokrastination' erklären und sich über ihre Erfahrungen und Erlebnisse äußern.

Der gesamte Text enthält 19 SDWW-Verben, die im Aktiv oder Vorgangspassiv stehen und einen extraponierten Akkusativobjektsatz bzw. Subjektsatz determinieren. Der Text wird in zwei Hälften geteilt. Die erste Aufgabe der TN ist es, die komplexen Sätze in der ersten Hälfte des Textes zu identifizieren. Dabei sollen sie die Akkusativobjektsätze und die Subjektsätze, bei denen das Matrixverb

---

[1] Die relevanten Quellen der Materialien in diesem und den anderen Arbeitsblättern werden in Anhang II bekanntgegeben.

im Vorgangspassiv steht, mit verschiedenen Farben markieren. Dann leitet die Lehrperson (LP) zur Frage über, ob in den markierten Sätzen das Korrelat-*es* auftritt. Nachdem die TN feststellen, dass *es* bei diesen Verben nicht ergänzt wird, was manche von ihnen in eigenen Texten fälschlicherweise tun, verteilt die LP das Regelblatt (S. 174) und erklärt den TN, dass diese Verben eine starke redeeinleitende Funktion haben und deshalb kein Verweiswort zum Nebensatz benötigen. An der Tafel oder auf einer Powerpoint-Folie lassen sich folgende Erklärungen zeigen:

Die gekennzeichneten Verben mögen das Verweiswort „es" nicht.

Grund 1 - Diese Verben haben eine starke einleitende Funktion. Ein großer Teil der Verben kann einen Verb-Zweit-Satz einleiten oder eine direkte Rede.

• Bisherige Studien haben festgestellt, manche könnten unter moderatem Druck besser arbeiten.

• Eine Studie hat gezeigt: Die chronische Prokrastination kann schwerwiegende negative Folgen haben.

Grund 2 - Der Inhalt im Nebensatz steht häufig im Mittelpunkt. Den Hauptsatz kann man meistens durch Umformung in einen Adverbialsatz umwandeln:

• Den Kontakt zu Kommilitonen an der Universität hat er seit langem verloren, so (sagt) Thomas.

• Wie Tomas sagt, hat er seit langem den Kontakt zu Kommilitonen an der Universität verloren.

Auf dem Regelblatt sind die häufigsten SDWW-Verben zusammengestellt, die die TN in späteren Übungen zur Textproduktion gebrauchen können. Um sicherzustellen, dass sich die TN alle Verben auf dem Arbeitsblatt einmal durchlesen, werden sie gebeten, die Matrixverben in den markierten Sätzen in den Verb-Kästchen herauszusuchen. Als eine reproduktive Übung wird die zweite Hälfte des Textes angeboten, in der fünf Tipps gegen Prokrastination vorgestellt werden. Die TN sollen anhand des Kontextes neun SDWW-Verben (ohne Korrelat) in die Lücken eintragen. Als Lösung einer Lücke sind mehrere SDWW-Verben möglich.

Es ist anzumerken, dass die *es*-Regeln in dem gesamten Unterrichtskonzept lediglich in der ersten Einheit induktiv vermittelt werden. In den Einheiten 2 – 10 wird ein deduktives Verfahren angewendet, weil es im Vergleich zu einem induktiven Verfahren deutlich weniger Zeit kostet und die Korrektheit der Regeln garantiert (vgl. Nascimento 2014: 165). Beide Vorteile sind für die *es*-Problematik relevant, weil Korrelatregeln für Lerner meistens schwer herauszufinden sind und diese Problematik im DaF-Unterricht nicht zu viel Zeit in Anspruch nehmen darf. Idealiter soll die Vermittlung der *es*-Regeln stets mit einem Wortschatztraining oder der Vermittlung anderer Grammatikphänomene kombiniert werden und die Arbeitsblätter sollen auch in Abwesenheit der LP für die TN brauchbar sein, z. B. als Hausaufgaben oder Selbstlernmaterialien.

Einheit 2 und 3 fokussieren sich auf die Passiv(ersatz)formen bei den SDWW-Verben, da sich hier die Korrelatfehler in den Texten des Lernerkorpus häufen. Weil die ‚Kann-Regeln' nur bei einem Teil der Verben und nur in bestimmten Fällen gelten und deshalb eher verwirren als nützen, wird hier durchgehend die Nicht-Realisierung von *es* empfohlen. Die Tipps in den Kästchen sollen den TN helfen, sich mit den Regeln vertraut zu machen. Von diesen Regeln ausgehend sollen die TN eine Reihe komplexer Sätze ins Passiv oder in eine Passiversatzform setzen, was sie beim Schreiben wissenschaftlicher Arbeiten ebenfalls tun müssen. In Einheit 2 kommen auch die Verben vor, die lediglich Interrogativsätze mit *ob*- oder *w*-Wörtern als Akkusativobjekt zu sich ziehen können und kein *es*-Korrelat benötigen, wie *untersuchen* und *testen*. Die Regel zur Nichtrealisierung von *es* wird in einem Tipp-Kästchen angegeben. Im Übungsteil befindet sich dazu ein neuer Text zum Thema ‚Alkoholkonsum und Sprechtempo'.

Gegenstand der Einheit 3 sind die erklärenden *wie*-Sätze, die bei vielen Verben des Sagens usw. den Matrixsatz ersetzen können und ebenfalls kein *es*-Korrelat verlangen. Als Übungsmaterial wird eine Reihe Sätze aus dem Text der Einheit 1 extrahiert. Weil sich die erste Einheit bereits mit dem *werden*-Passiv auseinandersetzt, können die Einheiten 2 und 3 alternativ als Hausaufgaben verteilt werden.

Einheit 4: Verben des Bittens, der Empfehlung und Aufforderung (S. 181–182)

Dieses Segment hat die Matrixverben, mit denen man eine Bitte, Empfehlung oder Aufforderung ausdrücken kann, zum Lerngegenstand. Buscha et al. (1998) haben sich in der *Grammatik in Feldern* (S. 239 – 305) umfassend mit diesen Verben sowie anderen Rede-wendungen in diesen Bedeutungsfeldern auseinandergesetzt. In Anschluss an die vier Modelle in der ersten Aufgabe, in der Valenzkonstruktionen der Verben zusammengefasst werden, wird auf die Korrelatregeln (*es* und Pronominaladverbien) bei satzartig ausgebauten Objekten eingegangen. Es schließen sich Übungsaufgaben an, bei denen die TN die fehlenden Matrixsätze mit vorgegebenen Wörtern oder Phrasen bilden sollen. Sie müssen dabei entscheiden, ob das *es*-Korrelat auftritt oder nicht. Thema der Übungsaufgaben ist das Studienleben in Deutschland.

Einheit 5: obligatorisches *es* bei satzförmigem Akkusativobjekt (S. 183–186)

Anders als die SDWW-Verben, die in einem Text mit einer großen Menge von Tatsachenbeschreibungen kompakt verwendet werden können, lassen sich die Verben, die ein fakultatives oder obligatorisches *es* erfordern, schwerlich in demselben Kontext realisieren, ohne die Authentizität des Textes zu beeinträchtigen. Anstatt *es*-fordernde Verben in einem einzigen Text einzubinden[①], wurde eine Reihe Zitate und Sprichwörter ausgewählt, in denen ein Matrixverb ein satzförmiges Akkusativobjekt subkategorisiert und das *es*-Korrelat stark fordert. Zum Einstieg kann die LP die TN von den berühmten Persönlichkeiten und deren Aussprüchen, die sie kennen, erzählen lassen. Dann erhält jede Gruppe zunächst das Zitate-Blatt, das aus zehn Kärtchen mit jeweils einem Zitat oder Sprichwort besteht sowie das Regelblatt. In Gruppen à 3 – 4 TN sollen die Zitate und Sprichwörter den Gruppen von Verben zugeordnet werden. Die Kärtchen beziehen sich auf verschiedene Aspekte des Lebens, enthalten interessante Zitate berühmter Menschen und bieten daher Diskussionsanlässe. Eine Diskussionsrunde, in der passend zum Inhalt der Kästchen kontroverse Meinungen dargelegt werden, kann sich an diese Unterrichtseinheit anschließen.

Zur Übung der Richtlinien auf dem Regelblatt wurde in Anlehnung an die Aufgabe in Hall und Scheiner (2001: 186f.) ein Übungstext zum Thema ‚Ölpest vor den Shetland-Inseln' erstellt, der einen Teil der behandelten *es*-fordernden Verben enthält. Der Originaltext wurde gekürzt und stark verändert. Dabei werden neue Sätze mit fehlenden Korrelaten eingebettet. Einige Lücken im Originaltext, die mit Pronominaladverbien ergänzt werden sollen, bleiben aber unverändert, um eine Vielfalt von Ergänzungssätzen in der Übung zu gewährleisten.

Einheit 6: Verben mit fakultativem *es* (S. 187)

In Bezug auf die Verben des Handlungsspielraums, bei denen das Korrelat meistens fakultativ ist und den Lernern deshalb weniger Schwierigkeiten bereitet, wurde eine Umformulierungs-übung konzipiert. Die Übung dient in erster Linie als Wortschatzwiederholung bzw. Wortschatzerweiterung und eignet sich daher besonders als Hausaufgabe.

---

① In China finden sich in ESL-Lehr- und Übungsbüchern (ESL = English as a second language) Texte, die auf sehr kompaktem Raum gebündelt schwierige Wörter aus verschiedenen Themenfeldern enthalten. Beim Entwurf dieses Unterrichtskonzeptes wurde bewusst ein anderer Weg eingeschlagen.

7.3.2 Lehr- und Lern-Einheiten für das *es*-Korrelat zu Subjektsätzen (*es0*)

Einheit 7: Verben, die gewöhnlich kein *es* erfordern (S. 188–189)

Nur ein kleiner Teil der Prädikate mit satzförmigen Subjekten erfordert i. d. R. kein *es0*. Ähnlich wie die SDWW-Verben wird ihnen eine redeeinleitende Funktion zugeschrieben. Im Lernerkorpus dieser Arbeit treten Verben wie *sich zeigen*, *hervorgehen* aber nur marginal auf. In Einheit 7 sollen die TN die SDWW-Verben durch intransitive Verben ersetzen. Dabei bleibt das *es*-Korrelat blockiert. Ziel ist es, die TN zu motivieren, die geübten intransitiven Verben in eigenen Texten zu verwenden. Diese Einheit basiert auf einer Tabellenbeschreibung zu dem alltagspraktischen Thema ‚Sport und Kalorienverbrauch‘. Es eignet sich sowohl zur Einzelarbeit im Unterricht als auch als Hausaufgabe. Das Übungsblatt mit richtigen Lösungen, das die LP den TN zur Selbstkorrektur verteilen kann, gilt ebenfalls als eine Sammlung von Redemitteln zur Tabellen- und Grafikbeschreibung, die einen großen Stellenwert in vielen standardisierten Prüfungen und bei der Verfassung studentischer Arbeiten einnimmt.

Einheit 8: Kopulakonstruktionen (S. 190 – 192)

Im Rahmen eines Textes zum Thema ‚Kaffee und Gesundheit‘ wird der *es*-Gebrauch bei Kopulakonstruktionen geübt. Die in Kap. 6 erarbeiteten Richtlinien werden in einem vereinfachten Schema erläutert. Es empfiehlt sich, die Vermittlung dieser Richtlinien im Unterricht durchzuführen, weil Ausnahmen in diesem Teil häufig auftreten. Der Lückentext kann als schriftliche Hausaufgabe aufgegeben werden, weil der Lösungsschlüssel mit Erklärungen in Bezug auf die vermittelten Regeln versehen ist.

Ferner werden die Verben, welche die Bedeutung ‚Geschehen‘ oder ‚Gelingen / Misslingen‘ haben, behandelt. Die TN werden darauf hingewiesen, bei diesen Verben das *es*-Korrelat zu ergänzen, wenn der Subjektsatz extraponiert wird. Sie werden nicht weiter hinsichtlich ihrer Rektion und Valenz betrachtet. Auch die Perfektbildung mit *haben / sein* wird nicht in der Aufgabe geübt. Eine nahezu vollständige Darstellung der Verben wie *gelingen*, *sich ereignen*, *passieren* u. a. sowie ihrer syntaktischen Eigenschaften findet sich in der Grammatik von Hall und

Scheiner (2014: 18ff.), in der sie als „Ereignisverben" bezeichnet werden.

Im Unterricht kann die LP nach der Übungsphase die TN diskutieren lassen, welche umlaufenden Gerüchte sie über Lebensmittel kennen und welche Ansicht sie zu diesen Aussagen vertreten (wie z. B. „Walnüsse stärken das Gedächtnis." oder „Meeresfrüchte erhöhen die Fruchtbarkeit.").

Einheit 9: Modalverbähnliche Verben (S. 193 – 194)

Die Verben, die Subjektsätze verlangen und modalverbähnliche Funktion haben, wie z. B. *sich empfehlen* oder *naheliegen*, treten in dem eingesetzten Lernerkorpus äußerst selten auf. Diese Einheit hat zum Ziel, in Bezug auf das alltägliche Thema, Reise planen' diese Gruppe Verben im DaF-Unterricht einzubetten und die Lerner zu motivieren, diese (mit einem satzförmigen Subjekt) in eigenen Texten zu gebrauchen. In der Übung werden ein paar Tipps angeboten, wann man welche Reisevorbereitungen treffen sollte, damit die Reise das Portemonnaie nicht allzu sehr strapaziert. Wird diese Einheit im Unterricht eingesetzt, kann die LP eine Diskussionsrunde für diese Einheit einplanen, in der die TN über ihre Spartipps zum Reisen reden und zusätzliche Informationen zu diesem Thema erarbeiten können.

Einheit 10: Gefühlsverben (S. 195 – 196)

Bei den Gefühlsverben, bei denen *es0* ausschließlich unter bestimmten Umständen stark gefordert wird und oft als fakultativ gilt, werden die Übungen zum Thema *es*-Setzung mit Kenntnissen zur Verbvalenz kombiniert. Ein Teil der Verben verfügt über zwei Valenz-konstruktionen (z. B.: *j-n ärgern* vs. *sich über etwas ärgern*) und kann sowohl transitiv als auch intransitiv gebraucht werden. Die Bedeutungsunterschiede dazwischen sind meistens nicht entscheidend, allerdings muss man bei der Anwendung der Verben auf einige fundamentale Merkmale ihrer Valenz achten, z. B. ob die Verben reflexiv sind und ob das Objekt in Bezug auf die betroffene Person im Dativ oder im Akkusativ sein müssen.

Die Übungsaufgaben beziehen sich thematisch auf den Online-Handel, der eine immer wichtigere Rolle in unserem Leben spielt und daher Gesprächs- und Diskussionsanlässe im Unterricht bietet. Weitere Fragestellungen zum Thema sind beispielsweise:

- Was hältst du von dem Phänomen „offline beraten lassen, dann online kaufen"?

- Sollen die Online-Marktplätze Umsatzprovision auch von privaten Verkäufern fordern?
- Welche Artikel würdest du deinen Freunden dringend empfehlen, in Ladenlokalen statt online zu kaufen?

Sollten sich die TN im Unterricht zu diesen Themen äußern, handelt es sich dabei um authentische Kommunikation und nicht um eine geschlossene mündliche Übung, denn diese Themen werden in den Medien vieler Länder ebenfalls häufig diskutiert und ein großer Teil der TN wird vermutlich eigene Meinungen dazu haben. Alternativ zu der Diskussionsrunde kann ein authentischer Text, der die Regeln und Grundsätze der Online-Versteigerung auf einem Online-Marktplatz enthält (wie z. B. die Website *Alles zum Thema Bieten* von Ebay[1]), den TN als zusätzliches Lesematerial verteilt werden.

7.4 Arbeitsblätter

Im Folgenden werden die Arbeitsblätter der Einheiten 1 – 10 dargestellt. Eine Musterlösung für die Aufgaben befindet sich in Anhang I.

---

[1] http://pages.ebay.de/help/buy/bidding-overview.html (letzter Zugriff am 21.08.2016)

Prokrastination – Vom Umgang mit Deadlines Verben + Akkusativsatz ohne „es"

Aufgabe 1: Lies bitte den folgenden Text. Markiere die Akkusativobjektsätze mit einer Farbe und die Subjektsätze, bei denen das Matrixverb im Vorgangspassiv steht, mit einer anderen Farbe.

Prokrastination – Vom Umgang mit Deadlines
Wichtige Dinge aufzuschieben statt zu erledigen, diese Störung heißt in der Fachsprache „Prokrastination".

Noch schnell zu Facebook, die Wohnung putzen oder den Einkauf erledigen: Alles ist besser, als mit der Arbeit anzufangen. Die meisten von uns fassen Tag für Tag den Vorsatz: „Heute werde ich konzentrierter arbeiten" oder „Heute erledige ich alle anstehende Aufgaben". Der Wille ist da und trotzdem schieben wir wichtige Aufgaben vor uns her. Im Fachjargon wird das Prokrastination genannt. [5]

„Ein bisschen Aufschieben ist normal, das macht jeder", beruhigt der Berliner Psychoanalytiker Hans-Werner Rückert, der zu diesem Thema einen Bestseller geschrieben hat. Eine Aufgabe ab und an zu verschieben, kann auch seine Vorteile haben, denn manchmal erledigt sie sich von selbst. Zum Problem [10] wird diese Einstellung allerdings, wenn sie chronisch wird. Psychologen aus Deutschland und den USA fanden heraus, dass fast jeder Fünfte auf der Welt von Prokrastination betroffen ist. Nicht alle müssen sich deshalb gleich einer Verhaltenstherapie unterziehen. Aber wer bemerkt, dass er statt zu arbeiten immer häufiger mit den Kollegen plaudert, [15] ziellos im Internet surft oder sich selbst irgendwie ablenkt, sollte sich Gedanken über sein Problem machen. Schüler und Studierende prokrastinieren dabei häufiger als ihre berufstätigen oder in einer Ausbildung befindlichen Altersgenossen. Allgemein wird geschätzt, dass 70% aller Studierenden phasenweise aufschieben, unter denen sind 25% chronische Aufschieber. Neuere Studien haben belegt, dass sich die Zahl der Betroffenen durch die Einführung der Bachelor- / Master-Studiengänge nicht [20] verändert hat.

Ein Beispiel für chronische Aufschieberitis ist der 32-jährige Thomas, der im 20. Semester eines sozialwissenschaftlichen Studiengangs eingeschrieben ist. Seine Tätigkeit als Aushilfe in der Gastronomie reicht gerade, um ihn finanziell über Wasser zu halten. Er berichtet stolz, dass er nicht mehr auf seine Eltern angewiesen sei, deren Kontakt er meidet, um peinliche Rückfragen zu seinem [25] Studium zu entgehen. Ansonsten widmet er die Nächte seiner CD-Sammlung und Onlineaktivitäten wie Recherchieren, Videos schauen oder gelegentlichem Spielen. Tagsüber schläft er. Den [30] Kontakt zu Kommilitonen an der Universität hat er verloren, da er seit mehreren Jahren nicht mehr regelmäßig an Lehrveranstaltungen teilnimmt. Längst ist sein Studiengang reformiert und umgestellt und er lebt in Unkenntnis darüber, welche Scheine er noch benötigt, um sein Studium abzuschließen. Er bezweifelt, ob er überhaupt noch seinen Abschluss schafft und leidet mittlerweile zunehmend unter [35] depressiven Zuständen, Schlafstörungen und Erschöpfung.

Eine von der Gutenberg-Universität Mainz durchgeführte Studie zeigt, dass eine chronisch gewordene Prokrastination schwerwiegende negative Folgen haben kann. An der Studie haben insgesamt 2.527 Personen im Alter von 14 bis 95 Jahren teilgenommen. In dem Forschungsbericht wird dargelegt, dass die Betroffenen seltener in Partnerschaften lebten, häufiger arbeitslos waren und über ein geringes Einkommen verfügten. Des Weiteren wird in der Studie bestätigt, dass ein ausgeprägtes [40] Aufschiebe-verhalten von wichtigen Tätigkeiten mit Stress, Depression, Angst, Einsamkeit und Erschöpfung einhergeht.

Was hast du herausgefunden?

Die Verben in den gekennzeichneten Sätzen stehen in der Regel nicht mit dem Wort „es", das auf den Nebensatz verweist. Hier zwei Beispiele:

- Psychologen aus Deutschland und den USA fanden (es) heraus, dass fast jeder Fünfte auf der Welt von Prokrastination betroffen ist.
- Allgemein wird (es) geschätzt, dass 70% aller Studierenden phasenweise aufschieben und 25% chronische Aufschieber sind.

Die Verben, die kein „es" nach sich ziehen, leiten oft eine indirekte Rede ein. Mit solchen Verben kann man ausdrücken, was gesagt, gedacht oder wahrgenommen wird.

Aufgabe2 : Schreibe die Verben der markierten Hauptsätze in die Tabelle.

herausfinden	schätzen			

Aufgabe 3: Die häufigsten Verben werden drei Gruppen zugeordnet. Markiere die obigen Verben in den Listen unten. (Tipp: Lerne die Verben in diesen Listen und merke Dir, dass sie kein „es" nach sich ziehen.)

Verben, mit denen man etwas sagen oder zeigen kann.

- sagen, behaupten, äußern, ausdrücken, meinen
- besagen, berichten, ankündigen, mitteilen, erwähnen
- zeigen, beweisen, belegen, erweisen, bestätigen
- verdeutlichen, veranschaulichen, darlegen, darstellen, präsentieren
- erläutern, erörtern, erklären
- beschreiben, anmerken, kommentieren
- feststellen, festlegen, schlussfolgern, folgern
- klarstellen, klar / deutlich / bekannt machen
- kritisieren, einwenden, vorwerfen
- zugeben, gestehen

Verben, die ausdrücken, was man denkt.

- denken, finden, erwägen
- glauben, annehmen, vermuten, schätzen (annähernd berechnen)
- bezweifeln, argwöhnen, befürchten
- berücksichtigen, beachten, vernachlässigen
- hoffen, wünschen

Verben, die ausdrücken, was man weiß oder wahrnimmt.

- wissen, kennen
- wahrnehmen, merken, bemerken, sehen, hören
- erkennen, herausfinden, ersehen, ermitteln, entdecken

Aufgabe 4: Im folgenden Text kannst du ein paar Empfehlungen finden, die bei Prokrastination helfen können. Ergänze die passenden Verben in den Lücken. Verwende dazu die Verben aus den Listen oben.

Prokrastination kann zu einem großen Problem werden, wenn dieses Verhalten chronisch wird. Damit es erst gar nicht so weit kommen kann, raten Experten zu den unterschiedlichsten Wegen aus der Aufschieberitis. Wir haben für Sie dazu recherchiert und die folgenden vier Tipps ausgewählt:

1. Fangen Sie irgendwo an, am besten mit etwas Einfachem

Es ist wie mit dem physikalischen Gesetz der Trägheit: Ist ein schwerer Körper erst in Bewegung, wird es leichter, ihn in Fahrt zu halten. „Auch die längste Reise beginnt mit einem einzelnen Schritt", lautet ein chinesisches Sprichwort. Versuchen Sie deshalb, irgendwie anzufangen. Wenn Sie z. B. einen Praktikums-bericht schreiben möchten, können Sie zunächst einfach ein Blatt Papier in die Hand nehmen und darauf Ihre Gedanken niederschreiben. Es geht hier nicht darum, mithilfe dieses Blattes auf gute Ideen zu kommen, sondern es geht darum, anzufangen.

Oder Sie können die Methode Timeboxing ausprobieren. Zuerst wählen Sie einen kleinen Teil der Aufgabe aus und arbeiten nur 30 Minuten lang daran. Nach Abschluss der 30-Minuten-Phase belohnen sie sich z. B. mit einem leckeren Snack oder mit einem kurzen Spaziergang. Es kommt nicht auf ein bedeutungsvolles Ergebnis an; Sie belohnen sich für die investierte Zeit.

abwarten | ? | machen

In der Motivationspsychologie gibt es eine sogenannte 72-Stunden-Regel. Diese Regel _____, dass man ein Vorhaben innerhalb von 72 Stunden nach Abschluss der Planung beginnen muss, weil sonst die Chance, überhaupt den ersten Schritt zu tun, auf ein Prozent sinkt. Für wichtige Aufgaben gilt immer, nicht zu lange zu warten. Auch diese Methode kann dabei helfen, den Einstieg zu schaffen. Weil die Arbeitsphase so kurz ist (30 Minuten), kann man sich auf die bevorstehende Belohnung konzentrieren anstatt auf die Aufgabe. Egal wie unangenehm die Aufgabe ist, man kann 30 Minuten durchhalten. Wenn man Aufgaben mit der Methode Timeboxing angeht, dann wird man wahrscheinlich _____, dass etwas Interessantes passiert. Man wird vermutlich _____, dass man viel länger als 30 Minuten daran arbeitet.

2. Bleiben Sie realistisch und vergessen Sie Multitasking

Besonders ambitionierte Menschen leiden häufiger unter Prokrastination. Wenn Sie sich Ziele setzen oder eine To-Do-Liste oder einen Tagesplan erstellen, gilt stets: Bleiben Sie dabei realistisch. _____ Sie, dass Sie für jede Aufgabe meist doppelt so lange brauchen werden, als Sie vorher angenommen haben. Planen Sie genügend Zeitreserven für den Einstieg, die Pausen und möglichen Unterbrechungen, dann werden Sie _____, dass der gefühlte Stress nachlässt.

Inzwischen wurde mehrfach _____, dass Menschen nicht produktiver sind, wenn sie mehrere Aufgaben gleichzeitig erledigen. Im Gegenteil: Oft stört Multitasking die Konzentration und verursacht unnötigen Stress. Versuchen Sie lieber Schritt für Schritt vorzugehen als alle Aufgaben unter einen Hut zu bringen.

3. Störfaktoren abschalten

Meist _____ wir selbst ganz genau, womit wir am liebsten nach Lust und Laune prokrastinieren. Whatsapp, Facebook und Youtube stehen oft ganz weit oben auf dieser Liste.

40

Schalten Sie diese Störfaktoren bewusst ab. Also: Handy in den Flugmodus schalten oder alle Töne ausschalten. Während einer geplanten Pause sollten Sie aber _____,

45

dass Sie besser nicht zu viel Zeit in den sozialen Netzwerken verbringen.

4. Sozialen Druck aufbauen

Psychologen haben _____, dass manche Menschen unter moderatem Druck besser arbeiten können. Machen Sie sich die Konsequenzen klar, die eintreten, wenn Sie Ihre Aufgabe immer und immer wieder verschieben. Außerdem kann es hilfreich sein, selbst etwas sozialen Druck zu erzeugen.

50

_____ Sie also Ihren Kollegen beim morgendlichen Kaffeeholen, dass Sie heute Abend dieses oder jenes Projekt abschließen möchten.

Es gibt also viele Tipps und Tricks, die gegen Prokrastination helfen.

Akademisches Schreiben lernen: Ich-Sätze vermeiden

Ein wissenschaftlicher Text sollte möglichst wenige *ich*-Sätze enthalten. Alternativ kann man passive Formen oder sogenannte Passiv-Ersatzformen verwenden.

Beispiele für Rede-Einleitungen:	
(a) Zusammenfassend möchte ich sagen, ...	... dass das Experiment gut gelungen ist.
(b) Es kann zusammenfassend gesagt werden, ...	
(c) Zusammenfassend kann gesagt werden, ...	
(d) Zusammenfassend ist zu sagen, ...	
(e) Zusammenfassen lässt sich sagen, ...	Tipp: Bei den oben vorgestellten Verben kann das Verweiswort „es" nur am Satzanfang stehen wie (b), wenn der Hauptsatz im Passiv oder in einer Passiversatzform steht, wie (c) – (e), darf kein „es" vorkommen.

Einen Text überarbeiten: Auszug aus einer Bachelorarbeit

Aufgabe: Wandle die unterstrichenen ich-Sätze ins Passiv oder in Passiversatzformen um. Es gibt manchmal mehrere Möglichkeiten.

	Alkohol und Sprechtempo	
5	Seit Jahrtausenden trinken Menschen alkoholische Getränke wegen ihrer berauschenden, enthemmenden und Lust steigernden Kraft. Bei mäßigem Konsum hat Alkohol positive Effekte. Man wird lebhafter, lockerer und entspannter. Alkohol kann sich auch auf die Sprache von Menschen auswirken. Viele Menschen meinen – und es gibt auch zahlreiche anekdotische Belege dafür –, dass man den Grad der Alkoholisierung einer Person an ihrer Sprache erkennen kann, auch wenn man die betreffende Person nicht kennt.	Tipp: Bei Verben, die nur Fragesätze (mit ob, wie, wann, warum usw.) als Akkusativergänzung haben können, erübrigt sich das „es". Die häufigsten Verben sind hier: untersuchen, erforschen, testen, analysieren, überprüfen, prüfen, recherchieren ...
10		
15	Ich möchte in der vorliegenden Untersuchung erörtern, ob und wie der mäßige Alkoholkonsum das Sprechtempo der Menschen beeinflusst. Für das Experiment ist eine Stichprobe von zehn erwachsenen Probanden, die gerne Rotwein trinken, geplant. Ich muss auch sicherstellen, dass bei keiner der Versuchspersonen (VP) gesundheitliche	Beispiel: In der vorliegenden Untersuchung wird erörtert, ob...

	Alkohol und Sprechtempo	
20	Risiken bestehen, die sie von der Teilnahme ausschließen würden (Alkoholabhängigkeit, bekannte Wechsel-wirkungen mit regelmäßig einzunehmenden Medikamenten). Außerdem muss ich ihnen im Voraus mitteilen, dass sie am Tag des Experiments und am Vortag keine alkoholischen Getränke konsumieren dürfen.	
25	Die Sprachdaten werden unter laborähnlichen Bedingungen erhoben, und mit dem Wissen der VP, dass sie sich in einer Experimentalsituation befinden. Ich muss ihnen klar sagen, dass ich die Gespräche aufzeichne und ihre persönlichen Daten vertraulich behandle und nur im Rahmen der Untersuchung nutze.	
30	Zu Beginn werde ich die Probanden bitten, in nüchternem Zustand einen Text zu lesen und ihre Meinung dazu zu äußern. Dann trinken sie ein Glas (0,25l) Rotwein. 15 Minuten später lesen und kommentieren sie einen neuen Text	
35	in einem ähnlichen Umfang. Wenn die VP keine massiven Ausfallserscheinungen und kein Unwohlsein zeigen, wird dieser Vorgang wiederholt.	
40	Wie ich oben erläutert habe, sollen von jedem Probanden drei Tonaufnahmen, mindestens aber zwei, gemacht werden. Ich werde dann zählen, wie viele Silben die Probanden pro Minute zum jeweiligen Zeitpunkt artikuliert haben. Danach werde ich die Ergebnisse tabellarisch darstellen. Nachdem ich die Daten mit statistischen Verfahren analysiert habe,	
45	kann ich beurteilen, inwieweit der Alkoholkonsum die Sprechgeschwindigkeit der Probanden beschleunigt oder verlangsamt. Falls es mir gelingt, deutlich mehr als die geplanten 10 VP zu rekrutieren, kann ich aus den Ergebnissen	
50	auch entnehmen, ob und inwieweit das Geschlecht des Sprechers und der Sprechstil einen signifikanten Einfluss auf die Zusammenhänge zwischen der Sprechgeschwindigkeit und Alkoholisierung haben.	

Wie funktionieren wie-Sätze?

Bei vielen Verben, die häufig eine Rede einleiten, kann man alternativ den Hauptsatz in den Hintergrund stellen. Man kann ihn in einen Satz mit „wie" umwandeln:

> Dass die Erde sich um die Sonne dreht, hat Kopernikus schon gesagt.
>
> Wie Kopernikus schon gesagt hat, dreht sich die Erde um die Sonne.

Regeln	Beispiele
1. Der Nebensatz verwandelt sich in einen Hauptsatz, und sein Inhalt wird dadurch hervorgehoben. Man kann den wie-Satz vor und nach den Hauptsatz stellen oder in den Hauptsatz einschieben. 2. Steht der wie-Satz am Satzanfang, kommt das finite Verb an die zweite Stelle. Ausnahme - wenn ein Doppelpunkt (:) hinter dem wie-Satz steht 3. Im Passiv kann man das Hilfsverb „werden" weglassen („Werden" fällt häufig weg.). 4. Kommt das „es" vor? Wie in den obigen Beispielen dargestellt, kommt das „es" nicht vor, wenn der wie-Satz eine redeeinleitende Funktion hat. Aber wenn der wie-Satz eine andere Rolle spielt, z. B. in der Satzstruktur „so / in der Weise..., wie...", sollte man alle Ergänzungen des Verbs hinzufügen. Dann ist das „es" die Akkusativergänzung.	Du weißt schon, dass wir uns den Verlust gar nicht leisten können. • Den Verlust können wir uns gar nicht leisten, wie du weißt. • Den Verlust können wir uns, wie du weißt, gar nicht leisten. • Wie du weißt, können wir uns den Verlust gar nicht leisten. • Wie du weißt: Wir können uns den Verlust gar nicht leisten. • Wie oben gezeigt (wurde), kannst du auch die wie-Sätze in deinen eigenen Texten anwenden. • Der Unterricht wurde so durchgeführt, wie ich es mir vorgestellt hatte. • Ich habe ihm erzählt, wie ich mir das Seminar vorgestellt hatte / wie ich es mir vorgestellt hatte.

Aufgabe: Wandle die blau markierten Satzteile, die aus dem Text Prokrastination- Von Umgang mit Deadlines zitiert werden, in wie-Sätze um (nur wenn möglich).

Beispiel: Der Berliner Psychoanalytiker Hans-Werner Rückert meint, dass ein bisschen Aufschieben normal ist.

Wie der Berliner Psychoanalytiker Hans-Werner Rückert meint, ist ein bisschen Aufschieben normal.

1. Psychologen aus Deutschland und den USA fanden heraus, dass fast jeder Fünfte auf der Welt von Prokrastination betroffen ist.

   _____

2. Die 72-Stunden-Regel besagt, dass man Vorhaben innerhalb von 72 Stunden beginnen muss, sonst sinkt die Chance, jemals den ersten Schritt zu machen, auf ein Prozent.

   _____

3. In einigen Studien wurde bewiesen, dass Menschen nicht produktiver sind, wenn sie mehrere Aufgaben gleichzeitig erledigen.

   _____

4. Meist wissen wir selbst ganz genau, womit wir am liebsten nach Lust und Laune prokrastinieren.

   _____

5. Wir wissen schon, dass Whatsapp, Facebook und E-Mails die häufigsten Ablenkungen sind, die die Arbeit bremsen.

   _____

6. In bisherigen Experimenten wurde festgestellt, dass manche Menschen unter moderatem Druck besser arbeiten können.

   _____

7. Im letzten Abschnitt wird empfohlen, im Kampf gegen die Prokrastination selbst etwas sozialen Druck zu erzeugen.

   _____

Einheit 4 - Blatt 1

Studienleben in Deutschland

Ausdrücke der Bitte, Empfehlung oder Aufforderung

Aufgabe 1: Manche Verben können eine Bitte, Empfehlung oder Aufforderung ausdrücken. Im folgenden Modulen werden ihre Valenz-Merkmale zusammengefasst. Vervollständige die Module mit den Verben aus dem Kasten.

(Dabei kannst du Wörterbücher zu Rate ziehen.)

anordnen, auffordern, ermahnen, befehlen, warnen, erwarten, verlangen, aufgeben, abraten, vorschlagen, auftragen, mahnen

---

Modul 1:

Die Entführer forderten Lösegeld von ihm.

(Hörer) von + Dat.	Inhalt Akk.

fordern, _____, _____

Modul 2:

Sie hat ihm einen Nebenjob empfohlen.

(Hörer) Dat.	Inhalt Akk.

empfehlen, _____, _____,
_____, _____, _____

Modul 3:

Sie rät ihm zur Vorsicht.

(Hörer) Dat.	Inhalt Präp.

j-m   zu + Dat.   raten
j-m   von + Dat.   _____

Modul 4:

Sie bittet ihn um Rat.

(Hörer) Akk.	Inhalt Präp

j-n   um + Dat.   bitten
j-n   auf + Akk.   hinweisen
j-n   zu + Dat.   _____
j-n   vor + Dat.   _____
j-n   zu + Dat.   _____
j-n   an + Akk. / zu + Dat.   _____
     / wegen + Gen.

Tipp: Der Inhalt lässt sich in einem Nebensatz darstellen.

Bei den Verben im Modul 1 und 2 ist das Verweiswort „es" unnötig:

Die Studienberatung empfiehlt (es) nachdrücklich, fehlende Sprachkenntnisse gleich zu Studienbeginn nachzuholen.

Bei den Verben im Modul 3 und 4 sind die Verweiswörter wie „darum" und „dazu" meistens fakultativ. Man kann sie ergänzen oder alternativ weglassen.

Mein Partner hat mich (dazu) gedrängt, die Powerpoint-Folien so schnell wie möglich zu erstellen.

Aufgabe 2: Bilde mit den Wörtern in Klammern die fehlenden Satzteile. Achte auch auf fehlende Präpositionen und den richtigen Kasus.

Beispiel:

Mit deinem Studenten-Account kannst du die Lernplattform ILIAS nutzen. Bei der Registrierung wirst du (dazu) aufgefordert, die fehlenden Daten in Ihrem persönlichen Profil zu vervollständigen. (du- aufgefordert werden- bei der Registrierung)

1. In einer Universitätsstadt ist freier Wohnraum oft eher knapp. _____, den Antrag möglichst früh zu stellen. (die Studenten, die im Studentenwohnheim wohnen möchten- empfehlen- das Studentenwerk)

2. Wenn du noch keine Wohnung gefunden hast, _____, dich auch online auf *wg-gesucht.de zu informieren.* (ich- du- vorschlagen möchten)

3. Seine Nachbarn haben sich bei dem Vermieter wegen des Lärms beschwert. ____ _____, bei seiner Party nicht die Wohnung auf den Kopf zu stellen. (der Vermieter- er- ermahnt haben)

4. Viele Seminare finden zweimal pro Woche statt. Deswegen _____, mehr als sechs Seminare pro Semester zu belegen. (ich - die Studienberatung - abgeraten haben)

5. Unser Drucker druckt nicht mehr. _____, eine neue Tonerpatrone für den Drucker zu kaufen. (mein Mitbewohner- ich- aufgetragen haben)

6. Meine Freundin ist erkältet. _____, die Klimaanlage schwächer zu stellen. (sie- der Kellner- im Café – bitten)

7. *Unser Semesterticket hat kein Foto. Deshalb _____ , auch einen Ausweis vorzuzeigen. (wir - bei der Fahrscheinkontrolle - verlangt werden)*

8. *Neben dem Studium arbeite ich in einer Bäckerei. _____ , zeitlich flexibel zu sein, d. h. auch manchmal an Wochenenden oder Feiertagen zu arbeiten und für meine Kollegen einzuspringen. (meine Chefin - ich - erwarten)*

9. Die Bibliotheken sind bereits überfüllt. _____ , mehr Lernplätze zur Verfügung zu stellen und die Öffnungszeiten der Bibliotheken zu erweitern. (Studierendenschaft- Uni- fordern)

Mit welchen Redemitteln kann man eine Bitte, Empfehlung, Aufforderung oder einen Wunsch ausdrücken?

j-m einen Tipp geben;

j-m einen Ratschlag / Rat geben / erteilen (möchten);

j-m einen Vorschlag machen;

eine Idee hätten / haben;

es wäre toll / schön / nett, wenn du ...; Ich würde sagen, dass wir am besten ...;

Ich würde mich sehr freuen, wenn ...

Literaturempfehlung: Grammatik in Feldern (Buscha et al. 1998: S. 239 - 305)

Berühmte Zitate

„es" bei Akkusativobjektsätzen

Aufgabe 1: Manche Verben stehen fast immer mit dem Verweiswort „es". Schneide die Kärtchen aus und ordne sie den Regeln auf dem nächsten Blatt zu.

✂ -

Wenn wir es nicht schaffen, die Arbeitslosenquote signifikant zu senken, dann haben wir es weder verdient, wiedergewählt zu werden, noch werden wir wiedergewählt. (Gerhard Schröder) gutezitate.com	Wenn Liebende es nicht fertigbringen, ohne Einschränkung zu geben und zu nehmen, handelt es sich nicht um Liebe, sondern um einen Geschäftsabschluß, in dem ständig Plus und Minus gegeneinander abgewogen werden. (Emma Goldman) gutezitate.com
Männer sind binär strukturierte Wesen. Das macht es einfach, mit ihnen umzugehen. (Ildikó von Kürthy) gutezitate.com	Liebende haben ein Kraftfeld, das es anderen erleichtert, sich an der Liebe aufzurichten. (Peter Horton) gutezitate.com
Kein Mensch hat öfter unrecht als der, der es nicht ertragen kann, unrecht zu haben. (François de La Rochefoucauld) gutezitate.com	Hat man einmal erkannt, dass Irren menschlich ist, braucht man sich nicht zu schämen, wenn man im Unrecht ist - nur wenn man es unterlässt, seine Fehler zu korrigieren. (Georges Soros) gutezitate.com
Die meisten Leute empfinden es als Beleidigung, wenn sie jemanden lieben und wenn ihre Liebe nicht erwidert wird. Sie werden böse und verbittert. (William Somerset Maugham) gutezitate.com	Das Licht zieht lästige Insekten an – das heißt aber nicht, dass ich es vorziehen würde, im Dunkeln zu gehen. (Pavel Kosorin)
Wir machen es der Erde schwer, uns zu ertragen. (Klaus Ender) gutezitate.com	Der Ruf eines Schriftstellers ist sein Leben; er kann es sich leisten, kein Geld zu haben, aber nicht, keinen Charakter zu besitzen. (Mark Twain) gutezitate.com

Einheit 5 - Blatt 2

Verben für eine erfolgreiche
Erledigung von Aufgaben:

schaffen, fertigbringen, hinkriegen ...

machen + Adj. + Inf- / *dass*-Satz

machen + leicht / schwer / möglich / erforderlich ...

sowie *erleichtern, erschweren* und *ermöglichen*

einige feste Ausdrücke

sich nicht leisten können, + Inf- / *dass*-Satz

verdient haben, +Inf- / *dass*-Satz

es verstehen, +Inf-Satz (etwas gut können)

Verben, die eine positive Emotion ausdrücken

lieben, mögen, schätzen (wertschätzen)

sich gönnen, vorziehen, bevorzugen

kaum / nicht abwarten / erwarten können

Verben, die eine negative Emotion ausdrücken

hassen, satt haben

verschmähen, verabscheuen

(*nicht / kaum*) *ertragen, aushalten, hinnehmen*

Vier Verben mit *über- / unter-*

überlassen, unterlassen

übernehmen, unternehmen

Verben, die Beurteilungen ausdrücken

für (*notwendig / einen Fehler ...*) *halten*

als (*sinnvoll ...*) *ansehen, bezeichnen*

(*gut / in Ordnung ...*) *finden*, (einen Skandal) *nennen*

(*positiv / negativ / freundlich ...*) *aufnehmen*

Einheit 5 - Blatt 3

Aufgabe 2: Finde online für jede Gruppe von Verben noch 1- 2 weitere Sätze, indem du die Verben bei https://books.google.de/ oder https://news.google.de/ eingibst.

Beispiele aus dem Alltag:

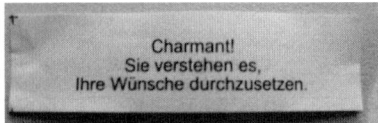

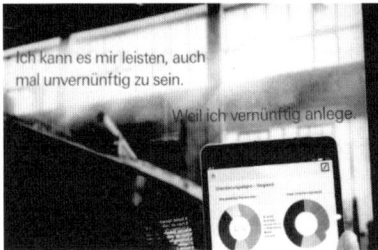

Charmant!
Sie verstehen es,
Ihre Wünsche durchzusetzen.

Ich kann es mir leisten, auch
mal unvernünftig zu sein.

Weil ich vernünftig anlege.

FitnessFirst UND DU SCHAFFST
ES, FITNESS IN
DEINEN ALLTAG
ZU INTEGRIEREN.

„Alle lieben es, geschrieben zu haben, aber niemand liebt es zu schreiben"
(Douglas Adams)

Das Schreibuniversum

Aufgabe 3: Zu Präpositionalsätzen kommen auch Verweiswörter (darauf", „daran", „damit"...) vor, manchmal muss man sie schreiben, manchmal nicht. Finde noch weitere Beispiele für die folgenden Verben und entscheide, ob die unterstrichenen Verweiswörter weggelassen werden können.

Silvester Vorbereitung

3. Achten Sie darauf,
dass Ihr Bleigießset
bleifrei ist. Der
Umwelt zuliebe! Auch
herkömmliches
Leitungswasser lässt
sich hervorragend
gießen.

Bei einem gemütlichen **Adventscafé** wollen wir das Jahr 2015 ausklingen lassen. Es wäre schön, wenn ganz Viele mitfeiern und wir bitten darum, dass jede eine Kleinigkeit - vielleicht sogar einige Versucherle aus der „Weihnachtsbäckerei" ? ! - für die Kaffeetafel beisteuert.

Herzliche Einladung an alle Interessierten!

Bitte denken Sie daran, bis zum 11.9.16 Ihre Schließfächer zu leeren, sowohl die Tages- als auch die Monatsschließfächer.

Diese Kabinen sind nicht schallisoliert. Trotzdem haben wir uns dazu entschlossen, dem Wunsch von vielen nachzukommen und die Kabinen auch für 2 Personen zuzulassen.

Tipp:

Die Verweiswörter wie „darauf", „daran" u. a. kannst du immer schreiben, wenn du nicht sicher bist, ob man sie weglassen kann.

Aufgabe 4: Ergänze das Verweiswort („es" oder „dafür", „damit", „darauf" usw.) im folgenden Text.

Tankerunfall vor den Shetland-Inseln

Am 5. Januar 1993 lief der Tanker „Braer" vor den Shetlandinseln auf Klippen auf. Der Kapitän hatte den Weg über den Atlantik um 80 Seemeilen abkürzen wollen und war der Inselgruppe zu nahe gekommen. In der stürmischen See blieben alle Rettungsversuche erfolglos. Der Orkan erschwerte _____ den Bergungsmannschaften, sich dem gestrandeten Tanker zu nähern. So schaffte man _____ nicht gleich, den Tanker zu bergen. Der hohe Seegang machte _____ auch unmöglich, das im Wrack verbliebene Öl abzupumpen. Nach zwei Wochen zerbrach der Tanker, 85000 Tonnen norwegisches Rohöl liefen aus. Man konnte nichts _____ tun, dass sich ein etwa 40 Kilometer langer Ölteppich bildete.

Man bemühte sich _____ , das ausgelaufene Öl mit Hilfe von Lösungsmitteln, die man versprühte, zum Verdunsten zu bringen. Aber die Inselbewohner bestanden nach einigen Tagen _____ , diese Aktion abzubrechen. Das Besprühen des Ölteppichs hatte nämlich _____ geführt, dass die Bevölkerung unter Atembeschwerden litt. Die Betroffenen hielten _____ wegen des beißenden Gestanks von Öl und Chemikalien nicht länger aus, in ihren Häusern auszuharren. Die Anwohner im Umkreis des Tankerwracks wurden _____ aufgefordert, sich auf Gesundheitsschäden untersuchen zu lassen. Verständlicherweise verzichteten viele Lachsliebhaber in den nächsten Monaten _____ , Shetland-Lachs zu essen. Manche verzichten ganz auf Lachs, da sie _____ sich nicht leisten konnten, auf teurere Alternativen auszuweichen.

Manche ehrenamtliche Vogelschützer haben _____ übernommen, die ölverklebten Vögel im Meer und am Strand einzusammeln. Sie zogen _____ vor, die nicht mehr lebensfähigen Vögel einzuschläfern, um ihnen unnötiges Leid zu ersparen. Die Vogelschutzgesellschaft schätzte, daß die Ölpest vor Shetland mindestens 10 000 Enten, Möwen und anderen Seevögeln das Leben gekostet hat.

Probiere ein anderes Verb

Verben + Akkusativsatz, mit oder ohne „es"

Aufgabe: Formuliere die blau markierten Satzteile mit passenden Verben aus dem Kasten um.

abgewöhnen   versäumen   wagen   gestatten   unterbinden
ersparen   verlangen   untersagen   billigen   angewöhnen

Beispiel: Die Zoologin hat einen schwerverletzten Tiger eingeschläfert, um zu vermeiden, dass er langsam und hilflos verendet.

... um ihm zu ersparen, langsam und hilflos zu verenden.

1. Die Polizei muss verhindern, dass die verfeindeten Fans direkt aufeinandertreffen.
_____

2. Die großen Touristenmengen an diesen Feiertagen erfordern es, dass sich Besucher des Parks unbedingt an die bestehende Parkordnung halten sollten.
_____

3. Sie hat sich daran gewöhnt, Geburtstage mit einem Geschenk an sich selbst zu feiern.
_____

4. Die Fußgängerstraßen sind teilweise besetzt. Offenbar wird es den Restaurants erlaubt, ein paar Tische und Stühle vor dem Geschäft zu stellen.
_____

5. Die Beamten trauen sich nicht, auch nur ein Wort zu sagen.
_____

6. Im Nationalpark wird den Bergsteigern erlaubt, in der freien Natur zu übernachten, allerdings nur an gekennzeichneten Stellen.
_____

7. Die Stadt hat es versäumt, über die Pläne ausführlich zu informieren.
_____

8. Die Behörden haben verboten, dass belastete Lebensmittel in Umlauf kommen.
_____

9. Da er immer so eigensinnig ist, habe ich es aufgegeben, sein Verhalten zu kritisieren oder ihm Ratschläge zu geben.
_____

Tipp: Die Verben oben beschreiben eine Handlung, die (nicht) erlaubt oder durchgeführt wird.

Bei diesen Verben ist das Verweiswort „es" zu den Akkusativsätzen in meisten Fällen fakultativ, das heißt, man kann „es" schreiben, muss es aber nicht:

Das neue Verfahren soll (es) erlauben, frühzeitig und ohne jede Nebenwirkung Risikopatienten zu identifizieren.

Ihr Mann hat (es) akzeptiert, dass sie als Jazzsängerin arbeitet und oft unterwegs ist.

Sport und Kalorienverbrauch
Verben + Subjektsatz, ohne „es"

Manche Verben können sich mit einem Subjektsatz verbinden und leiten den Inhalt im Subjektsatz ein, wie die transitiven Verben zeigen, meinen usw:

Regeln

1. Bei solchen Verben bleibt das Verweiswort „es" gewöhnlich aus, wenn die erste Stelle des Hauptsatzes schon besetzt ist. Meistens steht der Inhalt des Subjektsatzes im Vordergrund.

• Im Mietvertrag steht, dass man keine Haustiere in der Wohnung halten darf.

2. Das „es" kann aber immer am Satzanfang stehen und den Satz „eröffnen".

Einige gebräuchliche Verben dieser Gruppe sind:
• stehen, folgen, hinzukommen, hervorgehen;
• sich zeigen, sich (aus ...) herausstellen, sich (aus ...) ergeben;
• (aus ...) klar / deutlich / ersichtlich sein / werden

• Es steht im Mietvertrag, dass man keine Haustiere in der Wohnung halten darf.

Beispiele

Aufgabe: Im Folgenden wird die Tabelle beschrieben. Wandle die unterstrichenen Satzteile mit den vorgegebenen Verben um.

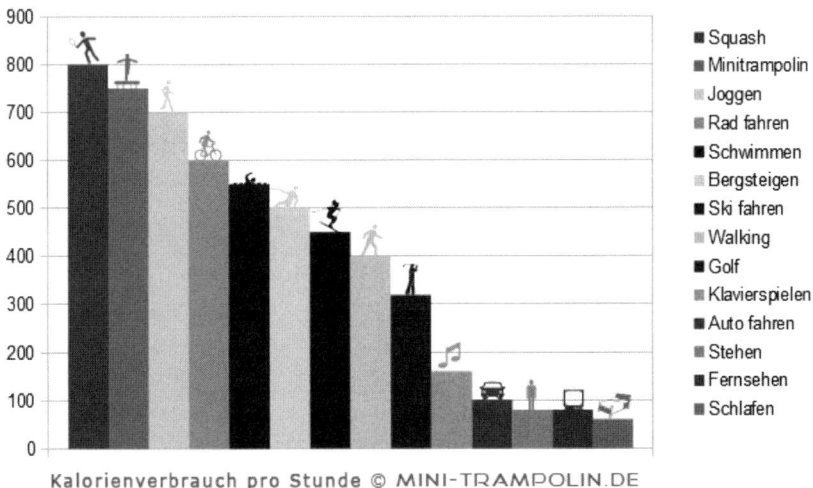

Kalorienverbrauch pro Stunde © MINI-TRAMPOLIN.DE

Legende: Squash, Minitrampolin, Joggen, Rad fahren, Schwimmen, Bergsteigen, Ski fahren, Walking, Golf, Klavierspielen, Auto fahren, Stehen, Fernsehen, Schlafen

Beispiel:

> Neben der Überschrift kann man sehen, dass die Grafik von mini-trampolin.de stammt. (stehen)
>
> <u>Neben der Überschrift steht</u>, dass die Grafik von mini-trampolin.de stammt.

1. <u>Diese Grafik zeigt deutlich</u>, wie viele Kalorien bei einigen Sportarten pro Stunde verbrannt werden. (klar ersichtlich werden)

   Aus der Grafik _____ , wie viele Kalorien bei einigen Sportarten pro Stunde verbrannt werden.

2. <u>Außerdem wird in der Grafik präsentiert</u>, dass man auch beim Laufen (Spazierengehen) 400 kcal pro Stunde verbrennen kann. (sich zeigen)

   _____, dass man auch beim Laufen (Spazierengehen) 400 kcal pro Stunde verbrennen kann.

3. <u>Aus der Grafik ist zu entnehmen</u>, dass der Kalorienverbrauch von Bergsteigen im Vergleich mit anderen Sportarten nur im Mittelfeld liegt. (sich ergeben)

   _____, dass der Kalorienverbrauch von Bergsteigen im Vergleich mit anderen Sportarten nur im Mittelfeld liegt.

4. <u>Des Weiteren kann man daraus erlesen</u>, dass sich mit dem *Golfsport, der* einen eher elitären Charakter hat und entsprechend teuer ist, nicht mehr Kalorien verbrauchen lassen als mit dem Walken. (sich herausstellen)

   _____, dass sich mit dem *Golfsport, der* einen eher elitären Charakter hat und entsprechend teuer ist, nicht mehr Kalorien verbrauchen lassen als mit dem Walken.

5. <u>Die Grafik macht deutlich</u>, dass man 750 kcal pro Stunde verbrauchen kann, wenn man sich hüpfend auf einem Trampolin bewegt. (hervorgehen)

   _____, dass man 750 kcal pro Stunde verbrauchen kann, wenn man sich hüpfend auf einem Trampolin bewegt.

   (Ps.: Das ist sogar effektiver als Joggen und Fahrradfahren in Bezug auf den Kalorienverbrauch, allerdings muss man sich dafür ein Mini-Trampolin anschaffen.)

6. Betrachtet man die Angaben genau, <u>kann man feststellen</u>, dass die Sportarten wie Joggen, Fahrradfahren und Schwimmen, die am häufigsten regelmäßig betrieben werden, schon gut dabei helfen können, wenn man Gewicht verlieren möchte. (deutlich werden)

   Nach der Betrachtung der Angaben _____, dass die alltäglichen Sportarten wie Joggen, Fahrradfahren und Schwimmen bei der Gewichtabnahme gut helfen können.

7. <u>Außerdem kann aus den Daten geschlussfolgert werden</u>, dass der Körper wenige Kalorien verbrennt, wenn man langzeitig dieselbe Körperhaltung einnimmt, z. B. vorm Computer sitzt. (folgen)

   _____, dass der Körper wenige Kalorien verbrennt, wenn man einen bewegungsarmen Lebensstil hat.

Ist es schlimm, Kaffee zu trinken?

„es" im Kopulasatz (sein + Adjektiv / Nomen...)

Aufgabe: Ergänze ein „es" in den Lücken, wenn es notwendig ist. (Ein fakultaitves „es" kannst du mit Klammern kennzeichnen)

Ist es schlimm, Kaffee zu trinken?

Er ist der Deutschen liebstes Getränk. Für viele Menschen gehört zum perfekten Start in den Tag eine duftende Tasse Kaffee. Aus Statistiken ist ___ bekannt, dass jeder Deutsche im Durchschnitt 165 Liter Kaffee im Jahr 2013 getrunken hat. Deshalb ist ___ kein Wunder, dass bei so einer Prominenz unter den Getränken viele Gerüchte aufkommen. [5]

Es lässt sich nicht pauschal sagen, dass Kaffee Krankheiten verursachen oder verschlimmern kann. Praktisch jedes Lebensmittel enthält gesundheitsförderliche und gesundheitsschädigende Stoffe. In diesem Sinne ist ___ möglich, jedes Lebensmittel als ungesund darzustellen, indem man schlichtweg die gesunden Aspekte verschweigt. Kaffee wirkt von Mensch zu Mensch so [10] unterschiedlich, dass ___ schwer ist, potenzielle gesundheitsfördernde oder -schädigende Effekte auf die Allgemeinheit zu übertragen.

Trotz aller Anstrengungen ist ___ bis heute noch nicht gelungen, eine vollständige Bilanz aller Bestandteile des Kaffees aufzustellen, denn seine chemische Zusammensetzung ist äußerst komplex und hängt von einer Vielzahl von Faktoren ab. In der letzten Zeit häufen sich aber die [15] Entwarnungen nach den Ergebnissen der medizinischen Untersuchungen. Laut Berichten kommt ___ bei manchen Krankheiten sogar vor, dass der Verzehr von Kaffee einen vorbeugenden bzw. schützenden Effekt hat. Als belegt gilt ___ inzwischen, dass Kaffee das Risiko, an Typ-2-Diabetes zu erkranken, senkt. Wenn Sie ebenfalls ein Kaffee-Junkie sind, können folgende Fragen Sie [20] interessieren.

1. Ist Kaffee ungesund für den Magen?

Nicht der Kaffee selber ist ungesund für den Magen, es kommt vielmehr auf die Röstung an. Oft werden die Kaffeebohnen – wie von vielen Großkonzernen praktiziert – bei sehr hoher Temperatur und gleichzeitig kurzem Zeitraum (etwa 90 Sekunden) geröstet. [25] Problematisch ist ___ hierbei, dass sich bei dem Prozess verschiedene Bitterstoffe bilden. Diese Bitterstoffe sind ___ letztendlich, die den Magen angreifen. Eine längere und schonendere Röstung bringt einen sehr magenfreundlichen und bekömmlichen Kaffee hervor. Des Weiteren ist ___ [30] klar, dass Milch Kaffee verträglicher für die Magenschleimhaut machen kann. Daher ist ___ für alle, die unter Magenschmerzen oder Sodbrennen nach dem Genuss einer schwarzen Tasse Kaffee leiden, sehr empfehlenswert, Milch in den Kaffee zu tun.

2. Kaffee schadet dem Herzen und löst Bluthochdruck aus

Natürlich ist ___ uns bewusst, dass Kaffee Koffein enthält und Koffein anregend wirkt. Richtig ist ___ auch, dass Koffein kurzfristig harntreibend wirkt, sich jedoch bei regelmäßigen [35] Kaffeetrinkern der Körper an die

Koffeinzufuhr gewöhnt. Zahlreiche Studien haben ___ allerdings herausgefunden, dass die Einnahme von Koffein durch Kaffeetrinken das Risiko für Herz-Kreislauf-Erkrankungen, wie Herzinfarkt und Schlaganfall, nicht erhöht. Im Gegenteil: Bei moderatem Genuss soll das Schlafanfallrisiko sogar gesenkt werden. 40 45

3. Wie lange bleibt Koffein in meinem Körper und wie viel kann mein Körper vertragen?

Je nach Gewicht, Geschlecht, Alter und vielen weiteren Einflussfaktoren kann ___ passieren, dass Koffein sehr lange (bis hin zu mehreren Tagen) im Blut verweilen kann. Aus obengenannten Gründen ist ___ von Wichtigkeit, auf Ihren Körper zu hören. Wenn die negativen Symptome nach drei Tassen einsetzen, sollten Sie eher versuchen, weniger als drei Tassen am Tag zu trinken. Außerdem kann ___ besonders im Urlaub angebracht sein, auf die tägliche(n) Tasse(n) Kaffee zu verzichten und seinem Körper auch in dieser Hinsicht eine Auszeit zur Regeneration zu können. 50

4. Hilft Kaffee bei einer Diät oder bei der Gewichtsabnahme?

Kaffee trinken und Sport machen – so funktioniert die Kaffee-Diät. Leider wird ___ nicht klappen, ohne Bewegung und nur mit koffeinhaltigen Getränken abzunehmen. Manche beschweren sich, dass Kaffee dagegen dick machen kann. Bei ihnen ist ___ das Problem, dass es sich häufig um einen Milchkaffee mit viel Zucker handelt. 55

5. Wie notwendig ist ___, zu einer Tasse Kaffee auch ein Glas Wasser zu trinken?

Laut dem DIfE (Deutschen Institut für Ernährungsforschung) ist ___ ein Gerücht, dass das Heißgetränk dem Körper Wasser entzieht und zu Flüssigkeitsverlust führt. Das Wassertrinken nach dem Kaffee schadet zwar nicht, ist aber nicht notwendig. Kaffee ist allerdings nicht geeignet, um Durst zu löschen. Er kann Wasser nicht ersetzen, was auch für Tee, Cola und andere Getränke gilt. 60

Tipp:
Die Verben, die die Bedeutung Geschehen oder Gelingen / Misslingen haben, verlangt meistens ein „es", wenn der Subjektsatz hinten steht:
Mit dem Wissen aus diesem Buch kann es Ihnen gelingen, ein eigenes Café zu eröffnen.
Allerdings kann es vorkommen, dass man am Anfang keinen Gewinn erzielen kann.
Wegen großer Konkurrenz ist es ihr misslungen, mehr Kunden anzuziehen.

Einheit 8 - Blatt 3

Tipps: Wann kommt das „es" im Kopulasatz vor?

Wenn das Adjektiv, Nomen usw. nicht am Satzanfang steht, kommt „es" gewöhnlich vor, um den später vorkommenden Nebensatz zu repräsentieren:

- Es ist bekannt, dass Kaffee in Deutschland sehr beliebt ist.
- Manche denken, dass es hart ist, einen Tag ohne Kaffee zu verbringen.
- Für sie ist es ein Genuss in der Pause, Kaffee zu trinken.
- Außerdem ist es gang und gäbe, dem Geschäftspartner einen Kaffee anzubieten.

Ausnahme: Bei einem Nomen mit dem Artikel „der, das, die oder diese(r/s)" kann man das es auch weglassen:

- Allerdings ist (es) für viele das Problem, dass sie zu viel Kaffee konsumieren.

Steht das Adjektiv am Satzanfang, kann man das *es* weglassen. Der Nebensatz kommt sofort. Das Verweiswort verliert teilweise seine Funktion.

- Interessant ist (es), dass „Kaffee" auf das arabische Wort *„qahwa"* zurückzuführen ist, was „Kraft" bedeutet.

Ausnahme: „wie / umso / desto" + Adjektiv (komplizierte Struktur):

- Wie wahrscheinlich ist es, dass Kaffee Schlafstörung verursacht?
- Je später man Kaffee trinkt, desto wahrscheinlicher ist es, unter Schlaf-störungen zu leiden.

Steht das Substantiv am Satzanfang, ist „es" bei manchen Substantiven nicht gebräuchlich, bei anderen fakultativ:

- Der Traum von ihm ist (es), eine eigene Kaffeerösterei aufzumachen.
- Das Wichtige ist, dass er Kaffee liebt. (kein „es")
- Die Frage ist, ob er mit dem Laden seine Familie ernähren kann. (kein „es")

Bei einigen wenigen Adjektiven, die keine Infinitivsätze zu sich ziehen, lässt man das Verweiswort sehr häufig weg, unabhängig davon, wo das Adjektiv steht.

Am häufigsten kommen folgende vor: <u>klar</u>, <u>bekannt</u>, <u>deutlich</u>, <u>ersichtlich</u>, <u>sichtbar</u>, <u>bewusst</u>....

- Bekannt ist, dass der französische Schriftsteller Honoré de Balzac seinem Kaffeegenuss ganz viel Zeit gewidmet hat.
- Klar ist, dass sein exzessiver Kaffee-verbrauch (angeblich 50 Tassen pro Tag) seine Gesundheit geschädigt hat.
- Zum Thema Kaffee ist (es) auch bekannt, dass Beethoven für jeden seiner Aufgüsse exakt 60 Bohnen abgezählt hat.

Reisen in Deutschland

„es" bei Modalverb-ähnlichen Verben

Aufgabe 1: Formuliere den unterstrichenen Satz neu und verwende dabei die angegebenen Verben.

Beispiel: Wenn man eine lange Reise plant, <u>ist es empfehlenswert</u>, die Zugfahrkarte ein paar Tage

oder Wochen im Voraus zu buchen. Oft kann man attraktive Sparpreise finden.

Wenn man eine lange Reise plant, *empfiehlt es sich*, die Zugfahrtkarte ein paar Tage oder

Wochen im Voraus zu buchen. (sich empfehlen)

1. <u>Wenn es für dich schwer möglich ist</u>, eine Fahrkarte online zu kaufen, kannst du auch eine Bahncard 50 beantragen. Damit bekommst du jederzeit 50% Rabatt auf den Normalpreis.

   Wenn _____, eine Fahrkarte online zu kaufen, kannst du auch eine Bahncard 50 beantragen. (schwerfallen)

2. <u>Die allermeisten Studenten denken nicht daran</u>, sich eine Bahncard 100 anzuschaffen, weil sie mehr als 3000 Euro kostet. Sie ist in erster Linie etwas für vielreisende Geschäftsleute.

   _____, sich eine Bahncard 100 anzuschaffen. (fernliegen)

3. Wenn du mit Freunden innerhalb Deutschlands reist und nicht unbedingt die schnellsten Züge zu nehmen brauchst, <u>dann ist es eine gute Idee</u>, ein Quer-Durchs-Land-Ticket zu kaufen.

   Wenn du mit Freunden innerhalb Deutschlands reist und nicht unbedingt die schnellsten Züge zu nehmen brauchst, dann _____, ein Quer-Durchs-Land-Ticket zu kaufen. (sich lohnen)

4. Wenn dein Reiseziel weit entfernt liegt, <u>dann möchtest du vielleicht</u> mit dem Flugzeug fliegen. Auch Flugtickets werden billiger, wenn man sie früher kauft.

   Wenn dein Reiseziel weit entfernt liegt, dann _____, mit dem Flugzeug zu fliegen. (naheliegen)

5. Wenn du nicht viel Gepäck hast, <u>dann brauchst du es nicht aufzugeben</u>. Du kannst es mit ins Flugzeug nehmen.

   Wenn du nicht viel Gepäck hast, dann _____, dein Gepäck aufzugeben. (sich erübrigen)

6. Wenn du nur Handgepäck mitnehmen möchtest, dann musst du darauf achten, was du einpackst. <u>Gemäß den Sicherheitsbestimmungen ist es nämlich nicht erlaubt</u>, Flüssigkeiten mit an Bord zu nehmen.

   Gemäß den Sicherheitsbestimmungen _____ _____, Flüssigkeiten mit an Bord zu nehmen. (sich verbieten)

7. Nur wenn man ein Ticket für die Business Class oder First Class hat, darf man sich im VIP-Bereich des Flughafens aufhalten. Mit einem günstigen Ticket <u>darf man die VIP-Zone oft nicht betreten</u>.

Mit einem günstigen Ticket _____ , die VIP-Zone zu betreten. (nicht zustehen)

8. Wenn du gerne mit dem Auto verreist, <u>hast du die Möglichkeit</u>, mit dem eigenen Auto zu fahren, oder bei anderen mitzufahren. Dazu gibt es die Online-Portale für Mitfahrgelegenheiten.

Wenn du gerne mit dem Auto verreist, _____, mit dem eigenen Auto zu fahren, oder bei anderen mitzufahren. (freistehen)

9. Mehrere Stunden gemeinsam im Auto zu fahren, kann eine schöne oder unangenehme Erfahrung sein. <u>Daher ist es wichtig</u>, dass man saubere Kleidung trägt und keine starken Gerüche verbreitet.

_____, dass man saubere Kleidung trägt und keine starken Gerüche verbreitet. (sich gehören)

10. Für jemanden, der nicht oft unterwegs ist, lohnt sich ein Auto nicht. <u>Öffentliche Verkehrsmittel und Car-Sharing sind in diesem Fall die günstigere Lösung</u>.

_____, mit öffentlichen Verkehrsmitteln oder mit dem Car-Sharing zu reisen. (sich rentieren)

Aufgabe 2: Wandle die folgenden Verben in sinnähnliche Phrasen um.

Beispiel: sich erübrigen <u>etwas nicht zu machen brauchen, etwas nicht machen müssen</u>

(j-m) fernliegen	_____	(j-m) naheliegen	_____
j-m freistehen	_____	sich gehören	_____
sich verbieten	_____	j-m zustehen	_____
j-m obliegen	_____	sich lohnen	_____
(j-m) leichtfallen	_____	(j-m) schwerfallen	_____
sich empfehlen / anbieten	_____		

Kaufst du gerne online ein?

„es" bei Verben, die ein Gefühl ausdrücken

Aufgabe 1: Wandle die folgenden Aussagen in persönliche um (Personen als Subjekt)

Beispiel: Es freut mich, dass so viele Menschen Interesse an meinen alten Kursbüchern haben.

> Ich freue mich (darüber), dass so viele Menschen Interesse an meinen alten Kursbüchern haben.

1. Mich hat erstaunt, dass mein Angebot am ersten Tag 20 Mal aufgerufen wurde. (über... erstaunt sein)

   _____

2. Klar regt es mich auf, oft monatelang keine Gegenbewertung zu erhalten (sich über... aufregen).

   _____

3. Es wird Ladenbesitzer richtig ärgern, wenn viele Kunden sich dort beraten lassen und die Artikel hinterher aber lieber im Internet kaufen. (sich über... ärgern)

   _____

4. Ich kann nachvollziehen, dass es dich sehr enttäuscht hat, kurz vor Auktionsende überboten zu werden. (von ... enttäuscht sein)

   _____

5. Ehrlich gesagt wundert es mich nicht, dass der Internetkonzern Alibaba mehr Umsatz abwickelt als Amazon und Ebay zusammen. (sich über... wundern)

   _____

> Tipp: Muss man das Verweiswort „darüber", „davon" usw. schreiben?
> Das Verweiswort kann immer auftreten. Bei manchen Verben muss man es aber nicht schreiben. Verlass dich auf dein Sprachgefühl. Wenn du nicht sicher bist, dann füge das Verweiswort hinzu.

Aufgabe 2: Wandle die kursiv gesetzten Satzglieder in Subjektsätze um. Probiere verschiedene Satzstrukturen:

Beispiel: *Die lange Dauer der Lieferung* hat mich ganz gewaltig genervt.

> Es hat mich ganz gewaltig genervt, dass die Lieferung so lange gedauert hat.

oder: Mich hat (es) ganz gewaltig genervt, dass die Lieferung so lange gedauert hat.

oder: Dass die Lieferung so lange gedauert hat, hat mich ganz gewaltig genervt.

1. Kleine mitgeschickte Geschenke von Verkäufern berühren mich manchmal.

   _____

2. Die kontinuierlich erhöhte Verkaufsprovision für Privatverkäufe gefällt mir gar nicht.

   _____

3. Der große Preisunterschied zwischen den Verkäufern irritiert mich beim Online-Kauf.

   _____

4. Unvernünftige Preisvorschläge von Pfennigfuchsern widerstreben mir beim Online-Handel.

   _____

5. Der Verkäufer hat mir geschrieben, dass die verspätete Lieferung ihm leidgetan hat.

   _____

Muss man das Verweiswort „es" usw. schreiben (außer am Satzanfang)?

Tipp: Das „es" hilft dabei, die Struktur des gesamten Satzes zu verdeutlichen (Erleichterung des Verständnisses). „es" kommt häufiger vor, wenn die Satzstruktur komplex ist, nämlich

- wenn der Nebensatz ein Infinitivsatz oder *wenn*-Satz ist;
- wenn der Hauptsatz sehr lang ist, oder wenn er gleichzeitig auch ein Nebensatz ist.

(Die Sätze in der Aufgabe 1 gelten als Beispiele.)

Bei „wehtun" und „leidtun" kommt das „es" stets vor.

Aufgabe 3: „ihm" oder „ihn"?

~~schockieren~~, imponieren, aufwühlen, nicht passen, bestürzen, ~~widerstreben~~, ermutigen, verwundern, besänftigen, behagen

Der „Betroffene" steht bei dem Verb

im Akkusativ	im Dativ
Das Angebot interessiert <u>ihn</u>. schockieren, _____, _____, _____, _____, _____,	weil der Preis <u>ihm</u> besonders gefällt. widerstreben, _____, _____, _____

Aufgabe 4: Machst du Online-Kauf, oder sogar An- und Verkauf? Welche Auktionsplattformen hast du benutzt? Beschreibe bitte, was dir beim Online-Handel gefällt und was dir missfällt? Versuche die oben geübten Verben zu gebrauchen.

8 ZUSAMMENFASSUNG DER UNTERSUCHUNGSERGEBNISSE

Die vorliegende Arbeit besteht aus einem linguistischen Teil, in dem die Auftretensbedingungen des *es*-Korrelates bei Prädikaten mit satzförmigem Subjekt oder Akkusativobjekt untersucht werden sowie einem didaktischen Teil, in dem ein Unterrichtskonzept zu diesem Thema in Anlehnung an eine Lernerkorpusanalyse und eine kritische Betrachtung der relevanten Grammatiken für den DaF-Unterricht erstellt wird.

Die linguistische Untersuchung beschäftigt sich mit der Frage nach den Auftretensbedingungen von *es0* und *es1*. Durch eine Korpusuntersuchung im Rahmen der Valenztheorie ist nach Wegen gesucht worden, im DaF-Unterricht verwendbare Richtlinien zur *es*-Setzung bei den hier untersuchten Prädikaten zu erläutern. Die Auseinandersetzung mit den Auftretensbedingungen in der Literatur spiegelt die Komplexität des Korrelatgebrauchs wider. Der Aufwand scheint indes gerechtfertigt, wenn dadurch eine Chance besteht, eine seit relativ langer Zeit ungeklärte Frage klären zu können. Ein *proof of principle* für eine Verbindung verschiedener methodischer Ansätze konnte die vorlegende Analyse insofern geben, als dass sowohl einige Ergebnisse der bisherigen Untersuchungen bestätigt werden als auch bisher wenig beachtete Lücken in den Erklärungsversuchen aufgezeigt werden konnten.

Beim Vergleich der Untersuchungsergebnisse in Kap. 4 und 5, die jeweils die Prädikate mit satzförmigem Subjekt und Akkusativobjekt behandeln, wird deutlich, dass die Prädikate im gleichen semantischen Feld häufig ähnliche Korrelatfreundlichkeit aufweisen. Beispielsweise tendieren die intransitiven redeeinleitenden Verben (*hervorgehen*, *sich zeigen* u. a.) sowie die transitiven SDWW-Verben (*sagen*, *meinen* u. a.) sehr stark dazu, kein *es*-Korrelat bei extraponiertem Subjekt- / Akkusativobjektsatz zu bedingen. Ganz ähnlich bei den

Verben der Beurteilung und der persönlichen Einschätzung. *Es0* und *es1* treten dabei mit hoher Wahrscheinlichkeit auf, wenn das Subjekt- / Objektsprädikativ ins Mittelfeld versetzt wird. Als einziges Gegenbeispiel für diese Regel kann das transitive Verb *nennen* gelten (siehe Kap. 5.4). Im Falle eines im Vorfeld stehenden Subjekt- / Objektsprädikativs kann das *es*-Korrelat bei der Mehrheit der Verben alternativ ausbleiben. Bei den Gefühlsverben wie *j-n überraschen*, *j-m gefallen*, *mögen*, *gern haben*, *bevorzugen* usw. gelten *es0* und *es1* generell als fakultativ, wobei einige syntaktische, korrelatbegünstigende Faktoren zu berücksichtigen sind, wie z. B. die Verbstellung des Matrixsatzes oder die Nebensatztypen. Als Ausnahmen gelten hier die Verben *lieben*, *hassen* und *satt haben*, die stets das *es1* erfordern. Darüber hinaus werden in Anlehnung an die einschlägigen Korrelatstudien und die ausgelesenen Korpusbelege auf einige andere Verbfeldern eingegangen, die kein *es* (Verben der Untersuchung u. a.), ein fakultatives *es* (Verben wie *auffallen*, *einleuchten*; Verben des Handlungsspielraums u. a.) oder ein obligatorisches *es* (Ereignisverben wie *geschehen*; Verben des Schaffens u. a.) verlangen. Der *es*-Gebrauch bei FVG, Kollokationen und Phraseologismen hängt oft davon ab, in welchem semantischen Feld sie stehen.

Bei den Kopulakonstruktionen ist die Stellung des Prädikatsnomens für die *es*-Setzung von Belang. Steht das Prädikatsnomen im Mittelfeld des Matrixsatzes, wird *es0* i. d. R. stark begünstigt, es sei denn, dass das adjektivische Prädikatsnomen keinen Inf-Satz determinieren kann (z. B. *klar* oder *deutlich*) oder das substantivische Prädikatsnomen mit einem bestimmten Artikel versehen ist. Wird das Prädikatsnomen ins Vorfeld gerückt, wird die Notwendigkeit des *es*-Korrelates gleichzeitig wesentlich reduziert. Eine Reihe von Faktoren kann dabei eine Rolle spielen, ob ein *es* gesetzt wird oder nicht, u. a.

- Nebensatztypen (Inf- und *wenn*-Sätze vs. eingeleitete Nebensätze)
- Korrelatfreundlichkeit der Prädikatsnomina
- Komplexität des adjektivischen Prädikatsnomens (Steigerungsformen, modifizierende Adverbien, Anzahl der Adjektive als Prädikatsnomen u. a.)
- Artikel des substantivischen Prädikatsnomens (bestimmter Artikel vs. andere Artikelformen)
- Informationsgewichtung (Träger der wichtigeren Proposition)
- Hervorhebung des logischen Zusammenhangs im Kontext.

Bei der Lernerkorpusanalyse fällt auf, dass die Probanden, die allesamt chinesische Muttersprachler sind, selbst nach mehreren Jahre des Germanistikstudiums im Hauptfach und obwohl sie als weit fortgeschrittene DaF-Lerner anzusehen sind, beim *es*-Gebrauch auf subjektiv-individuelle Hypothesenbildung zurückgreifen und Korrelat-Fehler aller Art machen. Das ist zum nicht unerheblichen Teil den äußerst schlichten und unsystematischen Beschreibungen der relevanten Richtlinien in den Lernergrammatiken und Lehrwerken zuzuschreiben. Die Lerner sind größtenteils darauf angewiesen, Richtlinien, die nicht immer der sprachlichen Realität gerecht werden, in Bezug auf jedes einzelne Prädikat zu lernen. Eine Systematik der Richtlinien zur *es*-Setzung ist bis dato in den DaF-Lehr- und Lernmaterialien nicht zu finden.

Im vorliegenden Unterrichtskonzept wird daher ein erster Versuch unternommen, dieses Phänomen in systematischer und angemessener Weise für den DaF-Unterricht aufzubereiten und in Lernmaterialien zu überführen. Die für die *es*-Setzung mit Rücksicht auf die Fehlerfrequenzen im Lernerkorpus relevanten Prädikate werden hier in zehn Lern-Einheiten strukturiert und systematisch mit dem Ziel, die prototypischen Merkmale des Regelsystems auf überschaubare Weise aufzuzeigen, vermittelt.

Es wird der Versuch unternommen, zu einem Kompromiss zwischen Relevanz und Zeitökonomie zu gelangen. Die im Rahmen dieses didaktischen Konzepts relevanten Richtlinien zur *es*-Setzung werden ggf. mit den Valenzkenntnissen der Prädikate oder mit einem Wortschatztraining assoziiert, um die Lernzeit möglichst effizient zu gestalten. Da sich das Konzept an Lerner ab B2-Niveau orientiert, sind authentische, sprachlich anspruchsvolle Texte und Abschnitte in den Einheiten zu finden. Auch aus motivationalen Erwägungen heraus haben sämtliche Themen der Einheiten einen hohen Alltagsbezug bzw. Alltagsrelevanz.

Als Hauptkriterium für die *es*-Setzung gilt in dem Unterrichtskonzept die *es*-Freundlichkeit der jeweiligen Prädikate, weil anzunehmen ist, dass sie für die Lerner am ehesten nachvollziehbar ist. Wo nötig, werden weitere semantische und syntaktische Faktoren mit Rücksicht auf die linguistischen Vorkenntnisse der Lerner thematisiert. Anstatt auf ein Kontinuum-Modell wird auf ein Drei-Stufen-Modell zurückgegriffen, das das *es*-Korrelat bei den unterschiedlichen Prädikaten oder Prädikat-Gruppen als (gewöhnlich) realisiert, (gewöhnlich) weggelassen oder fakultativ eingestuft, damit die Richtlinien für die Lerner besser begreifbar und einsetzbar sind, wobei deutlich gemacht wird, dass ein Teil dieser Regeln und Richtlinien speziell für Nichtmuttersprachler entwickelt wurde, um ihnen das Lernen zu erleichtern, und sie beim Lesen und Hören deutscher Texte durchaus Ausnahmen finden können. In dem Unterrichtskonzept werden die Lerner dazu angeregt, zum Sprach-Erforschenden zu werden und selbst Beispielsätze im Internet oder im Alltagsleben für bestimmte Grammatikphänomene zu finden, was im Zeitalter des Internets auch naheliegend erscheint und als eine Erweiterung des traditionellen Übungsangebots dient (vgl. Möller 2010: 210f.). Im Bewusstsein der motivationspsychologischen Relevanz soll implizit dadurch auch das intuitive Sprachgefühl der Lerner gestärkt werden, um so ihre linguistische Flexibilität im Alltag zu erhöhen und die Freude am Gebrauch der Zielsprache Deutsch zu fördern.

9 AUSBLICK

Wie aus den Kap. 4 – 6 deutlich wird, fokussiert sich die vorliegende Untersuchung ausschließlich auf die *es*-Realisierung in der geschriebenen deutschen Standardsprache. Der Korrelatgebrauch in der gesprochenen Sprache oder in informelleren, privateren Texten (auch in modernen Kurznachrichten wie z. B. den SMS) ist kein Gegenstand dieser Untersuchung und scheint von der Forschung derzeit noch vernachlässigt zu sein. Darüber hinaus bleibt die Frage offen, ob und wie stark der *es*-Gebrauch regional gebunden ist. Weitere Untersuchungen könnten hier Klarheit darüber verschaffen, welche Einflüsse individueller Sprachstil und regionale Varietäten auf die *es*-Setzung haben.

Außerdem ist anzumerken, dass die vorliegende Untersuchung keine Vollständigkeit der Prädikate mit ausbaubarem Subjekt oder Akkusativobjekt zu gewährleisten vermag, obwohl versucht wird, zugunsten der didaktischen Konzeption eine möglichst umfangreiche Aufnahme der Verben, verbale Phrasen und Kopulakonstruktionen zu erreichen.

Das wichtigste Ziel des Unterrichtskonzeptes ist es, durch die Auseinandersetzung mit den Aufgaben und Übungen die unangemessene *es*-Setzungen oder -Eliminierungen in Lernertexten zu reduzieren. Allerdings wird in dem Konzept nicht eingehend analysiert, welche pragmatischen Funktionen das *es*-Korrelat ausüben kann und zu welchen pragmatischen Anlässen die Lerner das *es* realisieren soll (wie z. B. für einen anaphorischen Bezug oder die Hervorhebung eines Satzgliedes im Matrixsatz). Werden die pragmatischen Faktoren mit einbezogen, wird der Umfang des Konzeptes wesentlich vergrößert, was dazu führt, dass mehr Zeit für die Einheiten eingeplant werden muss. Den *es*-begünstigenden oder -restringierenden Faktoren auf der kontextuellen Ebene könnte man eine neue didaktische Konzeption widmen.

Wird das vorliegende Konzept im Unterricht Lernern unterhalb dem B2 Niveau angeboten, sind die sprachlichen Materialien in sämtlichen Einheiten zu vereinfachen oder gar komplett neu zu gestalten, was bedeutet, dass die Aufgaben unter Umständen neu entworfen werden müssen.

LITERATURVERZEICHNIS

Albert, Ruth & Marx, Nicole (2010): *Empirisches Arbeiten in Linguistik und Sprachlehrforschung. Anleitung zu quantitativen Studien von der Planungsphase bis zum Forschungsbericht*. Tübingen: Gunter Narr.

Albert, Ruth (2008), Beurteilung der Qualität von Grammatiken – ein wichtiges Ausbildungsziel für DaF-Studierende. In: Chlosta, Christoph et al. (Hrsg.): *Deutsch als Fremdsprache in Forschung und Praxis. Tagungsband der 35. Jahrestagung des Fachverbandes Deutsch als Fremdsprache 2007 in Berlin*, Göttingen: Universitätsverlag, 93 – 108. (= Materialien Deutsch als Fremdsprache, Bd. 79).

Albert, Ruth (o. J.): *Grundwissen Deutsch als Fremdsprache* (Vorlesungsreader). Philipps-Universität Marburg.

Altmann, Hans & Hahnemann, Suzan (2007): *Syntax fürs Examen. Studien- und Arbeitsbuch* (3., aktual. Aufl.). Göttingen: Vandenhoeck & Ruprecht.

Askedal, John O. (1999): Nochmals zur kontrastiven Beschreibung von deutsch *es* und norwegisch *det*. Ein sprachtypologischer Ansatz. In: Wegener, Heide (Hrsg.): Deutsch kontrastiv. Typologisch-vergleichende Untersuchungen zur Deutschen Grammatik, 33 – 62

Auf'mkolk, Johanna A. (2013): *Sententiale Pro-Formen als Satzdeterminierer* (Dissertation). Universität Wuppertal: http://nbn-resolving.de/urn:nbn:de:h bz:468-20131112-121159-2 (letzter Zugriff: 08. 09. 2016).

Axel-Tober, Katrin (2012): *(Nicht-)kanonische Nebensätze im Deutschen. Synchrone und diachrone Aspekte*. Berlin: Walter de Gruyter. (= Linguistische Arbeiten, Bd. 542).

Ballweg-Schramm, Angelika (1976): Korrelat und Satzgliedstellung, dargestellt am Beispiel satzförmiger E_0 und E_1. In: Schumacher, Helmut (Hrsg.):

Untersuchungen zur Verbvalenz. Eine Dokumentation über die Arbeit an einem deutschen Valenzlexikon. Tübingen: Gunter Narr, 240 – 247.

Balzer Haus, Berit (1996): Multilinguale Notizen zur DaF-Didaktik: Obligatorische Korrelate im deutschen Satzgefüge. In: *Revista de Filología Alemana* (Bd. 4), 207 – 221.

Bausewein, Karin (1990): *Akkusativobjekt, Akkusativobjektsätze und Objektsprädikate im Deutschen: Untersuchungen zu ihrer Syntax und Semantik.* Tübingen: Niemeyer. (= Linguistische Arbeiten 251).

Bernhardt, Lise & Pedersen, Birgit B. (2007): Konjunktiv und Indikativ in der indirekten Rede im Deutschen. In: *Deutsch als Fremdsprache. Zeitschrift zur Theorie und Praxis des Deutschunterrichts für Ausländer* (3 / 2007), 154 – 161.

Berth, Michael (2009):, *Treffungen',, Sinkung' und, Benützung' - Korpuslinguistische Untersuchung des Erwerbs von derivationsmorphologischen Wortbildungsregularitäten bei fortgeschrittenen fremdsprachlichen Lernern des Deutschen* (Magisterarbeit). Humboldt-Universität zu Berlin. http://edoc.hu-berlin.de/master/berth-michael-2009-09-17/PDF/berth.pdf (letzter Zugriff: 09. 09. 2016).

Blume, Kerstin (2004): *Nominalisierte Infinitive. Eine empirisch basierte Studie zum Deutschen.* Tübingen: Gunter Narr. (= Linguistische Arbeiten, Bd. 487).

Boettcher, Wolfgang (2009): *Grammatik verstehen. III - Komplexer Satz.* Tübingen: Niemeyer.

Boszák, Gizella (2009): *Realisierung der valenzbestimmten Korrelate des Deutschen.* Frankfurt: Peter Lang. (= Metalinguistica, Bd. 23).

Böttger, Katharina (2008): *Die häufigsten Fehler russischer Deutschlerner. Ein Handbuch für Lehrende.* Berlin u. a.: Waxmann. (= Reine Mehrsprachigkeit, Bd. 22).

Breindl, Eva (1989): *Präpositionalobjekte und Präpositionalobjektsätze im Deutschen.* Tübingen: Niemeyer. (= Linguistische Arbeiten 220).

Breindl, Eva (2013): Präpositionalobjektsätze. In: Meibauer, Jörg et al. (Hrsg.): *Satztypen des Deutschen.* Berlin: Walter de Gruyter, 458 – 481.

Breslauer, Christine et al. (2009): *Mittelpunkt C1. Grammatiktrainer.* Stuttgart: Ernst Klett Sprachen.

Burger, Harald (2015): *Phraseologie: Eine Einführung am Beispiel des Deutschen.* Berlin: Erich Schmidt.

Buscha, Anne & Szita Szilvia (2012): *B Grammatik. Übungsgrammatik Deutsch als Fremdsprache. Sprachniveau B1 · B2*. Leipzig: Schubert.

Buscha, Anne et al. (2013): *C Grammatik. Übungsgrammatik Deutsch als Fremdsprache. Sprachniveau C1 · C2*. Leipzig: Schubert.

Buscha, Joachim et al. (2002): *Grammatik in Feldern. ein Lehr- und Übungsbuch für Fortgeschrittene*. München: Hueber.

Bußmann, Hadumod (2008): *Lexikon der Sprachwissenschaft*. (4., durchg. und bibliographisch erg. Aufl. unter Mitarbeit von Hartmut Lauffer). Stuttgart: Alfred Kröner.

Colliander, Peter (1983): *Das Korrelat und die obligatorische Extraposition*. Kopenhagen: C. A. Reitzel. (= Beiträge zur Germanistischen Linguistik, Sonderband 2).

Corder, Stephen P. (1971): Idiosyncratic dialeets and error analysis. In: *Intemational Review of Applied Linguistics in language Teaching* (Bd. 9, 2 / 1971), 147 – 160.

Corder, Stephen P. (1974): Error analysis. In: Allen, John P. B. & Corder, Stephen P. (Hrsg.): *The Edinburgh Course in Applied Linguistics* (Bd 3). Oxford: Oxford University Press.

Czicza, Dániel (2014): *Das es-Gesamtsystem im Neuhochdeutschen. Ein Beitrag zu Valenztheorie und Konstruktionsgrammatik*. Berlin: Walter de Gruyter. (= Studia Linguistica Germanica, Bd. 120).

Dallapiazza, Rosa-Maria et al. (2012): *Ziel C1. Kursbuch. Band 1. Lektion 1 – 6*. München: Hueber.

Daneš, František (1970): Zur linguistischen Analyse der Textstruktur. In: *Folia Linguistica* (Bd. 4), 72 – 78.

Daniels, Albert et al. (2008): *Mittelpunkt C1. Deutsch als Fremdsprache für Fortgeschrittene. Lehrbuch*. Stuttgart: Ernst Klett Sprachen.

Dienst, Leonore et al. (1999): *DaF in 2 Bänden. Deutsch als Fremdsprache. Band 1: Lehr- und Arbeitsbuch*. München: Hueber.

Dreyer, Hilke & Schmitt, Richard (2012): *Lehr- und Übungsbuch der deutschen Grammatik. aktuell. Die Gelbe aktuell*. München: Hueber.

Dudenreaktion (Hrsg.) (1995): *Duden. Grammatik der deutschen Gegenwartssprache* (5., völlig neu bearb. und erw. Aufl.) Mannheim: Dudenverlag.

Dudenreaktion (Hrsg.) (2009): *Duden. Die Grammatik. Unentbehrlich für richtiges*

Deutsch. (8. Aufl.). Mannheim: Dudenverlag.

Dudenredaktion (Hrsg.) (2010): *Duden. Das Stilwörterbuch* (Bd. 2, 9. Aufl.). Mannheim: Dudenverlag.

Dudenredaktion (Hrsg.) (2011): *Duden. Deutsches Universalwörterbuch* (6. Aufl.). Mannheim: Dudenverlag.

Eisenberg, Peter (1999): *Grundriß der deutschen Grammatik. Der Satz.* Stuttgart: Metzler.

Eisenberg, Peter (2013): *Der Satz - Grundriss der deutschen Grammatik* (4. Aufl.). Stuttgart: Metzler.

Ellis, Rod & Barkhuizen, Gary (2005). *Analysing Learner Language.* Oxford: Oxford University Press.

Engel, Ulrich (1995): [Rezension] über: Bernhard Sonnenberg, Korrelate im Deutschen. In: Eke, Norbert O. et al. (Hrsg.): *Zeitschrift für deutsche Philologie* (Bd. 114). Waisenhaus: Verlag der Buchhandlung des Waisenhauses, 434 – 437.

Engel, Ulrich (2004): *Deutsche Grammatik - Neubearbeitung - .* München: Iudicium.

Engelberg: Stefan (2015): Gespaltene Stimulus-Argumente bei Psych-Verben. Quantitative Verteilungsdaten als Indikator für die Dynamik sprachlichen Wissens über Argumentstrukturen. In: Engelberg, Stefan et al. (Hrsg.): *Argumentstruktur zwischen Valenz und Konstruktion.* Tübingen: Gunter Narr, 469 – 492.

Fill, Alwin (1981): Korpusuntersuchung und Informantenbefragung. Methodisches zur Kontrastiven Sprachwissenschaft, In: Pöckl, Wolfgang (Hrsg.): *Europäische Mehrsprachigkeit. Festschrift zum 70. Geburtstag von Mario Wandruszka.* Tübingen: Niemeyer, 215 – 224.

Fleischer, Wolfgang (1982): *Phraseologie der deutschen Gegenwartssprache.* Leipzig: VEB Bibliographisches Institut.

Freywald, Ulrike (2013): Uneingeleiteter V1- und V2-Satz. In: Meibauer, Jörg et al. (Hrsg.): *Satztypen des Deutschen.* Berlin: Walter de Gruyter, 317 – 337.

Granger, Sylviane (2008): Learner corpora. In: Lüdeling, Anke & Kytö, Merja (Hrsg.): *Corpus Linguistics. A International Handbook* (Bd. 1). Berlin: Walter de Gruyter, 259 - 275. (= Handbooks of linguistics and communication science, 29.1).

Grosz, Patrick G. (2013): Optativsatz. In: Meibauer, Jörg et al. (Hrsg.): *Satztypen des Deutschen.* Berlin: Walter de Gruyter, 146 – 170.

Hall, Karin & Scheiner, Barbara (2001): Übungsgrammatik für Fortgeschrittene. Deutsch als Fremdsprache (1. Aufl.). München: Hueber.

Hall, Karin & Scheiner, Barbara (2014): *Übungsgrammatik für die Oberstufe. Deutsch als Fremdsprache* (1. Aufl.). München: Hueber.

Harras, Gisela et al. (Hrsg.) (2004): *Handbuch deutscher Kommunikationsverben. Teil 1: Wörterbuch.* Berlin: Walter de Gruyter.

Helbig, Gerhard & Buscha, Joachim (1987): Übungsgrammatik Deutsch (4., neubearbeitete Aufl.). Berlin: Langenscheidt.

Helbig, Gerhard & Buscha, Joachim (1993): *Deutsche Grammatik. Ein Handbuch für den Ausländerunterricht* (15. Aufl.). Berlin: Langenscheidt.

Helbig, Gerhard & Buscha, Joachim (1994): Übungsgrammatik Deutsch (8. Aufl.). Berlin: Langenscheidt.

Helbig, Gerhard & Buscha, Joachim (2011a): *Deutsche Grammatik. Ein Handbuch für den Ausländerunterricht* (7. Aufl.). Berlin: Langenscheidt.

Helbig, Gerhard & Buscha, Joachim (2011b): Übungsgrammatik Deutsch (6. Aufl.). Berlin: Langenscheidt.

Helbig, Gerhard & Buscha, Joachim (2011c): *Leitfaden der deutschen Grammatik* (6. Aufl.). Berlin: Langenscheidt.

Hempel, Heinrich (1980): *Bedeutungslehre und allgemeine Sprachwissenschaft. Sprachtheoretisch-linguistische Arbeiten 1952 – 1973.* Tübingen: Gunter Narr. (= Tübinger Beiträger zur Linguistik, Bd. 131).

Henning, Mathilde (2001): *Welche Grammatik braucht der Mensch? Grammatikenführer für Deutsch als Fremdsprache.* München: iudicium.

Hentschel, Elke & Weydt, Harald (2013): *Handbuch der deutschen Grammatik* (4., vollständig überarb. Aufl.). Berlin: Walter de Gruyter.

Hirschmann, Hagen (2005): *Platzhalterphrasen bei fortgeschrittenen Lernern des Deutschen als Fremdsprache* (Zulassungsarbeit). Humboldt-Universität zu Berlin. http://edoc.hu-berlin.de/master/hirschmann-hagen-2005-07-03/PDF/ hirschmann.pdf (letzter Zugriff: 09. 09. 2016).

Holmlander, Inger (1979): *Zur Distribution und Leistung des Pronominaladverbs: das Pronominaladverb als Bezugselement eines das Verb ergänzenden Nebensatzes / Infinitivs.* Stockholm: Almqvist & Wiksell International. (= Acta Universitatis Upsaliensis - Studia Germanistica Upsaliensia 21).

Hyvärinen, Irma (1982): *Zum Korrelat des deutschen Infinitivs.* Oulu: Universität

Oulu. (= Veröffentlichungen des Instituts für germanische Philologie 5).

Jahr, Silke (2008): Sprachhandlungstypen in Fachtexten und deren Vermittlung im DaF-Unterricht. In: Chlosta, Christoph et al. (Hrsg.): *Deutsch als Fremdsprache in Forschung und Praxis. Tagungsband der 35. Jahrestagung des Fachverbandes Deutsch als Fremdsprache 2007 in Berlin*, Göttingen: Universitätsverlag, 237 – 246. (= Materialien Deutsch als Fremdsprache, Bd. 79).

Jiang, Wenying (2009): *Acquisition of Word Order in Chinese as a Foreign Language*. Berlin: Mouton de Gruyter. (=Studies on Language Acquisition, Bd. 38).

Kailuweit, Rolf (2004): Protorollen und Makrorollen. In: Hummel, Martin & Kailuweit, Rolf (Hrsg.): *Semantische Rollen*. Tübingen: Gunter Narr, 83 – 103.

Kemme, Hans-Martin (1979): *Der Gebrauch des „es" im Deutschen. Eine Darstellung für den Unterricht an Ausländer*. München: Goethe Institut.

Kvam, Sigmund (1983): *Linksverschachtelung im Deutschen und Norwegischen. Eine kontrastive Untersuchung zur Satzverschränkung und Infinitivverschränkung in der deutschen und norwegischen Gegenwartssprache*. Tübingen: Niemeyer. (= Linguistische Arbeiten, Bd. 30).

Lanz, Monika & Daniels, Albert (2007): *Mittelpunkt B2. Deutsch als Fremdsprache für Fortgeschrittene. Lehrerhandbuch*. Stuttgart: Ernst Klett Sprachen.

Lascho, Birgit (2013): *Praxishandbuch DaZ. Grundlagen - Unterrichtsbeispiele - Arbeitsblätter (5. bis 10. Klasse)*. Hamburg: Persen.

Latour, Bernd (1981): Zur Fakultativität des Pronomens *es* als Korrelat satzförmiger Ergänzungen. In: Wierlacher, Alois et al. (Hrsg.): *Jahrbuch Deutsch als Fremdsprache* (7. Jg.). Heidelberg: Groos, 240 – 253.

Latour, Bernd (1985): Verbvalenz: eine Einführung in die dependentielle Satzanalyse des Deutschen. München: Hueber.

Laun, Reinhard (2016): *Deutsche Grammatik für alle: einfach. praktisch. gut.* Hamburg: Tradition GmbH.

Lennon, Paul (1991): Error: Some problems of definition, identification and distinction. In: *Applied Linguistics* (Bd. 12, 2 / 1991), 180 – 196.

Livonius, Uta (2015): *Das Rechtschreibfundament: Kommasetzung. Grundlagen, Methoden, Übungen und Spiele (5. bis 10. Klasse)*. Hamburg: AOL.

Lüdeling, Anke (2007): Das Zusammenspiel von qualitativen und quantitativen

Methoden in der Korpuslinguistik. In: Kallmeyer, Werner & Zifonun, Gisela (Hrsg.): *Sprachkorpora - Datenmengen und Erkenntnisfortschritt*. Berlin: Walter de Gruyter, 28 – 48. (= Jahrbuch des Instituts fiir Deutsche Sprache 2006).

Marx-Moyse, Janine (1983): *Untersuchungen zur deutschen Satzsyntax. Es als vorausweisendes Element eines Subjektsatzes*. Wiesbaden: Steiner. (= Zeitschrift für Dialektologie und Linguistik, Beiheft 44).

Marx-Moyse, Janine (1985): Modaler Infinitiv in Verbindung mit einem Subjektsatz im Deutschen. In: *Zeitschrift für Sorachwissenschaft. Organ der Deutschen Gesellschaft für Sprachwissenschaft*. (4 / 1985), 37 – 67.

Marx-Moyse, Janine (1986a): Der Subjektsatz als Ergänzung eines Vollverbs im *werden*-Passiv. In: *Wirkendes Wort. Deutsche Sprache in Forschung und Lehre* (36. Jg.), 297 –310.

Marx-Moyse, Janine (1986b): Der Subjektsatz als Ergänzung eines Vollverbs im *sein*-Passiv. In: *Wirkendes Wort. Deutsche Sprache in Forschung und Lehre* (36. Jg.), 387 – 404.

Marx-Moyse, Janine (1987): Das Gefüge, *läßt + sich* + Infinitiv' in Verbindung mit einem Subjektsatz. In: *Zeitschrift für germanistische Linguistik. Deutsche Sprache in Gegenwart und Geschichte* (2 / 1987), 190 – 208.

Marx-Moyse, Janine (1989): Zur Frage der kommentierenden *Wie*-Sätze. In: *Zeitschrift für germanistische Linguistik. Deutsche Sprache in Gegenwart und Geschichte* (2 / 1989), 193 - 210.

Marx-Moyse, Janine (1990): Das prädikativ gebrauchte Partizip I in Verbindung mit einem Subjektsatz. In: *Sprachwissenschaft* (Bd. 15), 404 – 429.

Marx-Moyse, Janine (1992): Das Prädikatsnomen in Verbindung mit einem Subjektsatz. In: *Deutsche Sprache - Zeitschrift für Theorie, Praxis, Dokumentation* (20. Jg.), 314 – 335.

Metschkowa-Atanassowa, Sdrawka (1983): *Temporale und konditionale „wenn"-Sätze*. Düsseldorf: Schwann. (= Sprache der Gegenwart, Bd. 58).

Möller, Max (2010): *Mach dich schlau! Machen* + Adjektiv als Lerngegenstand. In: Fischer, Klaus et al. (Hrsg.): *Valenz und Deutsch als Fremdsprache*. Frankfurt a. M.: Peter Lang, 183 – 214. (= Deutsche Sprachwissenschaft international, Bd. 6).

Mollica, Fabio (2010): *Korrelate im Deutschen und im Italienischen*. Frankfurt a.

M.: Peter Lang. (= Deutsche Sprachwissenschaft international, Bd. 9).

Nanni, Deborah L. (1978): *The "easy" Class of Adjectives in English* (Dissertation). University of Massachusetts.

Nascimento, Priscilla M. (2014): Grammatik induktiv vermitteln: Vor- und Nachteile für Lehrende, Schwierigkeiten und Lösungsansätze. In: Dengscherz, Sabine et al. (Hrsg.): *Grammatikunterricht zwischen Linguistik und Didaktik. DaF/ DaZ lernen und lehren im Spannungsfeld von Sprachwissenschaft, empirischer Unterrichtsforschung und Vermittlungskonzepten.* Hamburg: Books on Demand GmbH.

Oppenrieder, Wilhelm (1991): *Von Subjekten, Sätzen und Subjektsätzen: Untersuchungen zur Syntax des Deutschen.* Tübingen: Niemeyer. (= Linguistische Arbeiten, Bd. 241).

Oppenrieder, Wilhelm (2006): Subjekt- und Objektsätze. In: Ágel, Vilmos et al. (Hrsg.): *Dependenz und Valenz. Ein internationales Handbuch der zeitgenössischen Forschung* (2. Halbband). Berlin: Walter de Gruyter, 351 – 374. (= Handbücher zur Sprach- und Kommunikationswissenschaft, Bd. 25.2).

Oppenrieder, Wilhelm (2013): Subjektsätze. In: Meibauer, Jörg et al. (Hrsg.): *Satztypen des Deutschen.* Berlin: Walter de Gruyter, 372 – 399.

Orth-Chambah, Jutta et al. (2003): *em Abschlusskurs. Deutsch als Fremdsprache für die Mittelstufe. Arbeitsbuch.* München: Hueber.

Pasch, Renate et al. (2003): *Handbuch der deutschen Konnektoren. Linguistische Grundlagen der Beschreibung und syntaktische Merkmale der deutschen Satzverknüpfer (Konjunktionen, Satzadverbien und Partikeln).* Berlin: Walter de Gruyter. (= Schriften des Instituts für Deutsche Sprache, Bd. 9).

Perlmann-Balme, Michaela et al. (2004): *em Abschlusskurs. Deutsch als Fremdsprache für die Mittelstufe. Kursbuch.* München: Hueber.

Perlmann-Balme, Michaela et al. (2015): *Sicher!. Deutsch als Fremdsprache. Kursbuch und Arbeitsbuch. C1.1. Lektion 1 - 6.* München: Hueber.

Piitulainen, Marja-Leena (1981): *Das deutsche unflektierte Adjektiv als Satzglied und seine Entsprechungen im Finnischen.* Tampereen: Tampereen yliopisto. (= Filologian Laitos I: Tampereen Yliopiston Filologian Laitos I:n julkaisuja / Sarja B ; No. 7).

Pittner, Karin & Berman, Judith (2004): *Deutsche Syntax. Ein Arbeitsbuch* (3. Aufl.). Tübingen: Gunter Narr.

Pittner, Karin (1993): *So* und *wie* in Redekommentaren. In: *Deutsche Sprache - Zeitschrift für Theorie, Praxis, Dokumentation* (21. Jg.), 306 – 325.

Pittner, Karin (2013): Akkusativobjektsätze. In: Meibauer, Jörg et al. (Hrsg.): *Satztypen des Deutschen*. Berlin: Walter de Gruyter, 441 – 457.

Postal, Paul M. (1971): *Cross-Over Phenomena*. New York: Holt, Rinehart and Winston.

Pütz, Herbert (1975): Über die Syntax der Pronominalform, es' im modernen Deutsch. Tübingen: Gunter Narr. (= Studien zur deutschen Grammatik, Bd. 3).

Pütz, Herbert (1986): Über die Syntax der Pronominalform, es' im modernen Deutsch (2., durchges. Aufl.). Tübingen: Gunter Narr. (= Studien zur deutschen Grammatik, Bd. 3).

Rall, Marlene et al. (1977): *DVG für DaF: Dependenz-Verb-Grammatik für Deutsch als Fremdsprache*. Heidelberg: Julius Groos.

Rapp, Irene & Wöllstein, Angelika (2013): Satzwertige *zu*-Infinitivkonstruktionen. In: Meibauer, Jörg et al. (Hrsg.): *Satztypen des Deutschen*. Berlin: Walter de Gruyter, 338 – 355.

Rehbock, Helmut (2001): Gewusst, wem! - Exzitative Nebensätze zwischen Alltag und Literatur. In: Burkhardt, Armin & Cherubin, Dieter (Hrsg.): *Sprache im Leben der Zeit: Beiträge zur Theorie, Analyse und Kritik der deutschen Sprache in Vergangenheit und Gegenwart. Helmut Henne zum 65. Geburtstag*. Berlin: Walter de Gruyter, 351 – 374.

Reis, Marga (1997): Zum syntaktischen Status unselbständiger Verbzweit-Sätze. In: Dürscheid, Christa, et al. (Hrsg.): *Sprache im Fokus: Festschrift für Heinz Vater zum 65. Geburtstag*. Tübingen: Niemeyer, 121 – 144.

Reznicek, Marc et al. (2012). *Das Falko-Handbuch. Korpusaufbau und Annotationen Version 2.01*. Humboldt-Universität zu Berlin. https://www.linguistik.huberlin.de/de/institut/professuren/korpuslinguistik/forschung/

falko/standardseite (letzter Zugriff: 09. 09. 2016)

Rohrmann, Lutz et al. (2012): *Berliner Platz 4 NEU. Deutsch in Alltag und Beruf. Lehr- und Arbeitsbuch*. Berlin: Langenscheidt.

Rosskopf, Karin (2013): *Wissensmanagement in Nonprofit-Organisationen. Gestaltung von Verbänden als lernende Netzwerke*. Wiesbaden: Deutsche Universitäts-Verlag.

Sadziński, Roman (1983): Zum Gebrauch des objektbezogenen *es*-Korrelates. In: *Deutsch als Fremdsprache. Zeitschrift zur Theorie und Praxis des Deutschunterrichts für Ausländer* (6 / 1983), 337 – 339.

Sandberg, Bengt (1998): *Zum es bei transitiven Verben vor satzförmigem Akkusativobjekt.* Tübingen: Gunter Narr. (= Tübinger Beiträge zur Linguistik, Bd. 443).

Schade, Günter (2009): *Einführung in die deutsche Sprache der Wissenschaften: Ein Lehrbuch für Deutsch als Fremdsprache mit Lösungsschlüssel* (13. neu bearb. und erw. Aufl.). Berlin: Erich Schmidt Verlag GmbH.

Schlüter, Norbert (2002). *Present perfect: eine korpuslinguistische Analyse des englischen Perfekts mit Vermittlungsvorschlägen für den Sprachunterricht.* Tübingen: Gunter Narr.

Schmidt, Ulrich A. (1987): *Impersonalia, Diathesen und die deutschen Satzgliedstellung.* Bochum: Brockmeyer.

Schröder, Thomas (2003): *Die Handlungsstruktur von Texten: ein integrativer Beitrag zur Texttheorie.* Tübingen: Gunter Narr.

Schumacher, Helmut (Hrsg.) (1986): *Verben in Feldern. Valenzwörterbuch zur Syntax und Semantik deutscher Verben.* Berlin: Walter de Gruyter. (= Schriften des Instituts für deutsche Sprache, Bd. 1).

Schumacher, Helmut et al. (2004): *VALBU-Valenzwörterbuch deutscher Verben.* Tübingen: Gunter Narr.

Schwabe, Kerstin (2013): Eine uniforme Analyse sententialer Proformen im Deutschen. In: *Deutsche Sprache - Zeitschrift für Theorie, Praxis, Dokumentation* (41 Jg.), 142 – 164.

Searle, John R. & Vanderveken, Daniel (1985): *Foundations of Illocutionary Logic.* Cambridge: Cambridge University Press.

Sitta, Horst (1971): *Semanteme und Relationen. Zur Systematik der Inhaltssatzgefüge im Deutschen.* Frankfurt a. M.: Athenäum.

Sonnenberg, Bernhard (1992): *Korrelate im Deutschen. Beschreibungen, Geschichte und Grammatiktheorie.* Tübingen: Niemeyer. (= Reihe Germanistische Linguistik, Bd. 124).

Studinger, Hanna (2010): *Kasusfehler in Nominalphrasen von Lernern des Deutschen als Fremdsprache* (Magisterarbeit). Humboldt-Universität zu Berlin. http://edoc.hu-berlin.de/master/studinger-hanna-2010-03-22/PDF/studinger.pdf

(letzter Zugriff: 09. 09. 2016)

Sudhoff, Stefan (2003): *Argumentsätze und es-Korrelate: zur syntaktischen Struktur von Nebensatzeinbettungen im Deutschen*. Berlin: Wissenschaftlicher Verlag.

Thurmair, Maria (2001): *Eine Studie zu Form und Funktion der Vergleichsstrukturen im Deutschen*. Tübingen: Gunter Narr. (= Linguistische Arbeiten, Bd. 433).

Tinnefeld, Thomas (1999): *Mängel in der Unterscheidung zwischen geschriebener und gesprochener Sprache im Deutschen als Fehlerursache beim schriftlichen Fremdsprachengebrauch*. Maastricht & Herzogenrath: Shaker.

Ulvestad, Bjarne & Bergenholtz, Hennig (1979): Es als ‚Vorgreifer‘ eines Objektsatzes (I). In: *Deutsche Sprache - Zeitschrift für Theorie, Praxis, Dokumentation* (7. Jg.), 97 – 116.

Ulvestad, Bjarne & Bergenholtz, Hennig (1983): Es als ‚Vorgreifer‘ eines Objektsatzes (II). In: *Deutsche Sprache - Zeitschrift für Theorie, Praxis, Dokumentation* (11. Jg.), 1 – 26.

Vancea, Georgeta (1978): „Es" und seine rumänischen Entsprechungen. In: *Zielsprache Deutsch* (Bd. 9, 1978), 16 – 21.

Vanderveken, Daniel (1990): *Meaning and Speech Acts Volume I. Principles of Language Use*. Cambridge: Cambridge University Press.

Wegener, Heide (2001): Integration und Nichtintegration von Satzkonjunktionen im Deutschen und Französischen. In: Haßler, Gerda (Hrsg.): *Sprachkontakt und Sprach-vergleich*. Münster: Nodus Publikationen, 89 – 106. (= Studium Sprachwissenschaft, Beiheft 34).

Wegener, Heide (2013a): Genitivobjektsätze. In: Meibauer, Jörg et al. (Hrsg.): *Satztypen des Deutschen*. Berlin: Walter de Gruyter, 400 – 418.

Wegener, Heide (2013b): Dativobjektsätze. In: Meibauer, Jörg et al. (Hrsg.): *Satztypen des Deutschen*. Berlin: Walter de Gruyter, 419 – 440.

Welke, Klaus (2007): *Einführung in die Satzanalyse. Die Bestimmung der Satzglieder im Deutschen*. Berlin: Walter de Gruyter.

Zifonun, Gisela et al. (1997): *Grammatik der deutschen Sprache*. Berlin: Walter de Gruyter.

Zitterbart, Jussara P. (2002a): *Zur korrelativen Subordination im Deutschen*. Berlin: Walter de Gruyter. (=Linguistische Arbeiten, Bd. 464).

Zitterbart, Jussara P. (2002b): Zur Mittelfeldfähigkeit des Korrelates *es* in Verbindung mit Subjektsätzen. In: *Sprachwissenschaft* (Bd. 27), 149 – 195.

Zitterbart, Jussara P. (2013): Satztyp und Korrelat / Platzhalter / Bezugsausdruck. In: Meibauer, Jörg et al. (Hrsg.): *Satztypen des Deutschen*. Berlin: Walter de Gruyter, 602 – 626.

Internetquellen:

• *Das elektronische Valenzwörterbuch deutscher Verben* (*E-VALBU*): http://hypermedia.ids-mannheim.de/evalbu/index.html (letzter Zugriff am 15. 01. 2016)

• Google Books: https://books.google.de/ (letzter Zugriff am 09. 09. 2016)

• Google News: https://news.google.de/ (letzter Zugriff am 09. 09. 2016)

• *Falko - Ein fehlerannotiertes Lernerkorpus des Deutschen als Fremdsprache* https://www.linguistik.huberlin.de/de/institut/professuren/korpuslinguistik/ forschung/falko/ standardseite (letzter Zugriff am 21. 08. 2016)

• Artikel Alles zum Thema Bieten bei Ebay http://pages.ebay.de/help/buy/bidding-overview.html (letzter Zugriff am 21. 08. 2016)

• Die Online-Applikation *COSMAS II* http://www.ids-mannheim.de/cosmas2/web-app/ (letzter Zugriff am 09. 09. 2016)

ANHANG

I Lösungsschlüssel des Unterrichtskonzeptes

Einheit 1, Aufgabe 1:

Prokrastination – Vom Umgang mit Deadlines

Wichtige Dinge aufzuschieben statt zu erledigen, diese Störung heißt in der Fachsprache „Prokrastination".

Noch schnell zu Facebook, die Wohnung putzen oder den Einkauf erledigen: Alles ist besser, als mit der Arbeit anzufangen. Die meisten von uns fassen Tag für Tag den Vorsatz: „Heute werde ich 5 konzentrierter arbeiten" oder „Heute erledige ich alle anstehende Aufgaben". Der Wille ist da und trotzdem schieben wir wichtige Aufgaben vor uns her. Im Fachjargon wird das Prokrastination genannt.

„Ein bisschen Aufschieben ist normal, das macht jeder", beruhigt der Berliner Psychoanalytiker Hans-Werner Rückert, der zu diesem Thema einen Bestseller geschrieben hat. Eine Aufgabe ab und an zu 10 verschieben, kann auch seine Vorteile haben, denn manchmal erledigt sie sich von selbst. Zum Problem wird diese Einstellung allerdings, wenn sie chronisch wird. Psychologen aus Deutschland und den USA fanden heraus, dass fast jeder Fünfte auf der Welt von Prokrastination betroffen ist. Nicht alle müssen sich deshalb gleich einer Verhaltenstherapie unterziehen. Aber wer bemerkt, dass er statt zu arbeiten immer häufiger 15 mit den Kollegen plaudert, ziellos im Internet surft oder sich selbst irgendwie ablenkt, sollte sich Gedanken über sein Problem machen. Schüler und Studierende prokrastinieren dabei häufiger als ihre berufstätigen oder in einer Ausbildung befindlichen Altersgenossen. Allgemein wird geschätzt, dass 70% aller Studierenden phasenweise aufschieben, unter denen 25% chronische Aufschieber sind. Neuere Studien haben belegt, dass sich die Zahl der Betroffenen durch die Einführung der Bachelor-/ 20 Master-Studiengänge nicht verändert hat.

Ein Beispiel für chronische Aufschieberitis ist der 32-jährige Thomas, der im 20. Semester eines sozialwissenschaftlichen Studiengangs eingeschrieben ist. Seine Tätigkeit als Aushilfe in der Gastronomie reicht gerade, um ihn finanziell über Wasser zu halten. 25 Er berichtet stolz, dass er nicht mehr auf seine Eltern angewiesen sei, deren Kontakt er meidet, um peinliche Rückfragen zu seinem Studium zu entgehen. Ansonsten widmet er die Nächte seiner CD-Sammlung und Onlineaktivitäten wie Recherchieren, Videos schauen oder gelegentlichem Spielen. Tagsüber schläft er. 30 Den Kontakt zu Kommilitonen an der Universität hat er verloren, da er seit mehreren Jahren nicht mehr regelmäßig an Lehrveranstaltungen teilnimmt. Längst ist sein Studiengang reformiert und umgestellt und er lebt in Unkenntnis darüber, welche Scheine er noch benötigt, um sein Studium abzuschließen. Er bezweifelt, ob er überhaupt noch seinen Abschluss schafft und leidet mittlerweile zunehmend unter depressiven Zuständen, Schlafstörungen und Erschöpfung.

Eine von der Gutenberg-Universität Mainz durchgeführte Studie zeigt, dass eine chronisch 35 gewordene Prokrastination schwerwiegende negative Folgen haben kann. An der Studie haben insgesamt 2.527 Personen im Alter von 14 bis 95 Jahren teilgenommen. In dem Forschungsbericht wird dargelegt, dass die Betroffenen seltener in Partnerschaften lebten, häufiger arbeitslos waren und über ein geringes Einkommen verfügten. Des Weiteren wird in der Studie bestätigt, dass ein ausgeprägtes Aufschiebe-verhalten von wichtigen Tätigkeiten mit Stress, Depression, Angst, 40 Einsamkeit und Erschöpfung einhergeht.

Einheit 1, Aufgabe 2:

herausfinden	schätzen	bemerken	belegen	berichten
bezweifeln	zeigen	darlegen	bestätigen	

Einheit 1, Aufgabe 3:

Verben, mit denen man etwas sagen oder zeigen
kann.

- sagen, behaupten, äußern, ausdrücken, meinen
- besagen, berichten, ankündigen, mitteilen,
  erwähnen
- zeigen, beweisen, belegen, erweisen,
  bestätigen
- verdeutlichen, veranschaulichen,
  darlegen, darstellen, präsentieren
- erläutern, erörtern, erklären
- beschreiben, anmerken, kommentieren
- feststellen, festlegen, schlussfolgern, folgern
- klarstellen, klar / deutlich / bekannt machen
- kritisieren, einwenden, vorwerfen
- zugeben, gestehen

Verben, die ausdrücken, was man denkt.

- denken, finden, erwägen
- glauben, annehmen, vermuten, schätzen
  (annährend berechnen)
- bezweifeln, argwöhnen, befürchten
- berücksichtigen, beachten, vernachlässigen
- hoffen, wünschen

Verben, die ausdrücken, was man weiß oder
wahrnimmt.

- wissen, kennen
- wahrnehmen, merken, bemerken, sehen, hören
- erkennen, herausfinden, ersehen, ermitteln,
  entdecken

Einheit 1, Aufgabe 4:

besagt (Z. 15); entdecken (Z. 22); bemerken (Z. 23); berücksichtigen (Z. 27); merken (Z. 30); bewiesen (Z. 32); wissen (Z. 37); beachten (Z. 41); festgestellt (Z. 45); erzählen (Z. 47)

(Musterlösungen, andere Verben möglich)

Einheit 2:

Z. 17: Es muss auch sichergestellt werden / Es ist auch sicherzustellen, dass bei keiner...

Z. 23: Außerdem muss ihnen im Voraus mitgeteilt werden, dass sie...

Z. 28: Ihnen muss klar gesagt werden / Ihnen ist klar zu sagen, dass die

Gespräche aufgezeichnet und ihre persönlichen Daten vertraulich behandelt und nur im Rahmen der Untersuchung genutzt werden.

Z. 32: Zu Beginn werden die Probanden (darum) gebeten, in nüchternem Zustand einen Text zu lesen...

Z. 39: Wie oben erläutert (wurde), sollen von jedem Probanden drei Tonaufnahmen, mindestens aber zwei, gemacht werden.

Z. 41: Dann wird gezählt / Dann muss gezählt werden, wie viele Silben...

Z. 43: Danach werden die Ergebnisse tabellarisch dargestellt.

Z. 44: ..., kann beurteilt werden / lässt sich beurteilen, inwieweit der Alkoholkonsum...

Z. 49: ..., kann aus den Ergebnissen auch entnommen werden / lässt sich aus den Ergebnissen auch entnehmen, ob und inwieweit...

(Musterlösungen, andere Umformulierungen möglich)

Einheit 3:

1. Wie die Psychologen aus Deutschland und den USA herausgefunden haben, ist fast jeder Fünfte auf der Welt von Prokrastination betroffen.

2. Wie die 72-Stunden-Regel besagt, muss man Vorhaben innerhalb von 72 Stunden beginnen, sonst sinkt die Chance, jemals den ersten Schritt zu machen, auf ein Prozent.

3. Wie in einigen Studien bewiesen (wurde), sind Menschen nicht produktiver, wenn sie mehrere Aufgaben gleichzeitig erledigen.

4. keine Umschreibung möglich

5. Wie wir wissen, sind Whatsapp, Facebook und E-Mails die häufigsten Ablenkungen, die die Arbeit bremsen.

6. Wie in bisherigen Experimenten festgestellt (wurde), können manche Menschen unter moderatem Druck besser arbeiten.

7. Wie im letzten Abschnitt empfohlen (wird), kann man im Kampf gegen die Prokrastination selbst etwas sozialen Druck erzeugen.

(Musterlösungen, andere Reihenfolgen der Satzglieder möglich)

Einheit 4, Aufgabe 1:

Modul 1: erwarten, verlangen

Modul 2: anordnen, aufgeben, auftragen, befehlen, vorschlagen

Modul 3: abraten

Modul 4: j-n zu... ermahnen / auffordern, j-n vor... warnen, j-n an / zu / wegen... mahnen

Einheit 4, Aufgabe 2:

1. Das Studentenwerk empfiehlt den Studenten, die im Studentenwohnheim wohnen möchten, den Antrag möglichst früh zu stellen.

2. Wenn du noch keine Wohnung gefunden hast, möchte ich dir vorschlagen, dich auch online auf *wg-gesucht.de* zu informieren.

3. Der Vermieter hat ihn (dazu) ermahnt, bei seiner Party nicht die Wohnung auf den Kopf zu stellen.

4. Deswegen hat die Studentenberatung mir (davon) abgeraten, mehr als sechs Seminare pro Semester zu belegen.

5. Mein Mitbewohner hat mir aufgetragen / Ich habe meinem Mitbewohner aufgetragen, eine neue Tonerpatrone für den Drucker zu kaufen.

6. Sie bittet / bat den Keller im Café (darum), die Klimaanlage schwächer zu stellen.

7. Deshalb wird bei der Fahrscheinkontrolle von uns verlangt, auch einen Ausweis vorzuzeigen.

8. Meine Chefin erwartet von mir, zeitlich flexibel zu sein, d. h. auch manchmal an Wochenenden oder Feiertagen zu arbeiten und für meine Kollegen einzuspringen.

9. Die Studierendenschaft fordert(e) von der Uni, mehr Lernplätze zur Verfügung zu stellen und die Öffnungszeiten der Bibliotheken zu erweitern.

Einheit 5, Aufgabe 1:

Wenn wir es nicht schaffen, die Arbeitslosenquote signifikant zu senken, dann haben wir es weder verdient, wiedergewählt zu werden, noch werden wir wiedergewählt. (Gerhard Schröder) gutezitate.com	Verben für eine erfolgreiche Erledigung von Aufgaben (*schaffen*) einige feste Ausdrücke (*verdient haben*)
Wenn Liebende es nicht fertigbringen, ohne Einschränkung zu geben und zu nehmen, handelt es sich nicht um Liebe, sondern um einen Geschäftsabschluß, in dem ständig Plus und Minus gegeneinander abgewogen werden. (Emma Goldman) gutezitate.com	Verben für eine erfolgreiche Erledigung von Aufgaben (*fertigbringen*)

Männer sind binär strukturierte Wesen. Das macht es einfach, mit ihnen umzugehen. (Ildikó von Kürthy) gutezitate.com	*machen* + Adj. + Inf- / *dass*-Satz (*einfach machen*)
Liebende haben ein Kraftfeld, das es anderen erleichtert, sich an der Liebe aufzurichten. (Peter Horton) gutezitate.com	*machen* + Adj. + Inf- / *dass*-Satz (*erleichtern*)
Kein Mensch hat öfter unrecht als der, der es nicht ertragen kann, unrecht zu haben. (François de La Rochefoucauld) gutezitate.com	Verben, die eine negative Emotion ausdrücken (*nicht ertragen*)
Hat man einmal erkannt, dass Irren menschlich ist, braucht man sich nicht zu schämen, wenn man im Unrecht ist - nur wenn man es unterlässt, seine Fehler zu korrigieren. (Georges Soros) gutezitate.com	vier Verben mit über- / *unter-* (*unterlassen*)
Die meisten Leute empfinden es als Beleidigung, wenn sie jemanden lieben und wenn ihre Liebe nicht erwidert wird. Sie werden böse und verbittert. (William Somerset Maugham) gutezitate.com	Verben, die Beurteilungen ausdrücken (*als ... empfinden*)
Das Licht zieht lästige Insekten an – das heißt aber nicht, dass ich es vorziehen würde, im Dunkeln zu gehen. (Pavel Kosorin) gutezitate.com	Verben, die eine positive Emotion ausdrücken (*vorziehen*)
Wir machen es der Erde schwer, uns zu ertragen. (Klaus Ender) gutezitate.com	*machen* + Adj. + Inf- / *dass*-Satz (*schwer machen*)
Der Ruf eines Schriftstellers ist sein Leben; er kann es sich leisten, kein Geld zu haben, aber nicht, keinen Charakter zu besitzen. (Mark Twain) gutezitate.com	einige feste Ausdrücke (*sich nicht leisten können*)

Einheit 5, Aufgabe 2 und 3:
offene Aufgaben

Einheit 5, Aufgabe 4:
<u>Abschnitt 1</u>: es, es, es, dagegen; <u>Abschnitt 2</u>: (darum), darauf, dazu, es, (dazu), (darauf), es; <u>Abschnitt 3</u>: es, es

Einheit 6:
1. Die Polizei muss (es) unterbinden, dass die verfeindeten Fans direkt aufeinandertreffen.
2. Die großen Touristenmengen an diesen Feiertagen verlangen (es), dass sich Besucher des Parks unbedingt an die bestehende Parkordnung halten sollten.
3. Sie hat (es) sich angewöhnt, Geburtstage mit einem Geschenk an sich selbst zu feiern.
4. Offenbar wird (es) bei den Restaurants gebilligt, ein paar Tische und Stühle vor dem Geschäft zu stellen.
5. Die Beamten wagen (es) nicht, auch nur ein Wort zu sagen.
6. Im Nationalpark wird (es) den Bergsteigern gestattet, in der freien Natur zu übernachten, allerdings nur an gekennzeichneten Stellen.
7. Die Stadt hat (es) versäumt, über die Pläne ausführlich zu informieren.
8. Die Behörden haben (es) untersagt, dass belastete Lebensmittel in Umlauf kommen.
9. Da er immer so eigensinnig ist, habe ich (es) mir abgewöhnt, sein Verhalten zu kritisieren oder ihm Ratschläge zu geben.

Einheit 7:
1. Aus der Grafik wird klar ersichtlich, wie viele Kalorien bei einigen Sportarten pro Stunde verbrannt werden.
2. Außerdem zeigt sich in der Grafik, dass man auch beim Laufen (Spazierengehen) 400 kcal pro Stunde verbrennen kann.
3. Aus der Grafik ergibt sich, dass der Kalorienverbrauch von Bergsteigen im Vergleich mit anderen Sportarten nur im Mittelfeld liegt.
4. Des Weiteren stellt sich heraus, dass sich mit dem Golfsport, der einen eher elitären Charakter hat und entsprechend teuer ist, nicht mehr Kalorien verbrauchen

lassen als mit dem Walken.

5. Aus der Grafik geht hervor, dass man 750 kcal pro Stunde verbrauchen kann, wenn man sich hüpfend auf einem Trampolin bewegt.

6. Nach der Betrachtung der Angaben wird deutlich, dass die alltäglichen Sportarten wie Joggen, Fahrradfahren und Schwimmen bei der Gewichtabnahme gut helfen können.

7. Aus den Daten folgt außerdem, dass der Körper wenige Kalorien verbrennt, wenn man einen bewegungsarmen Lebensstil hat.

(Musterlösungen, andere Reihenfolgen der Satzglieder möglich)

Einheit 8:

Z. 3: – es (Bei den Adjektiven *klar*, *deutlich*, *bekannt* u. a. lässt man das *es* häufig weg, wenn die Quelle der

Inhalte im Subjektsatz angegeben ist, wie z. B. *aus Statistiken*).

Z. 4: + es (Substantiv nicht am Satzanfang)

Z. 10: + es (Adjektiv$_{(+Inf)}$ nicht am Satzanfang)

Z. 12: + es (Adjektiv$_{(+Inf)}$ nicht am Satzanfang)

Z. 15: + es (*gelingen*, Verb des Gelingens)

Z. 18: + es (*vorkommen*, Verb des Geschehens)

Z. 20: + / – es (fakultatives *es* bei *als ... gelten*)

Z. 27: + / – es (Adjektiv$_{(+Inf)}$ am Satzanfang)

Z. 29: + es (bei einem Spaltsatz kommt *es* immer vor: *Petra und Andreas sind* es, *die das getan haben.*)

Z. 30: + / – es (*klar* ist ein Adjektiv$_{(-Inf)}$)

Z. 31: + es (Adjektiv$_{(+Inf)}$ nicht am Satzanfang)

Z. 36 (1): + / – es (*bewusst* ist ein Adjektiv$_{(-Inf)}$)

Z. 36 (2): + / – es (Adjektiv$_{(+Inf)}$ am Satzanfang)

Z. 38: – es (*herausgefunden*, Verb des Wissens)

Z. 45: + es (*passieren*, Verb des Geschehens)

Z. 46: + es (*von Wichtigkeit* kann als *wichtig* (Adjektiv$_{(+Inf)}$) angesehen werden)

Z. 48: + es (Adjektiv$_{(+Inf)}$ nicht am Satzanfang)

Z. 54: + es (*klappen*, Verb des Gelingens)

Z. 56: + / – es (Substantiv mit bestimmtem Artikel)

Z. 59: + es (in Fragesatz mit *wie* muss *es* vorkommen)

Z. 60: + es (Substantiv nicht am Satzanfang)

Einheit 9, Aufgabe 1:

1. Wenn es dir schwerfällt, eine Fahrkarte online zu kaufen, kannst du auch eine Bahncard 50 beantragen.

2. Den allermeisten Studenten liegt es fern, sich eine Bahncard 100 anzuschaffen.

3. Wenn du mit Freunden innerhalb Deutschlands reist und nicht unbedingt die schnellsten Züge zu nehmen brauchst, dann lohnt es sich, ein Quer-Durchs-Land-Ticket zu kaufen.

4. Wenn dein Reiseziel weit entfernt liegt, dann liegt es nahe / näher, mit dem Flugzeug zu fliegen.

5. Wenn du nicht viel Gepäck hast, dann erübrigt es sich, dein Gepäck aufzugeben.

6. Gemäß den Sicherheitsbestimmungen verbietet es sich, Flüssigkeiten mit an Bord zu nehmen.

7. Mit einem günstigen Ticket steht es einem nicht zu, die VIP-Zone zu betreten.

8. Wenn du gerne mit dem Auto verreist, steht es dir frei, mit dem eigenen Auto zu fahren, oder bei anderen mitzufahren.

9. Daher gehört es sich, dass man saubere Kleidung trägt und keine starken Gerüche verbreitet.

10. In diesem Fall rentiert es sich, mit öffentlichen Verkehrsmitteln oder mit dem Car-Sharing zu reisen.

(Musterlösungen, andere Reihenfolgen der Satzglieder möglich)

Einheit 9, Aufgabe 2:

(j-m) fernliegen:	etwas nicht machen wollen
(j-m) naheliegen:	möglich sein; etwas machen können
j-m freistehen:	etwas machen können / dürfen
sich gehören:	etwas machen sollen
sich verbieten:	etwas nicht machen dürfen
j-m zustehen:	etwas machen dürfen
j-m obliegen:	etwas machen müssen
sich lohnen:	von Nutzen sein, etwas zu machen

(j-m) leichtfallen: etwas leicht erledigen können

(j-m) schwerfallen: etwas nicht oder nur schwer erledigen können /

nicht machen wollen sich empfehlen / anbieten:

empfehlenswert sein, etwas zu machen

Einheit 10, Aufgabe 1:

1. Ich bin (darüber) erstaunt, dass mein Angebot am ersten Tag 20 Mal aufgerufen wurde.

2. Klar habe ich mich (darüber) aufgeregt, oft monatelang keine Gegenbewertung zu erhalten.

3. Ladenbesitzer werden sich (darüber) richtig ärgern, wenn viele Kunden sich dort beraten lassen und die Artikel hinterher aber lieber im Internet kaufen.

4. Ich kann nachvollziehen, dass du sehr (davon) enttäuscht warst, kurz vor Auktionsende überboten zu werden.

5. Ehrlich gesagt habe ich mich nicht (darüber) gewundert, dass der Internetkonzern Alibaba mehr Umsatz abwickelt als Amazon und Ebay zusammen.

(Musterlösungen, andere Reihenfolgen der Satzglieder möglich)

Einheit 10, Aufgabe 2:

1. Mich berührt es manchmal, wenn ich kleine mitgeschickte Geschenke von Verkäufern bekomme.

2. Mir gefällt (es) gar nicht, dass sich die Verkaufsprovision für Privatverkäufe kontinuierlich erhöht.

3. Beim Online-Kauf irritiert (es) mich, dass der Preisunterschied zwischen den Verkäufern so groß ist.

4. Beim Online-Handel widerstrebt es mir, unvernünftige Preisvorschläge von Pfennigfuchsern zu bekommen.

5. Der Verkäufer hat mir geschrieben, dass es ihm leidgetan hat, dass die Lieferung so spät erfolgt ist.

(Musterlösungen, andere Reihenfolgen der Satzglieder möglich)

Einheit 10, Aufgabe 3:

Verben mit persönlicher Bezeichnung im Akkusativ: aufwühlen, bestürzen, ermutigen, verwundern, besänftigen

Verben mit persönlicher Bezeichnung im Dativ: imponieren, nicht passen, behagen

Einheit 10, Aufgabe 4:
offene Aufgabe

II Quellenverzeichnis der Materialien in den Unterrichtseinheiten

Der letzte Zugriff auf sämtliche Links unten fand am 09. 09. 2016 statt.

Textquellen:

- **Text in Einheit 1 (Blatt 1):**

1. *Prokrastination: Zehn Tipps zum Anfangen.* (Leonie Achtnich & Simon Kerbusk, *Zeit Campus*, 06/2012)

    http://www.zeit.de/campus/2012/04/prokrastination-tipps

2. *18-Minuten-Regel: So wird Ihr Leben besser.* (Vera Moor, *Karriere Bibel*, 07/2016)

    http://karrierebibel.de/18-minuten-regel/

3. *Prokrastination: Chronische Aufschieberitis.* (Ingrid Kupczik, *Apotheken Umschau*, 06/2016)

    http://www.apotheken-umschau.de/Prokrastination

4. *Prokrastination betrifft vor allem junge Menschen.* (o. V., *Johannes Gutenberg-Universität Mainz*, 03/2016)

    https://www.uni-mainz.de/presse/74678.php

5. *Was heißt Prokrastination?* (o. V., *Freie Universität Berlin*, o. J.)

    http://www.fu-berlin.de/sites/studienberatung/prokrastination/was-heisst-prokrastination/index.html

- **Text in Einheit 1 (Blatt 3 und 4):**

1. *18-Minuten-Regel: So wird Ihr Leben besser.* (Vera Moor, *Karriere Bibel*, 07/2016)

    http://karrierebibel.de/18-minuten-regel/

2. *Die Top 10 Methoden gegen Prokrastination.* (Daniel Witzki, *Deutschland startet - Die Initiative für Existenzgründer*, 08/2015)

    https://www.deutschland-startet.de/die-top-10-methoden-gegen-prokrastination/

3. *Prokrastination: Die 6 besten Tipps gegen Aufschieberitis.* (Mirijam Franke, *arbeits-abc*, 08/2016)

    http://arbeits-abc.de/prokrastination/

4. *Aufgaben aufschieben: Schluss damit!* (Jochen Mai, *Karriere Bibel*, 03/2016)

    http://karrierebibel.de/aufschieben/

5. *Wie man Prokrastination überwindet.* (o. V., *Steve Pavlina –
Persönlichkeitsentwicklung für intelligente Menschen*, 12/2013)

  http://stevepavlina.de/wie-man-prokrastination-ueberwindet

6. *72-Stunden-Regel: Jetzt oder nie!* (Jochen Mai, *Karriere Bibel*, 01/2008)

  http://karrierebibel.de/72-stunden-regel/

- **Text in Einheit 2 (Blatt 1 und 2):**

1. *Positive und negative Effekte des Alkoholkonsums.* (Wendy Moelker,
web4health, 03/2004)

  http://web4health.info/de/answers/add-alcohol-goodbad.htm

- **Text in Einheit 5 (Blatt 4):**

1. *Tankerunfall vor den Shetland-Inseln.* (Hall & Scheiner 2001: 186f.)

- **Text in Einheit 7 (Blatt 1 und 2)**

1. *Kaffee, Fluch oder Segen.* (o. V., *TSV Reinbek*, 09/2016)

  http://www.tsv-reinbek.de/index.php/sportarten-a-z/gefit/aktuelles/4552-gefit-
kaffee-fluch-oder-segen

2. *Ist Kaffee gesund oder ungesund?* (Felix Olschewski, *Urgeschmack:
Natürlich essen – gesund leben*, o. J.)

  http://www.urgeschmack.de/ist-kaffee-gesund/

3. *Welche Stoffe beeinhaltet der Kaffee?* (o. V., *Das Kaffeekontor*, o. J.)

  http://www.das-kaffeekontor.de/kaffee-geschichte/inhaltsstoffe-kaffees/

4. *Kaffee: Die zehn größten Irrtümer.* (Gunnar Römer, *medizin.de*, 2014)

  http://www.medizin.de/ratgeber/kaffee-die-zehn-groessten-irrtuemer.html

5. *Kaffee und dessen Auswirkungen auf die Gesundheit.* (Viktoria Rici, *Kaffee
Profis*, o. J.)

  https://www.kaffee-profis.de/ratgeber/kaffee-gesundheit/

6. *Kaffee und Abnehmen.* (o. V., *kaffeetipps.com*, o. J.)

  http://www.kaffeetipps.com/kaffee-und-abnehmen/

7. *Kaffee und Gesundheit: Antwort auf die 7 wichtigsten Fragen.* (o. V., *Coffee
Circle*, o. J.)

  http://www.coffeecircle.com/kaffeewissen/kaffee-gesundheit-schwangerschaft/

Bildquellen:
- **Einheit 1, Blatt 1:**

http://news.cecb2b.com/info/20140416/2164545.shtml (o.)

http://www.roth-cartoons.de/wp-content/uploads/2011/09/04-Prokrastination-aufschieberitis-auf-die-lange-bank.jpg (u.)

- **Einheit 1, Blatt 3:**

http://ordnung4you.de/alles-umsonst/ (o.)

http://www.businessandmore.de/technologie-und-wissen/item/55-tipps-gegen-prokrastination-aufgeschoben-und-aufgehoben.html (u.)

- **Einheit 1, Blatt 4:**

http://www.medmix.at/prokrastination-betrifft-vor-allem-junge-menschen/

- **Einheit 2, Blatt 1:**

http://www.t-online.de/eltern/erziehung/id_73270448/wie-viel-alkohol-duerfen-jugendliche-bei-der-konfirmation-trinken-.html

- **Einheit 4, Blatt 1:**

http://www.sweet-spot.de/Verkaufstraining-Empfehlungsmarketing--Erfolgreiche-Akquise-durch-Empfehlungen_405.aspx

- **Einheit 5, Blatt 1:**

www.gutezitate.com

- **Einheit 5, Blatt 3, Aufgabe 2:**

Papierstreifen in einem Glückskeks (fotografiert von Y. Y. in Marburg) (o. l.)

Teil eines Werbeplakats der deutschen Bank (fotografiert von Y. Y. in Marburg) (m. l.)

Teil eines Werbeblatts des Schreibuniversums (fotografiert von Y. Y. in Marburg) (u. l.)

Teil eines Werbebanners des Fitnessstudios FitnessFirst (fotografiert von Y. Y. in Frankfurt a. M.) (o. r.)

- **Einheit 5, Blatt 3, Aufgabe 3:**

https://boldomatic.com/view/post/GtmTFw (o. l.)

http://www.muetterzentrum-march-reute.de/cms/index.php/aktuell_reader/adventscafe-im-muetterzentrum-50.html (o. r.)

Mitteilung in der Zentralbibliothek der Philipps-Universität Marburg (fotografiert in Marburg) (m.)

Mitteilung in der Zentralbibliothek der Philipps-Universität Marburg (fotografiert in Marburg) (u.)

- **Einheit 7, Blatt 1:**

http://www.mini-trampolin.de/abnehmen/

- **Einheit 7, Blatt 2:**

http://www.aktiv-mit-spass.de/10kg-abnehmen-durch-das-spazierengehen/ (o.)

http://www.meine-bahamas-reise.com/bahamasgolfen.html (m.)

http://www.djktusstenern.de/?page_id=116 (u.)

- **Einheit 8, Blatt 1:**

http://www.onmeda.de/diabetes/schuetzt_kaffee_vor_diabetes.html (o.)

http://www.miomente.de/dresden/kochkurs-dresden-kaffee-genuss-pur/ (u.)

- **Einheit 8, Blatt 2:**

http://www.huffingtonpost.de/2015/06/10/kaffee-morgen-trinken_n_7549768.
html (o.)

http://www.green-in-berlin.de/berlin-kaffee-bio-fair-trade-peru/ (u.)

- **Einheit 9, Blatt 1:**

http://www.n-tv.de/ratgeber/Neue-Bahncard-soll-Kunden-locken-
article14724321.html (o.)

http://outletfreunde.de/bahn/quer-durchs-land-ticket-28312.html (m.)

http://www.abacho.de/fluege/handgepackbestimmungen/ (u.)

- **Einheit 9, Blatt 2:**

http://pressburger.eu/Articles/10,magazin/4223, mitfahren-immer-beliebter

- **Einheit 10, Blatt 2:**

http://www.bvl.bund.de/SharedDocs/Bilder/Teaserbilder/01_LM/teaser_
Internethandel_Allgemein.jpg?_blob=poster&v=3 (l.)

https://www.onlinehaendler-news.de/handel/allgemein/20155-liefer-service-
amazon-stellt-pakete-selbst-zu.html (m.)

https://www.surveymonkey.com/r/9DS86WK (r.)

III Weitere Grafiken der Untersuchung in Kap. 4 und 5

Grafik 26: *Es0* bei *fernliegen, naheliegen, schwerfallen, leichtfallen* und *obliegen* (+ Inf- / *dass*-Satz)[①]

Grafik 27: *Es1* bei überlassen, *unterlassen*, übernehmen und *unternehmen* (+ Inf- / *dass*-Satz)[②]

Grafik 28: *Es1* bei *nicht / kaum erwarten / abwarten können* (+ Inf- / *dass*- / *wenn*-Satz)[③]

---

a　Datenquelle: *T2*-Korpus

Belege, in denen der adverbiale Verbzusatz (*fern, nahe, schwer, leicht*) im Vorfeld steht, werden herausgestrichen:

• Näher liegt, dass sich gewisse Erleichterung breitgemacht haben dürfte im Lager des Sports. (U12/ NOV.01087)

b　Datenquelle: *SZ*-Korpus

c　Datenquelle: *T2*-Korpus

IV Grafik-, Tabellen- und Abbildungsverzeichnis

Grafiken:

V Quellennachweis der Korpusbelege aus dem *COSMAS II*

Die Korpusbelege aus dem *COSMAS II* werden mit dessen Kurzzitierung versehen, wie z. B.:

„Die Grippewelle ist eigentlich vorbei", meint er. (RHZ10/JAN.09509)

Die Kurzzitierung, RHZ10/JAN.09509' besteht aus folgenden Teilen:

- Abkürzung des jeweiligen Unterkorpus (‚RHZ': die *Rhein-Zeitung*)
- Die letzten zwei Ziffern der Jahreszahl (‚10': das Jahr 2010)
- Kurzformen der Monate (‚JAN': Januar)
- Nummer des Satzes in dem jeweiligen Unterkorpus (‚09509')

Abkürzungen der relevanten Unterkorpora der vorliegenden Untersuchung:

A:	*St. Galler Tagblatt*
BRZ:	*Braunschweiger Zeitung*
BVZ:	*Burgenländische Volkszeitung*
HMP:	*Hamburger Morgenpost*
M:	*Mannheimer Morgen*
NON:	*Niederösterreichische Nachrichten*
NUN:	*Nürnberger Nachrichten*
P:	*Die Presse*
RHZ:	*Rhein-Zeitung*
SOZ:	*Die Südostschweiz*
T:	*Die Tageszeitung*
U:	*Süddeutsche Zeitung*
V:	*Vorarlberger Nachrichten*
VDI:	*VDI Nachrichten*

VI Ausgelesene Belege aus dem Lernerkorpus

Die Belege aus dem Lernerkorpus der vorliegenden Arbeit werden folgenderweise annotiert:

Nach der Tabelle lassen es sich festhalten, dass die Funktion der Mobilgeräte als Mobiler Internetzugang in alle fünf Beispiele angewandt wird. (11M01)

- 11: Nummer des Probanden (01 – 33)
- M: Bachelor / Masterstudiengang (B oder M)
- 01: Nummer des Textes eines Probanden (01 – $16_{(max.)}$)

Folgende Belege wurden in die quantitative Fehleranalyse in Kap. 7.1.3 aufgenommen. Sie werden ohne Korrektur von Fehlern aufgeführt:

(1) Beispielsweise würde es bekanntgegeben, dass das Bild am Arbeitstag gemacht wird. Drittens ist die Zeilenangabe im Text „Pendeln" leserfreundlich. (01M02)

(2) Im Großen und Ganzen entsprecht der Schwierigkeitsgrade von Inhalten und Aufgaben der Niveaustufe der Zielgruppe. Aber wir haben es nicht bemerkt, dass die Lernenden einige Wortschätze in Aufgaben noch nicht kennen. (01M05)

(3) In dem Text ist es zu bemerken, dass das Verhalten des chinesischen Gastes und der deutschen Gäste einen scharfen Kontrast bildet. (01M09)

(4) Die oben genannten Beispiele machen es deutlich, dass *Studienweg Deutsch* die kulturellen Unterschiede zwischen Deutschland und China sachlich präsentiert. (01M09)

(5) Mit der Auseinandersetzung der Frage 2 zum *Text* wird es deutlich gemacht, dass sich viele Texte in *Studienweg Deutsch* im interkulturellen Kontext befinden. (01M09)

(6) Im Kapitel 2.5.1 wird es hingewiesen, dass sich der größte Teil einer Kultur wie die der größte Teil eines Eisbergs verbergen lässt. (01M09)

(7) Außerdem ist es in den sprachvermittlungsorientierten Lehrwerken zu lesen, dass die Deutschen in einer heilen Welt und voller Harmonie leben. (01M09)

(8) Hier wird eine Weihnachtslegende vorgestellt. Außerdem wird es sachlich präsentiert, was man in der Adventszeit, am Heiligabend und am Weihnachtsmorgen macht. (01M09)

(9) Dies könnte es veranschaulichen, dass die fremde Kultur und die eigene Kultur nicht ausgewogen behandelt werden. (01M09)

(10) Somit ist es vorzuschlagen, in der zukünftigen Lehrwerkerstellung mehr

Berücksichtigung auf diese zwei Übungstypen zu stellen, um konative Kompetenzen der Lernenden zu entfalten. (01M09)

(11) Unter dem Kurskonzept wurde es verstanden, welche Themen die Lernenden im Unterricht behandeln und was sie aus dem Kurs lernen mochten. (01M10)

(12) Viertens haben wir bei der Ankreuzung „richtig" oder „falsch" nur die Ergebnisse überprüft. Die Lerner sollten es begründen, warum sie die Aussagen für falsch hielten. (01M11)

(13) Wenn wir den Lernern einen Hauptsatz bieten, wird diese Aufgabe erleichtert und die Zeit auch gespart. Die Praxis hat es erwiesen, dass das eine gute Methode ist. (01M11)

(14) Ich erklärte dem Lerner unbekannte Wörter im Text, als ich es sah, dass er fremde Wörter nachschlug. (01M11)

(15) Das letzte Problem kommt bei der Gruppenarbeit vor, dass viele Studierende daran gewohnt sind, in Gruppen auf Chinesisch zu diskutieren und erst bei der Präsentation im Plenum auf Deutsch zu sprechen. (02M01)

(16) Wenn die Rollen der Lehrer und der Studierenden an der Uni plötzlich umgekehrt würden, wären die Studierenden nicht daran gewohnt, und es führt dazu, dass sie an den freien Aufgaben wie Diskussionen nicht aktiv teilnehmen. (02M01)

(17) Ein Grund dafür ist es, dass sich die Studierenden seit dem Grundschule am traditionellen Unterricht gewöhnt haben, nämlich der Lehrer unterrichtet und stellt gelegentlich einige Fragen, während die Schüler hören, Notiz machen und die Fragen beantworten. (02M01)

(18) Tatsache ist es aber, dass in chinesischen Universitäten mehr als 80% Seminare Deutsch als Fremdsprache von chinesischen Lehrern geleitet werden. (02M01)

(19) Ein Beispiel dafür ist es: Ein Teilnehmer hat „A ist relativ teuer* als B" gesagt, als die Redewendung „Komparativ + als" gerade wiederholt wurde. (02M01)

(20) Durch Übersetzungen wird es gesichert, dass die Anfänger die gelernten deutschen Wörter und Sätze wirklich verstehen. (02M01)

(21) Der Tipp wird von vielen Lehrern im ersten Semester schon gegeben, aber nur von seltenen Studierenden verwendet, da es Zeit und Mühe braucht, Karteikarten zu erstellen. (02M01)

(22) In dieser Phase sind die TN angefordert, das Gelernte in Alltagssituationen anzuwenden. (02M01)

(23) In der Sicherungsphase lässt der Lehrer den TN, einen Lückentext zu machen. (02M06)

(24) Es scheint sehr plötzlich, dass ich keinen Übergang zwischen zwei Phasen hatte. (03M05)

(25) Aber wann und wie soll ich die Fehler korrigieren, es ist noch ein Problem für

mich. (03M05)

(26) Aber wir sollen es auch betrachten, dass sie Teilnehmenden Erwachsene sind, die Progression des Kurses ist relativ langsam. (03M07)

(27) Das Ziel solcher Aufgaben sind, die Interesse und Neugier der Leser zu erzeugen bzw. Vor- und Weltwissen der Leser zu aktivieren. (04M01)

(28) Deshalb bestrebt dieses Projekt, diese Fragen mit Hilfe der Experimente und Untersuchungen möglichst zu erklären und ihre Hypothesen zu begründen. (04M02)

(29) Wie im theoretischen Teil gezeigt wird, dass es wichtig vor der Einführung der Zeichen zu berücksichtigen ist, dass Lerner solche Zeichen kennen und mit Lehrern übereinstimmen. (04M04)

(30) Aufgabe C) ist eine offene Frage, wobei die Meinungen der Lerner gefragt werden, was sie sich wünschen für das Weiterlernen und wie sie es am sinnvollsten finden, mit Fehlern und Fehlerkorrektur umzugehen. (04M04)

(31) "Einfach" bedeutet hier, dass es nur angemerkt wird, dass ein Fehler vorliegt, ohne näher zu kennzeichnen, was für eine Art der Fehler ist. (04M04)

(32) Noch zu beobachten ist es, dass dieser Lernende ihre falsch ausgedrückten Sätze noch einmal in der richtigen Form schreiben und lassen sie von der Lehrperson überprüfen. (04M04)

(33) Unter einer Klassifikation nach Ursachen ist es deutlich zu sehen, warum Lerner solche Fehler gemacht haben. (04M04)

(34) Deshalb ist es vorgeschlagen, dieses Verfahren sowohl bei der Hausarbeit als auch bei der Klausur reflektiert zu werden. (04M04)

(35) Es wird deutlich, dass die Mehrheit der Befragten vorziehen, Fehler durch Lehrperson direkt korrigieren zu lassen. (04M04)

(36) Nachdem er einige Fragen beantwortet hat und dann sich es bewusst war, dass die Lehrerin durch Dolmetscherin ihn verstehen konnte und dass er durch Dolmetscherin mit der Lehrerin kommunizieren konnte, hat er sich immer aktiver in dem Interview verhalten und sprach immer mehr. (05M02)

(37) Außerdem ist es in Untersuchung I zu ersehen, dass die Formen auf -er und -el bei der Pluralbildung häufiger markiert werden als die auf -en. (05M03)

(38) Aus der Tabelle ist es ersichtlich, dass die unbekannten Kunstwörter mit der Singularendung –en bei der Pluralbildung häufiger wiederholt werden als die jeweils auf -er und –el enden. (05M03)

(39) Der Hauptgrund, warum wir diese Grammatik ausgewählt haben, ist es, dass dieser Typ von Adjektivdeklination sowohl in Umgangsprache als auch in schriftlichem Ausdruck sehr häufig gebraucht wird. (05M05)

(40) Außerdem kommen beim Bearbeiten des verschiedenen neuen Familientypen viele Vergleichsmöglichkeiten zwischen chinesischer und deutscher Kultur vor,

was den Lernern es bewusst macht, dass ihre Gedanken und Verhaltensweise von der eigenen Kultur tief eingeprägt werden und dass ihre Sichtweise von da her begrenzt sein kann. (05M13)

(41) Damit ist es zu sehen, ob es Teilnehmer gibt, die ihre Meinung verändert haben, nachdem sie die traditionelle Seite von Deutschland gewusst haben. (05M13)

(42) Damit ist es zu sehen, ob es Teilnehmer gibt, die ihre Meinung verändert haben, nachdem sie die offene sowie traditionelle Seite von Deutschland kennengelernt haben. (05M13)

(43) Obwohl es bis jetzt koch keine einheitliche Definition der Landeskunde in der Fremdsprachdidaktik gibt, kann es durch die Darstellung der Meinung verschiedener Autoren von dem Begriff Landeskunde in der Arbeit zusammengefasst werden, welche inhaltliche gemeinsamen Schwerpunkte im Landeskundlichen Unterricht eingesetzt werden. (05M13)

(44) In diesem Sinne soll Ziel dieser Arbeit sein, die Funktionen dieser Online-Materialien aufzuzeigen, damit man Kenntnisse und Hinweise bekommt, weshalb diese Online-Materialien bei dem DaF-Unterricht eine große Rolle spielen und wie diese Materialien sich auf Deutschlernen anwenden lassen. (06M01)

(45) Nicht überzusehen ist es, dass Online-Wörterbücher, automatische Korrektur, Tipps und Hinweise als Hilfsmittel vorhanden sind. (06M01)

(46) Nicht überzusehen ist es, dass die Rückmeldung dieser Übung sich auch in verschiedenen Weisen erscheint. (06M01)

(47) Allerdings ist es zu beachten, dass die Lehrenden immer zur Verfügung stehen und bereit sein sollten, den Lernenden beim Online-Lernen Hilfe zu bieten, auch wenn sie genügende Lernautonomie im Internet beherrschen können. (06M01)

(48) Bei den drei Übungen wird es gefordert, die höflichen Formulierungen mit *hätten* und *könnten* richtig zu benutzen. (06M01)

(49) In der Tabelle ist es deutlich zu sehen, dass zwar die kurzfristige Behaltensleistung vom Einsatz mit Spielen viel besser als die vom Einsatz ohne Spielen ist (94,5% zu 83,1%), vergleicht mit der Zeit die Behaltensleistung beider Methoden (langfristig 82,7% zu 81,4%). (06M02)

(50) Mit der Fernbeziehung wird es gemeint, dass ein Liebespaar wegen verschiedener Gründe (Studium, Arbeit, Nationalität) nicht in einen gleichen Ort (Stadt / Land) wohnen und deswegen einander nicht persönlich sehen können. (06M03)

(51) Z.B. als Fußnote des Wortes *Stich* steht es im Text: das Angreifen eines spitzen Gegenstandes in einen Körper. (06M04)

(52) Im Folgenden wird es zusammengefasst, was wir gut gemacht haben, welche

Probleme wir haben und wie wir unser Unterrichtskonzept verbessern können. (06M04)

(53) Wie es da oben beschrieben wird, haben die Lernenden auf dem Niveua A2 das grammatische Phänomen Adjektivdeklination mit dem bestimmten Artikel gelernt. (06M07)

(54) Darüber hinaus soll es auch geachtet werden, die Lernenden durch mehrmals Korrektur nicht entmutigen oder ihre Interessen für die deutsche Sprache nicht zu vermindern. (06M09)

(55) Mit Tabelle 7 lässt es sich ganz einfach bemerken, dass zusätzliche Pausen hauptsächlich auf Nomen (*Mutter*und *Eimer*) gesetzt werden −acht von zehn Probanden fügt eine Pause hinzu. (06M09)

(56) Rhythmisierungen, wie es im *Deutschen Aussprachewörterbuch* (KRECH 2009, 40) beschrieben wird, bauen immer auf den Wortgruppenakzent auf, die akzentlosenSilben bzw. Wörter an sich heranziehen und damit gruppenbildend wirkend. (06M09)

(57) Außerdem muss es den Lernenden bewusst gemacht werden, dass die Intonation auf allen Fällen den Vorzug gegeben werden muss. (06M09)

(58) Bevor ich auf die Regeln der neutralen Akzentuierung eingehe, muss es deutlich gemacht werden, was neutral bedeutet. (06M09)

(59) Infolgedessen will ich es klarmachen, warum chinesische Deutschlerner beim Kommunizieren oftmals nicht richtig verstanden werden und wie sie das Problem lösen können. (06M09)

(60) Durch die folgende Tabelle, die ich aus dem Lehrwerk Studienweg Deutsch Band 1 zusammengefasst habe, manifestiert es sich welche satzprosodische Kenntnisse als Schwerpunkt gesetzt werden, wie die Regelbeschreibung aussieht und die Übungstypen für verschiedene satzprosodische Einheiten. (06M09)

(61) Mit „Thema" wird es gemeint, was schon gesprochen wird, die vorerwähnte, alte Information; „Rhema" ist die neue Information, was zum Thema ausgesagt wird. (06M09)

(62) Allerdings in Hinsicht auf wie diese Schwerpunkte zu behandeln sind, also wie sie gelehrt und gelernt werden, steht es im Zusammenhang mit der Zielgruppe. (06M09)

(63) Mit Tabelle 3 ist es deutlich zu sehen, wie viele Akzente bzw. Hauptakzente und Nebenakzente es sein sollte und wie viele die Probanden in der Realität produziert haben. (06M09)

(64) Einfach aus der traurigen Realität ist es mir schon deutlich zu sehen, was für eine bedeutende Rolle die Aussprache beim Deutschlernen spielt. (06M09)

(65) Nach dem Inhaltsverzeichnis ist es deutlich zu sehen, dass sowohl segmentale als auch suprasegmentale Einheiten in diesem Lehrwerk behandelt werden.

(06M09)

(66) Infolgedessen ist es ganz klar zu sehen, wie wichtig ist, dass der Lehrer, der Deutsch unterrichtet, eine optimale Aussprache hat. (06M09)

(67) Infolgedessen ist es ganz klar zu sehen, wie wichtig ist, dass der Lehrer, der Deutsch unterrichtet, eine optimale Aussprache hat. (06M09)

(68) Von der Auffassung her ist es zu vermuten, dass die satzprosodischen Ausspracheabweichungen chinesischer Deutschlernenden hauptsächlich auf die sprachinterne Interferenz, die bei der lingualen Differenzierung zwischen den beiden Sprachen–Chinesisch und Deutsch –auftritt, zurückzuführen. (06M09)

(69) Tabelle 4 zeigt uns vor, welche nicht-akzentuierte Wörter von wie vielen Probanden akzentuiert werden (außer *Knaben, Mutter* und *Eimer*). (06M09)

(70) Es war diesen chinesischen Probanden angewöhnt, lange suprasegmentale Einheiten in viele kurze Teile einzuteilen und deswegen zusätzliche Pausen einzusetzen. (06M09)

(71) Es muss auch geachtet werden, die Fragen, die das gleiche Thema umfassen, zusammen und nach Progression gestellt werden und mit kurzen Überschriften anfangen. (07M02)

(72) Im konstruktivistischen Unterricht wird es angenommen, dass der Mensch der Welt nicht als unabhängiger Betrachter gegenübersteht, sondern sie stets auf der Grundlage bestimmter Vorannahmen wahrnimmt und interpretiert. (07M02)

(73) Wyllie hat 1993 ein Modell für die unterschiedlichen Schreibstrategien angegeben, damit wird es gezeigt, welche Typ welche Schreibpräferenz hat. (07M02)

(74) Nach den Ergebnissen vom Fragebogen kommt man dazu, dass es im ersten Projektjahr die Schüler mit teilweise taglicher Nutzung am intensivsten war. (07M02)

(75) Von der neuen Hörverstehensdidaktik und -Methodik wird es empfohlen, dass die Studierenden nicht nur die Details wiedergeben sollen, sondern werden sie auch auf das außersprachliche Wissen aufgefordert. (07M04)

(76) Die Lehrpersonen haben es gut gemacht, dass sie die unbekannten Vokabeln vor dem Hören vorentlasten, deutliche Tonaufnahmen und Hörmaterialien mit angemessenem Sprechtempo wählen. (07M04)

(77) Aber es ist mir schwerfällig, wenn zwei von den drei Beteiligten (die Interviewerin, der Interviewte und die Dolmetscherin), manchmal sogar alle drei gleichzeitig sprechen. (07M06)

(78) Im konstruktivistischen Unterricht wird es angenommen, dass die Lernenden auf der Basis vom eigenen Vorwissen lernt und denkt. (07M07)

(79) Aus Wang-luns Hin und Her zwischen Handeln und Nicht-Handeln ist es jedoch

zu ersehen, dass Alfred Döblin den Taoismus dialektisch betrachtet. (08M01)

(80) Durch den Vergleich ist es zu ersehen, dass es Ähnlichkeiten zwischen der deutschen Gesellschaft zu Beginn des 20. Jahrhunderts und der chinesischen Gesellschaft gegen Ende des 18. Jahrhunderts in dem Wang-lun-Roman bestehen, wie z.B. es herrscht in den beiden Gesellschaften strenges Klassensystem und neben dem wirtschaftlichen Aufschwung sind die gesellschaftlichen Turbulenzen nicht zu übersehen. (08M01)

(81) Verglichen mit der turbulenten Lage Deutschlands zu Beginn des 20. Jahrhunderts ist es zu ersehen, dass Alfred Döblin in der aufgeklärten und rücksichtsvollen Gestalt des mandschurischen Kaisers Khien-lung seine Ermahnungen und Erwartungen für die Ranghöchste Deutschlands hegt. (08M01)

(82) Aus diesen Beispielen ist es sichtlich, dass Wang-lun trotz seines Glauben an das heilige Wu-wei auch die Verantwortung für seine Anhänger übernommen hat. (08M01)

(83) Lion Feuchtwanger demonstriert es als „die Tragik dieser östlichen Menschen", daß sie, die diese Weisheit tief im Innern spüren, die sie predigen und vor sich hertragen, die eingewickelt, eingelullt sind in sie, daß diese wahrhaft Schwachen immer wieder gerade um dieser Weisheit des Nichtwiderstrebens willen in Kampf, Verbrechen, Tat und Tod getrieben werden. (08M01)

(84) Der Kaiser hatte den festen Standpunkt, die Seestreitkräfte um jeden Preis zu stärken, sogar es nicht zu schonen, „den Reichstag aufzulösen, wenn derselbe im Hinblick auf unsere Sicherheit und Zukunft unbedingt notwendige Verstärkung unserer Seestreitkräfte ablehnen sollte". (08M01)

(85) Es ist ihr manchmal zu müde zu konzentrieren und zu üben. (08M02)

(86) Er behauptete, dass alle Eltern angefordert wurden, eine Ankündigung mit dem Zeitplan für den ganzen Kursabschnitt genau zu lesen, bevor sie sich für einen Kinderkurs für ihre Kinder anmeldeten. (08M02)

(87) Vor allem ist es darzustellen, aus welchen Teilen das Forschungspraktikum besteht und wie jeder Teil realisiert werden soll. (09M04)

(88) Bei der Vermittlung der Bedeutungen von Verben ist es zu berücksichtigen, dass die Verben sowohl konkrete Bedeutung als auch abstrakte Bedeutung haben. (09M07)

(89) Im Vergleich zu Substantiven und Verben sind Präpositionen viel leichter zu lernen und zu merken, weil die Wörter kürzer als die andere Wortarten und es aus dem formalen Aussehen der Präpositionen zu erkennen ist, was die grundsätzliche Bedeutung der Präposition ist. (09M07)

(90) Laut einer Untersuchung von Antje Stork17 zur Effizienz von vier ausgewählten Vokabellernstrategien ist es festzulegen, dass die Strategien Ausführung

von Bewegungen sollte keine Rolle in einem Strategientraining spielen bzw. zumindest nicht zu den primär angebotenen Vokabellernstrategien gehören. (09M07)

(91) Aus diesem Grund ist meiner Meinung nach sehr wichtig, die Wörter nach einem bestimmten Prinzip oder mehrere Prinzipien zu kategorisieren, damit für jede Wortgruppe eine entsprechende oder mehrere entsprechende Vokabelstrategien zuordnen können. (09M07)

(92) Ich möchte mich hier darauf konzentrieren, wie effektiv ist, die Verben ins Gedächtnis eingeprägt bzw. im mentalen Lexikon verarbeitet zu werden. (09M07)

(93) Deshalb ist wichtig, die Bedeutung der Verben mithilfe des Kontextes genau zu schließen. (09M07)

(94) Dies ist eigentlich eine zu breite Palette von Optionen, weil eines sicher ist, dass nicht alle Wörter, die gleichen Anlaut oder Auslaut des Antwortworts haben, als Antwort-Alternativen sein können. (10M09)

(95) Wenn man ein Bild von „kochen" auswählt, lässt es sich anschaulich sehr schwierig beurteilen, dass dieses Bild wirklich „kochen" oder „braten" sogar „brühen" zeigt. (10M09)

(96) Nach der Tabelle lassen es sich festhalten, dass die Funktion der Mobilgeräte als Mobiler Internetzugang in alle fünf Beispiele angewandt wird. (11M01)

(97) Im letzten Abschnitt dieser Kapitel wird es exemplarisch gezeigt, wie der Begriff Mobiles Lernen in dem Vokabellernen integriert wird. (11M01)

(98) Während der Durchführung eines Projektes im DaF-Unterricht ist auch immer wichtig, dass man sich bewusst bleiben soll, dass es die Bedürfnisse von Lernenden und Forderungen aus der Didaktik sind, die am Anfang stehen. (11M01)

(99) Zum Beispiel fällt man schwer aus, eine gemeinsame Datenbank für Vokabelkarteikarten zu benutzen, denn es Unterschiede zwischen Lernstrategie oder Lerntypen gibt. (11M01)

(100) In diesem Wörterbuch wird es ausführlich erklärt, wie Wörter und Redewendungen im Satzzusammenhang verwendet werden können und was sie bedeuten. (11M01)

(101) Außerdem muss es ein Bedarf an Innovation bestehen, wobei ein Einsatzkonzept und Nutzermehrwert der didaktischen Integration von mobilen Geräten klar erkennbar sein muss. (11M01)

(102) Allerdings soll man darauf beachten, dass es Veränderung bei Wortstellung gibt. Im Beispielsatz gilt die Regel. (11M03)

(103) Vor allem wird es erkannt, dass das alleinige Beherrschen von sprachlichen Redemitteln in Alltagssituationen wegen der Weiterentwicklung der kulturellen

Ebene nicht eine interkulturelle Kommunikation gewährleistet. (11M05)

(104) Es wäre bedauerlicherweise, wenige Aufmerksamkeit von Hörer durch Erfahrungsbericht erweckt zu werden. (11M05)

(105) In diesem Sinne soll Ziel dieser Arbeit sein, die Funktionen dieser Online-Materialien aufzuzeigen, damit man Kenntnisse und Hinweise bekommt, weshalb diese Online-Materialien bei dem DaF-Unterricht eine große Rolle spielen und wie diese Materialien sich auf Deutschlernen anwenden lassen. (11M06)

(106) Nicht überzusehen ist es, dass Online-Wörterbücher, automatische Korrektur, Tipps und Hinweise als Hilfsmittel vorhanden sind. (11M06)

(107) Nicht überzusehen ist es, dass die Rückmeldung dieser Übung sich auch in verschiedenen Weisen erscheint. (11M06)

(108) Allerdings ist es zu beachten, dass die Lehrenden immer zur Verfügung stehen und bereit sein sollten, den Lernenden beim Online-Lernen Hilfe zu bieten, auch wenn sie genügend Lernautonomie im Internet beherrschen können. (11M06)

(109) Deshalb sollte es ermittelt werden, ob die Antworten der Studierenden Gemeinsamkeiten mit der Ansicht der Unilehrenden aufweisen. (12M01)

(110) Am Anfang der vorlegenden Arbeit ist es festzustellen, was sich hinter dem Wort „Landeskunde" verbringt und mit welchen Entwicklungstendenzen sie verbunden ist, wie Begriff und die drei landeskundlichen Ansätze. (12M01)

(111) Aber welche konkreten Dinge, Tatsachen aus Zielkultur in welchen Methoden oder Materialien vermittelt werden, ist es schwer zu entscheiden. (12M01)

(112) Außerdem wird es auch beiträgt, welche Schwierigkeiten die Lehrenden bei der Vermittlung der deutschen Landeskunde im Unterricht haben und auf welche Schwierigkeiten die Deutschstudierenden bei der Aneignung der deutschen Landeskunde stoßen. (12M01)

(113) Aus diese Abbildung wird es gezeigt, dass über die Hälfte der Unilehrenden (57,7%) dem Thema Gesellschaft und Menschen ausgewählt haben. (12M01)

(114) Außerdem wird es durch das Konzept erklärt, welche Rolle der Märchen der Brüder Grimm im DaF-Unterricht spielt und wie sie in unterschiedlichen Unterrichten eingesetzt werden. (13M01)

(115) Die Wortliste mit nur die deutschen Vokabeln werden an die Probanden verteilt und die sollen die entsprechenden chinesischen Übersetzungen zu den Wörtern aufschreiben, damit es bestätigt wird, ob alle Wörter unbekannt sind. (15M01)

(116) Wird Vokabellernen erklärt, soll es zuerst definiert, was alles zu einem Wort gehört, zum Beispiel das Wort BUCH. (15M01)

(117) Das Ziel der Arbeit ist es, erstens einen Forschungsüberblick zu Vokabellernstrategien und zum Vokabellernen im DaF-Unterricht in China zu geben, zweitens zwei neulich beliebten Vokabellernstrategien zum Vergleich

auszuwählen, die zwei Strategien in die chinesische DaF-Unterrichtspraxis umzusetzen und es durch das Experiment mit den zwei ausgewählten Vokabellernstrategien tatsächlich zu überprüfen, ob eine davon wirklich effektiver als die andere unter den chinesischen Probanden, drittens die Ergebnisse aus dem Experiment auseinanderzusetzen, um es zu ermitteln, welche Vokabellernstrategien den Probanden bekannt sind und welche die oft verwenden und außerdem einige Vorschläge oder eine mögliche eignete Richtung für effektiveren Vokabelunterricht für chinesische DaF-Studierenden herauszufinden. (15M01)

(118) Bei der Datenerhebung ist es noch zu erwähnen, es sowohl bei der Lernfortschrittkontrolle als auch bei der Befragung anonym durchgeführt werden, damit die Versuchspersonen ohne Stress beim Unterrichtsversuch lernen und dann sich ohne Angst und Rücksicht im Fragebogen frei ausdrücken können. (15M01)

(119) Wie es im Kapitel 1 erwähnt wird, ist das Ziel der Untersuchung zwei neulich beliebten Vokabellernstrategien zum Vergleich auszuwählen und die in die chinesische DaF-Unterrichtspraxis umzusetzen, damit es überprüft wird, ob eine wirklich effektiver als die andere für die chinesischen Probanden wirken oder nicht. (15M01)

(120) Spielerische Methode: Die DaF-Studierenden in China brauchen Motivation, und Unterhaltung, weil z. B. sie unter mehr Stress im Studiengang als die DaF-Studierenden in anderen Ländern stehen, wie es im Kapitel 2 erwähnt wird. (15M01)

(121) Ihr Vorteil besteht darin, dass bei einer Kunstsprache einfach ist, Vokabeln zu erfinden, die alle gleich schwer bzw. gleich lang und für die Lernenden gleich interessant sind. (Vgl. Albert 2006, 59f.) (15M01)

(122) Wie es im Kapitel 1 erwähnt wird, ist das Ziel der Untersuchung zwei neulich beliebten Vokabellernstrategien zum Vergleich auszuwählen und die in die chinesische DaF-Unterrichtspraxis umzusetzen, damit es überprüft wird, ob eine wirklich effektiver als die andere für die chinesischen Probanden wirken oder nicht. (15M01)

(123) Außerdem wird es untersucht, welche Vokabellernstrategien den Probanden bekannt sind und welche die oft verwenden. (15M01)

(124) Was uns überrascht hat, ist es, dass der Genitiv im präpositionalen Bereich nicht verschwunden ist, sondern sich sein Gebrauch sogar ausgeweitet hat. (16M01)

(125) Aus dem Vorigen wird es ersichtlich, dass der Genitiv als Kasus viel häufiger und produktiver ist, als er in den Grammatiken beschrieben wird. (16M01)

(126) Ein Vorteil davon ist es, dass dieser Ansatz motivierend für die Lernenden ist und viel Spaß macht. (17M05)

(127) Im theoretischen Teil wird es versucht, durch die Fülle an Literatur einen Überblick über den Begriff „Stereotyp" zu zeigen. (17M06)

(128) Außerdem lässt es sich vor der Datenerhebung berücksichtigen, ob die Substantive, deren Pluralbildung von den Probanden schwer zu identifizieren sind, im Experiment (nach einer gewissen Zeit) nochmal als Untersuchungsmaterial erscheinen sollen. (17M08)

(129) Obwohl es in manchen Unterrichtskonzepten empfohlen wurde, den Film im Unterricht in der Mittelstufe (B1 mit Untertitel und B2 ohne Untertitel) einzusetzen, haben wir in der Vorbereitung bemerkt, dass der Film sprachlich für das B2-Niveau sehr anspruchsvoll ist und eine ausführliche Vorentlastung auf sprachlichen und kulturellen Ebenen verlangt. (17M09)

(130) Am Anfang des Unterrichts ist es zu rechnen, dass die TN häufig mehr Zeit in Anspruch nehmen, um ihre Gedanken zu formulieren, weil sie sich sprachlich noch nicht aufgewärmt haben. (17M09)

(131) Bei den Ausdrucksfehlern muss es für den Schüler klar zu erkennen sein, ob ein wirklicher Fehler vorliegt oder ob der Lehrer nur einen „eleganteren" Ausdruck vorschlägt (Kleppin, 1998, S. 60). (17M10)

(132) In unserem Kurs ist es vereinbart worden, dass „wirkliche" Fehler nur unterstrichen und Ausdrucksmakel direkt von der LP berichtigt werden, damit sich die TN in der Partnerarbeit nicht an die Hilfsmittel wenden müssen und auf die Fehler und Ausdrucksvorschläge konzentrieren können. (17M10)

(133) Diese Faktoren gelten bei dieser Hausarbeit auch als die Kriterien (oder den Ausgangspunkt), die es aufweisen, wo und wie die Schlüsselwort-Methode im Fremdsprachenlernen eingesetzt werden sollte. (18M01)

(134) Das führt zu einer hohen Anforderung an der Fähigkeit der Lehrenden, deshalb ist es erwartet, dass mehr Lehrmaterialien über die Schlüsselwort-Methode in der Zukunft veröffentlicht werden. (18M01)

(135) Zweitens ist es vorgeschlagen, dass die Lernenden genügende Zeit zum Einprägen der Zielwörter haben sollten. (18M01)

(136) Daraus ist auszuführen, dass die Landeskunde eine enge Verbindung mit dem Fremdsprachenunterricht hat. (18M02)

(137) Aus den oben angeführten Gründen ist es empfohlen, diese wichtigen Lerninhalte in den Deutschunterricht Chinas einzuführen. (18M07)

(138) Deswegen ist von Bedeutung, echte Kommunikation möglichst viel auf verschiedenen Weise in den Fremdsprachen zu integrieren. (18M07)

(139) In diesem Teil werden die Definition, die Funktion und die Faktoren der mündlichen Kommunikation im DaF-Unterricht analysiert. Dadurch ist es deutlich, warum und wie ein kommunikativer DaF-Unterricht gestaltet werden kann. (18M07)

(140) Vor den Hintergründe der prüfungsorientierten Lernumgebung und der Dominanz der Lehrenden ist nicht verwunderlich, dass das Lernverhalten der chinesischen Lernenden als passiv, mechanisch und unfähig zur praktischen Anwendung bezeichnet wird (vgl. ZHAO 2002, 171). (18M07)

(141) , weil die Lernenden die gleiche Muttersprache und ähnliche Kulturen haben, ist für sie einfach, im Deutschunterricht auf Chinesisch zu diskutieren oder sich miteinander zu unterhalten. (18M07)

(142) Außerdem stellt das Lernen der Gambits hohe Anforderungen an Sprachgefühl der Lernenden, deswegen ist es vorgeschlagen, Gambits im Deutschunterricht in der Mittelstufe zu vermitteln. (18M07)

(143) Die Meinungen der befragten Studierenden und diese oben genannten Funktionen von Filmen können es begründen, dass Filme im Kontext des Lehrens und Lernens fremder Sprachen ihre Berechtigung haben und eine sinnvolle Bereicherung und wichtige Ergänzung zu herkömmlichen Printmedien darstellen. (19M02)

(144) Ein Grund kann es sein, dass wir als Lehrpersonen nicht laut genug gesprochen haben. (19M05)

(145) Hierbei wird es analysiert, welche Vor- und Nachteile die Stereotypen für die interkulturelle Kommunikation mitbringen. (20M01)

(146) Außerdem wird es angenommen, dass die Lernenden freiwillig dafür entscheiden und bereit sind, die Fremdsprache zu lernen. (20M01)

(147) Bei der Vermittlung interkulturelle Kompetenz wurde es bewiesen, dass die Lehrerqualifikation und Lehr- sowie Lehnverhalten problematisch sind. (20M01)

(148) Hier wurde festgestellt, dass sich interkulturelle Kompetenz eine komplexe Kompetenzeinheit darstellt. Daraus ergibt es sich, dass der Erwerb von interkulturelle Kompetenz mehrdimensional ist. (20M01)

(149) Andererseits lässt es sich feststellen, dass Stereotypen nicht die Wirklichkeit abbilden. (20M01)

(150) Noch zu überlegen ist es, dass es einige umgangssprachliche Wörter im Text gibt, wie „glattgehen", „jm. etw. einbrocken" sowie „im Nu". (sehr selten) (20M01)

(151) Nach der Diskussion wird es verlangt, dass jede Gruppe ihre Ergebnisse in Plenum vorstellt. (20M01)

(152) Dann wird es verlangt, dass ein Teilnehmer die Aufgabenstellung vorliest. (20M01)

(153) Im Hinblick auf die chinesische Situation wurde es gezeigt, dass sich die Vermittlung interkultureller Kompetenz im DaF-Unterricht noch in der Anfangsphase befindet. (20M01)

(154) Allerdings lässt es sich zugeben, dass „wir erst am Anfang stehen und wir noch zu wenig wissen, wie die interkulturelle Kompetenz zu gewinnen ist" (vgl. LIU 2001,

445). (20M01)

(155) Für die chinesischen Deutschlernenden insbesondere die Germanistikstudierenden, die im weiteren Studium und in der künftigen Arbeit mit den Deutschen umgehen können, ist es von Notwendigkeit und Wichtigkeit, interkulturelle Kompetenz zu erwerben. (20M01)

(156) Bei der Suggestopädie wird es angestrengt, die anti-suggestive Barrieren abzubauen und eine positive Suggestion zu übermitteln. (20M02)

(157) Durch den Vergleichvon der Spezialisierung der beiden Gehirnhälften auf bestimmte Aspekte der Sprachverarbeitung und -produktion lässt es sich erkennen, dass die sprachliche Überlegenheit des linken Gehirns ohne einer Kooperation mit den Fähigkeiten der rechen Hemisphäre eine Sprache darstellt, die die Kommunikationsfähigkeit nicht besitzt(vgl. Baur 1991, 19). (20M02)

(158) Darüber hinaus wird es vorgeschlagen, dass schriftliche Übungen in Übungsphasen einbeziehen sollten, damit sich die Schreibweise von Schwedisch besser einprägen lässt. (20M02)

(159) Mit Bearbeitung der neuen Kurzgeschichte wird es überprüft, ob die Teilnehmer das Gelernte verwenden können. (20M03)

(160) In unserem Unterricht ließ es sich erkennen, dass mehr als die Hälfte der Lernenden zu dem kommunikativen Lernertyp gehörten. (20M04)

(161) Im Großen und Ganzen ließ es erkennen, dass alle Teilnehmer am Ende des Kurses Fortschritte in Bezug auf alle vier Grundfertigkeiten „Hören, Lesen, Schreiben und Sprechen" gemacht haben. (20M04)

(162) Hierbei werden erklärt, wie er ein Pendler geworden ist und wie das Leben von einem Pendler aussieht. (20M05)

(163) Beispielsweise würde es bekanntgegeben, dass das Bild am Arbeitstag gemacht wird. (20M05)

(164) Bei der Auswahl der geeigneten Grammatik ist es zu erkennen, dass die verschiedenen Lernerwerken in Auswahl und Art der zu behandelnden Themen und Inhalt auf die verschiedenen Bedürfnisse bestimmter Lernergruppezielen (vgl. ALBERT 2011, 1). (20M06)

(165) Noch zu merken ist, dass in der anschließend folgende Anmerkung ist es erläutert, ob die Präpositionen von Verben oder von Adverbien anhängen. (20M06)

(166) Allerdings ist es zu erwähnen, dass die Stellung der Präposition in den allgemeinen Regeln nicht zu findenist. (20M06)

(167) Im Folgenden wird es untersucht, ob die Grammatik wirklich für die Zielgrüppe ihre versprochenen Funktionen erfüllt. (20M06)

(168) Noch zu verbessern ist es vielleicht, dass es zu viele Übungen(siehe Scan 5) zur Unterscheidung zwischen „an" und „in" gibt, während nicht genügende

semantische Auseinandersetzung von diesen zwei Präposition angeboten wird. (20M06)

(169) Zum Beispiel wenn so ein Fehler häufig vorkommt, dass die Lernenden einen Satz geschrieben, „Er ist ein Bauer", wird es angenommen, dass die Lernenden eine falsche Hypothese von der Anwendung des Artikel. (20M07)

(170) Durch die Fehler lässt es sich bekannt, worin die Lernenden die Schwäche haben. (20M07)

(171) Von Erfahrung her ist es zu bemerken, dass die Lernenden normalerweise den korrigierten Arbeiten nicht genügende Aufmerksamkeit geben. (20M07)

(172) Damit ist es gemeint, dass die Atmosphäre bei der Besprechung eine ausgesprochen große Rolle spielt. (20M07)

(173) Wenn die Gruppe nicht viel zu groß ist, wird es vorgeschlagen, eine anonyme Befragung vornehmen. (20M07)

(174) Beim Fotografieren fand ich schwierig, bestimmte Wörter darzustellen, z.B. die Wand, wenn ich ein normalere weiße Wand dargestellt habe, sind alle TN verwirrt mit dem Wort „weiß". (21M01)

(175) Die Geschichte spielt sich weiter ab. Tante Chan kann es nicht aufhören, an den fremden Angestellten zu denken, den sie früher in der Bank getroffen hat. (22M01)

(176) dem TN war es auch klar, wie man in der App ein Wort schreiben kann, aber die Schreibaufgaben waren für ihn auch zu schwierig, wobei das größte Problem liegt. (22M03)

(177) Beim Finden Alternativwörter muss man darauf achten, es zu vermeiden, die Synonyme des Zielwortes zu finden. (22M03)

(178) Seine Mimik hat es gezeigt, dass er nicht so motivierend war. (22M03)

(179) Dazwischen wird es auch kurz erzählt, wie man sie didaktisch und methodisch in den Sprachunterricht integrieren kann. (22M04)

(180) Darum ist es noch mal verdeutlicht worden, dass auch wenn man aus Zwang eine Tat begangen hätte, würde auf die Frage nach Schuldigkeit ein klares Ja lauten. (27B01)

(181) Anderseits aus der Sicht der Literaturrichtung ist eins klar, dass die frühen Werke (1835 – 1845) von Hans Christian Andersen tief von der Romantik beeinflusst sind. (32B01)

(182) Am Ende der Arbeit wird es herausgestellt, wie sich die Regel von der Entwicklung des Bürgertum funktioniert, davon können die Leser das Wesen der Klasse deutlich erkennen. (33B01)

Folgende Belege sind ein Teil derjenigen Sätze, die zwar nicht in die Fehleranalyse einfließen, aber in wissenschaftlichen Arbeiten stilistisch markiert zu sein scheinen.

Sie werden ohne Korrektur von Fehlern aus dem Lernerkorpus zitiert:

(1) Deshalb war ich nicht gewohnt, etwas Gelesenes für mich selbst laut zu wiederholen. (01M10)

(2) Drittens sollten wir mehr Kommunikation mit den Lernern aufnehmen, was ich am schwersten fand. Als ein Lerner beispielsweise „Gesundheit" nannte, konnte ich darauf so reagieren: „Für mich ist die Gesundheit auch wichtig". Vor dem Unterricht hatte ich es mir selbst schon gesagt, dass ich aktiv mit den Lernern kommunizieren sollte. (01M11)

(3) Nach dem Statistischen Bundesamt machen viele Indikatoren, zum Beispiel BIP, Arbeitsproduktivität, Pro-Kopf-Einkommen und Arbeitskosten, es deutlich, dass sich der wirtschaftliche Abstand zwischen West- und Ostdeutschland ständig verkleinert hat. (01M16)

(4) Die Aufgabe der TN ist zu diskutieren, welche Dinge davon sie auf der Reise mitnehmen. (02M01)

(5) Obwohl dieser Begriff "Konstruktivistischer Unterricht" seit dem Ende der 80er Jahre zunehmend diskutiert wird, ist es bisher noch nicht klar, ob Computer das Potenzial hat, schulisches Lernen zu verändern, und wenn ja, unter welchen Bedingungen sowie auf welcher Art und Weise. (04M02)

(6) Daher bevorzugt man möglicherweise, Fehler bei einigen Schülern strenger zu bewerten als bei anderen. (04M04)

(7) Niemand der Befragten bevorzugt, Fehler ohne Hinweise zu korrigieren, da sie manchmal nicht wissen, was für einen Fehler sie gemacht haben. (04M04)

(8) Obwohl es noch unklar ist, wie Lerner Fehler verbessern können, geben solche Zeichen den Lernern schon Hinweise dafür. (04M04)

(9) Obwohl es noch unklar ist, wie Lerner Fehler verbessern können, geben solche Zeichen den Lernern schon Hinweise dafür. (04M04)

(10) Ihre Aufgabe ist, eine passende kurze Geschichte zu den Bildern zu schreiben. (05M05)

(11) Ihre Aufgabe ist, zu überlegen und beschließen, ob die drei Fälle der Bilder Familie sind. (05M13)

(12) Vergleicht man die zwei Tabellen, ist es ziemlich klar, dass fast alle Wissenspunkte im Lehrwerk – außerhalb der Nutzung von brauchen – durch Online-Übungen als Wiederholung geübt werden. (06M01)

(13) Vergleicht man die zwei Tabellen, ist es ziemlich klar, dass fast alle Wissenspunkte im Lehrwerk – außerhalb der Nutzung von brauchen – durch Online-Übungen als Wiederholung geübt werden. (06M01)

(14) Manche Lehrer bevorzugen im Anfängerunterricht, die Korrektur sofort nach dem Fehler durchzuführen, um eine Automatisierung der Lernenden zu

schaffen, ohne immer wieder auf Regelkenntnisse zu verweisen (KLEPPIN 1998, 89). (06M09)

(15) Die konfrontieren die Schüler mit komplexen Aufgabenstellungen und ermöglichen ihr, dass sie mit Aktivierung des Vorwissens ein eigenes Verstandnis für den zu lernenden Sachverhalt entwickeln. (07M02)

(16) In der Zueignung des Romans kommt es schon zum Ausdruck, dass sich der Ich-Erzähler von dem Lärm der Maschinen einer modernisierten Gesellschaft befreien möchte. (08M01)

(17) Sie werden in der Gesellschaft drangsaliert und beleidigt und sie lehnen ab, auf die vorhandene Weise zu leben. (08M01)

(18) Außerdem war ich dankbar, dass mir die Kinderkurse ermöglichten, mein theoretisch erworbenes Wissen praktisch umzusetzen, obwohl nicht in vollem Maße. (08M02)

(19) Da alle Kinder Englisch im Kindergarten oder in der Grundschule lernen, bevorzugen sie, Englisch zu sprechen, wenn sie beispielsweise das Bild mit Äpfeln oder mit Bananen sahen. (08M02)

(20) Außerdem war ich dankbar, dass mir die Kinderkurse ermöglichten, mein theoretisch erworbenes Wissen praktisch umzusetzen, obwohl nicht in vollem Maße. (08M02)

(21) Danach ist es dem Lerner beim Schreiben nicht klar, wann er ein Funktionsmorphem einsetzen soll. (09M02)

(22) Danach ist es dem Lerner beim Schreiben nicht klar, wann er ein Funktionsmorphem einsetzen soll. (09M02)

(23) Worum es in den Zielen des interkulturellen Lernens geht, sollte möglichst eindeutig festgelegt werden, sodass es für die Lehrperson und die Lernenden klar ist, was vorausgesetzt wird und was erlernt werden soll. (10M01)

(24) Worum es in den Zielen des interkulturellen Lernens geht, sollte möglichst eindeutig festgelegt werden, sodass es für die Lehrperson und die Lernenden klar ist, was vorausgesetzt wird und was erlernt werdensoll. (10M01)

(25) Die Aufgabe der Lernenden war, zusammen mit einer Kollegin einen Stadtführer über Köln „Une visite guidée de Cologne" in französische Sprache zu erstellen. (11M01)

(26) Vergleicht man die zwei Tabellen, ist es ziemlich klar, dass fast alle Wissenspunkte im Lehrwerk – außerhalb der Nutzung von brauchen – durch Online-Übungen als Wiederholung geübt werden. (11M06)

(27) Verglecht man die zwei Tabellen, ist es ziemlich klar, dass fast alle Wissespunkte im Lehrwerk – außerhalb der Nutzung von brauchen – durchOnline-Übungen als Wiederholung geübt werden. (11M06)

(28) Heute besteht Konsens darüber, dass der Fremdsprachenunterricht ohne

landeskundliches Wissen kaum möglich und erfolgreich ist. Landeskundliche Kenntnisse ermöglichen es, die Sprache als Kommunikationsmittel adäquater einzusetzen. (12M01)

(29) Heute ist es klar geworden, dass der Fremdsprachenunterricht ohne landeskundliches Wissen kaum möglich und erfolgreich ist. (12M01)

(30) Die landeskundlichen Erkenntnisse ermöglichen es, die Sprache als Kommunikationsmittel passenden zu verwenden. (12M01)

(31) Wie früher angedeutet, sollte die Studierendenbefragung ermöglichen, die Verhaltensweise, Ausbildungsziele im Landeskundeunterricht und die Stellenwert der Landeskundeunterricht im DaF-Unterricht mit den bereits präsentierten Angaben universitärer Lehrkräfte zu vergleichen und sie um einige Aspekte zu erweitern. (12M01)

(32) Um es ins Licht zu bringen, wie das Input und Output aussehen, haben viele Sprachforscher versucht, einen Modellentwurf für das mentale Lexikon zu erstellen. (15M01)

(33) Wird eine Hypothese anknüpfend an die Fragestellung aufgestellt, soll es zuerst ins Licht gebracht wird, welche Faktoren das Erlernen einer Fremdsprache beeinflussen. (15M01)

(34) Ziel der Übungen ist, bei den Lernenden eine richtige Einstellung gegenüber Stereotypen heranzu bilden. (17M06)

(35) Die schlichte Aufgabestellung ermöglicht den TN, nicht viel lesen und schreiben zu müssen, sondern sich auf den Hörtext zu konzentrieren. (17M09)

(36) Die schlichte Aufgabestellung ermöglicht den TN, nicht viel lesen und schreiben zu müssen, sondern sich auf den Hörtext zu konzentrieren. (17M09)

(37) Im Gegensatz dazu bevorzugten die anderen Teilnehmenden, ihre Äußerungen vor dem Sprechen zu überprüfen, deshalb brauchten sie beim Sprechen mehr Zeit und reagierten langsamer. (18M03)

(38) Ich bevorzuge, meine Äußerungen vor dem Sprechen mehrmals zu überprüfen. (18M03)

(39) Die Aufgabe der Lerner im Unterricht ist, der Lehrperson zuzuhören und die Kenntnisse möglichst schnell auswendig zu lernen. (18M07)

(40) Das Ziel dieses Unterrichtes ist, echte mündliche Kommunikation im Klassenraum zu realisieren. (18M07)

(41) Das übergeordnete Ziel des interkulturellen Fremdsprachenunterricht ist, die Entwicklung der Fähigkeit, Verschiedenheit, soweit sie in Sprache, Texten, in den Sprechern der anderen Sprache begegnet, auszuhalten, eigene Normen in Frage zu stellen und für andere Sprach- und Verhaltensformen als Ausdruck anderer Prägungen zu sensibilisieren (vgl. KRUMM 2003, 141). (18M07)

(42) Bei manchen Fragen ist es nicht klar, ob es nur eine oder mehrere

Antwortmöglichkeiten gibt. Das könnte die Befragten beim Ausfüllen verwirren. (19M03)

(43) Ganz am Anfang in einem seiner Bücher macht er es schon deutlich, dass der mentale Prozess überwiegend unbewusst sei, was auch im Mittelpunkt seiner Theorie steht. (22M01)

(44) Egal in welcher Wiederaufnahmform bevorzugt das Deutsch, mithilfe der Sprachformen die Kohäsion zu verwirklichen, während in den chinesischen Texten das durch die semantische Beziehung erreicht wird. (24B01)

(45) Eigentlich war es, als hätte der Rückzug ins Kloster nicht mehr genügt, als gehe es selbst im Kloster noch zu gesellig und geschwätzig zu und als müsse sie sich daher weiter zurückziehen, in eine einsame Klause, in der einen niemand mehr sieht und Aussehen, Kleidung und Geruch keine Bedeutung mehr haben. (28B01)

(46) Zudem ist ein Vorteil der KM, dass die Lernenden als Subjekt ihres Lernprozesses verstärkt im Mittelpunkt stehen und ihr Interesse hochgeschätzt wird. (30B01)

(47) Der Türhüter hat es schon klar gesagt:"Hier konnte niemand sonst Einlaß erhalten". (31B01)